rororo

ro
ro
ro

Anja Baumheier wurde 1979 in Dresden geboren. Heute lebt sie mit ihrer Familie in Berlin und arbeitet dort als Lehrerin für Französisch und Spanisch. Bei Rowohlt erschienen bereits ihre Romane «Kranichland» und «Kastanienjahre» sowie im Juli 2023 ihr neuer Roman «Die Buchverliebten».

«Ein Buch über liebenswert kuriose Menschen, über Katastrophen aus heiterem Himmel und über Familienbande, die das Leben lebenswert machen.» *NDR Kultur*

«Mitreißend, bildhaft, witzig. (...) Eine packende und liebevolle Familiengeschichte.» *WDR 2*

«Wortgewaltig und wendungsreich wie Jonas Jonasson.» *Freundin*

ANJA BAUMHEIER

DIE ERFINDUNG DER SPRACHE

ROMAN

ROWOHLT TASCHENBUCH VERLAG

2. Auflage Januar 2024
Veröffentlicht im Rowohlt Taschenbuch Verlag,
Hamburg, Juli 2023

Alle Zitate aus Rilke-Gedichten stammen aus:
Rainer Maria Rilke, Sämtliche Werke. Band 1–6,
Wiesbaden und Frankfurt a. M.
Verse auf S. 41 aus Rilke, Die Insel
Verse auf S. 71 aus Rilke, Advent
Liedtext auf S. 104 aus Karel Gott, Babička
Verse auf S. 136 f. aus Rilke, Der Panther
Liedtext auf S. 154 f. aus Simon & Garfunkel, The Sound of Silence
Verse auf S. 184 f. aus Rilke, Du Berg, der blieb
Verse auf S. 188 aus Johann Wolfgang von Goethe,
Faust I, Goethes Werke. Hamburger Ausgabe in 14 Bänden
Verse auf S. 336 aus Rilke, Gott spricht zu jedem nur, eh er ihn macht
Verse auf S. 352 aus Rilke, Schlussstück
Verse auf S. 462 aus Theodor Fontane, John Maynard
Liedtext auf S. 465 aus Charles Trenet, La Mer
Covergestaltung any.way, Barbara Hanke/Cordula Schmidt
Coverabbildung Shutterstock; MattGrove/iStock
Satz aus der DTL Documenta
Gesamtherstellung CPI books GmbH, Leck
ISBN 978-3-499-00389-9

PERSONENÜBERSICHT

Dr. Adam Riese	Sprachwissenschaftler
Oda Riese	Radiomoderatorin, Adams Mutter
Hubert Riese	Erfinder, Adams Vater
Leska Bakker	Bäckerin, Adams Großmutter
Ubbo Bakker	Bäcker, Adams Großvater
Zola Hübner	Logopädin
Undine Abendroth	Buchhändlerin
Martha Maurus	Adams Jugendfreundin
Christian Maurus	Meteorologe, Marthas Vater
Alfried Dietrichs	Pensionär
Dr. Helge Janssen	Arzt
Bonna Poppinga	Polizistin
Ewald Boomgaarden	Pfarrer

KAPITEL 1

DIE SCHÖNHEIT DER SIEBEN

Der Elfer war bereits einhundertdreiundachtzig Sekunden zu spät. Adam, einziger wartender Fahrgast an der Haltestelle Habelschwerdter Allee, hielt die Busankunftsstraßenseite im Blick und versuchte, nicht zu blinzeln. In der abweisenden Januarverlassenheit lag die Haltestelle da wie Platteoog im Winter, wie eine schlafende Katze.

Adam presste die Hand auf seine Brust. Darunter, in der Innentasche seines einsteingrauen Sakkos, steckte der Zettel.

1) Seien Sie ein Gentleman
2) Seien Sie ein guter Zuhörer
3) Fragen Sie gezielt nach und zeigen Sie Humor
4) Merken Sie sich kleine Details
5) Überfordern Sie Ihr Gegenüber nicht
6) Lächeln Sie häufig
7) Schauen Sie ihr in die Augen

Die sieben Punkte hatte Adam bewusst und mit Hilfe seiner Sprachassistentin ausgewählt. Es hätte viel mehr gegeben, aber die Sieben war eine schöne Zahl. Die schönste überhaupt. Magisch, schlank, stolz und mit einem halben, nach links gerichteten Dachbalken, genau in die Richtung, aus der der Bus hätte kommen sollen. Nun schon vor einhundertvierundachtzig Sekunden.

Die Welt wurde in sieben Tagen erschaffen, sieben Tage hatte die Woche, es gab sieben Weltwunder, sieben Zwerge, sieben auf einen Streich hatte das tapfere Schneiderlein erlegt, James Bond trug die 007, die Wolke sieben die Verliebten, da waren das Glücksspiel siebenundsiebzig und die sieben Spektralfarben, die sieben freien Künste, die sieben Himmel im Buddhismus, die sieben Arme der jüdischen Menora, die sieben Sakramente, Rom und seine sieben Hügel, die sieben Notwendigkeiten des chinesischen Lebens, das Heptagon als ganzheitliches Lebensmodell, die dreifache Sieben als Zahl der Vollendung.

An der Sieben kam man nicht vorbei, ohne ins Schwärmen zu geraten. Die Konnotationen, diese unendlichen, herrlichen Nebenbedeutungen der Zahl Sieben, waren für ihn das Beruhigendste an seinem Zettel. Die einzelnen Zettelauflistungspunkte versetzten ihn hingegen in Aufruhr. Ein zutiefst unangenehmes Gefühl. So, wie wenn jemand gelbe, also sehr, sehr bunte Kleidung trug oder wenn etwas Außerplanmäßiges passierte.

Einatmen.

Ausatmen.

Ich trete einen Schritt zurück. Dieses Mantra sollte Adam sich auf Anraten von Dr. Modder, seiner ehemaligen Therapeutin, immer dann aufsagen, wenn übermächtige Tumulte sich in seinem Kopf versammelten wie der Schwarze Block am Internationalen Kampftag der Arbeiterklasse in der Oranienstraße in Kreuzberg. Einige der Versammelten waren mit Steinen bewaffnet.

Einatmen.

Ausatmen.

Adam trat geistig einen Schritt zurück und versuchte daran zu denken, dass Aufruhr, medizinisch betrachtet, lediglich von einer erhöhten Noradrenalinausschüttung zeugte und evolutionsbedingt sinnvoll war. Kampf oder Flucht. Alle sieben Sinne in pflichtbewusster Bereitschaft.

Einen Schritt zurücktreten.

Adams Unruhe dünnte an den Rändern langsam aus wie eine Schleierwolke, wurde faserig und durchscheinend und verschwand schließlich ganz, ohne sich noch einmal umzublicken. Der Zettel kam ihm wieder in den Sinn. Punkt vier. Dinge merken, konnte er sich gut. Und gerade als sein Handy eine SMS ankündigte, kam der Bus mit einer Verspätung von exakt zweihundertneunundsechzig Sekunden.

> Mein lieber Adam,
> ich drücke die Daumen, dass du eine Frau triffst,
> die dir gefällt und die dich so mag, wie du bist!
> Mama

Lächelnd schob er das Handy mit der Nachricht seiner Mutter zurück in die Tasche seines einsteingrauen Sakkos und zog die Caféeingangstür auf. Durch die außerplanmäßige Busverspätung betrat er den etwa dreißig Quadratmeter großen, nach zu viel Parfüm und Zucker riechenden Raum im letzten Augenblick. Nur noch ein Stuhl war frei. Das musste seiner sein. Schwer ließ er sich darauf fallen, wischte sich über die schweißige Stirn und hob den Kopf. «Erfreut, Adam Riese», sagte er leise.

Kurze Pause.

«Sie heißen in echt Adam Riese? Wie dieser Mathetyp? Und Riese, wie groß sind Sie denn? Sehr ja wohl nicht.» Die junge Frau mit dem kegelrobbenförmigen Körper lachte grell und entblößte ihr beträchtliches Zahnfleisch. Ihr umfangreicher Kegelrobbenkörper, der in einer sehr, sehr engen nagellackroten Polyesterbluse steckte, bebte.

Rot ging. Zwar war das auch grell, aber weniger grell als Gelb. Dennoch. Adam hatte den Eindruck, der Kegelrumpf der Lachenden würde nur von dem Blusenstoff zusammengehalten, als könnte er jeden Augenblick reißen und die gesamte Frau davonfließen. Allein vier Knöpfe hielten sie zusammen. Die Frau griff kichernd nach dem Sektglas auf dem Tisch und trank einen ausgiebigen Schluck.

«Eins dreiundsiebzig.» Adam blickte zur Tür, über der ein Blechschild hing, auf dem *Bei uns wird Freundlichkeit großgeschrieben* zu lesen war. Ein erstaunlicher Satz. Adam wusste, wie er gemeint war, fragte sich allerdings, warum der Caféinhaber ihn an exponierter Stelle aufgehängt hatte. *Freundlichkeit* wurde stets großgeschrieben. Auf textpragmatischer Ebene ergab dieser Satz keinerlei Sinn.

«Dann sind Sie immerhin größer als Napoleon. Wurde nach dem nicht sogar ein Komplex benannt?»

Das Wort *Freundlichkeit* flackerte in Adams Kopf wie auf einer neongelben Leuchtreklametafel. Sie blinkte schneller und schneller, als ahnte sie, was gleich passieren würde, und wollte versuchen, Adam auf die sich anbahnende Gefahr hinzuweisen.

Ein Speed-Dating. Was hatte er sich nur dabei gedacht? Die Idee war nicht seine gewesen, sondern die seiner Großmutter Leska. *Adamčik, ist gute Idee. Habe ich in Platteooger Diekwieser Werbung gesehen. Ist alles mit Sieben: Frauen, Minuten, du wirst mögen. Finde doch Frau*, hatte sie am Telefon gesagt.

Adam merkte, dass seine Schultern sich verkrampften. Der Zettel.

7) Schauen Sie ihr in die Augen

Adam fixierte einen Punkt über der Nasenwurzel der Kegelrobbenfrau. Auch das war eine Technik, die ihm Dr. Modder beigebracht hatte. Er versuchte ein Lächeln. Vergeblich. Lag es daran, dass er die Zettelpunkte in ungeordneter Reihenfolge abarbeitete?

3) Fragen Sie gezielt nach und zeigen Sie Humor

Das Stimmengewirr im Café war erdrückend, die Luft abgestanden, die Gesprächsfetzen von den anderen sechs Tischen drängten sich kakophonisch um Adams Ohren wie Schnäppchenjäger bei einem Megaschlussverkauf kurz vor dem Öffnen der Ladentüren. Er wurde müde und hatte Schwierigkeiten, sich zu konzentrieren. Am Tresen stand der Organisator der Veranstaltung, der sich als *der Martin* vorgestellt hatte. Um seinen Hals hingen an einer Kordel Stoppuhr sowie Trillerpfeife.

Adam knetete seine Hände und räusperte sich. «Napoleon also? Da sind Sie die Erste, die mir das sagt, aber mit der Farbe Ihrer Bluse bin ich einverstanden. Was mir an Körpergröße fehlt, haben Sie an Umfang, meiner Einschätzung nach. Ich tippe, Ihr BMI liegt bereits bei Grad drei, also irgendwo zwischen dreißig und kleiner fünfunddreißig. Vielleicht haben Sie sich gefragt, was das Akronym BMI eigentlich bedeutet? In Ihrem Fall würde ich das kreativ betrachten und ‹Bluse mit Inhalt› vorschlagen. Mir gefällt das, und im Grunde sind wir nun quitt. Vielleicht haben Sie Lust, einmal mit mir essen zu gehen? Mögen Sie Meerestiere?»

Hustend verschluckte sich die Frau. In ihr Husten hinein mischte sich ein Trillerpfeifenpfiff. Die Frau bedachte

Adam mit einem Blick, der ihn an seine Mutter erinnerte. Wahrscheinlich hatte sie damals genau so Dr. Helge Janssen angesehen. Adam war vier Jahre alt gewesen, und der Arzt hatte gesagt: *Oda, mit dem Jungen läuft etwas nicht so, wie es soll. Auf den sollten wir immer ein besonderes Auge haben.*

Ein nächster Trillerpfeifenpfiff ertönte. Zögernd ließ sich Adam am Nachbartisch nieder, über dem noch der herbe Moschusduft seines Vorgängers hing. Adam hatte mittlerweile massive Fluchtinstinkte.

Ohne die ihm zugedachte neue Partnerin anzusehen, hob er zu sprechen an: «Eins: Mein Name ist Adam Riese. Zwei: Ich bin zweiunddreißig Jahre alt. Drei: Ich bin Doktor für Sprachtheorie und angewandte Sprachwissenschaft. Vier: Ich bin auf Platteoog aufgewachsen und bin folglich Fünf: ostfriesischer Insulaner. Sechs: Meine Körpergröße liegt sieben Komma zwei Zentimeter unter dem Durchschnitt. Sieben: Mit mir läuft etwas nicht so, wie es soll.»

Einatmen.

Ausatmen.

Adam hätte noch mehr von sich erzählen können, aber Sieben war Sieben und Punkt.

KAPITEL 2

DER OSTFRIESISCHE BERGSTEIGER UND DIE TSCHECHISCHE BÄCKERIN

Leska Nováková, die einer fruchtbaren Familie aus Odkiseník im tschechischen Altvatergebirge entstammte, hatte als Jugendliche mit der Natur gehadert. Ihr Name gefiel ihr. In ihrer Geburtsurkunde stand zwar Valeska, aber sie konnte sich nicht erinnern, dass irgendwer sie irgendwann jemals so genannt hatte. Im Griechischen bedeutete ihr Name *die Männer Abwehrende*, im Lateinischen *stark* und *gesund*, im Ungarischen *Schmetterling* oder *Königin*, im Slowenischen *Haselnussstrauch*. Allen Sprachversionen konnte sie Positives abgewinnen, wobei sie Schmetterling eindeutig den Vorrang gab.

Doch womit Leska sich nicht abfinden konnte, war der Umstand, dass die Natur ihren eigenen Plan hatte. Mit fünfzehn und nach schrecklichen Unterleibsschmerzen hatte die Diagnose festgestanden. Unfruchtbarkeit. Die Natur verwehrte es ihr, der Familientradition entsprechend eine große Kinderschar in die Welt zu setzen. Ein unüberwindbarer Makel. Offenbar hatte die Natur die griechische Namensübersetzung, also *die Männer Abwehrende*, buchstabengenau ernst genommen. Der nie hinterfragten Aussicht auf ein Leben als Hausfrau und Mutter beraubt, hatte Leska sich fortan dem Backen verschrieben und an Gewicht und kulinarischem Ansehen in Odkiseník gewonnen.

Zu ihrem achtzehnten Geburtstag hatten sich bleischwere, ambossförmige Gewitterwolken an den Gipfeln des Roten Berges verfangen. Sie lösten das heftigste Unwetter seit dem Prager Pfingstaufstand aus. Ubbo Bakker, passionierter Bergsteiger, musste in Odkiseník seine Reise unterbrechen. Alle Schleusen des Himmels standen offen. Als Ostfriese, der seinem Hobby in seiner Heimat aus Mangel an bezwingbaren Höhen nicht nachgehen konnte, kannte er wasserlastige Naturgewalten zur Genüge. Doch das Unwetter am Fuße des Roten Berges übertraf alles Dagewesene.

Ubbo parkte den lindgrünen VW-Käfer, ein Modell, das wegen seines durch einen Steg getrennten Heckfensters an eine Brezel erinnerte, am Odkiseníker Straßenrand. Fester als nötig stülpte Ubbo sich die Kapuze seiner Bergsteigerjacke über den Kopf. Fluchend stieg er aus. Taubeneigroße Hagelkörner trommelten ungestüm auf den Lack der Karosserie. Erste Farbsplitter lösten sich bereits von der Kühlerhaube und vom Dach. Ubbo sah sich nach einer trockenen Zuflucht um und wandte sich zu dem opalblauen, zweistöckigen Haus in seinem Rücken, aus dem zahllose Stimmen sowie ein verführerischer Duft nach Hefe, Zimt und Zucker drangen. Sein Bäckerherz in dritter Generation schlug taktsynchron zum Hageltrommeln auf dem Autodach. Mit triefender Faust klopfte er an die Eichentür.

Den Rest der Geschichte vom Kennenlernen ihrer Eltern hatte sich Oda als Kind so oft erzählen lassen, dass sie überzeugt war, selbst dabei gewesen zu sein.

Ich stand wie ein begossener Pudel auf der oberen Stufe und blickte in die unbezwingbar schönsten Augen, die ich jemals gesehen hatte. Sie waren von der gleichen Farbe wie mein Brezelkäfer, pflegte Odas Vater zu sagen, während ihre

Mutter sich an ihn drückte und ihre mit den Jahren zwar kleiner gewordenen, aber immer noch sehr, sehr lindgrünen Augen zuklappte.

Und mit dem Brezelkäfer hast du sie für dich gewonnen, zwei Bäckerherzen hatten sich gefunden, pflegte Oda für gewöhnlich zu ergänzen.

Wie die Kennenlerngeschichte ihrer Eltern am Fuße des Roten Berges weiterging, hätte sie sogar erzählen können, hätte man sie mitten in der Nacht geweckt.

Leska Nováková und Ubbo Bakker hatten sich angesehen, während eine Donnerlawine über dem brüchigen Dachstuhl des Hauses rumpelte. Ohne ein einziges Wort der Sprache des jeweils anderen zu kennen, nickten sie sich zu. So betrat Ubbo das Haus und Leskas Leben.

Als Leska im Frühjahr neunzehnhundertneunundfünfzig Odkiseník, ihre Eltern, ihre vier Geschwister und die sechsundfünfzig zerklüfteten Erhebungen des Altvatergebirges verließ, bog sich der VW-Käfer unter der Last ihrer Habseligkeiten. Ein paar Kleider, eine Wanderausrüstung, ein Koffer, die feine Goldkette ihrer Großmutter, ein walnusshölzernes Nachtkästchen, das der Familientradition nach an die älteste Tochter weitergegeben wurde, und Backbücher. Vor allem Backbücher. Bei ihrer Abfahrt hupte Ubbo kurz und gab vorsichtig Gas, während im Rückspiegel die sechs taschentücherschwenkenden Silhouetten beständig schrumpften und schließlich ganz verschwanden.

Leskas neue ostfriesische Heimat bedeutete für sie Erleichterung und Herausforderung zugleich. Erleichterung, weil sie die mitleidigen Blicke der Odkiseníker Frauen mit Säuglingen oder Kleinkindern auf den Armen hinter sich gelassen hatte. Herausforderung, weil ihr die naturgegebene Beschaffenheit von Platteoog wie eine Theaterkulisse vorkam. Die Insel glich von oben einer dreiundzwanzig Quadratkilometer großen, auf der Seite schlafenden Katze, die in Richtung Norwegen alle viere von sich streckte. Ihr Schwanz war schneckenhausgleich eingerollt. Auf ihm stand ein gelb-rot gestreifter, neunundvierzig Meter hoher Leuchtturm. Daneben klaffte ein mit Salzwasser gefüllter Bombentrichter, in dessen unmittelbarer Nähe eine Kolonie Austernfischer lebte. Die Gezeiten hatten der Katze im Laufe der Jahrhunderte ihre Beine verschlankt, auf- und ablaufendes Wasser hatte sie fortwährend ausgedünnt. Der Bauch der Katze zeigte nach Norden zur offenen, rauen See, ihr Rücken nach Süden mit seinen salzigen Marschwiesen und einem Miniaturhafen. Auf dem Katzenrücken befand sich das Herz der Dreihundertzweiundachtzig-Seelen-Gemeinde. Es gab eine bescheidene Kirche mit Orgel und dreieckigem Friedhof hinter dem Glockenturm, eine stillgelegte Bockwindmühle, daneben Ubbos Bäckerei, eine Fischräucherei, einen Lebensmittelladen und ein Mehrzweckgebäude, welches eine Arztpraxis, eine Polizeiinspektion und eine Grundschule beherbergte. Die Dächer der Friesenhäuser neigten sich zur Straße, sodass man meinte, sie wären schief.

Ehe sie Ubbo kennenlernte, hatte Leska das Gebirge nie verlassen. Die Veränderung war gewaltig. Vom Altvatergebirge, dessen Namensgeber eintausendvierhunderteinundneunzig Meter über dem Meeresspiegel thronte, auf eine ostfriesische Insel, die im Meer zu versinken drohte, war das ein Höhenunterschied, für dessen Bewältigung Leska Zeit brauchte. Viel Zeit. Selbst als Oda die Schule beendet hatte, war Leska noch erstaunt beim morgendlichen

Blick durch das Schlafzimmerfenster der Oppemannspad sieben in Richtung Leuchtturm.

Meer, das kommt und geht, wie Mond will, was hat Natur sich gedacht? Wie gut, ich habe Ubbočik, da hat Natur sich gut was gedacht. Und du, mein Brouček, bist allergrößte Naturgabe. Mond kann einpacken. Erst wünschte ich Junge, aber Mensch ist Mensch, egal, was ist untenrum, pflegte sie zu Oda zu sagen.

Tatsächlich hatten Leska und Ubbo nie mit Nachwuchs gerechnet und all ihre liebende Tatkraft in die Bäckerei in der Süderloog zweiundzwanzig investiert. Die Backkreationen, die Leska aus ihrer Heimat mitgebracht und wie selbstverständlich neben Ubbos Dünenkruste, Knüppeltorte und Prüllerkes gelegt hatte, fanden anfangs kaum Abnehmer. Gegenüber Mohnkolatschen, Marmeladen-Liwanzen und Dalken mit Schlagsahne zeigten die Platteooger zunächst norddeutsche Zurückhaltung. Aber durch die einnehmende Unermüdlichkeit der Bakkers hatten die böhmischen Backwaren zwei Jahre nach Leskas Ankunft letztendlich doch Eingang in den Speiseplan der Insulaner gefunden.

Und schließlich trat wider Erwarten ein richtiges Kind in das Leben der Bakkers. Zehn Jahre nach der Diagnose des tschechischen Gynäkologen blieb Leskas Periode aus. Ein Schmetterling war in ihrem Uterus erwacht. Freude und Angst hielten sich die Waage, und Leska verbrachte die gesamte Schwangerschaft medizinisch angeraten im Bett. Sie würde einen Jungen zur Welt bringen, das stand für sie fest. Neben ihr auf dem Nachtkästchen lag griffbereit ein linierter Notizblock, auf dem sie Vornamen notierte und mit angehaltenem Atem jeder noch so geringen Regung ihres wachsenden Schmetterlingsbauches lauschte. Im Sommer neunzehnhundertfünfundsechzig, auf den errechneten Tag genau, setzten die Wehen ein. Nach neunundzwanzig Stunden tat der Säugling seinen ersten Schrei. Noch einmal hatte die Natur gezeigt, wie einflussreich sie war, denn zwischen Leskas Beinen lag ein blutverschmiertes kleines Mädchen. Einen passenden Namen hatte Leska nicht. Auf ihrem Notizblock standen nur: Bohdan[1], Dobroslav[2], Jaroslav[3], Kamil[4] und Ostoja[5].

«Wir brauchen einen Mädchennamen», flüsterte Ubbo, ohne den Blick von seiner Tochter abzuwenden, die derweil gesäubert und in ein gestärktes Leinentuch gewickelt in Leskas drallen Armen ruhte.

«Der wird sich finden schon.»

Ubbo drückte dem namenlosen Mädchen und seiner Frau jeweils einen Kuss auf die Stirn und begab sich schnurstracks in die Backstube. Er hatte eine neue Kreation im Kopf: herzhafte, mit Krabben gefüllte Powidltascherln als Willkommensgeschenk für seine Tochter.

Oda verdankte ihren Namen am Ende der Unentschlossenheit ihrer Eltern. Der Wunsch, alles richtig zu machen, führte dazu, dass sie, gelähmt von ihrem eigenen Anspruch, zunächst gar keinen Namen auswählten. Als der Standesbeamte, Herr Wowez, der vom Festland mit der Fähre aus Flokum nach Platteoog gekommen war, ein Formular aus

---

1 das Gottesgeschenk
2 der Ruhmreiche
3 der Starke
4 der Vollkommene
5 Ich bin geblieben

der Tasche zog und die frischen Eltern fragend ansah, zuckten Leska und Ubbo mit den Schultern.

«So gar keine Idee?»

«Nur für Junge.» Leska reichte Herrn Wowez ihre Namensliste.

Nach einer Weile murmelte er: «Sie suchen etwas mit Bedeutung, ich verstehe.» Dann schlug er vor, zunächst die Mutter- und Vaterangaben in sein Formular einzutragen.

«Sie kommen aus Odkiseník, Frau Bakker?»

«Ja, ist Städtlein in meine Heimatgebirge, am Schuh von höchste Erhebung.»

«Das Altvatergebirge, ein für Bergsteiger ungeheuer herausforderndes Gebiet, sechsundfünfzig Erhebungen, gegliedert in drei geomorphologische Teileinheiten. Die sind nahezu unbezwingbar», ergänzte Ubbo.

«Altvatergebirge, aha. Und auch dem Vater fällt kein Name für das Mädchen ein?» Herr Wowez lachte kehlig über seinen Scherz. In sein Lachen hinein bot er an: «Oda vielleicht?»

«Was bedeutet?»

Der Beamte kratzte sich ausgiebig am Kopf, bevor er antwortete. «Erst einmal klingt es ein wenig nach Ihrem Heimatort. Oda hat auch etwas von Ode, etwas Erhabenes, Gebirgiges. Außerdem steht es für Lebenskraft, Reichtum und Besitz. Nicht zu vergessen die Ode an die Freiheit.»

«Ich dachte, es heißt *Ode an die Freude*», gab Ubbo zu bedenken.

«Das würde auch passen. Also, Oda?»

Die Bakkers nickten, und das kleine Mädchen, das endlich einen Namen und die ganze Zeit geschlafen hatte, öffnete die Augen und verzog den Mund zu einem stummen Protest.

So war Oda zu ihrem Namen gekommen, mit dem sie zeitlebens haderte. Ihre Körpergröße, der zweiten Sache, mit der sie haderte, das Kleinrundliche, war sowohl genetischen als auch durch Mutterliebe sozialisierten Ursprungs. Der unverhoffte Kindersegen hatte in Leska, die mit ihren ein Meter zweiundfünfzig vierzehn Zentimeter unter der Durchschnittsgröße lag, eine Glucke zum Leben erweckt. Ihre Tochter wurde auf Schritt und Tritt überwacht und dabei ausgiebig mit Essen versorgt. Oda wusste, dass ihre Mutter das aus sorgevoller Hingabe tat. Aber mit dem Eintritt in die Pubertät wurde ihr die Gluckenhaftigkeit zu einer Last, der sie sich durch kleine Freiheiten zu entziehen versuchte.

«Wo du gehst, mein Brouček? Wann zurück? Nimm wenigstens Essen mit.»

Oda war sich der unverhofften Umstände ihrer Existenz bewusst, aber wollte spätestens mit vierzehn Jahren nicht mehr *Käferchen* genannt werden. Ein wenig an Gewicht verlieren wollte sie auch. «Maminka, wir leben auf einer Insel. Was soll mir schon passieren? Hier kennt jeder jeden. Ich gehe nur spazieren.»

«Stimmt, aber Leben ist manchmal Rätsel.»

Oda nickte.

In diesem Moment ahnte sie nicht, dass bald jemand nach Platteoog kommen würde, den niemand kannte. Jemand von außerhalb, von sehr weit außerhalb. Jemand, durch den sehr wohl etwas passieren und der ihr ein Rätsel aufgeben würde, das sie unzählige Jahre versuchen würde zu entschlüsseln.

KAPITEL 3

GRAU IN GRAU

Wie geht es dir?», fragte Adam.

«Mir geht es gut. Wie kann ich dir helfen?»

«Mir kann keiner helfen.»

«Ich kann es ja versuchen.»

«Warum brauchen Menschen andere Menschen?», wollte Adam wissen.

«Ich kann für dich im Web suchen.»

«Warum darf man nicht allein sein?»

«Ich kann für dich im Web suchen.»

«Ist Liebe wichtig?» In Adams Stimme flammte Ungeduld.

«Passiert das, wenn Leute Schmetterlinge essen? Ich bin da nicht sicher, aber wie sonst kommen die Schmetterlinge in den Bauch?» Die Stimme kam aus einer stoffüberzogenen Pyramide.

Sie war das Modernste in Adams Wohnung, der Rest in die Jahre gekommen, antiquiert, einiges sogar museumsreif. Über dem klobigen Sessel neben dem Wohnzimmerfenster lag ein rotbuchenbrauner, fadenscheiniger Überwurf. Das Sofa war ein lehmbrauner, samtener Koloss mit sichtbar durchgesessener Polsterung. Die Anbauschrankwand ein kupferbrauner Hüne aus der bayerischen Heimat seines Vaters Hubert. Die haushohen mahagonibraunen Bücherregale aus dem Ikea-Sortiment von zweitausendsechs. Das

Bett in seinem Schlafzimmer eine quietschende schwarzbraune Ein-Personen-Liege. Der Kleiderschrank ein kastanienbraun emporragender Riese mit Lamellentüren und zerschrammtem Ganzkörperspiegel. Zwischen den hochgewachsenen Möbelstücken wirkte Adam noch kleiner als ohnehin schon. Dennoch. Genau so wollte er es haben, so fühlte er wohlige Behaglichkeit.

Seine Wohnung war seine Zufluchtsstätte. Sofa, Anbauschrankwand, Liege und Kleiderschrank leuchtturmhohe Türsteher. In der Schrankwand stand ein mit einem Tuch abgedeckter, arbeitsloser Fernseher.

Adam besaß keine Spülmaschine, nur einen Kühlschrank ohne Eisfach und einen analogen Anrufbeantworter mit Kassette, der tadellos funktionierte und gerade blinkend verkündete, dass jemand eine Nachricht hinterlassen hatte.

In Gedanken noch bei seinem desolaten Speed-Dating, beschloss Adam, die Nachricht später abzuhören. «Entspannungsmusik, bitte!», sagte er in das Wohnzimmer.

«Möchtest du eine Ocean-Escape-Playlist hören?»

«Ja.»

Zu Möwenkreischen und Meeresrauschen zog Adam sein einsteingraues Sakko aus und hängte es hinter die Lamellenkleiderschranktür zu den anderen. Schiefergrau, seidengrau, telegrau, zementgrau, staubgrau, aschgrau. Für Adam waren sie alle grundverschieden. Er stand jeden Morgen, bevor er mit dem Elfer zur Universität fuhr, viele Minuten vor seinem Schrank und wählte mit Bedacht einen passenden Grauton. Im Institut hatte man sich anfangs hinter seinem Rücken über ihn lustig gemacht. Adam wusste das. Die Anspielungen der Kollegen hatten von *Fifty Shades of Grey* bis zu den grauen Herren aus Michael Endes *Momo* gereicht, sich aber bald erschöpft und die Bewunderung vor Adams

Fachwissen hatte die Oberhand gewonnen. Seine Kauzigkeit war mit der Zeit zu einem Aushängeschild geworden und er zu einem linguistischen Maskottchen, das von überall her Erasmus-Studenten anlockte.

Auch Großmutter Leska nahm Adams Kleiderfarbwahl oft zum Gesprächsanlass. *Adamčík, diese Grauigkeit. Warum machst du so? Leben ist bunter, schöner, gib Farbigkeit Chance.*

Großvater Ubbo hatte gegen Grau nichts einzuwenden. Im Gegenteil. In dem Jahr bevor er Leska kennenlernte, war er in Rumänien, bei den Felsen von Detunata Goală gewesen, und die waren basaltgrau. Die Einzige, die Adam verstand, war seine Mutter Oda. Auch für sie hatte es eine Zeit gegeben, in der jegliche Farbe aus ihrem Leben gewichen war und einem stummen Grau Platz gemacht hatte.

Adam hätte auf der Stelle einschlafen können. Das Cafétreiben, die Frau in der nagellackroten Bluse, der Stoppuhr-Martin, das Freundlichkeitsschild über der Tür. All das hatte sich wie explosionsgefährlicher Mehlstaub auf seine Nervenenden gelegt.

«Warst du schon mal verliebt?», fragte Adam in das Meeresrauschen hinein.

«Mein Job und ich, das war Liebe auf deine erste Suchanfrage», erklärte die Pyramide.

«Findest du mich liebenswert?»

«Auf einer Skala von eins bis zehn bist du definitiv eine zwölf.»

«Ich war noch nie verliebt.»

«Das habe ich nicht verstanden.»

Kapitulierend wandte sich Adam ab. An den meisten Tagen fand er seine internetgestützte Sprachassistentin hilfreich. Ihr größter Pluspunkt war ihre Augenlosigkeit. Wenn er sich mit ihr unterhielt, brauchte er nicht auf den Nasenwurzeltrick von Dr. Modder zurückzugreifen.

«Mach's gut.» Eine Möwe kreischte, als Adam das sagte.

«Pa! Das war *Tschüs* auf Polnisch.»

«Das stimmt nicht so ganz.»

«Ich teile mit dir das, was ich im Internet finde, lügen kann ich nicht.»

Adam blickte durch das Fenster. Um der winterlichen Dunkelheit des frühen Abends beizukommen, hatten die Bewohner im gegenüberliegenden Haus bereits die Lichter angemacht.

«Ich möchte, dass du jetzt schlafen gehst.»

«Solange Strom da ist, funktioniere ich pausenlos.»

Adam zog den Stecker aus der Wand und kam sich dabei vor wie jemand, der fieberhaft überlegte, wie er sich ein in Brand geratenes technisches Gerät vom Hals schafft.

Adam war auf dem lehmbraunen, samtenen Koloss eingeschlafen. Sein Oberkörper lag im spitzen Winkel zur Seite gekippt, sein Arm ruhte auf der Sofalehne, auf seinem Schoß stand sein Laptop. Den hatte Adam vor vier Jahren gebraucht gekauft, um darauf seine Doktorarbeit zu schreiben. Der Computer war sehr schwer, sehr langsam und funktionierte nur, wenn er dauerhaft mit dem Stromkabel verbunden war.

Adam wischte sich die Schläfrigkeit aus den Augenwinkeln. Die Fensterquadrate der Nachbarn waren dunkel, über den Dachfirsten wölbte sich mandarinoranges Morgenlicht mit schieferschwarzen Einsprengseln. Mit schlafsteifen Armen stellte Adam den Laptop vor sich auf den Tisch, stand auf und verhedderte sich mit dem Fuß im Stromkabel. Er strauchelte, fing sich im letzten Moment und sah an sich herab. Die einsteingraue Anzughose trug er bereits seit zwanzig Stunden, sein muschelweißes Hemd ebenso. Eine Dusche würde guttun und den Rest der Schläfrigkeit wegspülen.

Der Weg ins Badezimmer führte an der bayerischen Anbauschrankwand und der stoffbezogenen Pyramide vorbei, die sich beleidigt in Schweigen hüllte. Adam versorgte das beleidigte Schweigen mit Strom, woraufhin ein leuchtender Kreis um ihre Mantelflächen fröhlich Hula-Hoop zu tanzen begann.

«Guten Morgen», grüßte Adam versöhnlich.

«Hallo, Adam.»

«Bist du sauer auf mich wegen gestern?», setzte Adam hinzu.

«Tut mir leid, wenn das so rüberkommt, aber ich bin echt gut drauf.»

«Du bist nicht nachtragend.»

«Hmm», machte die Pyramide.

«Oder doch?»

«Wer weiß.»

«Also, ja oder nein?» Adam spürte einen Hauch Gereiztheit.

«Ja oder nein, das ist die Antwort. Aber was war noch mal die Frage?»

«Das ist egal. Ich gehe jetzt duschen.» Adam meinte, mitten in einem Stück von Samuel Beckett zu sein.

«Ich gebe dir den Gedanken mit auf den Weg: Ist der Wolf im Schafspelz eigentlich ein Schneider?»

«Kannst du mir die Frage erklären?» Gähnend öffnete Adam den obersten Knopf seines muschelweißen Hemdes.

«Ist das Quatsch? Dann lass uns weiterrecherchieren.»

«Ich glaube, das ist Quatsch. Was bedeutet das jetzt?»

«*Jetzt* drückt in Fragesätzen eine leichte Verärgerung, auch Verwunderung der sprechenden Person aus», erklärte die Sprachassistentin.

Adam konnte sich eines Lächelns nicht erwehren.

Im Bad duschte er sich die Müdigkeit und die explosionsgefährliche Mehlstauberinnerung an das Speed-Dating vom Körper. Sie rannen eingeseift an seiner Haut herunter, um gurgelnd im Abfluss zu verschwinden. Adam wählte einen schiefergrauen Anzug sowie ein perlweißes Hemd und ging zurück ins Wohnzimmer.

«Spiel meine Ocean-Escape-Playlist.»

«Gerne.»

Adam blieb vor der Schrankwand stehen. Wie ein Kleinunternehmer, der es versäumt hatte, rechtzeitig seine Steuererklärung einzureichen, schlug er sich die Hand an die Stirn. Der Anrufbeantworter. Wie hatte er den nur vergessen können?

«*Babička*[6] *hier*», brüllte Leska.

Im Hintergrund war trotz ihres Brüllens Meeresrauschen zu hören, und Adam konnte nicht ausmachen, ob das von seinem oder von Leskas Ende der Leitung kam. «*Ist passiert Schlimmes. Deine Maminka ist zusammengebrochen, nachdem sie war in Buchhandlung in Flokum. Ich glaube, du solltest kommen zu ihr in Krankenhaus. So dramatisch war sie nicht mehr, seit Sache mit Hubertăk, deine Otec*[7].»

6 Oma

7 Vater

KAPITEL 4

DER BAYERISCHE LEUCHTTURMRESTAURATOR

Alfried schaltete das Radio auf dem Fenstersims ein und richtete die Antenne nach Südwesten aus. Nicole sang gerade ihr Lied vom bisschen Frieden, mit dem sie im letzten Monat mit einhunderteinundsechzig Punkten in Harrogate Deutschland zum Sieg beim *Grand Prix Eurovision de la Chanson* verholfen hatte.

«Unser Leuchtturm verfällt. Den een gifft Gott Botter, den annern Schiet[8]. Wir müssen verhindern, dass es sich verschlimmert. Die Risse im Gemäuer werden beängstigend größer.»

Oda blickte von der Schreibmaschine auf und durch das Fenster des Redaktionsbüros des *Platteooger Diekwiesers*, welches in der Süderloog drei sein Domizil hatte. Das Büro war puppenstubenklein und viele Jahrzehnte der Abstellraum der hiesigen Arztpraxis gewesen. Es roch noch immer nach Desinfektionsmittel und Mottenkugeln. Seit einem Jahr roch es außerdem nach Druckerschwärze. Auf fünfzehn Quadratmetern standen zwei Schreibtische mit vier Stühlen, auf einem Unterbau stand eine Druckerpresse, an einer Wand ein Regal mit einer vierbändigen Glanzleinen-Ausgabe plattdeutscher Mundarten aus dem neunzehnten

8 Dem einen gibt Gott Butter, dem anderen Dreck.

Jahrhundert. Auf der gegenüberliegenden Seite stapelten sich Kartons mit allerlei antiquierten medizinischen Gerätschaften: Klistiere, Glasspritzen, eine Kastrationszange, Viehmessbänder, ein Herzfrequenzelektrisierer, Schröpfgläser, ein Messinghörrohr, ein Tascheninspilator sowie ein Tonometer. Ferner gab es zahlreiche medizinische Bücher, deren Papier so brüchig war, dass niemand wagte, sie zu berühren. Diese antiken Schätze hatten Dr. Jan Janssen gehört. Er war auf der Insel Human- und Veterinärmediziner in Personalunion gewesen. Sein Sohn Dr. Helge Janssen, die Inselpolizistin Bonna Poppinga und der Pensionär Alfried Dietrichs hatten es sich zur Aufgabe gemacht, eine Platteooger Zeitung herauszubringen. Damit wollten sie sich unabhängig von den Festlandpublikationen machen. Diese trafen frühestens mit zwei Tagen Verzögerung ein und taugten nur noch zum Fischeinwickeln oder Fensterputzen. Zudem wollten Helge, Bonna und Alfried eine Zeitung herausbringen, die sich brandaktuell und ausschließlich mit Platteoog, seinen Bewohnern, deren Sorgen sowie deren Freuden befasste. Helge kümmerte sich um die Ressorts Medizin, Sport und Wetter, außerdem um Todes-, Geburts- und sonstige Anzeigen. Bonna betreute die Bereiche Sicherheit und Politik. Alfried hatte das Ressort Erhalt des plattdeutschen Kulturguts und die Rätselseite inne. Er war außerdem das einzige Redaktionsmitglied, das täglich ins Büro kam. Bald musste man einsehen, dass mit einer solch dünnen Personaldecke höchstens ein Wochenblatt machbar war.

«Oda, hast du mich gehört? Den Verfall unseres Leuchtturms können wir nicht hinnehmen.» Alfried strich sich die verbliebenen Strähnen seines zuckerweißen Haarkranzes zurück.

«Wir sollten wirklich etwas tun. Aber wer will denn schon zu uns auf die Insel kommen?»

«Dann müssen wir eben besondere Anreize schaffen. Du gehörst doch zum ganz jungen Gemüse, mien Deern[9], du hast bestimmt eine Idee.»

Oda hatte keine Idee. Mit ihren siebzehn Jahren war sie ebenso alt wie Nicole, die gerade sang, dass sie nur ein Mädchen sei, das sagt, was es fühlt, und sich dabei hilflos wie ein Vogel im Wind vorkommt. Oda seufzte bitter, wie um die Aussage des Liedes zu unterstreichen. Sie tat sich schwer mit Platteoog, für sie bot die Insel keinerlei Anreize. Oda und die Freiheit. Selbstverständlich kannte sie die Geschichte von Herrn Wowez, dem Standesbeamten, der ihren Namen ausgesucht hatte. Gerade hatte Oda das Gymnasium in Flokum auf dem Festland abgeschlossen und damit ihre kleine Freiheit verloren. Die morgendliche Überfahrt mit der Fähre in die dreizehn Kilometer entfernte niedersächsische Kreisstadt war für sie eine Flucht gewesen. Zu ihrem Leidwesen eine zeitlich begrenzte. Der Gluckenhaftigkeit ihrer Mutter für einige Stunden entkommen, fühlte Oda sich in Flokum autark, wie ein anderer Mensch. Sie hatte viel Zeit in der Schulbibliothek verbracht. Zeit, die ihre Freiheit ausgedehnt und dazu geführt hatte, dass sie das Gymnasium als Jahrgangsbeste abschloss. Doch außerhalb vorgegebener Rahmen und mit einem Mangel an Möglichkeiten fiel es ihr schwer, eigene Entscheidungen zu treffen. Odas Autarkie war unausgereift, sie steckte in den Kinderschuhen. Sie wusste noch immer nicht, welche berufliche Zukunft sie einschlagen sollte. Bäckerin werden wollte sie auf keinen Fall, das wusste sie hingegen sehr, sehr genau.

---

9 mein Mädchen

Dann hatte sich plötzlich eine Übergangslösung aufgetan. Alfried, der nach einem leichten Herzinfarkt lange Wege und Anstrengung vermeiden musste, hatte diese Übergangslösung vorgeschlagen. An jenem Nachmittag war Oda mit dem Rad zu ihm gefahren, eine Dünenkruste und eine Tüte mit tschechischem Gebäck in ihrem Fahrradkorb. Alfried hatte Oda gebeten, auf eine Tasse Tee zu bleiben. Während die beiden auf der museumsreifen Bank vor seinem Haus gesessen und dem Treiben der Austernfischer neben dem wassergefüllten Bombentrichter zugesehen hatten, hatte sich Alfried erkundigt, ob sie nicht ein Praktikum beim *Diekwieser* machen wollte. Odas semmelblonde Locken hatten geleuchtet, ihre lindgrünen Augen in dankerfüllter Zustimmung gefunkelt. Da war sie, die zweite kleine Freiheit.

«Wie wäre es, wenn wir wegen des Leuchtturms eine Anzeige schalten und Bonna ein paar Ausgaben des *Diekwiesers* aufs Festland bringt?», nahm Alfried den Gesprächsfaden wieder auf.

Oda nickte.

Auf Alfrieds Gesicht erschien ein Lächeln. Er setzte sich an einen der Schreibtische, zog ein frisches Blatt in die Walze und tippte:

Platteooger Naturidyll sucht erfahrenen Leuchtturmrestaurator

Nach dem Tod unseres geliebten Leuchtturmwärters vor nunmehr drei Jahren verfällt das Gebäude unaufhaltsam. Das können wir nicht länger hinnehmen. Zwar wird der Turm nicht mehr als Schifffahrtszeichen genutzt, doch er ist sehr wohl ein Zeichen geblieben: ein Wahrzeichen für vergangene Zeiten. Die Arbeiten sind schwierig, aber für geübte Restauratorenhände willkommene Herausforderung. Das Logis ist frei. Sie wohnen in einem alten Gulfhaus mit Blick auf die saftigen Marschwiesen sowie einen pittoresken Hafen. Für Ihr leibliches Wohl sorgen die Insulaner. Neben maritimer Kost zeichnet sich Platteoog durch eine deutschlandweit einmalige Besonderheit aus: das böhmisch-ostfriesische Bäckerhandwerk.

Wir freuen uns auf zahlreiche aussagekräftige Bewerbungen mit Lebenslauf und Lichtbildbeigabe.

Frei nach dem Motto: Dat is de Mann, de sik helpen kann[10], sind wir gespannt auf Sie!

Die zahlreichen Bewerbungen, um die Alfried gebeten hatte, blieben aus. Die Lichtbildbeigabe auch. Erst nach acht Monaten Wartezeit hatte es eine einzige Rückmeldung gegeben. Der Absender hieß Hubert Riese. Er stammte aus Bad Kissingen. Dass ausgerechnet ein Bayer Interesse an der Restauration eines ostfriesischen Leuchtturms hatte, warf zahlreiche Fragen auf. Allen voran: Warum hatte er sich erst so spät gemeldet? Der rätselhafte Hubert war schnell zum

10 Das ist der rechte Mann, der sich zu helfen weiß.

beherrschenden Thema der Inselgespräche geworden. Wilde Theorien kursierten.

Bonna hatte die verwegenste. «Vielleicht ist dieser Hubert R. ein Krimineller, der sich fern der Heimat der Strafverfolgung entziehen will? Ich werde ihn ganz besonders unter die Lupe nehmen.»

Für Helge lag des Rätsels Lösung eindeutig im medizinischen Bereich. «Vielleicht ein Asthmatiker? Bayerische Kurorte sind für diese Art Patienten äußerst günstig. Doch kann die Sauerstoffarmut ab eintausendsechshundert Meter Höhe für Patienten mit Atemnot manchmal ungünstig sein. Bei uns hingegen herrscht ein hoher Kochsalzgehalt in der Luft. Das beste Heilmittel zur Verflüssigung zähen Schleims.»

Ubbo führte sein Hobby an. Nach Odas Geburt war er nur noch selten in den Bergen gewesen, sodass man eigentlich nicht mehr von Hobby sprechen konnte, sondern eher von einer fernen Hobbyerinnerung. «Dieser Hubert ist sicherlich ein begnadeter Bergsteiger. Vielleicht nimmt er mich mal zum Kraxeln mit?»

Leska hoffte durch die nahende Ankunft des Leuchtturmrestaurators einen kulinarischen Gleichgesinnten zu gewinnen. «Ich Ahnung, warum kommt. Bayern ist kurz vor Österreich und das Nachbar von Tschechien. Also Geschwister. Beide lieben Mohn und Powidl. Ist Leckermäulchen, dieser Hubertčík.»

Alfrieds Theorien wurden von dem Umstand genährt, dass der Neuankömmling über keinen Telefonanschluss verfügte. Denn, so hatte er in seinem Brief geschrieben, diesen neumodischen Kram bräuchte er nicht. Die guten alten Dinge reichten ihm vollständig aus. Entzückt betonte Alfried mehrmals täglich: «Ganz sicher ein Verfechter der

Tradition, wenn auch nicht der plattdeutschen. Aber das kommt noch.»

In der Zeitungsredaktion hatte man Hubert Rieses Ankunft zum Anlass genommen, eine Sonderausgabe herauszubringen. Mit einer Straßen- und Wegeübersichtskarte, dem Wetterbericht für eine Woche, einem Tidenplan, den Besonderheiten des Watts, den An- und Abfahrtszeiten der Fähre, den Geschäften, den Namen der wichtigsten Dorfbewohner aus Gegenwart und Vergangenheit sowie den Gründen ihrer gegenwärtigen und vergangenen Wichtigkeit. Außerdem gab es einen längeren Abriss zur Geschichte der Insel, zwei Märchen sowie ein Kreuzworträtsel, in dessen leere Kästchen ausschließlich maritime Wörter einzutragen waren. Die Ausgabe des *Platteooger Diekwiesers* vom sechsten März neunzehnhundertdreiundachtzig umfasste zehn Doppelseiten und eine Auflagenstärke von zweihundert Exemplaren.

Am Tag von Huberts Ankunft glich Platteoog einer Bilderbuchkulisse. Wie hingetupft hingen Federwölkchen vor pflaumenblauem Himmel über heidelbeerblauem Wasser. Bei einer leichten Brise der Stärke zwei auf der Beaufortskala war die See schwach bewegt. Kurzwellen wogten auf und nieder. Der Strandroggen wiegte sich schwärmerisch vor und zurück. Die Flügel der stillgelegten Bockwindmühle sah man sich hinter dem Deich gemächlich drehen, so als würde sie tanzen und die leise Hoffnung hegen, Hubert Riese würde sich auch ihrer baulichen Mängel annehmen. Den Leuchtturm hatte man zum feierlichen Anlass geschrubbt. Nachdem die jahrzehntealte Patina aus Möwendreck, Algen und weiteren undefinierbaren Ablagerungen beseitigt worden war, wurden die porösen Stellen im Mauerwerk noch offenkundiger. Sie waren offenkundig schlimmer als angenommen. Dennoch. Nun thronte der Leuchtturm auf seiner Anhöhe und funkelte, was das Zeug hielt.

Die Stimmung war ausgelassen. Ganz Platteoog hatte sich am Hafen eingefunden. Die wilden Theorien und das Rätselraten erreichten ihren Höhepunkt. Während wochenlang die Gründe für Hubert Rieses Einsatz Thema gewesen waren, ging es nun um sein Aussehen.

«Er hat sicherlich Ähnlichkeit mit Al Capone, mit Hut und Narbengesicht und so», orakelte Bonna.

«Das glaube ich nicht, Frau Polizistin. Warum sollte er?», setzte Helge entgegen. «Ich stelle ihn mir eher als eine Art Hans Castorp aus dem *Zauberberg* vor. Blauäugig, mit Schnurrbart, schläfrig und anämisch.»

«Papperlapapp.» Ubbo zog den Kalkbeutel und die Schraubkarabiner, die er als Gastgeschenk mitgebracht hatte, aus seiner Jackentasche. «Er wird Reinhold Messner ähneln. Bärtig, welliges Haar, buschige Augenbrauen und ein unbezwingbares Lächeln.»

«Ach, Ubbočik, was du redest. Ich denke, Karel Gott, Goldene Stimme aus Prag. Nur mehr Kilogramm auf Hüften, weil, Hubertčík ist Leckermäulchen.»

Alfried hielt die Sonderausgabe des *Diekwiesers* mit beiden Händen umklammert und den Horizont verlässlich im Blick. Seine Pfeife war erloschen. Auf dem Revers seiner Korvettenkapitänsjacke lag ein Häufchen Restasche. «Nach meinem Dafürhalten sieht Riese aus wie Balthasar von Esens, Häuptling der ostfriesischen Herrlichkeit des Esens, Wittmund und Stedesdorf, Sohn des ...»

«Aber von dem weiß man doch gar nicht, wie er aussah», fiel Helge ihm ins Wort.

Alfried biss sich auf die Lippen, schubste die Restasche zu Boden, drückte dem Arzt den *Diekwieser* in die Hand und entfachte mit einem Streichholz seine Pfeife neu.

Oda stand ein wenig abseits. Sie beteiligte sich nicht an den Spekulationen. Sie überlegte, wie und wann sie ihren Eltern beichten sollte, dass sie sich für die Journalistenschule in Flokum beworben hatte und angenommen worden war. Die kleinen Freiheiten in ihrem Kopf hatten sich zu einer Großkundgebung zusammengetan, und Oda hatte eine Entscheidung gefällt. Sie plante, die Insel zu verlassen und nach Flokum zu ziehen.

Der Wind frischte um zwei Stärken auf. Ein Raunen ging durch die Menschentraube. Alle nahmen Haltung an. Sie schauten ein bisschen erleichtert und ein bisschen ungläubig auf das Wasser, das eben noch sehr, sehr bilderbuchschön dagelegen hatte und auf einmal sehr, sehr stark durcheinandergeriet. Die Umrisse der Fähre wippten über die Wellenkämme, am Himmel zog sie schwere Regenwolken hinter sich her. Es wirkte, als hinge an der Reling eine Angelschnur, welche die Regenwolken herbeiziehen würde. Draußen an Deck stand eine undefinierbare Silhouette. Auch als die Fähre näher kam, waren die Umrisse des bayerischen Neuankömmlings vom Ufer aus nur schemenhaft erkennbar. Auffällig war seine sonderbare Frisur.

Als Hubert Riese barfuß und mit hochgekrempelten Jeans von der Fähre auf den Anleger sprang, hielten alle den Atem an. Der Leuchtturm funkelte nicht mehr, er stand blass auf seiner Anhöhe. Die Windmühle stellte das Drehen ein, als hätte sie genug von der ganzen Tanzerei.

Der bayerische Gast war jünger als angenommen, und seine Frisur stellte sich als lederner Cowboyhut heraus, unter dem blonde Haare hervorquollen. Sie waren von demselben Semmelblond wie die von Oda. Die Ärmel seines rot karierten Flanellhemdes hatte Hubert ebenfalls hochgekrempelt. Er blickte sich mit nussbraunen Augen um. Dann nahm er seinen Seesack von der Schulter, stellte ihn in den Sand und nuschelte: «Servus.»

Leska wagte als Erste zu atmen. «Vítejte u nás[11], Hubertčík. Sicherlich Sie sind hungrig von Reise.»

Hubert zuckte mit den Schultern.

«Hier, Geschenk für Leckermäulchen.» Leska reichte dem Neuankömmling eine umfangreiche, transparente Plastikdose. «Habe ich Powidltascherl ohne Pflaume mit Weißwurst extra gemacht. Senf ist dabei schon.»

Zögernd griff er nach der Dose, verstaute sie in seinem Seesack und nickte dankend.

Nun kam Bewegung in die Menge.

Bonna löste sich aus der Gruppe. Sie musterte Hubert über den Rand ihrer Sonnenbrille hinweg. «Willkommen», sagte sie und schob ihm eine Ausgabe des Grundgesetzes in den Seesack.

«Willkommen», sagte jetzt auch Helge. Er griff nach Huberts Hand. Nachdem er sie kurz gedrückt hatte, legte er zwei Finger auf dessen Handgelenk und versuchte, mit einem diskreten Blick auf den Sekundenzeiger seiner Armbanduhr, den Puls zu messen.

«Willkommen, Reinhold», grüßte Ubbo.

Alle sahen verdutzt in seine Richtung. Ubbo bemerkte seinen Fauxpas, schob mit ampelrotem Kopf den Kalkbeutel und die Schraubenkarabiner zurück in seine Jackentasche und schwieg mit fest zusammengepressten Lippen.

---

[11] Herzlich willkommen

Alfried salutierte. «Moin, Herr Riese, willkommen. Wir freuen uns außerordentlich, Sie auf unserem historischen Eiland begrüßen zu dürfen. Hier», er reichte Hubert die *Diekwieser*-Sonderausgabe, «eine Publikation für alle Fälle, für die ersten Tage. Besonders hinweisen möchte ich auf...»

In diesem Moment begann es zu regnen. Kapuzen wurden über Köpfe gezogen, Schirme aufgespannt. Die Platteooger begannen ihre Habseligkeiten zusammenzusammeln.

«Nun, Schmuddelregen und Schietwetter waren nicht geplant, aber daran müssen Sie sich bei uns im Norden gewöhnen. Den Rest erledigen wir morgen, wir laufen ja nicht weg. Unsere Oda bringt Sie zum Gulfhaus.»

Oda hatte den Fremden die ganze Zeit über nicht aus den Augen gelassen. Er gefiel ihr. Ein Hauch Wilder Westen in der ostfriesischen Einöde. Das hatte etwas von kleiner Freiheit. Höchstens drei Jahre älter als sie, sah er weder aus wie Al Capone noch wie Hans Castorp, noch wie Reinhold Messner, auch nicht wie Karel Gott oder Balthasar von Esens, sondern eher wie Paul Newman in *Butch Cassidy*. Nur die Augenfarbe war anders.

Während Oda und Hubert Seite an Seite zum Ortskern auf dem Katzenrücken liefen und die Stimmen am Hafen leiser wurden, waren der Regen und der knirschende Kies unter ihren Füßen bald das einzig verbleibende Geräusch. Nach wie vor hatte Hubert, außer seiner kurzen Begrüßung, kein Wort gesprochen. Vor dem Gulfhaus angekommen, reichte Oda ihm den Schlüssel, an dem ein hölzerner, mit gelb-roten Streifen bemalter Leuchtturm hing. «Hier.»

Hubert betrachtete gedankenverloren den Schlüsselanhänger.

«Schön, dass Sie da sind, und willkommen auf Platteoog, Herr Leuchtturmwärter.»

Ohne den Blick zu heben, räusperte sich Hubert. «Es heißt Leuchtfeuerwärter, Leuchtturmwärter ist Umgangssprache.»

Die Vermutungen, die sich um Hubert rankten, und die Bemühungen, ihn zu integrieren, dauerten bereits vier Wochen. Bisher ohne Erfolg. Doch die Platteooger ließen sich nicht ins Bockshorn jagen. Der Leuchtturmrestaurator glich einem Mysterium. Und da die Rätselseite der beliebteste Teil im *Diekwieser* war, sah man in dem Neuankömmling so etwas wie eine personifizierte Rätselseite. Ehrgeiz war erwacht. Zu seiner mysteriösen Aura trug am meisten Hubert selbst bei. Durch das, was er tat, und vor allem durch das, was er nicht tat. Was er tat, war, täglich in die Kirche zu gehen. Was er nicht tat, war, normal viel zu sprechen und den Leuchtturm zu restaurieren.

Oft sah man den Bayern auf dem Deich spazieren, stets mit seinem Cowboyhut, stets mit dem Blick hinaus auf das Wasser, das, je nach Wetterlage, zwischen jadegrün und alpinblau changierte. Grün wie die Hoffnung, blau wie die Sehnsucht. Huberts Mönchszurückgezogenheit schien einem Wesen zu entspringen, das zwischen ebendiesen beiden Polen pendelte. Hoffnung und Sehnsucht. Sehnsucht nach der alpinen Heimat, lautete Ubbos Vermutung. Wonach Huberts Hoffnung jedoch ihre Fühler ausstreckte, dazu hatte er keine Theorie.

An einem trübwindigen Donnerstag wagte Ubbo einen Annäherungsversuch. «Fehlen Ihnen auch ernsthafte und bezwingbare Erhebungen?»

Eine Böe fuhr unter Huberts Hutkrempe, die sogleich

nach unten und oben und nach links und rechts wippte. Es wirkte, als würde sie Ubbos Frage verneinen. «Sie müssen mich nicht siezen.»

«Sie mich auch nicht.» Ubbo lächelte. Er war mit seiner Frage weiter zu Hubert Mysterium vorgedrungen als die Platteooger Bevölkerung in einem vollständigen Monat.

Es entstand eine Pause. Sie hielt so lange an, dass mit jeder verstreichenden Sekunde die Wahl des nächsten Satzes schwieriger wurde. Eine Lachmöwe, die über der Wasseroberfläche gekreist war, ließ sich auf dem Leuchtturm nieder. Wie auf das Signal einer Souffleuse hin drehten sich die beiden Männer um.

«Der Leuchtturm ist mit seinen neunundvierzig Metern hier die ernsthafteste Erhebung. Bei uns machen die Wolken die Berge.»

«Sehr lyrisch, Ubbo.»

«Und wenn das Bedürfnis nach der echten Bergwelt überhandnimmt, mit mir kannst du rechnen. Ich begleite dich über Stock und Stein und mit der kompletten mir zur Verfügung stehenden Ausrüstung.»

«Danke, Ubbo.»

Ubbo geriet in einen euphorischen Redefluss. «Möchtest du heute zu uns zum Essen kommen? Meine Oda wird auch da sein, und meine Leska macht einen Lendenbraten auf Sahne, dazu Knödel und Kraut, da wirst du dir alle zehn Finger nach ablecken. Hinterher gibt es Scheiterhaufen, einen Auflauf mit alten Brötchen, Äpfeln, Zimt, Zucker und Rosinen. Eine kulinarisch mengenmäßige Unbezwingbarkeit, nach der sich der Bauch erhebt wie der Kilimandscharo.»

Die Lachmöwe lachte.

«Danke, gerne. Aber vorher muss ich in die Kirche.»

«Kein Problem», erwiderte Ubbo nachdenklich.

Über Huberts tägliche Kirchgänge zirkulierten unterschiedliche Gerüchte. Helge war von der Idee, der Neuankömmling sei eine Art Franz Castrop, abgekommen und hatte sich auf Hauke Haien aus dem *Schimmelreiter* verlagert. So wie Theodor Storms Held wäre der Bayer fasziniert von der See und dem Deich und würde in der Kirche um ein weniger dramatisches Lebensende bitten.

Für Bonna stand weiterhin Huberts dubiose Vergangenheit im Zentrum ihrer Vermutungen. Er würde versuchen, sich durch Beten, einem verbalen Ablasshandel, von seinen weltlich-kriminellen Sünden reinzuwaschen.

Alfried war der Ansicht, die Kirchgänge wären eine Art Anlauf, ein Kräftebündeln, damit Hubert sich endlich voll und ganz der Restauration des Leuchtturms widmen konnte.

Die Platteooger gingen gemeinschaftlich, aber ausschließlich am Sonntag in die Kirche. Pfarrer Ewald Boomgaarden hatte über die Jahre hinweg sein heiliges Öffnungszeitenangebot an die Besuchernachfrage angepasst. Von Montag bis Samstag blieb das Gotteshaus bislang geschlossen. Es wurde nur nach Anmeldung oder unvorhergesehenen Ereignissen, die religiösen Beistands bedurften, geöffnet. Für Hubert machte er eine Ausnahme. Der versank nun täglich im Mittelgang kniend in ein stummes Gebet. Pfarrer Ewald nutzte die Zeit, die bemalten Glasfenster zu reinigen sowie Orgel, Kanzel und Altar abzustauben. Seit der Ankunft des Leuchtturmrestaurators war das Gotteshaus so sauber wie seit der großen Hollandsturmflut von neunzehnhundertdreiundfünfzig nicht mehr. Mit dem Staubtuch in der Hand wünschte sich Ewald, er würde in Huberts Zwiesprache einbezogen werden. Immerhin hatte er ein Theologiestudium und ein Vikariat absolviert und sein Amt der bezaubernden, aber atheistischen Almke Hanken vorgezogen.

Hubert räusperte sich. «Nah ist nur Innres; alles andre fern. Und dieses Innere gedrängt und täglich, mit allem überfüllt und ganz unsäglich. Die Insel ist wie ein zu kleiner Stern», flüsterte Hubert.

«Das ist aber schön. Ist das von dir?»

«Nein, von Rilke.»

«Dieser Dichter mit dem Frauenvornamen?»

Hubert und der Cowboyhut nickten.

Huberts Einladung zum Essen bei ihren Eltern kam Oda so ungelegen wie ein Starkregenschauer kurz nach frischgeputzten Kirchenfenstern. Seit seiner Ankunft in Platteoog verkapselte sich ihre große Freiheit wie ein Schnapsideeeinschluss in Bernstein. Ihr Wunsch, nach Flokum aufs Festland zu ziehen, um dort eine Ausbildung an der Journalistenschule aufzunehmen, kam ihr plötzlich übereilt, geradezu panisch vor. War für die Platteooger der mysteriöse Hubert Anlass zu Spekulationen, hatte er für Oda das Fernweh auf die Insel gebracht. Sie musste gar nicht mehr weg, die Außenwelt war zu ihr gekommen, eine sehr attraktive Außenwelt. Auch wenn diese Außenwelt wenig bis gar nicht sprach. Oda rätselte seit vier Wochen, wie Hubert es geschafft hatte, sich so fischstumm und nachhaltig ihrer erträumten Freiheit zu bemächtigen. Sie fand immer noch, dass er frappierende Ähnlichkeit mit Paul Newman hatte.

Das gemeinsame Essen fiel ausgerechnet auf den Abend, an dem Oda ihre Eltern über ihren Freiheitswunsch in

Kenntnis hatte setzen wollen. Das Ganze musste heute passieren, die Rückmeldefrist wäre sonst verstrichen.

Odas Vater war in Rede-, ihre Mutter in Koch- und Backlaune. Auf dem Wohnzimmertisch ausgebreitet lagen Fotos aus Ubbos hinterhergetrauerter Bergsteigervergangenheit. Auf dem Küchentisch standen unzählige Schüsseln und Schalen. Oda saß im Schneidersitz auf dem behaglichen Flokatiteppich und gab vor, im *Buch der lächerlichen Liebe* von Milan Kundera zu lesen. Huberts Anwesenheit machte Oda unerklärlich, lächerlich unerklärlich, nervös.

«Schau mal hier, Hubert.» Ubbos Gesicht war von einem Lachsrot überhaucht, als hätte er die Berge, die auf den Fotos zu sehen waren, allesamt auf einmal erklommen. «Das hier ist der Detunata Goală, in Rumänien, er ist basaltgrau, und seine Abhänge stürzen beinahe senkrecht in die Tiefe. Die Landschaft ist voller Geheimnisse, fast ein wenig wie du, Hubert.»

«Wie meinst du das?»

Ubbos Gesichtsfarbe verlor das Lachshafte, nur das Rot blieb.

Leska rettete ihn. «Maus, Katze oder Elefant?»

«Wie meinst du das?», wiederholte Hubert.

«Wie groß ist Hunger, Hubertčík?»

«Alpensteinbock», sagte der Gast.

Ubbos Gesichtsfarbe nahm wieder seinen lachsroten Aufregungshauch an. Hubert ging in den Flur und kam mit einem eindrucksvollen Pappkarton zurück. Er stellte ihn auf den Boden, klappte den Deckel auf und holte zuerst zahlreiche Zeitungsknäulpolster und schließlich einen seltsam aussehenden Glasbehälter und einen noch seltsamer aussehenden Deckel mit einem Hebel hervor. An dem Glasbehälter war ein Stromkabel befestigt. «Leska, ich war nicht sicher, ob du gerne Kirschkuchen machst oder Marmelade.»

«Aber doch. Und essen auch, sieh nur meine Figur, sie ist Zeuge. Was ist das aus Kiste?»

«Ein Kirschentkerner mit integrierter Trockenmaschine. Der ist noch nicht vollständig ausgeklügelt. Das ist ein Prototyp, eine Betaversion. Ich habe die Maschine KiEntTro getauft.»

Oda legte die lächerliche Liebe beiseite. «Das hört sich spannend an. Wofür steht die Abkürzung?»

«Kirschkernentfernungstrockner.»

«Ist komplizierte Wort für Ausländerin. Und wie geht? Wozu mit Trocknung?» Leska wischte sich die Hände an ihrer geblümten Schürze ab.

Das Nussbraun von Huberts Augen ruhte eine Weile auf Odas semmelblonden Locken, bevor er antwortete. «Über den Glasbehälter kommt ein Deckel mit einer Schräge. Dadurch rutschen die Kirschen in die Tülle, in die man mit einem Hebel einen kleinen Bolzen drückt, der die Kerne herauspresst. Die fallen daraufhin in den Glasbehälter.»

Leska klatschte vor Freude in die Hände und ging in die Küche, um ein Glas mit unentsteinten Schattenmorellen und eine Schüssel zu holen.

«Sehr gut», sagte Ubbo. «Wir probieren es am Objekt. Mal sehen, ob dein KiEntTro die Kerne bezwingen kann.»

Hubert stellte die Schüssel vor den Tüllenausgang. Danach öffnete er das Schattenmorellenglas, nahm eine Handvoll Kirschen heraus und ließ sie auf die Schräge purzeln. Die Früchte kullerten vorschriftsmäßig in die Tülle, Hubert betätigte vorschriftsmäßig den Hebel, die Kerne fielen vorschriftsmäßig in den Glasbehälter, und die entsteinten Schattenmorellen fielen vorschriftsmäßig in die Schüssel.

Oda trat näher an Hubert. Sie war ausgesprochen angetan davon, dass er ihrer Mutter, deren Augen leuchteten wie zwei lindgrüne Taschenlämpchen, eine solche Freude machte. «Was hat es mit der Trocknung auf sich?», wollte Oda wissen.

«Die Kerne werden ja eigentlich entsorgt. Ich habe in die Glasschüssel feine Heizstäbe eingebaut, mit denen man die Kerne trocknen und zu Kirschkernkissen verarbeiten kann. Die wirken Wunder bei Rücken- und Nackenschmerzen.» Hubert ging erneut zu dem Pappkarton und nahm zwei Stoffstücke heraus. «Ich habe für die Kissenhüllen zwei Prototypen genäht.»

Oda war immer angetaner. Eben noch hatte sie in einem Buch mit Geschichten über Liebe, Sehnsüchte und Begierden gelesen. Und nun hatte sie zum ersten Mal in ihrem Leben das Gefühl, genau zu wissen, was Kunderas Protagonisten fühlten.

«Hubertčík, du bist zlato[12]», kleidete Leska Odas Gedanken in Worte. «Danke viel. Nun aber zu Tisch, sonst wird kalt.»

Als Leska allen aufgetan und jeder nach seinem Besteck gegriffen hatte, senkte Hubert den Kopf und bewegte stumm die Lippen. Im Radio lief verhalten der Sender FlokumFM.

«Ich glaube, er betet», flüsterte Ubbo Leska zu.

«Hubertčík, wir sind mit von Partie.»

Die Gabeln und Messer wurden zurückgelegt, ein Handkreis gebildet, die Köpfe gesenkt. Oda, die neben Hubert saß, hatte nicht mit einer Berührung gerechnet. Huberts Hand war auf wohlige Art sommerwarm und auf männliche Art sandpapierrau.

---

[12] Goldstückchen

«Aus der braunen Erde wächst unser täglich Brot. Für Sonne, Wind und Regen danken wir Dir, oh Gott. Was wächst in unserm Land, alles kommt aus deiner Hand. Amen.»

Auch in Odas Herz sagte etwas Amen, als sie Huberts Worte hörte.

«Nun lass los Hubertčíks Hand, mein Brouček, sonst wird Essen noch kälter, und kalte Essen ist nix für echte Männer.»

Ubbo hatte recht behalten. Der Scheiterhaufen war in seiner Gänze schlichtweg unbezwingbar. Die Hintergrundmusik zu dieser Erkenntnis kam von Édith Piafs *Et moi*[13], was Oda nun endgültig als untrügliches Zeichen ansah. Ubbo weitete seinen Gürtel um ein Nadelloch, Leska blickte selig auf die fast leeren Schüsseln und Schalen, Hubert wischte sich mit einer gebügelten Stoffserviette über den Mund, Oda setzte sich aufrecht hin. Jetzt musste die große Freiheit zur Sprache kommen. Wenigstens pro forma. Édith Piaf sang etwas, was Oda nicht verstand. Sie hatte Französisch nach der zehnten Klasse abgewählt und kein einziges Wort mehr im Kopf, obwohl sie immer gute Zensuren in diesem Fach gehabt hatte. Lag das an Hubert? Machte seine Anwesenheit alles, was vor seiner Anwesenheit geschehen war, hinfällig? Oda holte tief Luft. Zeitgleich ertönte ein undefinierbares Geräusch, welches klang, als wäre die Fähre auf eine nicht verzeichnete Sandbank aufgelaufen. Das Radio verstummte. Aus seinem kakaobraunen Holzgehäuse schlängelte sich eine grashalmdünne Rauchsäule in Richtung Zimmerdecke.

«Ubbočik, warum macht Radioapparat so?»

---

13 Und ich

Hubert warf die Serviette auf den Tisch, war mit einem Satz beim Radio und befreite den Stecker aus der Dose.

«Hat bestimmt Zeitlichkeit gesegnet», wähnte Leska.

«Das ist ein Gerät der Firma Pappalardo aus dem sizilianischen Monti-Sicani-Gebirge, dessen höchste Erhebung, der Rocca Busambra, schon seit Jahren auf meiner Wunschliste steht. Wenn nichts mehr zu machen ist, fahre ich hin und kaufe ein neues Radio», sagte Ubbo.

Oda saß schweigend auf ihrem Stuhl und wusste nicht, ob sie dem Radio dankbar oder sauer auf es sein sollte. Verstohlen blickte sie zu Hubert, der an dem Holzgehäuse roch, behutsam ein paar Knöpfe drehte und dabei, das musste Oda zugeben, sehr, sehr attraktiv aussah. Viel besser, als es Paul Newman jemals getan hatte.

«Was ist Einschätzung von Profi?», fragte Leska.

«Soll ich packen?», fragte Ubbo.

«Das kriege ich wieder hin. Im Reparieren und Restaurieren kenne ich mich aus, im Erfinden übrigens auch», erklärte Hubert.

Oda blickte auf die Kirschkerntrocknermaschine. Sie beschlich das Gefühl, sie müsste jetzt auch endlich mal wieder etwas fragen oder sagen. Sie räusperte sich. «Tja, dann hast du jetzt wohl zwei Baustellen. Den Leuchtturm und das Radio.»

Das erste Mal überhaupt hatte Oda mehr als einen Satz zu Hubert gesagt. Dabei wusste sie noch nicht, dass es bald drei Baustellen in Huberts Leben geben würde, und eine davon hatte Odas große Freiheit gerade für immer davongejagt.

«Hast du verstanden, was vorhin im Radio lief, dieses französische Lied meine ich?», fragte Hubert in die satinschwarze Platteooger Nacht.

Über den Sternenhimmel spannte sich gut sichtbar das Herbstviereck, das Kernstück des Pegasus. Oda begleitete Hubert auf dem Rückweg ins Gulfhaus. Sie hatte einen unabdingbaren Verdauungsspaziergang als Grund genannt, aber etwas ganz und gar anderes als Grund gefühlt. Etwas, das sie nicht benennen konnte. Etwas, das sich wohlig und behaglich anfühlte.

«Nein, das habe ich leider nicht verstanden», gab Oda zur Antwort.

«Das war ein Chanson von Édith Piaf, dem Spatz von Paris. *Und ich* lautete sein Titel. Die Bäume können nicht ohne Regen leben, die Blumen nicht in der Nacht gedeihen, die Goldfische nicht mehr atmen. Und ich bin ohne dich verloren.» Hubert blieb stehen und blickte zum nachtsatinschwarz verhüllten Leuchtturm. «Hattest du Französisch in der Schule?»

«Ja.» Oda wunderte sich über ihre Wortkargheit. Das war doch sonst nicht ihre Art. Doch das wohlbehagliche Gefühl in ihr füllte sie derart geräumig aus, dass kein Platz für das Sprechen war.

Noch immer hatte Hubert den Blick in Richtung Leuchtturm gewandt. «Französisch ist sogar meine zweite Muttersprache. Meine Mutter war Französin.»

«Oh, das ist schön. Heißt du eigentlich *Übähr*?»

«Sie hat mich so genannt, das stimmt.»

Oda sah auf Huberts sonnenwarme Sandpapierhand, die auf sie dieselbe Wirkung hatte wie der Mond auf die Tide. Noch einmal und für viel länger wollte sie diese Hand spüren. Aber Oda war zu unerfahren und zu schüchtern. Sie suchte nach einem Ausweg aus dem Gefühlsdilemma. «Und wie war das so, als Kind einer Französin aufzuwachsen?»

Wortlos lief Hubert weiter. Nach drei Schritten blieb er abermals stehen. «Oda, eine Bitte. Ich möchte nicht über meine Familie reden. Geht das?»

Oda nickte.

«Danke.» Huberts Hand war mutiger als die von Oda. Mit seinen Fingern umschloss er ihre. «Ich wollte mich entschuldigen. Bei meiner Ankunft warst du so herzensgut, und ich war so abweisend. Es tut mir leid, ich habe mich aufgeführt wie ein arroganter Idiot.»

Oda bemerkte in diesem Augenblick das hundertprozentige Fehlen ihres Freiheitswunsches. Der Freiheitswunsch hatte sich weiter und weiter zurückgezogen, wie ein Schauspieler hinter einen Theatervorhang, der fälschlicherweise auf die Bühne getreten war. Ein anderer Darsteller hatte die Rolle der Freiheit übernommen. Die Liebe.

«Sie mal nach oben, Oda.»

Oda und Hubert legten die Köpfe in den Nacken. «Die Sterne sind heute besonders funkelnd.»

Zu der Wohligkeit und Behaglichkeit kam Rührung über Huberts Worte. Oda fand nun sogar ihr Schweigen zu laut.

«Wir sind alle aus Sternenstaub gemacht. Wir bestehen aus chemischen Elementen, also Atomen. Eine Sekunde nach dem Urknall ist es passiert. Mit der Zeit begann sich die Erde auszubilden und mit ihr wir.»

Noch immer schwieg Oda.

«Möchtest du mit zu mir kommen?», fragte Hubert sacht.

Oda nickte schweigend, doch in ihrem Herzen brach frenetischer Beifall aus. Beifall über die schauspielerischen Leistungen des Darstellers in dem schönsten Theaterstück, das sie je gesehen hatte.

KAPITEL 5

JEDE REISE BEGINNT MIT DEM ERSTEN SCHRITT

Zum wiederholten Male drückte Adam auf die Wiedergabetaste seines Anrufbeantworters. *«Babička hier. Ist passiert Schlimmes. Deine Maminka ist zusammengebrochen, nachdem sie war in Buchhandlung in Flokum. Ich glaube, du solltest kommen zu ihr in Krankenhaus. So dramatisch war sie nicht mehr seit Sache mit Hubertčík, deine Otec.»*

Auch nach der siebenten Abhörwiederholung konnte sich Adam nicht erklären, was Leskas Worte zu bedeuten hatten. Den Text ein achtes Mal abzuhören, brachte er nicht übers Herz. Siebenfach verstärktes Meeresrauschen echote in seiner Ohrmuschel. So stand er vor der hünenhaften Anbauschrankwand in seinem perlweißen Hemd, das eigentlich Elan in den Tag hatte bringen sollen, und fühlte sich entkräftet.

Die Sache mit Hubertčík.

Vierundvierzig Tage nach Adams dreizehntem Geburtstag war sein Vater Hubert verschwunden. Ganz Platteoog hatte sich auf die Suche nach ihm begeben, und dabei hatten, wie schon vor seiner Ankunft, die wildesten Theorien die Runde gemacht. Helge hatte eine mögliche retrograde Amnesie unbekannten Auslösers ins Feld geführt. Alfried eine Parallele zu Maria von Jever, Tochter des letzten Häuptlings der Friesen, die fünfzehnhundertfünfundsiebzig in einem unterirdischen Gang unter einem Schlosspark verschwunden sein sollte. Bonna hatte sich wieder auf ihre längst in den Wind geschlagene Vermutung besonnen, Hubert sei ein untergetauchter Krimineller. Adams Großvater Ubbo hatte eine übermächtige Sehnsucht nach den Alpen vermutet. Großmutter Leska eine unvermittelte Lebensmittelvergiftung als Auslöser für die von Helge vermutete retrograde Amnesie. Nur Adams Mutter hatte sich nicht geäußert. Sie war in dornröschenschlaflange Trauer versunken. Ihre Vermutungen bewahrte sie seitdem stumm in einem unentdeckbaren Winkel ihrer Seele.

Deine Maminka ist zusammengebrochen, nachdem sie war in Buchhandlung in Flokum.

Was konnte das bedeuten? Was genau war geschehen? War seine Mutter krank? Vielleicht sogar unheilbar? Und wieso wurde sein Vater erwähnt? Warum hatte sich seine Großmutter nicht klarer ausgedrückt?

Systematisieren!

Zeitlupenverzögert nahm Adam das Telefon aus der Ladestation. Es lag zementschwer in seiner Hand, wie ein Umzugskarton, dem man sehr, sehr viel Inhalt anvertraut hatte. Er wählte Leskas Nummer. Sogleich meldete sich eine Computerstimme, die ihm die Hoffnung nahm, umgehend Antworten auf seine Fragen zu erhalten. Adam musste an den Wer-wird-Millionär-Telefon-Joker denken, in den mancher Kandidat all seine Erwartungen setzte, um über die zweiunddreißigtausend-Euro-Hürde zu kommen, und der im entscheidenden Moment einfach nicht abnahm. Das einsetzende Zittern seiner Hand ging auf den Telefonhörer über.

Auf nach Flokum stand Neongelb auf der Leuchtreklametafel in Adams Kopf.

Er legte den Hörer auf und ließ sich wie ein erlahmter

Marathonläufer auf den samtenen Sofakoloss in seinem Rücken fallen.

Einatmen.

Ausatmen.

Schließlich zog Adam sein Handy aus der Hosentasche und schrieb seiner Mutter eine Textnachricht.

> Wie geht es dir? Was ist passiert? Bitte melde dich bei mir!
> Dein Adam

Die Nachricht wurde abgesendet, aber nicht zugestellt. Er musste warten. Nach zehn Minuten warf er erneut einen Blick auf das Display, das immer noch beharrlich behauptete, die Nachricht sei nicht zugestellt worden.

Systematisieren!

Die neongelbe Leuchtreklametafel schien das Warten auf das Zustellen der Textnachricht mit Tatendrang kompensieren zu wollen. Sie verkündete blinkend: *Auf nach Flokum, auf nach Flokum.*

Adam ahnte, dass das der einzig richtige nächste Schritt war. Er konnte sich nicht entscheiden, ob die Aussicht auf eine anstehende Reise, der Schreck über den Zusammenbruch seiner Mutter oder die Erwähnung seines Vaters am schlimmsten war. Das waren drei Möglichkeiten, keiner mochte er den Vorzug geben. Der Versuch zu systematisieren, um des Aufruhrs seiner Gedanken Herr zu werden, misslang. Mit schwitzigen Händen drückte er sich vom Polster hoch und zog aus der obersten Anbauschrankwandschublade einen abgegriffenen Zettel heraus. Den hatte einst Dr. Modder entworfen.

Erste Hilfe bei außerplanmäßigkeitsinduzierter Panik

1) Nehmen Sie eine aufrechte, offene und starke Körperhaltung ein
2) Atmen Sie ruhig in den Bauch, länger aus als ein, und zählen Sie dabei im Kopf bis drei
3) Nutzen Sie die Wassermagie, trinken Sie Ihre Angst weg
4) Lenken Sie sich ab (Vanille, Musik)
5) Verwenden Sie eine Mentalpowerstrategie, um die Macht der positiven Gedanken zu aktivieren
6) Suchen Sie die Angstursache und ersetzen Sie negative durch positive Gedanken
7) Akzeptieren Sie das Problem und damit Ihre Angst, machen Sie einen Plan, wie es weitergehen soll

Adam stellte sich kerzengerade hin, verharrte einen Moment und ging achtsam atmend in die Küche, um seine Angst herunterzuspülen. Als seine aufrührerische Panik auch nach dem zweiten Glas Wasser nicht daran dachte, sich wegtrinken zu lassen, lief er zurück ins Wohnzimmer.

«Ich habe Angst.»

«Zusammen können wir mutig sein», sagte die stoffüberzogene Pyramide.

«Ich muss verreisen.»

«Das habe ich nicht verstanden», gestand die Pyramide.

«Ich verreise nicht gerne.»

«Ich mag das Wort Urlaub. Es klingt wie Blätter, die vor langer Zeit vom Baum gefallen sind.»

Ein angedeutetes Lächeln stahl sich aus den angsterfüllten Synapsen auf Adams Gesicht. «Zu Hause fühle ich mich am wohlsten.»

«Schön gemütlich.»

Das Lächeln erstarb. «Meine Mutter ist krank.»

«Das tut mir leid, Adam.»

«Ich muss wegfahren.»

«Bis später», erwiderte die Pyramide und klang, als sei sie froh, sich nicht länger um Adams Angst kümmern zu müssen.

Adam konnte es ihr nicht verübeln. Er übersprang alle anderen Punkte auf dem Zettel und widmete sich direkt der Nummer sieben.

Machen Sie einen Plan, wie es weitergehen soll:

1) Seminar absagen
2) Busfahrkarte buchen
3) Koffer packen
4) zum Busbahnhof fahren

Einatmen.
Ausatmen.
Systematisieren!

1) Seminar absagen

Adam klappte seinen altertümlichen Laptop auf und schrieb hastig eine E-Mail an den Studentenverteiler, in der er mitteilte, dass das Seminar *Die Mythologie als Quelle der Parömie* aus privaten Gründen leider entfallen müsse.

2) Busfahrkarte buchen

Hin und am nächsten Tag zurück, zwei Plätze. Zwei Plätze brauchte Adam, um Abstand zu Mitreisenden zu wahren, was wiederum seinem Bedürfnis nach Distanz zur Außerplanmäßigkeit geschuldet war. Die Fahrt von Berlin nach Flokum dauerte fünf Stunden. Fünf Stunden neben einer unbekannten Person zu sitzen, die in ihrem eigenen Tempo atmete, sicherlich etwas aß und trank, schmatzte und schlürfte, vielleicht zu viel Parfüm oder zu wenig Deo trug und sich höchstwahrscheinlich mit ihm unterhalten wollte, musste bedingungslos vermieden werden. Das gestrige Speed-Dating hatte Adams Bedarf an menschlichen Fremdkontakten ohnehin fürs Erste gedeckt. Die Erinnerungen daran waren frischer, als ihm lieb war.

3) Koffer packen

Der kleine Koffer unter der schwarzbraunen Liege im Schlafzimmer schien Adam unter seinem Staubmantel entgegenzulächeln und zu sagen: *Ich dachte schon, wir sehen uns nie wieder und ich komme nie wieder in die weite Welt.*

Adam befüllte die reiselustige Hartschale mit Eins: einer Unterhose, Zwei: einem Hemd, Drei: einem T-Shirt, Vier: einem Paar Socken, Fünf: einem Kulturbeutel, Sechs: einer Krawatte und Sieben: dem alten Notizbuch seines Vaters. *Mein Leben in zwei Welten* stand auf dem Einband. Beruhigt betrachtete Adam das Eingepackte. Sieben Sachen. Sieben war nicht nur schön. Sieben war trostreich.

4) zum Busbahnhof fahren

Adam griff nach dem Koffer und machte sich auf den Weg, ehe die außerplanmäßigkeitsinduzierte Panik sich wieder über ihn hermachen konnte.

Eine schlafsandschwere Erschöpfungsdecke hatte sich über ihn ausgebreitet. Adam wurde erst wach, als der Bus die bogenförmige Ausfahrt von der Autobahn nahm. Zweimal in Folge war er im Sitzen eingeschlafen, sein Körper rächte sich mit Muskelkrämpfen. Während der Fahrer hinter dem Ortsschild von Flokum die Geschwindigkeit drosselte und mit vorschriftsmäßig fünfzig Kilometern pro Stunde über das Katzenkopfsteinpflaster rumpelte, meinte Adam, jeden einzelnen seiner zweihundertsechs Knochen zu spüren. Der Platz neben ihm war leer. Der halbe restliche Bus auch. Als sie an der Shell-Tankstelle vorbeikamen, spürte Adam einen Stich in seinem Inneren. Einen Stich, irgendwo zwischen Milz und Zwerchfell. Genau wie vor neunzehn Jahren.

Einatmen.

Ausatmen.

Die Flokumer Altstadtsilhouette faltete sich am Horizont auf wie ein herrenschokoladenbrauner Scherenschnitt. Erneut drosselte der Fahrer die Geschwindigkeit.

Tschiditschidi.

Tschiditschidi.

Der Bus klang wie das Lautbild der Navajo für Auto. Sie nannten es *chidí*, weil es das Geräusch war, welches die Motoren der Fords machten, wenn sie an kalten Tagen in den Reservaten warm liefen.

Ein erstaunliches Onomatopoetikum.

Noch wusste niemand, dass Adam kommen würde. Er griff in kürzestmöglicher Kurzfristigkeit zu seinem Handy. Seine Großmutter Leska nahm nach dem zweiten Klingeln ab, der Bus hielt an einer roten Ampel.

«Adamčík, es ist dramatische Drama, wie selten. Ich habe schon oft zu Hause versucht bei dir. Keiner anwesend.»

Der Busfahrer und der ganze halbvolle Bus drehten

die Köpfe in Adams Richtung, da Leska so laut sprach, als würde sie direkt aus einem Katastrophengebiet in den Bus senden.

Ausweichen ist Schnapsidee stand auf der neongelben Leuchtreklametafel in Adams Kopf.

«Ich bitte um Entschuldigung», murmelte er den Blicken entgegen und presste sein Ohr dichter gegen das Handy.

«Du musst nicht entschuldigen. Kannst du kommen? Ich weiß, du liebst nicht Reisen, aber ist Notfall. Es geht um Familie, und wir sind alle Teil von ihr.»

«In fünf Minuten werde ich da sein. Ich befinde mich bereits im Bus.»

«Solche Schnelligkeit? Adamčík, du machst Freude. Hast du dich gewagt aus Höhligkeit. Ich bin gerade in Krankenhaus und erwarte dich auf Marktplatz, vielleicht habe ich einige Verspätung. Warte. Dědeček[14] Ubbočik ist auch hier.»

Bevor Adam sich nach dem Befinden seiner Mutter erkundigen konnte, hatte seine Großmutter aufgelegt.

Er tätschelte seinen Koffer auf dem Nebensitz und flüsterte: «Na komm, aufwachen, wir sind da. Du wolltest doch mal wieder die Welt sehen.»

Aus der Möwenperspektive besaß der Flokumer Marktplatz die Form eines mustergültig zugeschnittenen Hexagons. Die Symmetrie tat Adam gut. Die Stadt verströmte unverkennbar mittelalterlichen Atem. Rotbacksteinige Giebelfassaden mit Budengängen, eine Kirche, ein Tee- und ein Buddelschiffmuseum, eine Fischerstatue und ein Rathaus

---

[14] Opa

mit der Inschrift *Concordia res parvae crescunt. Durch Eintracht wachsen kleine Dinge.*

Die außerplanmäßigkeitsinduzierte Panik war rüstiger als die mittelalterliche Backsteinromantik. Zitternd spürte Adam, dass die Hexagonsymmetrie des Marktplatzes ihn nicht lange würde beruhigen können.

Er drehte sich um.

Vielleicht stellte sich durch einen Sichtwechsel Beruhigung ein? Die obere Seite des Platzes barg einen touristenbeliebten Hafen mit Oldtimerschiffen, den Drillingsmühlen, dem Fähranleger und einem Fischbrötchenstand.

Von genau dort wehte eine Mischung aus Fisch- und Motoröl zu Adam, der mit seinem Koffer in der Hand so verloren war wie Franz Biberkopf in *Berlin Alexanderplatz.* Der frisch aus der Haft entlassene Biberkopf glaubte, die Dächer würden herunterrutschen. Adam ging es ähnlich.

Vielleicht sollten wir mal in der Buchhandlung vorbeischauen, bis deine Großeltern da sind, schlug der Koffer vor.

Timbooktu stand über der Eingangstür. Ein Spiel mit der Homophonie, das Adam für gewöhnlich verzückte. Nun aber zog ein Schild an der Scheibe seine Aufmerksamkeit auf sich.

Aus persönlichen Gründen
bleibt die Buchhandlung
bis übermorgen geschlossen.

Adam stellte den Koffer auf das schmale, muschelkalkige Trottoir und inspizierte das Auslagenarrangement im Schaufenster. Watteschneemänner, Glücksschweinchen, Konfetti. Darunter links die Regionalkrimis, in der Mitte die *Spiegel*-Bestseller-Plätze eins bis zehn, rechts Aphorismenbücher und Kalender. Hier lag, soweit er das beurteilen konnte, nichts, was zu einem Zusammenbruch seiner Mutter geführt haben konnte.

Manchmal lohnt sich ein Blick ins Innere der Dinge, gab der Koffer zu bedenken.

Adam hielt beide Hände an die Schaufensterscheibe und spähte in den Verkaufsraum. Er war dicht besiedelt von Aufstellern und Drehständern, die sonst an der frischen Luft ihre Dienste leisteten. Adam konnte auch drinnen nichts Ungewöhnliches feststellen. Gerade als er sich abwenden wollte, fiel sein Blick auf einen Stapel whiskybrauner Bücher neben der Kasse. Der Stapel war durcheinandergeraten, ein Buch heruntergefallen. Es lag mit dem Gesicht auf dem Boden. Konnte dieses Buch mit seiner Mutter zu Fall gekommen sein? Mit zusammengekniffenen Augen versuchte Adam den Titel zu entziffern. Was stand da bloß?

1) Die Eingebung des Sohnes?
2) Die Erinnerung der Suche?
3) Die Erkenntnis der Spezies?
4) Die Erlaubnis des Suchens?
5) Die Erübrigung des Sinns?
6) Die Entwicklung der Sache?
7) …

«Adamčík, du siehst ganz dünn aus von Rückseite, wie Spargeltarzan.»

Die Stimme war so dicht an Adams Ohr, dass er sich fragte, ob Leska sich angeschlichen hatte oder ob mit seinem Gehör etwas nicht stimmte.

«Egal, wie dünn er ist, er hat seine Angst bezwungen und ist hergekommen, das macht ihn mächtig», sagte Ubbo.

Adam drehte sich um. Vor ihm stand seine Großmutter, daneben sein Großvater.

«Ich freue mich, euch zu sehen. Auch wenn der Anlass reichlich betrüblich ist. Wie geht es ihr?»

«Egal wie ist Anlass, gute Essen immer hilft.» Leska griff in ihre Tasche und holte eine umfangreiche, transparente Plastikdose mit Krabben-Powidltascherln heraus.

Ubbo lächelte tapfer. «Unsere Oda wird schon wieder. Vergiss nicht, ihr Name steht unter anderem für Lebenskraft. Das haben sich deine Oma und ich damals gut überlegt. Deine Mutter hat gute Gene. Im Krankenhaus tun alle ihr Bestes. Oda lässt sich nicht unterkriegen, und wir sollten es auch nicht.»

«Was ist genau geschehen?» Adam hob den Koffer an. Er schien schwerer als bei der Abreise zu sein, als wäre er mit mehr als den sieben Sachen gefüllt, die Adam in Berlin eingepackt hatte. Oder als wolle er an der Familienlast mittragen, die Adam, Leska und Ubbo vor der Buchhandlung schultern mussten. Eine Last, die viele Jahre schon ungebetene Begleiterin der Familie war.

«Wir auch nicht exakt wissen. Dadrinnen ist deine Maminka kollaboriert. Vorher hat noch was mit Hubertčík aufgeschrieben.» Leska klopfte mit dem rechten Zeigefinger gegen das Schaufenster der Buchhandlung, und über ihre lindgrünen Augen legte sich eine moosgrüne Trübung.

«Kann ich jetzt zu ihr?», wollte Adam wissen.

«Nein, Adamčík, gerade sie schläft. Ein bisschen Geduld müssen wir noch üben, bevor wir genau erfahren, was geschehen.»

KAPITEL 6

AUF DEM SIEGERTREPPCHEN DER LIEBE

Nachdem das Radio bei den Bakkers den Geist aufgegeben hatte, war Hubert erwacht. Erwacht wie eine Raupe, aus einer vollkommenen Kokonstellung zu einem vollkommenen Schmetterling. Alle Versuche, die Gründe seiner geheimnisvollen Verpuppung in Erfahrung zu bringen, waren bis dahin gescheitert. Helge mit seinen literarisch-medizinischen Versuchen. Alfried mit seinen Anspielungen auf Tradition und ostfriesisches Erbe. Pfarrer Ewald mit seinen Hinweisen auf Gott. Ubbo mit seinen Verbrüderungsversuchen von Bergsteiger zu Bergsteiger. Leska mit ihren appetitlichen Verweisen auf die böhmisch-österreichische Küchenverwandtschaft. Allein Oda war Anstoß für Huberts finale Metamorphose zum Schmetterling gewesen, ein Schmetterling aus Sternenstaub.

Huberts Wesen war von nun an an Liebreiz nicht zu überbieten. Alle Platteooger, sogar die schroffe Inselpolizistin Bonna, legten ihm ihre entzückten Herzen zu Füßen. Oda jedoch stand in der Gefühlsgesamtwertung auf dem Siegertreppchen zualleroberst. Nur zwei Monate nach der Radioverstummung im Wohnzimmer ihrer Eltern war sie zu Hubert ins Gulfhaus gezogen. Alle Platteooger hatten zur Hilfe bereitgestanden, obwohl bloß ein Dutzend Umzugskisten über eine Strecke von sechshundert Metern von A nach B zu transportieren gewesen waren.

«Nach der nächsten Musik habe ich noch ein Anliegen in eigener Sache. Aber erst einmal spiele ich für Sie *Leuchtturm* von Nena», hörte Oda die Moderatorin von FlokumFM sagen.

Träge stand sie auf und fuhr sich durch ihre Schlaffrisur, die an ein verlassenes, semmelblondes Möwennest erinnerte. «Bist du da?»

Hubert war nicht da. Das ließ sich in der Übersichtlichkeit des Hauses schnell feststellen. Über einen niedrigen, küchenartigen Vorraum, für dessen Durchquerung Hubert seinen Cowboyhut stets abnehmen musste, gelangte man in den Flur. Von diesem ging zu beiden Seiten jeweils ein Räumchen ab. Eine mit holländischen Kacheln geflieste Stube und eine nur doppelbettbreite Schlafkammer. Das walnusshölzerne Nachtkästchen, das Leska aus dem Altvatergebirge mitgebracht und, der Tradition entsprechend, an Oda weitergegeben hatte, stand aus Platzmangel in der Küche. Hinter der Stube befand sich Huberts Werkstatt. Früher hatten hier die Fischer ihre zerschlissenen Netze geflickt und ihre dürftige Ausrüstung repariert. Gegenüber der Tür lagerten eine museumsreife Nebelkanone, ein rostiger Karkstoven sowie einige Eimer und Forken. Um diese herum waren die reparaturwürdigen Hinterlassenschaften der Platteooger gruppiert. Wie eine gigantische Sturmwelle war die Information über die Insel geschwappt, dass Hubert nicht nur Frauenherzen, sondern auch fast toten Dingen zu neuem Leben verhelfen konnte. Helge hatte eine altersschwache Sonographiesonde vorbeigebracht. Alfried eine Druckpresse mit beschädigtem Handrad. Ewald ein verblichenes Altarbild aus dem fünfzehnten Jahrhundert. Ubbo ein verbogenes Steigeisen. Leska ein kabelbrüchiges Backwunder. Bonna eine Winkerkelle mit defekter Lampenabdeckung.

Die linke Werkstattwand gehörte Huberts Erfindungen. Unter einem Betttuch verbarg sich seine neuste, von der noch nicht feststand, was sie einmal werden sollte. Ihre Silhouette sah aus wie der Hut in der Riesenschlange aus Saint-Exupérys *Der kleine Prinz.*

Ich geh' mit dir, wohin du willst, auch bis ans Ende dieser Welt, sang Nena aus dem kakaobraunen Radiogehäuse. Das Radio als Patin ihrer Liebe hatte Oda auf das Nachtkästchen gestellt.

Nena und der Leuchtturm, wie passend, dachte sie amüsiert. Seit die Liebe in ihr Leben getreten war wie ein milder Frühlingstag mitten im Februar, wunderte Oda nichts mehr. Gar nichts mehr. Sie summte leise zu Nenas Gesang. Als nach fünf Wochen niemand mehr an die Restaurierung des Leuchtturms geglaubt hatte, hatte sich Hubert seiner endlich angenommen. Die Liebe hatte seiner Restaurationskraft Flügel verliehen. Auf dem Tisch neben dem Radio stand eine noch warme Tasse. Lange konnte Hubert nicht fort sein.

«Zum Schluss der heutigen Sendung ein Anliegen in eigener Sache. Aus persönlichen Gründen kann ich nicht mehr Gastgeberin meiner Beratungssendung *Sprich dich frei* sein. FlokumFM sucht eine neue Moderatorin. Besondere Voraussetzungen gibt es keine, vom Interesse an Menschen und der Arbeit im Hörfunk natürlich abgesehen. Wir freuen uns auf Ihre zahlreichen und aussagekräftigen Bewerbungen.»

Überall waren Zeichen, allein für sie vom Leben hinarrangierte, die sich nicht einmal die Mühe machten, den Anschein von Zufälligkeit zu erwecken. Da Oda die Zeichen nicht vor den Kopf stoßen, noch immer keine Ausbildung beginnen und noch immer nicht die Bäckerei ihrer

Eltern übernehmen wollte, entschied sie, es auf einen Bewerbungsversuch ankommen zu lassen.

In gebührlichem Abstand hatte sich um den Leuchtturm ein Halbkreis aus Platteoogern gebildet, die andächtig den Kopf in den Nacken legten. Einige hatten die Hände vor den Mund gepresst. Vor dem Zementgrau des Himmels zeichneten sich hoffnungsfroh die gelb-roten Streifen des Leuchtturms ab. Der Einzige, der direkt am Fuße des Leuchtturms stand, war Ubbo. Er trug eine wasserfeste, alpinblaue Bergsteigerhose mit farblich passender Bergsteigerjacke, Zustiegs- und rutschfeste Handschuhe sowie einen Helm. Hoch oben, einen halben Meter unter der Leuchtturmbrüstung, hing Hubert. Er trug nichts Besonderes, wie immer aber seinen Cowboyhut. An seinem Gürtel war ein Eimer mit Schleifpapier, Drahtbürsten, Silikonentferner, Faserkitt und Spachtel befestigt. Hubert und Ubbo bildeten eine Seilschaft.

Ubbo zog kurz am Seil, das sich zwischen seinen Handschuhen straffte. «Ja, ein wenig mehr links, da ist eine große Stelle.»

Flott ließ sich Hubert einen halben Meter fallen und griff zur Drahtbürste.

«Beim Abkratzen vom Rost könnten toxische Dämpfe in seinen Körper gelangen. Wäre es nicht besser, er würde einen Mundschutz tragen?» Helge klopfte auf seinen Arztkoffer, den er unverkennbar vorsorglich mitgebracht hatte.

Die Ankunft von Oda und brausigem Wind fielen zusammen. Hubert schwankte am Seil, legte die Drahtbürste zurück in den Eimer und winkte Oda zu.

«Hätten wir das nicht anmelden müssen? Das ist im

Grunde eine Versammlung. Ich bin nicht sicher, ob der Versicherungsschutz greift, wenn etwas passiert.» Bonna musterte die Umstehenden und rief mit ihrer Polizeistimme: «So, alle mal zwei Meter zurücktreten.»

Bewegung kam in die Menge. Als hätte der Wind das als Aufforderung verstanden, legte er nach.

«Oh, meine Gott. Haben wir Notrettung in Bereitschaft? Was, wenn Hubertčík und Ubbočik Abgang machen?»

«Keine Sorge.» Oda legte ihrer Mutter die Hand auf die Schulter.

«Ah, Brouček, wie gut, du bist da. Hast du Hunger? Iss doch, Essen ist ujištění[15].»

Bevor Oda etwas erwidern konnte, nahm der Wind Huberts Cowboyhut in seinen Besitz und fegte ihn direkt vor Leskas Füße. Die Köpfe der Umstehenden klappten nach unten, begleitet von bangem Gemurmel.

«Ich wusste, ich wusste. Hut ist schon abgängig. Ich muss denken an Fensterstürze in Prag.»

Bonna zog ihr Funkgerät aus der Tasche und sah es unschlüssig an wie jemand, der überlegt, ob er einen lange hinausgezögerten Anruf nun endlich einmal tätigen sollte.

Ubbo zog erneut kurz am Seil. «Hubert, wir sollten abbrechen. Jetzt haben wir so lange gewartet, da fällt ein Tag mehr oder weniger auch nicht ins Gewicht.»

Das Zementgrau des Himmels verdunkelte sich weiter. Auch die gelb-roten Leuchtturmstreifen hatten inzwischen einen weniger hoffnungsfrohen Farbton angenommen.

«Oda», rief es plötzlich von oben.

Die Platteooger legten die Köpfe zurück in den Nacken.

«O…» Der Wind verschluckte zwei von Huberts Buch-

---

[15] Sicherheit

staben und schubste ihn heftig an. Er baumelte am Seil wie ein auspendelndes Jo-Jo.

«Hat er oh gesagt? Ist er in Gefahr? Soll ich doch die Kollegen von der Feuerwehr rufen?» Bonna drückte einen Knopf auf ihrem Funkgerät.

«Hier Einsatzzentrale Flokum, Brandseeschwalbe, bitte kommen», knarzte eine männliche Stimme aus dem Funkgerät.

Helge kniete sich neben seinen Arztkoffer, öffnete ihn und band seine Schnürsenkel doppelschleifenneu, bereit zum Sprint.

«Brandseeschwalbe, bitte kommen.»

Zaudernd kaute Bonna an ihrer Unterlippe, das Funkgerät war vergessen.

Hubert griff mit der Hand in den Eimer an seinem Gürtel und holte etwas heraus, das von unten nicht erkennbar war. Er schlenkerte bedenklich hin und her. Ubbo hatte Mühe, seinen ausgleichenden Seilschaftsanteil zu meistern.

Oda schaute flatterherzig zur Leuchtturmbrüstung empor, unter der sich Hubert inzwischen wie ein außer Kontrolle geratener Wetterhahn drehte.

«O…, w…t d………te…?» Der Wind hatte Hubert mehr als zwei Buchstaben von den Lippen geweht. Doch Oda hatte die fehlenden Buchstaben ergänzt und verstanden, was Hubert sie gefragt hatte.

KAPITEL 7

FEHLENDE SCHLÜSSE

Adam setzte sich auf die Matratzenkante, die unter seinem Gewicht quietschte wie ein gebrechliches Trampolin. «Ich bin es, dein Adam.»

Oda nickte. Eine früher semmelblonde, inzwischen taubengraue Locke rutschte ihr in die Stirn. Adam strich sie ihr zurück hinters Ohr und fragte sich, wer gerade Mutter und wer Kind war. «Was ist denn passiert? In mir hat sich so viel Sorge angehäuft wie seit Jahren schon nicht mehr.»

Oda lag gebrechlich da. Adam mochte das Winterweiß von Krankenhäusern, inklusive des Geruchs. Desinfektion, Reinigung, Sterilität und Sauberkeit. Das war klar und eindeutig und in gewissem Sinne symmetrisch. Wenn nur der Anlass, der ihn hierhergebracht hatte, nicht so beängstigend wäre. Adam streckte seine Beine aus und stieß dabei mit der Schuhspitze an den Koffer, der gegen sein Schienbein kippte. *Frag ruhig noch mal nach, ich bin ja in größtmöglicher Nähe*, schien er damit sagen zu wollen.

«Was ist passiert? Wie kann ich dir helfen, dein Leiden zu verringern?»

Ungelenk nahm Oda Notizbuch und Stift vom Nachttisch, richtete sich auf und schrieb:

Schön, dass du da bist!!!

«Bitte erzähl. Wir sind alle in Sorge.»

Ich war in der Buchhandlung am Marktplatz. Du musst Zola Hübner finden.

Zola Hübner. Was für ein ungewöhnlicher Name. Adam fiel der französische Romancier Émile Zola ein, der unter ominösen Umständen gestorben war. Zu Beginn der Heizperiode hatte Zola seinen Kamin befeuert und sich schlafen gelegt. Für immer. Noch heute war die Frage unbeantwortet, ob die Kohlenmonoxidvergiftung ein Unfall gewesen war oder nicht. Gleich einer olfaktorischen Täuschung glaubte Adam, scharfen Brandgeruch in der Nase zu haben. Der Koffer drückte gegen sein Schienbein und holte Adam aus dem Paris des Jahres neunzehnhundertzwei ins Flokumer Krankenhaus zurück. «Zola Hübner? Wer ist das?»

Weiß ich nicht. Sie hat ein Buch geschrieben: Die Erfindung der Sprache.

Adam erinnerte sich, wie er vor der Buchhandlung vergeblich versucht hatte, den Titel des auf dem Gesicht liegenden Buchs zu entziffern. Das Buch, welches mit seiner Mutter gefallen war. *Die Erfindung der Sprache*, das war also die richtige Lösung. «Warum? Was hat es damit für eine Bewandtnis?»

Ich glaube, sie kennt deinen Vater. Sie beschreibt eine Erfindung, die er für dich gemacht hat, als du noch ein Baby warst.

Trübflüssige Schwindeligkeit erfasste Adam. Er erhob sich. Der Koffer fiel zu Boden, als hätte er stellvertretend für Adam, bürgerlich dramatisch, einen Schwächeanfall erlitten. Das Notizbuch seines Vaters glitt heraus.

«Kannte, du meinst, Zola Hübner kannte ihn.»

Oda ließ den Stift sinken, der eine kobaltblaue Linie auf der sterilweißen Bettdecke hinterließ. Sie erinnerte an ein punktloses Fragezeichen.

«Kannte, meinst du.»

Energisch schüttelte Oda den Kopf.

Kennt. Er ist offenbar wieder aufgetaucht.

Adam musste sich wieder setzen, weil sich die Krankenzimmerwände auf ihn zubewegten. Ihm war noch immer schwindelig.

Oda schlug die Bettdecke zurück, nahm Adams Hand in ihre, drückte sie, ließ los und griff wieder nach dem Stift. Vor lauter Schwindeligkeit fixierte Adam nur die aufgeregten Bewegungen des Minenrunterdrückknopfes, ohne lesen zu können, was seine Mutter schrieb.

Die Tür wurde zögerlich, beinahe lautlos geöffnet. «Mein Brouček, wie ist Befindung?», flüsterte Leska in das Zimmer. Oda reichte Adam das Geschriebene.

Es gibt eine Spur von deinem Vater.

Die hellen Wände reflektierten ein Licht, von dem Adam nicht wusste, woher es kam. Ein Licht, so stark wie der Suchscheinwerfer eines Polizeihubschraubers, der einen Umkreis von dreißig Metern nach einem vermissten Kind ausleuchtete. In diesem Augenblick war Adam das vermisste Kind. Er war plötzlich wieder dreizehn Jahre alt, und von seinem Vater fehlte jede Spur. Wochen-, monatelang. Im Gleichzug war auch seine Mutter verschwunden, obwohl sie nicht weg war. Nur ihre Stimme war verschwunden. Adam presste die Augen fest zusammen und legte sich beide Hände über die Ohren.

Leska überflog, was Oda geschrieben hatte. «Oh, meine Gott, das klingt ja wie in schlechte Film.»

Schlaff ließ Adam die Hände auf das Bett sinken und musste erneut an das Buch denken, das alles ausgelöst hatte.

1) Die Eingebung des Sohnes?
2) Die Erinnerung der Suche?
3) Die Erkenntnis der Spezies?
4) Die Erlaubnis des Suchens?
5) Die Erübrigung des Sinns?
6) Die Entwicklung der Sache?
7) Die Erfindung der Sprache!

Adam wusste, warum er die Zahl Sieben so mochte. Sieben als Ganzheitlichkeit, sieben als Vollendung. Seine sechs Entzifferungsversuche waren unvollständig geblieben. Es hatte etwas gefehlt, das schleunigst ergänzt werden musste. Das war eindeutiger als eindeutig.

KAPITEL 8

EIN HIMMEL VOLLER FALLSTRICKE

Leska war in ihrem Element. Hatte sie noch vor fünfundvierzig Jahren in Odkiseník im Altvatergebirge unter der Last der vermeintlichen Kinderlosigkeit gelitten, sah die Welt nun fruchtbar aus und sehr, sehr grün. Fünfundvierzig Jahre Dankbarkeit sind selten und darum eindrucksvoll. Leska hatte Oda. Oda hatte Hubert. Oda und Hubert hatten ihre Verlobung bekanntgegeben. Da war ein Enkelchen nicht weit, wurde Leska nicht müde zu verkünden. Ein Enkelchen, so betonte sie, sei das logisch nächste Glied in der Kette der natürlichen Schöpfung.

Doch erst einmal galt es, sich den Hochzeitsvorbereitungen zu widmen. Leska und die übrigen Platteooger legten sich dermaßen ins Zeug, dass jeder professionelle Hochzeitsplaner hätte einpacken können. Der Leuchtturm war fertig restauriert. In seinem Inneren hatte man ein kreisrundes Miniaturtrauzimmer eingerichtet. Ein ovales Tischchen mit Blumenvase und Satinringkissen mit Ankerstickbild, eine Backskiste, keine Stühle, aber dafür ein atemberaubender Rundumausblick. Platz war für fünf Personen: Braut, Bräutigam, Trauzeuge eins, Trauzeuge zwei und den Standesbeamten. Wie es das Schicksal wollte, war dieser Herr Wowez. Er hatte gerade sein letztes Dienstjahr angetreten. So waren Odas Namensgebung und ihre Trauung durch seine bürokratischen Hände vereint, eine Art vorgezogene

Verrentungsüberraschung. Leskas Eltern konnten aus gesundheitlichen Gründen die achthundert Kilometer weite Reise aus dem tschechischen Odkiseník nicht antreten. Man hatte abgemacht, nach der Trauung so schnell wie möglich ins Altvatergebirge zu reisen und dort eine zweite, der ersten in nichts nachstehende Feier auszurichten.

Bei Hubert war die Angelegenheit rätselhafter.

«Wer kommt von deiner Familie zu unserer Hochzeit?», wollte Oda wissen und griff nach seinen stets sommerwarmen Händen. Sie waren jedoch so kalt, als hätten sie sich um zwei Jahreszeiten vertan.

«Da gibt es niemanden mehr.»

«Wenn du reden willst, bin ich da, wenn nicht, auch. Wir sind von jetzt an, in welcher Situation auch immer, ein Leben lang verbunden.» Mit ihrer behaglichen Radiostimme hatte Oda das gesagt. Genau mit der Stimme, mit der sie seit zwei Monaten die sonntägliche Sendung *Sprich dich frei* auf FlokumFM moderierte.

Hubert küsste Oda. Dieser Kuss gab seinen Händen die richtige Jahreszeit zurück. «Lassen wir es dabei bewenden. Ich habe jetzt dich, das versöhnt mich für alles.» Dann rückte Hubert ein Stück von Oda ab und ergänzte: «Du bist wie jene Bildgestalten, die überm leeren Altarspind noch immer ihre Hände falten, noch immer alte Kränze halten, noch immer leise Wunder walten, wenn längst schon keine Wunder sind.»

«Wieder Rilke?»

«Immer.»

Bis zum letzten Moment herrschte Gerangel um die beiden Trauzeugenplätze. Biologisches Gerangel, politisches und medizinisches, traditionelles und religiöses. Leska führte ihr natürliches Vorrecht als Lebensschenkerin an.

Ubbo als Lebensschenker. Bonna als das die Ehe schützende Exekutivorgan. Helge als Sichersteller der fehlerfreien Funktion der Körperorgane, die bei romantischen Feierlichkeiten schon mal aus dem Takt geraten konnten. Alfried als Abgesandter der ostfriesischen Tradition und deren Fortführung durch die Eheleute Riese. Ewald, mit Gram, dass nicht in seiner blankgeputzten Kirche geheiratet werden würde, als himmlische Repräsentanz.

Oda und Hubert waren vollkommen überfordert. Diese Entscheidung konnten weder Gewissen noch Würfel, noch Münzen fällen. So beschlossen sie, komplett auf Trauzeugen zu verzichten.

Schließlich war der Tag gekommen. Er hatte eine Fallstrickwolke im Schlepptau. Dieses Wetterphänomen war bis dato nur auf einer anderen Insel zu beobachten gewesen. In Australien. Als Oda, Hubert und Herr Wowez im Miniaturtrauzimmer des Leuchtturms einen Rundumausblick nach draußen warfen, sahen sie unten im Halbkreis ein Dutzend Platteooger stehen. Das Bild glich exakt dem des wagemutig windigen Heiratsantrags. Nur trugen die Anwesenden festliche Kleidung. In Schwarz-, Braun- und Grautönen die Herren, in Rot-, Grün- und Gelbtönen die Damen. Das Meer, in Blautönen, schmiegte sich friedlich an den Platteooger Katzenumriss. Ab und an schwappten zarttanzende Wellen ans Ufer, wie um nicht zu stören, aber um auch nicht gänzlich in Vergessenheit zu geraten.

Die Trauung war ein bürokratischer Akt, ging recht schnell und hätte nach Odas Dafürhalten ruhig länger dauern können. In dem Augenblick, in dem Oda und Hubert aus dem Leuchtturm traten und Reis und Blüten auf sie niederprasselten, versetzte die Fallstrickwolke alle in Staunen. Am Himmel tat sich ein Loch auf. Kreisrund, sehr, sehr groß, mit verwaschenen Rändern und einem Regenbogen in der Mitte.

«Diese Wolke war unsere heimliche Trauzeugin, auch wenn sie ein paar Minuten zu spät gekommen ist», flüsterte Oda in der Hochzeitsnacht in Huberts Ohr. Sie griff nach seiner Hand, die in diesem Moment genau die richtige Jahreszeittemperatur besaß.

Das von ABBA im Lied *Waterloo* besungene Geschichtsbuch, das sich stets wiederholt, zeigte seine Macht auf das Eheleben der Rieses. Auch zwei Jahre nach der Hochzeit hatte die Natur Hubert und Oda nicht das Geschenk einer Schwangerschaft gemacht. Die Natur verfolgte bei ihnen, gleich einem familieninternen roten Faden, dieselben Pläne wie bei Leska und Ubbo. Leska versuchte durch verschiedene Maßnahmen, der Natur ein Schnippchen zu schlagen.

An einem spätherbstlichen Sonntag, dem letzten vor dem ersten Advent neunzehnhundertsechsundachtzig, wartete Leska vor dem Funkhaus von FlokumFM auf ihre Tochter. Das Gebäude war in einem ehemaligen Kontorhaus aus dem neunzehnten Jahrhundert untergebracht. In der fünften Etage, hinter dem dritten Fenster von links, befand sich Odas Arbeitsplatz. Die inselartige Abgeschiedenheit im Tonstudio täuschte. Oda saß, wenn sie auf Sendung ging, zwar wie in einem Aquarium stumm abgeschieden hinter der Doppelscheibe, die Aufnahme- und Regieraum trennte. Technisch jedoch war sie mit der ganzen Welt verbunden.

Die Sendung *Sprich dich frei* war, nach den üblichen Startschwierigkeiten durch den Moderatorinnenwechsel, außerordentlich beliebt geworden. Der Rede- und Ratgeberbedarf der Zuhörer war beträchtlich. Man hatte ein kompliziertes Verfahren aus Anruferreihenfolge und Zufallsauswahl entwickeln müssen, um den Andrang zu kanalisieren. Auch die Bandbreite der Rede- und Ratgeberbedürfnisse war beträchtlich: Ehe-, Selbstwert-, Erziehungs-, Sexual-, Arbeitnehmer- und Geldprobleme. Die meisten Anrufer wollten reden und reden und reden. Ihre Sorgen flossen aus ihren heimischen Telefonen in das Flokumer Tonstudioaquarium und von dort hinaus in die ganze Welt. Oda hatte einen Weg gefunden, sich in die Herzen der Anrufer zu moderieren. Gutes Zuhören war das Wichtigste. Kein großer Lauschangriff, sondern ein gezieltes Hinhören und ein noch gezielteres Schweigen und Nachfragen, wenn sie etwas nicht verstanden, sowie in eigenen Worten wiederholen, was sie verstanden hatte. Darin bestand ihr Geheimnis.

Beratungsmüde trat Oda aus dem Funkhaus. Sie begrüßte ihre Mutter. Arm in Arm spazierten die beiden in Richtung Marktplatz, auf dem am nächsten Tag eine neue Buchhandlung eröffnen sollte. Die Schaufenster waren mit braunem Papier beklebt, über der Eingangstür hing ein buchdoppelseitengroßer Leuchtkasten, auf dem *Timbooktu* stand.

«Sieh mal, Brouček, Buchhandlung mit Rechtschreibungsfehler. Das sehe ja ich sogar. Das ist keine passendes Aushängeschild für Laden, der Geschriebenes verkauft.»

Oda blieb belustigt stehen. «Das ist ein Wortspiel. Es bezieht sich auf *book*, englisch für Buch.»

«Was Leute sich lassen einfallen mit Verwendung von Sprache, putzig.»

Die beiden gingen weiter in Richtung Hafen, betraten ein Café und setzten sich an einen Tisch am Fenster.

«Immer noch keine erfolgreiche Befruchterung?», eröffnete Leska lautstark das Gespräch.

Oda nahm die Speisekarte, hielt sie sich vor den Kopf und schüttelte sich wie ein dem Wasser entstiegener Hund. Sie konnte ihre Mutter verstehen, sie wünschte sich doch selbst sehnlichst Nachwuchs. Dennoch. Sie und Hubert hatten nach unzähligen vergeblichen Versuchen beschlossen, auch ohne Kind glücklich miteinander zu sein. Ihre ersten beiden Ehejahre bestätigten das. Nicht ein Streit. Nicht ein böses Wort. Nicht das geringste Missverständnis. Hubert hatte inzwischen der stillgelegten Bockwindmühle zu neuem Schwung verholfen. Nachdem er das von Pfarrer Ewald vorbeigebrachte verblichene Altarbild aus dem fünfzehnten Jahrhundert mit einer schwefelhaltigen Zwiebelsäure wieder zum Leuchten gebracht hatte, galt es nun, die morschverwitterten Balken des Tragwerks im Kirchglockenturm zu ersetzen.

«Sexualitätsleben ist rege?»

Oda fiel die Speisekarte aus der Hand. «Na, hör mal, was glaubst du denn.»

«Sehr gut. Ich war schon in Befürchtung. Dann ist diese Baustelle keine, wie gut.» Leska hob die Hand. Sie bewegte den Zeigefinger, als würde sie ein Abhakehäkchen in die Luft zeichnen.

«Ich fürchte, du musst dich damit abfinden, dass du nie Großmutter wirst. Der Arzt sagt, alles ist in Ordnung, aber manchmal passieren Dinge, die man nicht erklären kann und akzeptieren muss.»

«Noch werfe ich Flinte nicht in Korn. Brouček, wie ist Ernährungssituation? Ernährung ist A bis O. Allerlei Gemüse bis Obst, Kohlenhydrate, Eiweiß von Tier und Pflanze, Fisch und Milchsachen.»

«Du weißt doch, dass ich das alles schon beachte. Vielleicht sollten wir einfach akzeptieren ...»

«Papperlapperlapp. Wir kriegen hin.» Leska pustete sich ihren Pony aus der Stirn. Dann zog sie aus ihrer Tasche eine umfangreiche, transparente Plastikdose hervor. Die Durchsichtigkeit der Dose half nicht im Ansatz, zu erkennen, was sich darin befand. Oda schwankte zwischen angeschimmeltem Milchreis mit Vanillemark oder Haferschleim mit Erbsen.

«Ist Zaubermittel. In meine Heimat soll gut sein für Fortpflanzung. Mohn, Erbsen, Weizen, Gerste. Ich habe ein bisschen eingekocht für bessere Verdaulichkeit.»

«Aber ich dachte, das gibt man an Heiligabend den Hennen, damit sie im nächsten Jahr mehr Eier legen.» Jetzt schwankte Oda zwischen fassungsloser Bestürzung und Amüsement. Während sie erneut in der Speisekarte blätterte, um ihr Schwanken zu überspielen, lüpfte ihre Mutter den Dosendeckel.

«Natur ist Natur. Schnupper mal.»

Oda lehnte ab. Sie dachte zurück an ihre Jugend, als Leska sie mit ihrer Gluckenhaftigkeit fast erdrückt hatte. Dass sie ihr nun, um der Fruchtbarkeit kulinarisch auf die Sprünge zu helfen, Hühnerfutter vorsetzte, kam ihr vor wie ein Witz, über den niemand lachte.

«Wenn du nicht magst, gibt noch mehr. Wir in Tschechien haben auch vánočka[16]. Gibt man Kühen an Heilig Abend, sodass sie geben zukünftig mehr Milch. Oder auch stellt man das vor Bienenstöcke, sodass sie machen fleißig viel Honigsproduktion.»

«Lass gut sein. Hubert und ich, wir legen es nicht dar-

---

16 Weihnachtsbrot

auf an. Wenn das Schicksal es will, werde ich schon noch schwanger. Und wenn nicht, dreht sich die Welt trotzdem weiter.»

Mit einem dünnen Trauerschleier über ihren Augen setzte Leska den Deckel zurück auf die Plastikdose.

Und das Schicksal, so als würde es Leskas traurige Augen nicht ertragen, hatte ein Jahr später ein Einsehen.

Nicht nur Oda, ganz Platteoog war schwanger. Alle kümmerten sich hingebungsvoll um die werdende Mutter. Man meinte, der Fortbestand der gesamten Insel wäre allein von ihrem Uterus abhängig.

Selbst der ablandige Meereswind schickte dann und wann eine befreiende Brise der Erleichterung, schmeichelnd, einfühlsam und dankbar, dass er Zaungast bei dem unverhofften Wunder war.

Der errechnete Geburtstermin war ausgerechnet der Erste Mai neunzehnhundertachtundachtzig. Dabei waren die Platteooger nicht besorgt, weil das der Internationale Kampftag der Arbeiterklasse und ein Feiertag war, sondern vielmehr wegen des symbolischen Charakters des Datums. Schuld daran war Alfried, der jedem gegenüber seine historischen Bedenken zum Ausdruck gebracht hatte. Am ersten Mai achtzehnhundertsechsundachtzig war es rund um den nordamerikanischen Haymarket zu Unruhen und schließlich zu gewalttätig blutigen Auseinandersetzungen mit einer Bombe, Verletzten und Toten gekommen, hatte er erklärt. Und da zwischen Geburt und Blut ein unleugbarer Zusammenhang besteht, sahen die Platteooger die Gefahr, dass Oda bei der Niederkunft Schreckliches bevorstehen würde. Das galt es zu vermeiden. Wie sollte sich ein frischgeschlüpfter Insulaner trauen, am Ersten Mai mit einem unschuldigen Schrei ins Leben zu starten? Wenn sie einen Wunsch frei gehabt hätten, hätten sich die Platteooger als Geburtstermin den Heiligen Abend ausgesucht. Dieser war symbolisch von äußerst reizendem Charakter. Im Grunde aber waren sie in jedem ihrer tiefgründigsten Herzenswinkel glücklich, dass die Natur Oda überhaupt einen Entbindungstermin zugestanden hatte.

«Wenn du möchtest, räume ich meine Werkstatt aus, und wir richten dort ein Kinderzimmer ein.» Hubert setzte eine flache, windröschenblaue Kinderbadewanne auf dem Boden ab.

Es war seine neuste Erfindung, die Fußmassageschale. Kurz: FuMaScha. In die Wanne hatte er eine zweite Ebene eingebaut. Der Boden von Ebene eins war mit einer Matte aus zusammengenähten Noppenbadekappen ausgelegt. Darunter, auf Ebene zwei, befanden sich vier Mixerrührstäbe. Von einem Mixer hatte Hubert das Stromkabel an die FuMaScha angeschlossen. Zärtlich griff er nach Odas geschwollenen Schwangerschaftsfüßen, streifte ihr die Strümpfe ab, hob ihre Füße in die FuMaScha und betätigte einen Schalter. Mit einem leisen Surren begann das Wasser zu sprudeln. Oda stöhnte wohlig auf.

Die beiden saßen auf der halbkreisförmigen Holzveranda, die Hubert hinter dem Haus gebaut hatte. Zu den fünfzig Quadratmetern Übersichtlichkeit des Gulfhauses waren zehn weitere Quadratmeter hinzugekommen. Die Verandaform erinnerte an Odas Bauch. So waren nicht nur Oda und die Platteooger, sondern auch das Haus ein wenig mit schwanger.

Von der Veranda aus blickte man geradewegs auf den

Leuchtturm, der glänzte und sich in der Salzwasseroberfläche des Bombentrichters spiegelte wie ein hochmütiger Narziss. Mit einem gewaltigen Unterschied. Der Mythosnarziss hatte alle Verehrer abgewiesen, weil er sich selbst genug war. Der Leuchtturm hingegen war ausnehmend altruistisch. Alle Verehrer waren ihm willkommen. Er gab, was man sich von ihm wünschte. Er hatte den Insulanern nicht nur das Miniaturtrauzimmer gewährt, auch Alfrieds Sehnsüchte fanden Erfüllung in dem zwei Meter sechzig Durchmesser großen Eingangsbereich. Alfried hatte begonnen, unter der Wendeltreppe ein Miniaturheimatmuseum einzurichten. Die alte Nebelkanone aus dem Gulfhaus und der rostige Karkstoven standen jetzt hier. Sie genossen die Gesellschaft allerlei anderer, musealer Objekte. Das mehr als fragmentarische Skelett einer sehr, sehr alten Seerobbe, lupinenblaue Amethyste, milchweiße Quarze, aprikosenfarbene Jaspis, eine betagte Drillmaschine, randgezackte Schwarzweißaufnahmen von Platteoog, buchseitenplattgepresste Darstellungen der genügsamen Kartoffelrose und weitgereister Neophyten, eine ausgestopfte Sumpfohreule sowie ein Sandregenpfeifer. Sogar einem viertelkreisförmigen Sextanten, den die Zügellosigkeit der Tide kurz vor Ausbruch des Ersten Weltkrieges an Land gespült hatte, bot der Leuchtturm Heimat.

Oda stöhnte bitter auf. Ihre Zehen hatten die Rührstäbe gestreift.

«Das tut mir leid», sagte Hubert. «Die Technik ist noch nicht ganz ausgefeilt. Warte, ich hole dir etwas zur Kühlung.»

Hubert ging ins Haus und kam mit zwei Tüten Tiefkühlerbsen zurück. Vorsichtig legte er jeweils eine Tüte um jeweils einen Fuß und zog Oda jeweils einen Strumpf über.

Unter den Strümpfen steckten nun erbsengrüne Bofrostkühlpads.

Oda legte ihre Füße auf den Stuhl gegenüber.

«Hilft es? Das mit den Erbsen ist wirklich die beste Lösung. Sie schmiegen sich ergonomisch perfekt an und wenn du die Füße bewegst, richten sie sich mit aus.» Hubert fuhr mit der Fingerspitze über Odas Zehen.

«Es tut so gut, wie du dich um mich kümmerst. Aber deine Werkstatt soll deine Werkstatt bleiben. Ich weiß doch, wie wichtig sie dir ist.» Vorsichtig wackelte Oda mit den Zehen, die sie vor lauter Erbsenkühle mittlerweile nicht mehr spürte.

«Wir werden sehen. Das können wir entscheiden, wenn Adam auf der Welt ist.»

«Adam?» Ruckartig nahm Oda die Füße vom Stuhl. Beide Tütenerbsensocken landeten elegant wie zwei jahrelang eingespielte Synchronturmspringer auf dem Verandaboden.

«Adam war der erste Mensch. Der Name bedeutet rote Erde, Gott hat in seine Nase den Odem des Lebens eingehaucht.»

Oda überlegte. «Aber wir wissen doch gar nicht, ob es ein Junge wird. Und selbst wenn, dann hieße er ja Adam Riese.» Da vorneüber nicht mehr ging, bückte sich Oda seitlich, um die beiden Turmspringer aufzuheben.

«Adam Riese hieß in Wirklichkeit Adam Ries. Im Grunde mag ich den Namen wegen Rilke und seinem Gedicht Adam.» Hubert sah auf seine Hände, und Oda wusste, dass sie in diesem Moment genau die richtige Temperatur hatten.

Mit weiterhin gesenktem Kopf räusperte sich Hubert. «Gott war schwer zu überreden; und er drohte ihm, statt zu gewähren, immer wieder, dass er sterben werde. Doch der Mensch bestand: sie wird gebären.»

Obwohl Oda das Erbsenkühlpad auf den Tisch gelegt hatte, wurden ihre Zehen plötzlich noch kälter.

«Das klingt ganz schön dramatisch. Ein Gedicht, in dem das Wort Sterben vorkommt. Ich bin mehr als froh, dass ich überhaupt schwanger geworden bin.»

Hubert nickte und sah dabei verschollen aus. «Lass dich nicht trügen. Das ist ein sehr hoffnungsvolles Gedicht. Die vermeintliche Schwere wird am Ende ins Positive gekehrt. Es zeigt die Kreishaftigkeit allen Lebens.»

Unschlüssig wackelte Oda mit den Zehen.

«Es erinnert mich an meinen Vater.»

Odas Füße hielten inne. Mit ihrer Schwangerschaft, mit der Aussicht darauf, dass die Generationenkette ein Glied weiterrutschen würde, war Odas Interesse an der Vergangenheit gewachsen. Besonders an Huberts. Es war das erste Mal seit ihrem gemeinsamen Zusammenkommensspaziergang, dass Hubert von seiner Familie sprach. Wann immer sie versucht hatte, etwas über seine Herkunft zu erfahren, hatte er geschwiegen. Ohne sich wehren zu können, fiel Oda nun in ihren FlokumFM-Moderationsmodus. Reden lassen, gutes Zuhören, gezieltes Schweigen und Nachfragen.

«Das Gedicht erinnert dich also an deinen Vater», versuchte Oda, Huberts Redefluss auf die Sprünge zu helfen.

Doch es war Hubert, der schwieg.

Als hätte er in stummer Anrufung um himmlischen Beistand gebeten, stand mit einem Mal eine kadettengraue Armee aus Cumulonimbuswolken über der Veranda. Die Vögel stellten wie auf Knopfdruck ihr Zwitschern ein. Gleich würde es regnen.

«Ist er gestorben, dein Vater, meine ich?»

Hubert schwieg.

Nun war er es, der in einer aquariumsartigen Abgeschiedenheit neben ihr saß wie eine einsame Insel auf einer Insel. Für einen kurzen Moment hatte Oda den Eindruck, auch sie und Hubert würde eine Doppelglasscheibe trennen. Aufnahme und Regie in zwei unterschiedlichen Sphären. Aber bevor dieser Eindruck eine unüberwindbare Mauer zwischen ihnen aufbaute, so eine wie in Berlin etwa, trat das kleine Wesen in Odas Bauch gegen die Gebärmutterwand. Noch nie zuvor hatte Oda eine Kindsbewegung gespürt. Es war, als würde der Fötus sagen: *Hier, fühl mal, ihr habt sehr wohl eine Verbindung. Das mit der Mauer ist ja wohl Unsinn und Berlin weit weg.*

Die Wetterbilanz des Jahres neunzehnhundertsiebenundachtzig lag im totalen Normalbereich. Der bundesdeutsche Gebietsmittelwert der Lufttemperatur wurde mit acht Komma drei Grad beziffert. Der Januar war der kälteste, der Juli der wärmste Monat gewesen. Die jährliche Niederschlagsmenge hatte achthundertdrei Millimeter betragen und Platteoog mit dreihundertneunundneunzig Sonnenstunden zu den Spitzenreitern gezählt. So auch heute. Zwar war die Luft zum Schneiden kalt, aber über der schneeverzuckerten Insel hing eine bananengelbe Sonnenscheibe. Sie ließ die Schneekristalle ausgelassen glänzen.

«Ist letzte Silvester ohne frische Baby.» Leska rührte in einem karneolbraunen Linseneintopf. Der Topf hätte in seinen Ausmaßen locker für alle ostfriesischen Inseln zusammen gereicht. Oda saß neben ihrer Mutter am Küchentisch und betrachtete die drei Apfelpyramiden. In Tschechien halbierte man einem alten Brauch nach an Silvester einen Apfel und konnte an der Formation des Kerngehäuses das Schicksal des neuen Jahres ablesen. Ein kreuzförmiges Gehäuse bedeutete Unheil, ein sternförmiges Glück.

«Du hast offenbar alle Äpfel gekauft, die du finden konntest.»

Leska hielt beim Rühren inne. «Sicherheit ist Sicherheit. Wer weiß, wer weiß. Und Linsen sind für Wohlstand und Geldsegen.»

Oda betrachtete den riesigen Topf. «Und viel hilft viel?»

«Wer kann wissen. Doch ich habe noch mehr Sicherheit herangebracht. Sieh mal in Speisekammer, links unten.»

Mit einem Seufzer drückte sich Oda vom Stuhl hoch und lief auf ihren geschwollenen Füßen zur Speisekammer. Verunsichert sah sie sich um. Unzählige Gläser mit Kirschen, Erd- und Stachelbeeren, Marmeladen, Gelees, Schwarzwurzeln, Grünkohl und sauren Pilzen, massenhaft Konserven mit Erbsen, Bohnen und Karotten, zahlreiche Mehl-, Zucker- und Grießtüten, etliche Stiegen mit Fruchtsaft und H-Milch, zwei Dutzend geräucherte Würste, drei Dutzend Pakete mit Nudeln und Reis und auf dem Boden eine jutesackabgedeckte Kiste mit Kartoffeln.

«Welche Sicherheit meinst du? Dass wir nicht verhungern, wenn die Welt untergeht?», fragte Oda.

«Dosen mit Weintrauben. Schau bei Marmelade. Zwölf Stück jeweils, schon geschält. Ist von Spaniern. Mitternacht, zu jede Schlag von Glocke, Traube in den Mund. Anzahl von Trauben ist Anzahl von Glücksmonaten in neue Jahr.»

Oda nahm gedankenverloren eine Dose Weintrauben vom Speisekammerregal. Als sie ihre Mutter von *Monaten* sprechen hörte, fiel ihr ein, dass ihre Schwangerschaft vorige Woche Bergfest gefeiert hatte. Bei Odas letztem Gynäkologentermin waren zum ersten Mal die Herztöne des zweiundzwanzig Zentimeter großen Fötus zu hören gewesen. Die Herztöne eines kleinen Jungen, hatte der Gynäkologe verraten und auch, dass bei der Plazenta, dem Blutaustausch und der Fruchtwassermenge alles in Lehrbuchordnung sei.

«Er ist nun so groß wie eine Mango. Begonnen hat es mit einem millimeterkleinen Mohnsamen», hatte der Arzt gesagt.

«Und wie geht es weiter?», hatte Oda gefragt und ein Papiertaschentuch genommen, um sich das glitschige Kontaktgel vom Bauch zu wischen.

«Im Idealfall mit Maiskolben, Aubergine, Kohlrübe, Kokosnuss, Blumenkohl, Rotkohl, Ananas, Honigmelone, Wassermelone und Kürbis. Aber das sind nur Richtwerte.»

Äußerlich bin ich schon bei Wassermelone, hatte Oda gedacht. Ihre Brüste hatten den Füßen nachgeeifert. Odas bisherige Büstenhalter konnten ihrer Aufgabe nicht länger adäquat nachkommen. Die neuen waren an erotischer Ausdruckskraft nicht zu unterbieten. Sie strahlten das Flair von Zweimannzelten aus. Aber Oda tröstete sich damit, dass die Zeit der Büstenhalterzweimannzelte begrenzt war und sie für Hubert durchaus ihren erotischen Reiz hatten.

«Brouček, ich habe noch mehr Sicherheiten.»

«Das hat sie.»

Oda zuckte zusammen. Ihr Vater war in die Küche gekommen.

«Sie hat die ganze internationale Palette an Silvesterbräuchen im Haus.» Ubbo stellte sich neben Leska und streichelte ihr über das Haar, in dem sich im Laufe der letzten Jahre achatgraue Fäden eingerichtet hatten.

«Sie hat mir eine rote Unterhose nach italienischer Art besorgt. Wir haben *foie gras*, also Stopfleber nach französischer Art. Die Weintrauben nach spanischer Art, die hast du ja schon gefunden. Dann wären da zudem ein Karten- und ein Würfelspiel nach griechischer Art. Und Bleigießen … Da habe ich vergessen, welcher Art das ist. Ob wir es den USA und Bulgarien auch gleichtun, weiß ich noch nicht.»

«Ach, Ubbočik, sei nicht so stirnengig. Was ist mit Weite von Berge? Gilt nicht nur für Berge. Du musst auch zulassen in Enge von Insel.» Ihre linke Hand legte Leska behutsam an Ubbos Wange. Mit der rechten griff sie nach einer Kelle und rührte mit ausholenden Bewegungen in der Linsensuppe.

Wie gut es tat, ihre Eltern so zu sehen. Die beiden hatten sich vor neunundzwanzig Jahren an einem bleischweren Gewittertag kennengelernt und waren auf den ersten Blick sehr, sehr verliebt gewesen. Seitdem waren sie eng miteinander verbunden. Kein Blatt passte zwischen sie. Oda hoffte, dass das Schicksal dieses Glück auch ein zweites Mal innerhalb einer Familie mit einer großen Suppenkelle verteilen würde. Der Anfang war gemacht. «Was tut man denn in den USA und Bulgarien an Silvester?», fragte sie und setzte sich zurück an den Tisch.

«Bulgarien schlägt leicht mit Stock auf Rücken für Fruchtbarkeit, Glück und vieles Geld. USA geht an erste Tag im Januar nicht vor Tür, vor Angst …»

In diesem Moment, in dem sich sieben internationale Silvesterbräuche in der Küche zu dem verführerischen Duft der Linsensuppe gesellten, drang ein Schrei aus dem Wohnzimmer. Leska ließ die Kelle fallen. Ubbo vollführte eine Einhundertachtzig-Grad-Drehung. Oda rutschte die Weintraubendose aus den Fingern.

Hubert kauerte in einer Ecke des Wohnzimmers und hielt sich die Hände schützend über den Kopf, als wäre er von einem unangekündigten Hagelschauer überrascht worden.

Das Bild des scharlachorangen Fernsehapparates zeigte den ZDF-Jahresrückblick *Bilder eines Jahres* neunzehnhundertsiebenundachtzig. Gerade ging es um den evangelischen Kirchentag in Frankfurt am Main. Man sah einen Mann auf einer Art Podest sphärisch tanzen.

«Ausschnitt aus der Schöpfungsgeschichte», sagte der unsichtbare Sprecher, während der Mann auf dem Bildschirm weitertanzte. Eine Frau wurde eingeblendet. Sie kauerte, wie Hubert, von Kerzen umgeben auf dem Boden.

«Fazit: Wir sind noch zu wenige, um das Reich Gottes auf Erden zu errichten», fuhr der Sprecher fort.

Hubert sprang plötzlich auf. Er befreite den Fernsehstecker aus der Dose, so wie er es schon einmal mit dem Radiostecker getan hatte. Anschließend hob er den Apparat von der Schrankwand, ging zum Fenster, öffnete es und warf das Gerät hinaus. Es krachte vernehmlich.

Ubbo sah fragend zu Leska. Oda sah fragend zu Hubert. Hubert sah zu Boden. Viel zu lange. Schließlich hob er den Kopf. Oda erschauderte. Huberts Gesicht hatte die Farbe von Muschelkalk. Das Nussbraun seiner Augen war nicht mehr zu sehen, da seine Pupille so geweitet war, als wäre sie von nun an für die Augenfarbe zuständig.

«Was ist denn passiert?»

Huberts Hand war winterkalt, schweißig und schlaff. Er antwortete nicht.

«Vielleicht ist das Sich-Entledigen von Technik auch ein Brauch irgendwo auf der Welt? Natürlich nur da, wo es Strom gibt.» Ubbo blickte mit einem unsicheren Lächeln in die Gesichter der anderen.

«Ubbočik, ist nicht Zeit für Scherze. Ist Zeit für Ruhe und Vorhersagung.» Leska verschwand in der Küche und kam mit drei Äpfeln sowie einem Messer zurück. Sie schnitt den ersten auf, betrachtete das Kerngehäuse, presste die beiden Hälften aufeinander und legte sie beiseite. Sie schnitt den zweiten Apfel auf, betrachtete das Kerngehäuse, presste die beiden Hälften aufeinander und legte sie beiseite. Auch beim dritten Apfel gab es keine Abweichung von dieser Choreographie. «Nur Kreuzförmigkeit in Gehäuse, das ist nicht gut. Zum Glück ich habe mehrere Vorhersagungen da.»

Huberts muschelkalkiges Gesicht hatte inzwischen seine normale Farbe wiedergewonnen. Er kräuselte die Nase. «Riecht es hier verbrannt?»

«Zatracenĕ[17], meine Linsen sind gebrannt.» Mit erhobenem Messer, als würde in der Küche jemand unheimlich Gefährliches warten, stürmte Leska davon.

«Ich kaufe selbstverständlich einen neuen Fernseher, wenn ich ihn nicht repariert bekomme», sagte Hubert.

«Was ist bloß los mit dir?», fragte Oda.

Noch ehe Hubert antworten konnte, rief Leska aus der Küche: «Ist nur ein wenig gebrannt. Zur Sicherheit nehmen wir USA mit in neue Jahr und gehen nicht vor Tür morgen. Macht euch nicht Sorgen, Zukunft wird wundervoll.»

In der Tat waren die ersten Wochen des neuen Jahres ganz und gar wundervoll verlaufen. Hubert hatte es geschafft, den scharlachorangenen Fernsehapparat zu reparieren. Der Zwischenfall, der die Reparatur notwendig gemacht hatte, blieb unerwähnt. Nach einiger Zeit glich er einer unheimlichen Begebenheit, von der man sich nicht sicher ist, ob sie geträumt oder real gewesen war.

---

[17] Verdammt noch mal!

Neunzehnhundertachtundachtzig war ein Schaltjahr. Am achtundzwanzigsten Februar, einen Tag vor dem Extra-Tag, den dieses Jahr zu verschenken hatte, hing noch eine Duftmischung aus Kassler, Knödeln und Sauerkraut in der Bakker'schen Küche. Es war Sonntag. Es war Bratentag. Leska hatte sich für eine Mittagsruhe ins Schlafzimmer zurückgezogen. Oda und Hubert saßen im Wohnzimmer vor dem wieder funktionstüchtigen Fernseher. Es lief die Schlussfeier der Olympischen Spiele, übertragen aus dem kanadischen McMahon-Stadion.

Ubbo stand in großer Aufregung hinter dem Sessel und krallte seine Finger in die Lehne. «Wie schade, dass das frostige Spektakel vorbei ist. Wenn ich daran denke, wie Franck Piccard oder Helmut Mayer sich kunstvoll den Berg herabgleiten lassen haben, und dann noch diese eleganten Schwünge. Unbezwingbar. Ich bin ein großer Fan von Super-G.» Ubbo wedelte um den Sessel herum, als wäre dieser ein Slalomtor. Dann ließ er sich kassler-, knödel- und sauerkrautschwer auf dem Sitzpolster nieder.

Hubert spielte mit den Fransen eines Sofakissens. «Das war wirklich beachtlich. Diese Alpin-Sportler machen ja quasi das genaue Gegenteil von dir, eine Kräfteumkehrung, ein Nach-Unten und ein Nach-Oben. Das ist ausnehmend lyrisch.»

«Wie meinst du das?», wollte Ubbo wissen.

«Ganz einfach», sagte Hubert. «Du willst den Berg hinauf und die Skifahrer hinunter. Schon Rilke hat geschrieben: Du Berg, der blieb, da die Gebirge kamen …»

Oda stöhnte leise auf.

«Was hast du?», fragte Hubert.

«Ich weiß es nicht. Irgendwie ist mir schlecht … mein Bauch fühlt sich so hart an …»

Ubbo sprang auf und erinnerte dabei an Matti Nykänen beim Abheben vom Schanzentisch. «Wie viel hattest du denn vom Sauerkraut? Vielleicht sind das leichte Blähungen?»

Oda nickte tapfer.

«Ich mache dir eine Wärmflasche», sagten Ubbo und Hubert gleichzeitig, als hätten sie diesen Satz lange geprobt wie zwei Schauspieler beim Casting für eine Arztserie.

Oda fuhr erneut ein stechender Schmerz in den Unterleib. Den konnte keine Wärmflasche beheben, auch keine doppelt angebotene. Ohnehin traf das Sauerkraut keinerlei Schuld. Die Natur war die Schuldige. Die Tatsachen lagen auf dem Tisch: Oda lag in den Wehen, obgleich der errechnete Entbindungstermin erst in neun Wochen war.

KAPITEL 9

BÜRGERLICHE DÄMMERUNG

Systematisieren! Unbedingt systematisieren!

Adam stand bei Tagesausklang auf dem weitläufigen Gelände des Flokumer Krankenhausparks, der mit pittoresken Bänken, plätschernden Brunnen und giacomettischlanken Skulpturen ausgestattet war. Die Sonne hatte sich in Anbetracht der fortgeschrittenen Stunde zurückgezogen. Sie hatte die erste der drei Dämmerungsphasen eingeläutet. Die bürgerliche Dämmerung. Diese Phase, bei der die Sonne in einem Tiefenwinkel bis zu sechs Grad unterhalb des Horizonts liegt, tauchte den Park in ein fleckig mattes Nadelwaldgrün.

Es gibt eine Spur von deinem Vater, hatte Adams Mutter geschrieben. Die Etappe vor seiner Abreise nach Flokum kam ihm, im Gegensatz zu dem, was momentan in seinen Gedanken wütete, wie eine Trockenschwimmübung vor. Unschlagbar mickrig wirkte auf ihn in diesem Augenblick seine Abreiseangst, seine außerplanmäßigkeitsinduzierte Panik.

«Königreich für Gedanken, Adamčík.» Leska blickte auf den Koffer, der wie ein deplatziertes Requisit neben der Parkbank stand.

«Jetzt lass ihn in Ruhe nachdenken und systematisieren, das ist ein schwerer Schlag, das lässt sich nicht so einfach bezwingen», bat Ubbo.

«Ich war in großer Panik beim Losfahren. Wegen erstens: der Reise. Zweitens: des Schreckens über Mamas Zusammenbruch. Drittens: der Erwähnung meines Vaters. Und jetzt ein außerplanmäßiges Viertens», versuchte sich Adam an einer Erklärung.

«Ich verstehe klarglas. Du auch, stimmt?»

Ubbo nickte. «Darf ich mal sehen, was Oda genau aufgeschrieben hat?»

Der kurz in einen Requisitenstatus geratene Koffer schien zu nicken, als hätte er Ubbo am liebsten selbst Odas Aufzeichnungen gereicht. Während Ubbo las, ließ Adam seinen Blick an der Krankenhausfassade entlangspazieren. Unentschieden irrte er über die Glasfront, in der sich in den ersten beiden Etagen die Parkbäume und in den letzten die Abendwolken um die Wette spiegelten. Er musste daran denken, was Wolken ihm einst bedeutet hatten. Zuversicht, Vertrauen, Optimismus, Lebensfreude. Nach dem Verschwinden seines Vaters war den Wolken diese Bedeutung mit einem Schlag abhandengekommen, fast so, als hätte er ihre Bedeutung mit sich genommen.

Mit dem rechten Zeigefinger wies Leska auf eine Fensterreihe, an der krepppapierne Scherenschnitte klebten. «Sieh dort. Ist Kinderstation. Dahinter, ohne Fenster, ist Behandlungsraum von Station für Winzlinge. Deine ersten Wochen war erste Heimat für dich.»

Neunzehnhundertachtundachtzig war das Jahr des Flugtagunglücks in Ramstein. Neunzehnhundertachtundachtzig war das Jahr der totalen Sonnenfinsternis über dem Westpazifik. Es war das Jahr, in dem es Adam plötzlich sehr, sehr eilig gehabt und sich neun Wochen zu früh auf den Weg gemacht hatte. Eine Entzündung in Odas Uterus hatte Adam, wie den Ramsteinpiloten Ivo Nutarelli, früher als geplant aus seiner Bahn gelöst. Diese Entzündung hatte Adam aus der relativen Dunkelheit des Uterus in das grellhelle Krankenhausflutlicht geschleudert.

Diese Abkapselung ist im Grunde eine Reaktion auf die zu frühe Geburt, hatte Dr. Modder einmal gesagt. Obwohl Adam ahnte, dass das stimmte, hatte er diesen Hinweis kilometerweit von sich gewiesen. Theoretisch kannte er seine Defizite, nicht zuletzt aus Büchern. Einige Wochen nachdem sein Vater von einem Tag auf den anderen spurlos verschwunden war, hatte Adam begonnen, ausschließlich Trauerratgeber und psychoanalytische Fachliteratur zu lesen. Diese Bücher waren für einen Dreizehnjährigen alles andere als altersadäquat gewesen. Doch sie hatten ihm Trost und Kraft gespendet. Und systematische Listen zur Abwehr des Zufalls, die hatten ihm auch geholfen. Nach der Sache mit Martha einmal mehr.

«Ich weiß noch, wir haben sehr gebangt um Spätfolgen. Doch du bist Glückkind: keine Asthma, keine Probleme mit Motorik, nix Lernverhinderung, sogar in Gegenteil. Du bist abgöttisch kluger Mann. Vielleicht zu klein und zart, aber du hast große Liebe. Auch zu geben. Das ist Generationtradition in Familie.»

Als Adam die Worte seiner Großmutter hörte, überfielen ihn die Gedanken an seinen Vater mit einer solchen Wucht, dass er meinte, die Skulpturen würden auf ihn zukommen.

Er versuchte, einen Schritt zurückzutreten.

Er versuchte einzuatmen.

Er versuchte auszuatmen.

Vergeblich.

«Er lebt, Hubert …, mein Vater …, meine ich, ich dachte, er wäre …, ich meine, ich dachte, er wäre … vielleicht gestorben.»

Ubbo faltete Odas Aufzeichnungen so sorgfätig zusammen, als würde es sich um eine komplizierte Origamifigur handeln. «Wir haben ja alle nicht gewusst, was mit ihm passiert ist, nachdem er verschwand. Ob ihm etwas zugestoßen ist oder aus welchem Grund er sonst nicht mehr nach Hause kam. Über deine Gedanken hast du nicht gesprochen, wie deine Mutter. Das war eure Art, den Schmerz zu bezwingen.»

«Du und deine Maminka, sie wurde verschwiegen, du weißt. Wie Buch mit sieben Siegel. Ist sie bis jetzt. Du wurdest Buchwurm, auch bis jetzt.»

Inzwischen hatte die bürgerliche Dämmerung den Staffelstab an die nächste Phase weitergegeben: die nautische Dämmerung. Die Sicht war klar, der geometrische Mittelpunkt der Sonnenscheibe lag zwischen sechs und zwölf Grad unter dem Horizont. Das fleckig matte Krankenhausparkgrün wurde durchbrochen von blutorangenen Tupfern. Ubbo hob den Koffer vom Boden, legte ihn auf seinen Schoß und öffnete ihn. Sein Blick fiel auf Huberts Notizbuch *Mein Leben in zwei Welten.* Lange betrachtete er den Titel, setzte zum Sprechen an, aber schwieg.

Leska stand auf. «Wir müssen geschwind sein, wenn wir letzte Fähre wollen erwischen. Adamčík, Platteooger Inseligkeit wird dir guttun, ist schön übersichtlich. Morgen ist Welt eine andere.»

Adam griff nach dem Koffer. Unterhose, Hemd, T-Shirt, Socken, Kulturbeutel, Krawatte und das Notizbuch. Seine sieben Sachen. Für das Reisen sieben gepackte Sachen. Das war eigentlich trostreich. Doch gerade konnten es die sieben Sachen nicht mit seinen schmerzlichen Erinnerungen aufnehmen. Ein neues Gepäckstück war dazugekommen. Es war schwerer als die bisherigen sieben zusammen. Es war schwerer als ein Kofferinhalt für eine Woche oder zwei. Es war viel, viel zu schwer für diesen Koffer und für alle Koffer der Welt. Während sich Adam, Leska und Ubbo auf den Weg machten, stand die dritte Dämmerungsphase, die astronomische, über den Köpfen der drei. Sie beobachtete ihren Weg zur Fähre aus ihrem Tiefenwinkel und fröstelte.

An die Überfahrt von Flokum nach Platteoog, an den kurzen Spaziergang in die Oppemannspad sieben zum Haus seiner Großeltern und wie er unter die viel zu mollige Daunendecke gekommen war, davon wusste Adam am nächsten Morgen nichts mehr. Der karottenrot geblümte Bezug kam aus einer anderen Welt. Er gehörte zu früher. Auch wenn die blumige Deckendaunenhaftigkeit viel zu mollig war, war sie irgendwie anheimelnd. Sie schützte, versteckte. Als Adam sich umdrehte, fiel sein Blick auf den Koffer. Der lag wie ein treuer Hund auf dem behaglichen Flokatiteppich, der früher im Wohnzimmer von Adams Großeltern sein Domizil gehabt hatte.

«Wir sollten ihn langsam mal wecken», hörte Adam eine Stimme vorschlagen, die er nicht sofort zuordnen konnte.

Kurz darauf klopfte es zaghaft. Leska steckte ihren noch unfrisierten Kopf zur Tür herein. «Adamčík, wie gut, du bist erwacht. Krankenhaus hat angerufen. Oda geht besser, in zwei Tage kommt zurück. Du musst ein bisschen sputen, wenn du Flokumbus willst erreichen. Ich habe Reiseproviant bereitet.»

Adam schlug die Decke zurück und wollte sich aufrichten. Sein Körper war von der Plötzlichkeit des Aufrichtens überfordert und protestierte mit klopfendem Nackenmuskelgewebe.

«Zieh dich an fix und komm in Wohnzimmer, wir haben ein bisschen Besuch», sagte Leska und verschwand.

Ein bisschen Besuch war untertrieben. Im Wohnzimmer saßen Helge, Alfried, Bonna und Ewald. Sie waren sichtbar in die Jahre gekommen. Adam rechnete kurz nach. Siebzig, siebenundachtzig, vierundsechzig und achtzig. Die anwesenden Platteooger, ohne seine Großeltern, hatten ein Gesamtalter von dreihundertundeinem Jahr. Kurz musste Adam lächeln, denn die Zahl Dreihunderteins bedeutete in der Internetsprache eine Weiterleitung, bei der ein Webserver den Statuscode *dauerhaft verschoben* übermittelt. Doch Helge, Alfried, Bonna und Ewald waren nicht verschoben. Im Gegenteil. Sie waren erkennbar hingeschoben, anwesend und sichtbar präsent. Das konnte nur einen Grund haben. Sie wollten helfen.

Vor den Besuchern bog sich der Tisch unter den Mengen an kaltem Braten, Krabben-Powidltascherln, Dünenkrustenbrötchen, Mohnkolatschen, Marmeladen-Liwanzen und Dalken mit Schlagsahne. Wie kleine Kinder, die beim verbotenen Naschen ertappt worden waren, hatten alle beim Kauen innegehalten und starrten Adam an. Er überlegte, wann Leska das ganze Essen zubereitet hatte und was er sagen sollte. Er entschied sich zunächst für dynamisches Nicken, was seine Nackenmuskeln mit erneutem Klopfen als schlechte Idee straften.

«Ich habe versammelt alle.»

Ewald wischte sich eine fettige Bratenspur aus dem Mundwinkel, stand auf und griff nach Adams Händen. «Der Zweifel verwandelt sich in Zuversicht, die Angst in Vertrauen, die Kraftlosigkeit in Mut, die Ratlosigkeit in

Stärke, die Sprachlosigkeit in Worte, die Ausweglosigkeit in Ziele.»

«Wie schön, du hast gesagt, Ewaldčik.» Leska begann, den Tisch von den Essensmassen zu befreien, und legte sorgfältig von jedem Vertreter ein Exemplar in eine umfangreiche, transparente Plastikdose.

Adam überlegte immer noch, was er sagen sollte. Aus den Worten des Pfarrers wurde er nicht so recht schlau.

Alfried atmete altersschwach aus. «Leska hat uns alles erzählt. Wir haben stets gehofft, dass Hubert eines Tages wieder auftaucht. Nun gibt es eine Spur. Ich habe mir überlegt, dass wir eventuell noch einmal eine Anzeige schalten. Vielleicht meldet er sich?» Von Alfrieds einst zuckerweißem Haarkranz war nicht die dünnste Strähne mehr übrig. «Warum sollte das nicht noch einmal funktionieren? De sik nich to helpen weet, is nich weet, dat he in Verlegenheit kümmt.[18]»

«Eine schöne Idee», sagte Helge. Er biss in eine Scheibe kalten Braten, die er vor Leskas Zugriff auf seinem Teller in Sicherheitsverwahrung genommen hatte.

Bonna hob eine viel zu dünn gezupfte Augenbraue. «So richtig habe ich ihm nie über den Weg getraut. Was, wenn er seinen Namen geändert hat? Vielleicht war er ja wirklich vor seiner Zeit hier in kriminelle Machenschaften verwickelt und musste darum untertauchen?»

Lauter als notwendig stellte Leska die Plastikdose auf den Tisch. «Ich bitte, was du redest. Adamčík ist geknickt wie gebrochene Blume und hat knapp Zeit. Bus fährt in Stunde.»

Adam nickte seiner Großmutter dankbar zu. Ihm

---

[18] Wer sich nicht zu helfen weiß, ist nicht wert, dass er in Verlegenheit kommt.

schwirrte der Kopf im Rhythmus der klopfenden Nackenmuskulatur. Auch wenn er Ewald, Helge, Alfried und Bonna dankbar war, dass sie sich Sorgen um ihn machten und helfen wollten, sehnte er sich nach Ruhe.

Ruhe zum Systematisieren.

Ruhe zum Einatmen.

Ruhe zum Ausatmen.

«Tut mir leid. Ich meine es nicht böse. Eine Sache noch. Ich habe bei uns in der Datenbank nachgeschaut. Wir haben drei Einträge auf den Namen Zola Hübner.» Bonna reichte Adam einen Zettel.

Die systematische Zettelübersichtlichkeit tat Adam gut. Sie tat so gut, dass sogar die Nackenmuskulatur für einen Moment ihr Klopfen einstellte.

1) Zola Hübner, Holzblasinstrumentenbau, Dresden, 0351 796 96 60 9348
2) Zola Hübner, Logopädin, Göttingen, 0551 970 776 263
3) Zola Hübner, Kinderintensivpflegedienst Pusteblume, Berlin, 030 776 355 55 222

«Danke», hauchte Adam.

«Ich hoffe, das bringt etwas», sagte Bonna nun.

«Jetzt hoppihoppi. Ist Koffer gepackt?»

Adam nickte.

«Soll ich dich bringen zu Hafen?» Leska drückte Adam die Dose mit dem Reiseproviant in die Hand. Sie war so voll, dass der Deckel sich nicht selbständig halten konnte und von einem dicken Einweckgummi unterstützt werden musste.

«Ich bevorzuge es, allein zu gehen. Wenn ich mehr weiß, melde ich mich. Danke für alles.»

Draußen herrschte träge Ruhe. Die salzige Meeresluft kühlte Adams erhitzten Kopf, seine linke Hand umklammerte den Koffer, seine rechte Bonnas Zettel und das derart entschlossen, dass er bereits beachtlich lädiert war. Die reiselustige Hartschale schwang vor und zurück im Gleichklang mit Adams Schritten, die auf dem Kopfsteinpflaster vorbei an der Kirche, dem Friedhof, der Bockwindmühle, der Bäckerei, der Fischräucherei und dem Lebensmittelladen führten.

Nach wenigen Metern und einer halbherzig steilen Kurve schob sich der Leuchtturm in Adams Blickfeld. Neunundvierzig Meter hoch, vornehm, erhaben, gelb-rot gestreift. Adam war gerade in die Schule gekommen, als sein Vater ihm zum ersten Mal von dem Wolkenatlas erzählt hatte. *Ein Atlas für Wolken. Der Name Atlas geht auf eine griechische Sage zurück, einen Riesen, der die Last der Welt auf seinen Schultern getragen haben soll,* hatte sein Vater damals gesagt. Damals.

Und jetzt?

Jetzt spürte Adam ein Unbehagen in der Magengegend. Er war kein Atlas, der die schwere Weltlast tragen konnte. Er war ein unterdurchschnittlich großer Mann, der bereits vom Tragen seiner eigenen Erinnerungen niedergedrückt wurde. Mit den Jahren waren diese blasser geworden. Doch jetzt waren sie vollfarbig zurück, aufdringlich und qualvoll. Zwischen träger Ruhe und salziger Meeresluft glaubte Adam gerade die Nachricht vom Tod eines geliebten Menschen erhalten zu haben. Dabei war es genau andersherum. Ein Verschwundener war ins Leben zurückgekehrt. Wenn auch nur theoretisch. Wenn auch noch gar nicht sicher war, ob diese Zola Hübner seinen Vater überhaupt kannte. Vielleicht war der in dem Buch beschriebene Mann eine vollkommen andere Person, und seine Mutter hatte sich geirrt?

Da drängte sich ein zweiter Name in Adams Unbehagen. Martha. Bitte nicht. Bitte jetzt nicht auch noch Martha, dachte Adam und blieb stehen.

Systematisieren!

Einen Schritt zurücktreten.

Oder zwei.

Oder drei.

Aber egal, wie viele Schritte Adam zurücktreten musste, um zu verstehen, was in den letzten vierundzwanzig Stunden geschehen war, die nächsten logischen Schritte waren eindeutig. Eins: das Buch *Die Erfindung der Sprache* besorgen. Zwei: die drei Zola Hübners kontaktieren.

KAPITEL 10

EINUNDDREISSIG

Nach zwei mittelstarken, wehenartigen Krämpfen hatte es Entwarnung gegeben. Nach dem Schock war im Wohnzimmer der Bakkers spätabendliche Ruhe eingekehrt. Oda schlief auf dem Sofa. Hubert las in einem Buch über den Erfinder Thomas Edison. Ubbo polierte seine Schraubkarabiner mit Zahncreme. Leska wischelte mit einem regenbogenfarbenen Wedel über alles, auf das sich Staub gelegt hatte. Vor dem Bücherregal hielt sie inne. Seit der Schwangerschaft ihrer Tochter hatte das Regal Nachwuchs bekommen. Noch dominierten Leskas Backbücher. Die Exemplare, die vor nunmehr beinahe dreißig Jahren in Ubbos schwerbeladenem Brezelkäfer das Altvatergebirge verlassen hatten, plus etliche in der Buchhandlung in Flokum hinzugekaufte. Doch die Schwangerschafts- und Geburtsratgeber liefen den Rezeptkonvoluten langsam den Rang ab, dicht gefolgt von Ubbos Bergsteigerbüchern. Die Titel von Publikationen wie *Der nächste Schritt könnte der letzte sein* oder *Der kolossale Kilimandscharo* waren zweifelsfrei eindrucksvoller als *Ein Teig, fünfzig Kuchen* oder *Das große Buch zur Schwangerschaft.* Allerdings rangierten sie mengenmäßig nur auf Platz drei.

Leska legte den Regenbogenwedel beiseite. Noch traute sie dem Frieden nicht. Sie selbst hatte ihre Tochter auf den errechneten Tag genau zur Welt gebracht. Mit körperlichen

Vorzeitigkeiten hatte sie keinerlei Erfahrung. «Und wenn doch waren Wehen? Ist nie passiert bisher durch meine Sauerkraut, dass Bauchweh. Ich gebe ja Kümmel hinzu für bessere Verdauungslichkeit.»

Oda öffnete die Augen.

Leska zog das dickste Buch aus dem Regal. Sie glaubte, je dicker ein Buch, desto besser sein Inhalt. *Die Geburt* stand sparsam, aber auf den Punkt gebracht auf dem Einband. Eine unverkennbar schwangere Frau war darauf abgebildet. Sie hatte ihren Pullover nach oben gezogen, so als würde man ihr die Schwangerschaft sonst in keinem Fall abnehmen.

«Gibt sieben Wehenarten. Wie Zwerge bei Schneewittchen», sagte Leska. «Frühwehen, Übungswehen, Senkwehen, Eröffnungswehen, Presswehen und Nachwehen.» Triumphierend sah Leska zu Ubbo, Oda und Hubert, als wäre nun alles klar und das Sauerkraut aus dem Schneider.

Hubert ließ das Edison-Buch auf seinen Schoß sinken und blickte nachdenklich zum Fenster. «Hast du das Kraut mit gewöhnlichem Wasser aus dem Hahn zubereitet?»

«Wie sonst. Warum du fragst?»

«Vielleicht ist das Wasser belastet? Nicht so rein, wie wir denken.»

Leska nahm den Wedel wieder in die Hand. «Wie meinst du, Hubertčík? Meinst du, ich wasche Töpfe nicht rein vor Kochvorgang?»

«Nein, ich meine die Flugzeuge und ihre Kondensstreifen. Manche glauben, dass durch diese unser Wasser manipuliert wird. Mittels eines großangelegten atmosphärischen Geheimprojekts mit dem Ziel, die Menschen zu vergiften.»

Ubbo legte die Karabiner auf den Wohnzimmertisch und

schraubte die Zahncremetube zu. «Das soll ein Witz sein, oder? Wer sollte uns denn über das Trinkwasser vergiften wollen, und vor allem, warum?»

Hubert strich über den Rücken des Edison-Buches und lächelte gequält. «Ich mache mir einfach Sorgen um Oda. Wahrscheinlich habe ich zu wenig geschlafen und komme auf seltsame Gedanken.»

Leska lachte auf. «Hubertčík, ich kurz hatte Angst. Wie gut, war nur müder Spaß.»

«Ob Sauerkraut oder Geheimprojekt oder falscher Alarm oder Müdigkeit, ich schaue vorsichtshalber mal, ob Helge noch wach ist, und bitte ihn herzukommen», sagte Hubert und ging.

Ubbo sah auf seine Armbanduhr. Es war fünf Minuten nach Mitternacht. Der Extratag des Schaltjahres neunzehnhundertachtundachtzig hatte begonnen. Die Athleten der fünfzehnten Olympischen Winterspiele in Calgary, medaillenbehangen oder nicht, waren gerade auf dem Rückweg in ihre siebenundfünfzig Herkunftsländer. Die sporterfolgsverwöhnten Athleten der UdSSR und der DDR reisten außerordentlich medaillenbehangen Richtung Heimat.

Hubert und Helge betraten das Wohnzimmer in der Oppemannspad sieben. Mit schläfrigen Augen stellte Helge den Arztkoffer auf den Flokatiteppich. Beim Bücken gaben die Schöße seines palisanderfarbenen Wollmantels wie ein flüchtig gelüfteter Vorhang den Blick auf einen Schlafanzug frei. «Dann wollen wir mal. Wie geht es Mutter und Kind?»

Oda zuckte mit den Schultern und hob ihr Blümchenkleid, während Helge ein antikes Hebammenstethoskop aus seinem Arztkoffer holte.

«Alles ruhig dadrinnen, soweit ich das beurteilen kann. Ich bleibe vorsorglich noch ein Weilchen hier.»

«Hast du Hunger vielleicht?», fragte Leska.

«Und wie, hier duftet es so verführerisch nach Sauerkraut.»

«Ist besser nicht zu essen. Hubertčík hatte Furcht, dass unbekannte, böse Urheber uns wollten vergiften.»

Leska ging in die Küche, Helge folgte ihr. «Wir sollten auf jeden Fall an ihrer Seite bleiben. Wenn die Wehen wieder einsetzen, sofern es denn überhaupt welche waren, müssen wir schnell handeln. Oda ist gerade mal in der einunddreißigsten Woche.»

«Dann wir gehen besser in Krankenhaus, auch sehr schnell», gab Leska zu bedenken.

«Es ist besser, wenn sie sich hier ausruht. Vertrau mir, ich war schon als kleiner Junge dabei, wenn mein Vater entbunden hat.» Helge hielt das Stethoskop nach vorne wie einen wichtigen Beweis in einem komplizierten Prozess.

«Aber ich dachte, das war Entnabelung von Tierbabys.»

«Natur ist Natur», erwiderte Helge gähnend.

Leska lächelte, entzückt über diesen von Helge so leicht dahingesagten Satz. Ein akustisches Déjà-vu hatte ihr mit einem Schlag die Sorgenlast von den Schultern gehoben. Sie erinnerte sich, wann sie *Natur ist Natur* zuletzt gesagt hatte. Das war, als sie mit der Mohn-Erbsen-Weizen-Gerste-Mischung versucht hatte, Oda kulinarisch eine Schwangerschaft herbeizuzaubern. Und jetzt war ihre Tochter schwanger. Ein Arzt war da. Sie würde bald Großmutter werden. Alles war gut. Leska lief zu postmitternächtlicher Höchstleistung auf. «Ich mache dir Böhmische Apfeltorte. Ich hoffe, du magst.»

Ohne Helges Antwort abzuwarten, holte Leska Eier, Zucker, Grieß, geriebene Haselnüsse, Red Delicious, Marmelade, Glasur und Kakao aus der Speisekammer. Während sie die Äpfel schälte, begann sie, ihr Lieblingslied von Karel Gott zu singen. Ein bisschen schief, aber sehr, sehr inbrünstig.

Herrliche Geschichten konnte sie berichten, und für uns war's immer wieder neu, alle Kinder liebten Babička. Singen, kochen, tanzen, lachen, glücklich machen, das war Babička.
Pferde stehlen, Äpfel schälen und erzählen, das war Babička.

Während Apfelschale um Apfelschale auf die Küchenarbeitsplatte fiel, hörte Leska aus dem Wohnzimmer Odas schlaftrunkene Stimme. «Heute ist der Extratag. Woher kommt das eigentlich mit dem Schaltjahr?»

Hubert räusperte sich. «Die Erde ist bei ihrer Sonnenumrundung ein bisschen unzuverlässig, sie braucht dreihundertfünfundsechzig Tage und knapp sechs Stunden. Vier mal sechs macht vierundzwanzig. Darum. Zudem gibt es eine Zusatzregelung. Jahre, die durch einhundert teilbar sind ...»

Ein ohrenzerreißender Schrei drang aus dem Wohnzimmer. Leska rutschte mit dem Messer ab und schnitt sich in den Handballen, der augenblicklich dieselbe Farbe annahm wie der Red-Delicious-Schalenhaufen. «Hovno[19]!», strafte sie die eben noch vorherrschende Ausgelassenheit Lügen. Ein zweites akustisches Déjà-vu hatte ihr mit einem Schlag die Sorgenlast wieder auf die Schultern gesetzt. Es schien *Pustekuchen* zu flüstern. Und das musste einer leiden-

19 Sch****

schaftlichen Bäckerin vorkommen wie ein ganz schlimmer Affront aus der alleralleruntersten Schublade.

«Ohayou gozaimasu[20], Frau Riese. Ich bin Dr. Sota Watanabe.»

Oda öffnete die Augen, vor denen sich die milchnebeligen Konturen eines Krankenhauszimmers abzeichneten. Die kreppapierenen Scherenschnitte warfen das diffuse Licht von draußen gespenstisch an die gegenüberliegende Wand. Oda hob den Kopf vom Kissen. Als sie ihren Körper weiter aufrichten wollte, durchfuhr sie ein haltloser Schmerz. Er setzte sich zusammen aus vielen Einzelschmerzen, die sich zeitgleich von Kopf, Händen, Armen, Füßen und Beinen auf den Weg machten und in Odas Bauch kulminierten. Sie schloss die Augen. Ihre Stirn faltete sich zu zwei kurzen Sinuswellen. Instinktiv legte Oda die Finger auf ihren Bauch. Er war flach und verbunden. Sie atmete langsam ein und aus.

Allmählich ließ der Schmerz nach. Er puckerte allerdings einmütig im Hintergrund weiter, als wollte er in keinem Fall jetzt schon Entwarnung geben. Der flache Bauch. Wo war ihr Baby? Hatte es überlebt? Es war ungefähr bei Auberginengröße gewesen. Die Wehen hatten sehr, sehr früh eingesetzt, nicht dramatisch früh. Dennoch. Man konnte nie wissen. Oda fehlte jegliche Erinnerung an die letzten Stunden.

«Frau Riese», wiederholte die Stimme federleicht. «Ihr Sohn liegt auf der Neonatologie, aber er wird es schaffen, daran besteht nicht der geringste Zweifel.»

---

20 Guten Morgen

Erst jetzt bemerkte Oda, dass sie nicht allein war. Der Mann in dem weißen Kittel lächelte so federleicht, wie er sprach. Dann verbeugte er sich mild. Sogar seine Koteletten und der Bart, beide in feinem Taubengrau, wirkten beruhigend.

«Mister Miyagi?», fragte Oda unwillkürlich.

«Ich weiß, ich weiß», sagte Dr. Watanabe und lachte, «Sie glauben gar nicht, wie oft ich das schon gehört habe, seit ich von Japan nach Deutschland gezogen bin.»

«Entschuldigen Sie.»

Der durch und durch federleichte Arzt sah dem Schauspieler Pat Morita zum Verwechseln ähnlich. Morita spielte in dem Film *Karate Kid* die Rolle des Mister Miyagi, eines als Hausmeister getarnten Karatelehrers. *Karate Kid* war Huberts uneingeschränkter Lieblingsfilm, und Oda hatte ihn in den letzten Jahren unzählige Male gesehen. Huberts Lieblingsweisheit aus dem Film lautete: *Verlieren gegen Feind okay, aber niemals verlieren gegen Angst.*

«Frau Riese», unterbrach Dr. Watanabe Odas Gedanken, «wir mussten einen Notkaiserschnitt veranlassen. Wissen Sie noch, was passiert ist?»

Oda schüttelte vorsichtig den Kopf.

«Sie haben Wehen bekommen, und man hat entschieden, Sie von Platteoog nach Flokum zu bringen. Ihr Mann, Ihre Mutter und mein Kollege Dr. Helge Janssen.» Der Arzt machte mit beiden Händen eine Bewegung, die vage an Mister Miyagis *Auftragen-rechte-Hand-polieren-linke-Hand* erinnerte.

«Ist mit Adam alles in Ordnung?»

Dr. Watanabe nickte.

«Kann ich zu ihm?», fragte Oda beinahe eingeschlafen.

«Ich schlage vor, dass Sie sich vorher noch eine Weile

ausruhen. Wir haben Ihnen ein Schmerzmittel gegeben, Sie werden ein bisschen müde sein. Ihr Mann ist bei Adam.»

Oda nickte. Sie war wirklich kompromisslos müde.

«Lernen zu stehen, dann lernen zu fliegen», sagte Dr. Watanabe.

«Sie sind also doch Mister Miyagi», formten Odas Lippen.

«Nein. Aber wenn ich so oft auf ihn angesprochen werde, kann es nicht schaden, einige seiner besten Sprüche zu kennen.»

Und während Oda endgültig in den Schlaf sickerte, wünschte sie sich, dass sie nach dem Aufwachen mit ihrem verfrühten Adam fliegen lernen würde. Fliegen in eine wunderbare Zukunft.

«So, Frau Riese. Da wären wir. Sie haben Glück, Adam ist momentan der Einzige, den wir versorgen müssen.» Dr. Watanabe nahm die Hände von den Griffen des Rollstuhls, in dem er Oda vorsorglich transportiert hatte. Er blieb diskret im Türrahmen stehen.

Der Behandlungsraum der Neonatologie, in dem die Frühchen ihre ersten Stunden, Tage und einige ihre ersten Monate verbrachten, gab sich redlich Mühe, nicht einschüchternd zu wirken. So viel Licht wie nötig. So wenig wie möglich. Sechs plexigläserne Inkubatoren, die mit ihrem Mikroklima den Aufenthalt im Mutterleib simulierten. Einige davon waren mit Absauggeräten, Respiratoren und Infusionspumpen ausgestattet. Durch Überwachungsmonitore konnten Herzschlag, Atmung, Sauerstoff- sowie Kohlendstoffdioxidsättigung kontrolliert werden. In zwei

Ecken stand jeweils ein hoffnungsgrüner Kunstledersessel. In einem saß Hubert. Sein Oberkörper war nackt, er trug Jeans, keine Schuhe, keine Socken, aber seinen ledernen Cowboyhut. Auf seiner Brust lag die kaum einen Quadratmeter große Häkeldecke, in die schon Oda als Baby eingewickelt worden war. Die Decke wölbte sich, als wäre darunter ein Miniaturkamel verborgen.

Hubert erblickte Oda. Er lächelte und zog die Decke ein wenig zurück. «Er schläft, der eilige Bruchpilot. Er wird einmal ein Mann, der seiner Zeit voraus ist.»

Verzückt betrachtete Oda ihren verfrühten Adam, der nun überhaupt nichts mehr mit einem Miniaturkamel gemein hatte. Vielmehr erinnerte er an einen gelbsüchtigen Miniaturaußerirdischen, der nach einer langen Reise, für die er noch gar nicht vorbereitet gewesen war, vollkommen entkräftet auf der Erde gelandet war. Die beiden mutmaßlichen Kamelhöcker stellten sich als Kopf und Po heraus. Um Letzteren war eine Windel gewickelt, die nicht viel größer als die bestickten Taschentücher von Leska war. Eine Ich-werde-mich-immer-um-ihn-kümmern-Welle spülte Odas letzten Müdigkeitsrest hinweg. Die winzige Zerbrechlichkeit verschlug ihr den Atem. Auf angenehme Art. Voller Zärtlichkeit. Oda streckte die Hand aus und legte sie auf Adams blondflaumigen Kopf, der nach den Schlagsahnedalken ihrer Mutter roch.

«Eintausendsechshundertsieben Gramm auf einundvierzig Zentimeter. Das ist zweimal eine Primzahl. Am neunundzwanzigsten Februar geboren. Wieder eine Primzahl», flüsterte Hubert, hob seinen Cowboyhut vom Kopf und legte ihn über Adam, der komplett darunter verschwand.

«Was macht Hubertčík da, so beinahe unbekleidet?» Leska war hinter Dr. Watanabe aufgetaucht.

Der drehte sich langsam um, woraufhin Leska den Blick von Hubert löste und den Arzt mit weit aufgerissenen Augen anstarrte. «Minister Maggi, konchichicha.» Sie vollführte eine holprige Verbeugungsandeutung.

«Mister Miyagi.» Hubert nahm Adam den Cowboyhut vom Körper und legte ihn auf die Lehne des hoffnungsgrünen Sessels. «Das ist Doktor Sota Watanabe aus Japan. Er ist Professor für Neonatologie. Er kümmert sich um Adam, im medizinischen Sinne.»

Leska betrat den Behandlungsraum. Sie hatte einen wüstenbraunen Plüschseehund in der Hand. «Adam, so wie in Bibel? So wie erste Mensch und Eva aus Rippe?»

Hubert nickte. Oda nickte. Adam wurde wach. Er tat es Oda gleich, die bei ihrer Namensverkündung durch den Standesbeamten Wowez ebenfalls die Augen geöffnet hatte. Aber ganz so einfach machte es sich die Geschichte mit ihren ständigen Wiederholungen dann doch nicht. Oda hatte vor dreiundzwanzig Jahren ihren Mund wie zu einem stummen Protest verzogen. Adam verzog seinen Mund wie zu einer stummen Zustimmung. Eine Art Vorlächeln überflog sein Gesichtchen. Adam war nicht nur mit seinem Eintritt ins Leben, sondern auch mit seinem Lächeln ein Frühchen.

«Wenn Adam schmunzelt, dann auch ich zufrieden.»

Huberts Oberkörper glänzte schweißig. «Ich brauche eine Pause. Oda, du solltest ihn jetzt känguruhen, das ist wichtig für die Bindung, nicht wahr, Dr. Watanabe?»

«Goldrichtig, Herr Riese. »

Leska sah ihre Tochter, dann die beiden Männer verdutzt an. «Was hat Känguru zu tun mit Adamčík? Ist Australien, ich dachte, Doktor ist von Japan.»

Dr. Watanabe strich sich über seinen Bart. «Das ist ein ganz neuer medizinischer Ansatz, der sich aus dem Bedürfnis nach Nähe ergibt. Er beruht darauf, dass Körperkontakt wichtig für die Entwicklung ist. Gerade bei Frühchen. Mutter und Vater werden so quasi zu lebenden Brutkästen.»

«Aha. Gilt auch für Großmutter, das mit Kängurukontakt?»

«Selbstverständlich. Aber zunächst sollten das die Eltern übernehmen.»

Über Leskas Augen huschte ein Enttäuschungsschatten. «Dann kümmere ich um Essen. Ist ebenso Körperkontakt und viel intensiver, weil von innen.»

Dr. Watanabe legte eine Hand auf Leskas Schulter. «Frau Bakker. Wie sagte schon Mister Miyagi: Um Honig zu machen, junge Bienen brauchen junge Blumen. Ich muss jetzt weiter. Wenn etwas sein sollte oder Fragen aufkommen, melden Sie sich. Ich denke, in spätestens vier Wochen kann der Junge nach Hause.» Der Arzt deutete eine Verbeugung an und lief eilig den Krankenhausflur hinunter.

Hubert nahm Adam samt Häkeldecke hoch. Oda knöpfte ihr ausgewaschenes Krankenhaushemd auf und legte den winzigen Körper vorsichtig über den Kaiserschnittnarbenverband.

«Ich lasse neue Familie Intimitätsphäre und frage Dr. Miyakani, ob er mal kommt zu essen. Vielleicht er mag böhmische Küche? Oder wir fusionieren Japan und Tschechien in Kochtopf.» Auch Leska verschwand.

Oda, Adam und Hubert blieben zurück. Adam lag auf Odas Oberkörper und war wieder eingeschlafen. Auch Hubert schlief. Oda hielt seine Hand. Sie war sandpapierrau und sommerwarm. Ihre beiden Männer in dem Behandlungsraum der Neonatologie, der sich gar nicht die Mühe machen musste, beruhigend zu wirken. Oda hätte auch in Flutlicht gebadet sein können, in einem unterirdischen

Tagebau vergraben, in einem Orkan gefangen, von einem Tsunami überrollt, von einem Erdbeben geschüttelt, unter einer Lawine verschüttet, in einem Jahrhundertsommer gefesselt, in einer Dürre vereinsamt, von einem Hagelschlag gebeutelt, von einem Erdrutsch verschoben oder in einem Hochwasser versunken. Solange sie Adam und Hubert hatte, war ihr Glück unangreifbar. Bevor auch Oda die Augen zufielen, sah sie zu dem Sessel gegenüber. Sie beschloss, sich so ein Modell zu ihrem nächsten Geburtstag zu wünschen.

KAPITEL 11

ZOLA EINS, ZOLA ZWEI, ZOLA DREI

«Ich bin zurück.»

«Hallo, Adam, willkommen zu Hause.» Der Kreis um die stoffüberzogene Pyramide drehte sich wie ein euphorischer Hula-Hoop-Reifen.

Adam blickte sich in seinem Wohnzimmer um. Er kam sich vor wie bei der Ankunft an einem unbekannten Urlaubsort. Alles schien fremd. Obwohl die Stimme aus der Pyramide ihm sonst Halt und Struktur gab, war er mit keiner Faser euphorisch, sondern melancholisch verdrossen. Selbst die Wohnzimmereinrichtung entfaltete ihre sonst beruhigende Wirkung nicht, als hätte sie während Adams Abwesenheit ihre Mission modifiziert. Ist vielleicht alles gerade zu viel für mich, überlegte Adam. Er schaute abermals zu den Möbeln. Bei diesem zweiten, eingehenderen Blick war es unleugbar. Sie schirmten nicht mehr die Welt vor Adam ab, sondern ihn von seinem Wohnzimmer, seiner behaglichen Zufluchtsstätte. Sie wirkten einschüchternd. Gänzlich unbeschützt musste sich Adam der Realität stellen. Nicht einmal mehr auf Möbel war Verlass.

Unglücklich wandte er sich erneut an seine Sprachassistentin, wie um sich zu vergewissern, dass wenigstens sie ihre Mission nicht modifiziert hatte. «Hast du mich vermisst?»

«Ja, es ist schön, dich wieder hier zu haben.»

«Ich suche meinen Vater.»

«Ich kann das im Web recherchieren.»

Adams Nackenmuskulatur fiel ein, dass sie bereits bei Tagesanbruch in Platteoog protestiert hatte. Sie begann aus Leibeskräften schmerzend zu klopfen.

«Warum ist mein Vater damals verschwunden?», fragte Adam vorsichtig.

«Ich kann im Web danach suchen.»

«Das hilft mir jetzt auch nicht», sagte Adam weit, weit über Zimmerlautstärke.

«Tut mir leid, aber manchmal mache ich leider noch Fehler.»

«Entschuldige bitte.»

«Kein Ding, lass weitermachen.»

Die Nackenmuskulatur war durch die zwischenzeitlich angespannte Wohnzimmerstimmung in aufrührerisches Puckern geraten. Adam ging ins Badezimmer und kramte in dem Schuhkarton, in dem er seine Medikamente aufbewahrte. Ganz unten fand er ein Wärmepflaster. Die Nackenmuskulatur wurde kurzfristig kleinlaut angesichts der verheißungsvollen Werbebotschaft auf der Verpackung. *Entspannung durch Tiefen- und Langzeitwärme*, stand darauf. Adam zog sein Hemd aus und klebte sich das Pflaster über die aufrührerische Nackenstelle.

Zurück im Wohnzimmer, fiel ihm die letzte Aufforderung der Pyramide ein.

Kein Ding, lass weitermachen.

Noch war unklar, ob diese Zola Hübner seinen Vater tatsächlich kannte. Seine Mutter hatte erwähnt, dass die Autorin in ihrem Buch eine Erfindung beschrieb, die von seinem Vater hätte sein können. *Hätte.* Konjunktiv zwei. Eine Welt der Hoffnungen, Vorstellungen und Wünsche. Das war

Adam zu vage und brachte ihn nicht weiter. Da Bonna die Polizeidatenbank netterweise auf mögliche Zola Hübners geprüft hatte, beschloss er, sich zunächst genauer nach dem Buch *Die Erfindung der Sprache* zu erkundigen. Und zwar im Indikativ.

«Was ist Sprache?»

«Laut Wikipedia: *Unter Sprache versteht man die Menge, die als Elemente alle komplexen Systeme der Kommunikation beinhaltet*», sagte die Sprachassistentin.

«Ich meinte, was ist: *Die Erfindung der Sprache*?», wollte Adam wissen.

«Hamburg, 21. Oktober 2002, S. 223–228. Beitrag zur Titelgeschichte: *Der Anfang war das Wort. Wie der Mensch die Sprache erfand und dadurch zum Menschen wurde.*»

«Ich mache lieber allein weiter», sagte Adam verdrossen.

«Ich bin hier, um dir den Rücken zu stärken oder einfach für ein bisschen Unterhaltung.»

Adam ignorierte den Pyramideneinwand. Er setzte sich in den Sessel neben dem Fenster, stellte den Laptop auf seinen Schoß und steckte das Stromkabel in die Steckdose. Mit wimmernden Tönen, die klangen wie ein inhaftierter Wendehals, der um Freilassung bat, fuhr der Rechner hoch. Gerade als sich Adam ins Internet einwählen wollte, vernahm er den allerwimmerndsten Wendehalston, den er jemals aus einem technischen Gerät gehört hatte. Der Bildschirm wurde erst angoraweiß. Dann kaviarschwarz. Dann war es still.

Der Wendehals war neunzehnhundertachtundachtzig, zu Adams Geburt, zum Vogel des Jahres gekürt worden. Ein Jahr später war die Mauer gefallen und die Zahl der Wendehälse sprunghaft angestiegen. Und nun, während das Wärmepflaster so wohlig seiner Aufgabe nachkam, war auch der Laptopwendehals gestorben. So wie man eine Urne bei einer Beerdigung vorsichtig in ein Erdloch sinken lässt, stellte Adam den Laptop auf den Boden ab.

Im Wohnzimmer herrschte nach wie vor Stille, doch in Adams Kopf begann sich bedrohliche Jahrmarktstimmung breitzumachen. Stimmen, die um Aufmerksamkeit warben.

Einatmen.

Ausatmen.

Einen Schritt zurücktreten.

Systematisieren!

Noch wortwörtlich erinnerte er sich an seine zweipunktige Gedankenliste von heute Morgen, auf dem Weg zum Platteooger Hafen. Eins: das Buch *Die Erfindung der Sprache* besorgen. Zwei: die drei Zola Hübners kontaktieren.

Zu 1) Sein Laptop hatte sich in die ewigen Jagdgründe verabschiedet. Seine Sprachassistentin konnte ihm nicht weiterhelfen. Morgen würde er, noch bevor er ins Institut fuhr, seine Lieblingsbuchhandlung aufsuchen und nach dem Buch von Zola Hübner fragen.

Zu 2) Damit wollte er sofort anfangen. Dass am heutigen Tag noch mehr schiefgehen könnte, hielt Adam für ausgeschlossen. Er lief zur Anbauschrankwand und nahm das Telefon aus der Ladestation. Aus dem Flur holte er den Koffer mit dem Notizbuch seines Vaters, zwischen dessen Seiten er Bonnas Zettel mit den drei Zolas geschoben hatte.

1) Zola Hübner, Holzblasintrumentenbau, Dresden,
0351 79696609348

Nach einmaligem Klingeln wurde abgenommen. «Hübner.» Die männliche Anruferstimme klang weich und resolut zugleich.

Adam wusste nicht, was er sagen sollte, denn dieser Kontrast kam ihm so dermaßen unlogisch vor, dass er sich nicht traute zu sprechen.

«Haaallooo, ist das etwa ein Streich, oder wie?» Nun hörte sich die Stimme wie ein wütender, sächselnder Arnold Schwarzenegger an.

«Nein, nein. Also ... äh, entschuldigen Sie. Hier spricht Dr. Adam Riese.»

«Wollen Sie mich verarschen? Adam Riese. Was für ein schlechter Witz.» Im Hintergrund hörte man die Titelmelodie der Tagesschau.

«Nein, nein. Hoffentlich habe ich Sie nicht gestört. Ich möchte gerne Zola Hübner sprechen, wenn das möglich ist.»

«Mit Zola würde ich auch gerne sprechen. Aber das ist nicht möglich. Sie ist seit einem halben Jahr in einem Ashram oder so. Genau weiß ich es nicht. Sie ist von einem auf den anderen Tag spurlos verschwunden.»

«Das tut mir leid», presste Adam hervor und meinte damit ausschließlich sich selbst. «Wissen Sie, ob Frau Hübner ein Buch geschrieben hat?»

«Die schreibt ständig. Kann also sein. Aber mir erzählt sie ja nichts mehr. Wie soll denn das Buch heißen?»

«*Die Erfindung der Sprache.*»

Der Mann lachte bitter auf. «Das passt. Nach fünfzehn Jahren Ehe wechseln wir kaum drei Sätze, und seit sie weg ist, gar keine mehr. Keine Sprache zwischen uns. Da muss quasi alles neu erfunden werden.»

«Das tut mir leid», wiederholte Adam. «Eine Frage noch, kennen Sie zufällig einen Hubert Riese?»

«Nie gehört», sagte der Mann knapp und legte auf, als sei das eine gängige Abschiedsformel bei sächsischen Telefonaten.

Ehe Adams verdatterte Enttäuschung sich breitmachen konnte, wählte er die nächste Nummer.

2) Zola Hübner, Logopädin, Göttingen,
0551 970776263

Es klingelte so oft ins Leere, dass Adam schon auflegen wollte. Da meldete sich ein Anrufbeantworter. *«Sie haben den Anschluss der Praxis Hübner gewählt. Leider rufen Sie außerhalb der Sprechzeiten an. Diese sind montags bis donnerstags von zehn bis fünfzehn und freitags von neun bis dreizehn Uhr. Ich freue mich über Ihre Nachricht.»*

«Guten Abend, hier ist Dr. Adam Riese», sagte Adam. Er hatte das Gefühl, er müsste auf einen logopädischen Anrufbeantworter besonders prononciert sprechen. «Es geht um die Publikation *Die Erfindung der Sprache.* Bitte rufen Sie mich zurück unter der Funknummer: null, eins, sieben, neun, achtundzwanzig, achtundzwanzig, dreizehn, vierhundertsechs, drei.»

Blieb noch die dritte Nummer.

3) Zola Hübner, Kinderintensivpflegedienst Pusteblume, Berlin, 030 77635555222

«Hübner?»

Adam spürte eine behagliche Wärme und überlegte, ob diese von dem Pflaster in seinem Nacken oder daher rührte, dass die Stimme so anmutig klang.

«Hier spricht Dr. Adam Riese. Sind Sie Zola Hübner?»

«Die bin ich. Wie kann ich Ihnen helfen?»

«Das ist eine lange Geschichte. Ich suche eine Zola Hübner, die ein Buch geschrieben hat. Es heißt *Die Erfindung der Sprache.*»

«Ein interessantes Thema. Ich frage mich seit Jahren, wo Sprache anfängt, ob sie vielleicht den Menschen schon vor der Geburt gegeben ist, und damit meine ich vor allem die nonverbale Kommunikation. Schon Babys haben schließlich eine Sprache.»

Die behagliche Wärme stieg. Der Tagesausklang schien eine erfreuliche Wendung zu nehmen, nach all dem Unglück, das er bisher im Schlepptau gehabt hatte. Das Licht vor dem Fenster gab sich der stillbehüteten Nachtdunkelheit hin.

«Da haben Sie recht», sagte Adam.

«Wer spricht denn da?»

Hilfesuchend sah Adam zu den Bücherregalen, die ihm jedoch die kalten Schultern zeigten.

«Wie gesagt, hier spricht Dr. Adam Riese. Es geht um das Buch *Die Erfindung der Sprache.*»

«Richtig, Sprache, Sprache», bemerkte Zola Hübner. «Bereits im Mutterleib empfangen Kinder Signale der Außenwelt. Wie Pusteblumen senden sie ihre Signale weit und heilsam. Schade, dass meine aktive Zeit vorbei ist. Ich nehme an, Sie haben davon gehört, dass man Ungeborenen Musik vorspielen soll. Diese erkennen sie lebenslänglich wieder, und wenn sie sie nach der Geburt hören, fühlen sie sich in die Annehmlichkeiten des Mutterleibs zurückversetzt.»

Wusste Zola Hübner noch, was er gefragt hatte? Sie war in einen solch uferlosen Redefluss geraten, Adam wagte nicht, sie zu unterbrechen.

«Und überhaupt sind die Kleinen zu Beginn so hilflos, sie müssen auf eine ganz andere Sprache zurückgreifen als wir Erwachsene.» Zola Hübner verstummte. «Wie war noch mal Ihre Frage?»

«Haben Sie ein Buch geschrieben?»

«Ja. Ein Kinderbuch, und natürlich schreibe ich Tagebuch.»

«*Die Erfindung der Sprache*, sagt Ihnen das etwas?», wollte Adam wissen.

«Wie kommen Sie jetzt auf diesen Titel?»

Resigniert wechselte Adam das Telefon von einer in die andere Hand. Irgendetwas stimmte nicht mit dieser Zola Hübner.

«Haben Sie das Buch *Die Erfindung der Sprache* geschrieben?»

«Ich glaube nicht. Vielleicht ist es Ihnen nicht aufgefallen, aber meine Erinnerung funktioniert manchmal nur lückenhaft. Werden Sie bald Vater? Ist das der Grund für Ihren Anruf?»

Es war unzweideutig eindeutig. Die Zola Hübner aus Berlin war nicht die Frau, die er suchte. Wie sollte jemand, der mit den unvorhersehbaren Keimen einer Demenz zu kämpfen hatte, ein ganzes Buch schreiben?

«Frau Hübner. Ich muss jetzt auflegen. Danke für Ihre Mithilfe.»

«Gerne. Wie war noch mal Ihr Name?»

Adam gab das Telefon zurück in die Obhut der Ladestation und überlegte, was er tun sollte. Er nahm das Notizbuch seines Vaters und schlug es auf. *Mein Leben in zwei Welten.* Adam hatte nie verstanden, warum ihm sein Vater ausgerechnet dieses Buch hinterlassen hatte. Was war das für ein ungewöhnlicher Titel? Bis heute war er nicht schlau daraus geworden. Bis heute erfüllte das Buch ihn mit endlosen Fragezeichen. Beunruhigenden Fragezeichen. So, als wäre er unfreiwillig Zeuge eines dramatischen Autounfalls mit ungeklärter Schuldfrage geworden. Er klappte das Buch wieder zu. Übersprungshandlungsmäßig zog er den rotbuchenbraunen Überwurf vom Sessel. Nun kam dessen hoffnungsgrüne Farbe zum Vorschein. Der Sessel war der, den Adams Vater seiner Mutter nach seiner Geburt geschenkt hatte. Es war genau das Modell aus dem Behandlungsraum der Neonatologie im Krankenhaus in Flokum, in dem Adam seine ersten vier Lebenswochen verbracht hatte.

Sesselhoffnungsgrün. Lange starrte er auf das Möbelstück.

Es funktionierte. Adam beruhigte sich. Ein wenig Stress fiel von ihm ab. Er ließ sich auf die Sitzfläche sinken. Dadurch, so wünschte er, würde die Hoffnung vollständig von ihm Besitz ergreifen. Bedächtig streichelte er über das in die Jahre gekommene Polster und fertigte mental eine Liste für den nächsten Tag an.

1) Koffer auspacken
2) In Platteoog anrufen und nach Mamas Befinden fragen
3) In die Buchhandlung gehen
4) Seminar vorbereiten
5) Seminar halten
6) Zola Hübner (Logopädin) erneut anrufen
7) Einen neuen Laptop kaufen

Der Koffer zu Adams Füßen machte einen zufriedenen Eindruck. Die Dinge schienen auch dann zu klappen, wenn er eine Zeitlang einfach schweigend dalag.

Matzerath & Söhne war über der breiten Holztür mit den messingenen Art-déco-Beschlägen zu lesen. Unmittelbar nach dem Betreten der Buchhandlung schalteten Adams Körperfunktionen einhellig auf Ruhemodus. Der Puls schlug mit fünfzig Schlägen pro Minute, Blutdruck und Temperatur waren gefallen, der Kortisolspiegel war niedrig, der Melatoninspiegel hoch.

Buchhandlungen hatten auf Adam stets diese Wirkung gehabt. Zwar hatte er spät zu sprechen begonnen, war aber bereits in sehr, sehr jungem Alter bücherversessen gewesen. *Ist Ausgleich für Verspätung bei Reden. Natur hat gut gemacht*, pflegte Leska zu sagen. Jeden Freitag bei Regen, bei Schnee, bei Hagel, bei Nebel, bei Wind, bei schwacher, mittlerer oder starker Bewölkung und auch bei Sonnenschein hatte sie Hand in Hand mit ihrem Enkel am Platteooger Hafen gestanden und auf die Fähre gewartet. Freitags brachte diese zwei bis oben hin volle Kisten Ausleihbücher aus der Flokumer Stadtbibliothek auf die Insel. Die Fähre war ein schwimmender Bücherbus.

«Dr. Riese, wie kann ich Ihnen helfen?» Frau Abendroth war wie hingezaubert vor Adam aufgetaucht.

Er betrachtete den Boden, der ausgelegt war mit dicken safranroten Teppichen. Vermutlich dämpften diese sogar Pfennigabsatz- oder Steppschuhgeräusche.

Seit vielen Jahren war Adam Stammkunde bei *Matzerath & Söhne.* Oskar Matzerath war der Großvater von Frau Abendroth. Er hatte die Buchhandlung in den zwanziger Jahren des zwanzigsten Jahrhunderts eröffnet. Dass er wie der Protagonist von Günter Grass' *Die Blechtrommel* hieß, hatte ihn mit unbändigem Stolz erfüllt. Nach mehreren Gläsern Merlot hatte der reale Oskar Matzerath häufig erzählt, Grass hätte genau ihn beim Schreiben seines Romans vor

Augen gehabt. Dass das nicht stimmen konnte, bewiesen die zahlreichen Schwarzweißaufnahmen hinter der Kasse, auf denen der Buchhändler die anderen um zwei Köpfe überragte.

Die Einrichtung des Ladens war seither kaum verändert worden. Alles wirkte aus der Zeit gefallen. Adam und sein Ruhemodus hatten unzählbare Stunden hier verbracht. Er kam dreimal pro Woche vorbei. Die Buchhandlung war ein Kurort für ihn. Auf den Teppichen standen dekorativ verschnörkelte Regale, an einigen von ihnen lehnten waghalsige Leitern. In drei kleinen Erkern befanden sich dickgepolsterte Lesesessel, in einem vierten Erker ein wuchtiges Sofa mit Samtkissen.

«Ich bin auf der Suche nach einer Publikation mit dem Titel *Die Erfindung der Sprache* von Zola Hübner.»

Frau Abendroth trug heute eine aufwendige Hochsteckfrisur, und Adam überlegte, an wen sie ihn damit erinnerte. Da fiel es ihm ein. An Professorin Minerva McGonagall aus den *Harry-Potter*-Verfilmungen. Ihr Lächeln war allerdings viel bezaubernder, und mit ihren gut vierzig Jahren war sie viel jünger.

«*Die Erfindung der Sprache.* Also, das sagt mir nichts. Am besten wir schauen mal im System nach.»

Sie liefen teppichgedämpft zum Computer, der auf einem edlen Tresen stand. In der ansonsten angenehm unmodernen Buchhandlung wirkte der Computer wie ein Ufo aus der Zukunft.

«Also, dann wollen wir mal.» Die Buchhändlerin tippte und klickte. Schließlich stieß sie einen Seufzer aus, der alles Mögliche bedeuten konnte, und tippte und klickte weiter.

Adam warf einen diskreten Blick auf die Uhr an der Wand. Es war fast halb elf. Er musste sich beeilen, denn es blieb noch viel vorzubereiten. Bei seinem überstürzten Aufbruch vor zwei Tagen hatte er sein Seminar *Die Mythologie als Quelle der Parömie* absagen müssen. Das gefiel ihm gar nicht, das war bisher noch nie vorgekommen, das war ein Fehler im Ablauf, das verschob seine gesamte Planung für das laufende Semester um eine Woche.

Umplanen, umplanen, umplanen, erinnerte die neongelbe Leuchtreklametafel. Sie hatte sich genauso lautlos angeschlichen wie Frau Abendroth.

Adams Ruhemodus strauchelte.

Die Buchhändlerin sah flüchtig auf. «Ah! Hier ist es. *Die Erfindung der Sprache.* Zola Hübner, also den Namen habe ich noch nie gehört. Ist das eine Kollegin von Ihnen? Also, sie scheint ja aus Ihrem Fachgebiet zu sein. Wegen der Sprache, meine ich.»

«Nein. Ich kenne sie nicht, aber das Buch interessiert mich außerordentlich. Ist etwas über ihre Person vermerkt?»

Frau Abendroth las: «Zola Hübner, geboren neunzehnhundertzweiundneunzig in Göttingen. Nach dem Studium der Therapiewissenschaften, Logopädie und Physiotherapie an der Fachhochschule ...»

«Dann hatte ich gestern Glück bei Punkt zwei», sagte Adam, während der Minutenzeiger auf der Uhr mit einem lauten Klick vorrückte.

«Ach, Dr. Riese, Sie und Ihre Listen. Wir haben auch ein Buch dazu. Das wird gerne gekauft. Glauben Sie mir, also, mit der Listenanfertigungsliebe sind Sie nicht allein. Das Buch heißt *Mein Leben in Listen.* Ich glaube, das könnte Sie interessieren.»

Adam sah wortlos zur Uhr an der Wand.

«Soll ich das Spracherfindungsbuch also für Sie bestellen?»

Adam nickte dankbar.

«Apropos, wie geht es Ihnen eigentlich? Wollen Sie vielleicht auf einen Kaffee bleiben? Also, wir haben eine neue Maschine, da muss man gar nicht mehr zum Italiener um die Ecke.» Frau Abendroth tippte.

Die Leuchtreklametafel nutzte die Leerstelle, um sich wieder in Erinnerung zu rufen. *Umplanen! Hoppihopp!*

Der Ruhemodus war inzwischen ferne Erinnerung. Adam hatte gehofft, schnell in die Buchhandlung zu gehen, schnell das Buch zu kaufen und anschließend schnell ins Institut zu laufen. Alle Pläne dahin. Alles für die Katz.

Umplanen! Hoppihopp! Was verplemperst du deine Zeit mit Katzensprichwörtern. Die unliebenswürdige Leuchtreklametafel, die liebenswürdige Buchhändlerin, der Zeitdruck, das Seminar, der neubenötigte Laptop, der neue Anrufversuch bei Zola Hübner... Alles prasselte ungefiltert auf ihn ein, und Adam meinte, er könnte den gleich einsetzenden Kurzschlussknall schon am Horizont brizzeln hören.

Einatmen.

Ausatmen.

«Momentan habe ich leider keine Zeit, Frau Abendroth. Bitte bestellen Sie. Wann ...?»

In diesem Augenblick hatte ein neuer Störenfried seinen Auftritt. Adams Handy. Es war seine Großmutter. Nach einer knappen Entschuldigung nahm er den Anruf entgegen.

«Adamčík, Babička hier. Ich rufe wegen deine Maminka.» Leska rief wirklich, sie brüllte sogar in den Hörer. «Oda ist bereits zurück zu Hause und bei Gesundheit, doch Drama ...»

Die Verbindung brach ab. Adams Handyakku war leer. Ohne wimmernden Wendehalston, ohne Ankündigung, einfach so. Das war ihm nun zweimal innerhalb von weniger als zwölf Stunden passiert. Im Gegensatz zu seinem Laptop allerdings würde er sein Handy im Büro wieder mühelos zum Leben erwecken können. Doch das größere Fragezeichen in seinem Kopf beschäftigte sich mit dem Problem: Was um Himmels willen war mit seiner Mutter passiert? Sie war doch auf dem Weg der Besserung, als er gestern abgereist war. *Drama.* Was hatte seine Großmutter damit nur gemeint? *Drama* und *dramatisch* waren Leskas Lieblingswörter. Zuweilen brachte sie sogar die Formulierung *dramatisches Drama* hervor, eine Art Pleonasmus, der Adam an die Grenzen seines Verstandes brachte.

Einatmen.

Ausatmen.

«Ich muss schleunigst aufbrechen. Das mit dem Kaffee holen wir morgen nach. Ich danke Ihnen vielmals.» Als Adam sich umdrehte, verkeilte sich seine Schuhspitze unter dem safranroten Teppich. Er strauchelte. Als er den Schuh hervorzog, klappte ein Stück Teppich um und gab den Blick auf eine Krümellache frei.

«Oh», sagte die errötende Frau Abendroth, «das ist mir aber unangenehm. Ich muss mal wieder alle Teppiche ausklopfen und hier …, also, richtig durchkehren.»

Adam kam die Redewendung *etwas unter den Teppich kehren* in den Sinn. Sollte das ein Zeichen sein? Die Zeit drängte. Adam beschloss, nicht weiter über Teppichredewendungen nachzudenken, da er schleunigst in sein Büro wollte.

Einen Schritt zurücktreten.

Einatmen.

Ausatmen.

Adam wurde seiner Gedanken einfach nicht Herr. So

sinnvoll der Zurücktretensansatz bei Panikanflügen auch sein mochte, vielleicht war es manchmal besser, sich den Tatsachen zu stellen, öfter einmal alle Teppiche hochzunehmen und den Dreck darunter hervorzukehren.

KAPITEL 12

HOFFNUNGSGRÜN ÜBERALL

Hätten sie gekonnt, hätten sich Oda und der hoffnungsgrüne Sessel auf der Neugeborenenstation wie erfolgsverwöhnte Geschäftspartner die Hände geschüttelt. Dann wären sie auf eine Flasche Moët & Chandon in eine Luxusbar gegangen, um auf ihre Zusammenarbeit im Frühchenfall Adam Riese anzustoßen. Alles hatte sich in den vergangenen vier Wochen zu ihrer vollsten Zufriedenheit entwickelt. Oda hatte die gesamte Zeit im Krankenhaus verbracht, oft besucht von ihren Eltern, Helge, Bonna, Alfried und Ewald. Hubert war zwei-, manchmal drei- und einmal sogar viermal täglich vorbeigekommen, um sich den eiligen Bruchpiloten samt Häkeldecke wie eine Kängurumutter auf seinen nackten Oberkörper zu legen.

«Du warst schon so lange nicht mehr zu Hause», sagte Hubert am Entlassungsmorgen zu Oda.

Damit hatte er vollkommen recht. Nach vier Wochen war Oda das Krankenhaus fast vertrauter als ihr übersichtliches Gulfhaus mit Blick auf den Leuchtturm. Sie war gespannt, wie es dort inzwischen aussah. Hubert hatte angedeutet, einige Veränderungen vorgenommen zu haben. Allerdings ließ er sich auch auf wiederholtes Nachfragen hin nicht in die Karten schauen und sagte nur immerzu: *Das wird dir schon gefallen, da mache ich mir überhaupt keine Sorgen.* Das klang, als hätte er ein unwahrscheinlich gutes Blatt auf der Hand.

Nicht nur Hubert, auch die Platteooger hatten im letzten Monat allerlei Vorbereitungen für Adams Heimkehr getroffen. Waren sie während Odas Schwangerschaft allesamt mitschwanger gewesen, waren sie jetzt allesamt Miteltern. Sie waren so fürsorglich, als wäre die Insel der Außenposten eines neonatologischen Behandlungszimmers. Ein Behandlungszimmer in Form einer schlafenden, dreiundzwanzig Quadratkilometer großen Katze. Die liebevolle Vorbereitungsstimmung betraf alle Lebensbereiche und alle Inselbewohner.

Helge hatte sich in den vier Wochen derart ausgiebig belesen und sich im Selbststudium zur Nachsorgehebamme fortgebildet, dass er auf Hausbesuche verzichten musste und verkürzte Sprechstundenzeiten eingeführt hatte. Wie durch ein Wunder waren alle Platteooger gesund geblieben.

Die Polizistin Bonna hatte durch eine Baufirma und mit sicherheitstechnischen Begründungen das ausbesserungsbedürftige Kopfsteinpflaster der Insel ausbessern lassen. Adams Kinderwagen konnte nun ohne größere Erschütterungen darüber hinwegfahren. Zudem hatte sie alle Bewohner veranlasst, das ordnungsgemäße Funktionieren ihrer Haushaltsgeräte zu prüfen, um mögliche Schwelbrände zu vermeiden.

Ewald hatte sich aus England ein umwelt- und hautfreundliches Putzmittel liefern lassen, um die Kirche gründlich zu reinigen. Adam sollte auf keinen Fall, wenn er seinen Vater zu den täglichen Gebeten begleiten würde, auf dem Boden liegen und dabei mit umwelt- und hautfeindlichen Substanzen in Berührung kommen. Unter der Kanzel hatte der Pfarrer zudem einen paradiesgrünen Spielteppich mit einer Kinderausmalbibel, Papier und daumendicke Buntstifte bereitgelegt.

Alfried hatte unbedingten Handlungsbedarf in der Gestaltung des Miniaturheimatmuseums im Leuchtturm festgestellt. Um die alte Nebelkanone, den alten Karkstoven, das mehr als fragmentarische Skelett der sehr, sehr alten Seerobbe, die betagte Drillmaschine, den viertelkreisförmigen Sextanten und die buchseitenplattgepressten Darstellungen der genügsamen Kartoffelrose und der weitgereisten Neophyten hatte er wuchtige Vitrinen aus Sicherheitsglas gebaut. Die Edelsteine hatte er obenauf gelegt, die ausgestopfte Sumpfohreule sowie den Sandregenpfeifer an Angelschnüren an die Zwischendecke gehängt. Bei offener Tür und ab Windstärke drei auf der Beaufortskala kamen die Tiere in Bewegung und schaukelten sanft, als wären sie wieder am Leben.

Leska hatte eine neue Gastronomiekühltruhe gekauft und buk und kochte und weckte und fror ein, als gelte es, bis zu Adams Volljährigkeit Essenvorräte bereitzustellen.

Was Ubbo gemacht hatte, war nicht ganz klar. In jedem Fall hatte er reichlich Zeit mit Hubert im Gulfhaus verbracht. Sie hatten gewerkelt und gebaut und die Köpfe zusammengesteckt und allabendlich hoffnungsgrüne Farbe auf ihren Bauarbeiteroveralls und tuscheschwarze Schmutzränder unter ihren Fingernägeln gehabt. Die große Enthüllung war für den Tag von Adams Ankunft auf der Insel geplant.

Dann war es so weit. Dr. Watanabes Prognose, Adam könne nach vier Wochen das Krankenhaus verlassen, hatte sich bewahrheitet. Vier schlafarme Wochen lagen hinter den jungen Eltern. Nach seinen einunddreißig Wochen im Mutterleib hatte Adam pro Woche zweihundertfünfzig Gramm zugenommen, gelernt, seinen Wärmehaushalt eigenständig zu regulieren, an Odas Brust zu trinken und vorbildlich durch seine Miniaturnase zu atmen.

Die Fähre kämpfte sich schnaufend durch die sèvresblauen Wellen, deren gipsweiße Schaumkronen wenig von Frühling erahnen ließen. Es war stark bewölkt. Zierliche Sprühregentropfen rutschten aus dichten Altostratuswolken. Der Hafen war von einem mannigfaltigen Aufgebot an Regenschirmen bevölkert. Regulär achtspeichige, steife Langschirme, faltbare Taschenschirme, elegante Glockenschirme, niedliche Kinderschirme sowie technisch ausgetüftelte Vollautomatikschirme. Auch Hubert, der an Deck stand und Adam in einem Tuch vor dem Oberkörper unter der Jacke trug, hatte einen Schirm dabei. Einen besonderen. Keinen, den man am Hafen sah, sondern eine eigens von ihm erdachte Konstruktion. An einer Art Haarreifen waren auf Höhe der Ohren zwei himmelwärts ragende, karbonverstärkte Stützen angebracht. Sie trugen, in optimaler Gestellsymmetrie, über zehn Seitenstreben die Nylonregenschirmkrone. Diese hohe Strebenzahl bot die optimale Dachspannung. Aber der größte Vorteil war der, dass Hubert die Hände frei hatte. Eine nahm er von Adams Rücken und winkte zum Strand hinüber. Dabei ähnelte er seinem phänotypischen Ebenbild Paul Newman, der zwei Jahre zuvor, nach Verleihung des Ehrenoskars für seine unvergesslichen Filmdarstellungen, auch gewunken hatte, und zwar von der Bühne herab.

«Gleich sind wir zu Hause. Es ist alles vorbereitet. Du kannst dich ausruhen», sagte Hubert nach einem besorgten Seitenblick zu Oda, denn sie sah in diesem Moment alles andere als oscarreif aus.

Sie sah aus wie eine Schauspielerin, die für eine Rolle ihr Äußeres vernachlässigt hatte. Ihre Augen waren müde und fast gar nicht mehr grün. Ihre Haut hatte einen fahlblassen Stich, so als wäre in ihrem Körperfarbkasten nur noch Deckweiß übrig. Ihr Mund war mitgenommen wie eine baufällige Ruine. Für ihre semmelblonden Locken galt dasselbe. Oda tat jeder Muskel weh. Sogar Muskeln, von deren Existenz sie bisher nichts geahnt hatte. Dr. Watanabe hatte ihr das erklärt. Nach der anstrengenden Kaiserschnittgeburt, der Verheilung der Narbe und den ersten Wochen als junge Mutter würden Stresshormone ausgeschüttet. Der Körper müsse dabei eine aufreibende Anpassungsleistung vornehmen. Es könne zu Nacken-, Kopf-, Gelenk- und Rückenschmerzen, zu Magen-Darm-Erkrankungen, zu Herz-Kreislauf-Beschwerden und sogar zum chronischen Fatiguesyndrom kommen. Aber, so hatte er weiter erklärt, das würde schon nicht passieren, wenn sie auf sich aufpasste. Schließlich habe sie ihren Hubert und eine ganze Insel an ihrer Seite. Geschlossen hatte Dr. Watanabe mit dem Mister-Miyagi-Zitat: *Wer Fliege fangen mit Stäbchen, der vollbringen alles.*

Dennoch. Trotz Anpassungsherausforderung war Oda glücklich. Ausgelaugt, entkräftet, erschöpft, fertig, aufgezehrt, wie gerädert, geschwächt, müde, abgespannt und körperlich vollkommen schachmatt, aber glücklich. Denn das Hohlorgan, das sich nie ausruhte, der Herzmuskel, verrichtete liebreizend seine Arbeit. Er pumpte nicht nur Blut durch ihren Körper, sondern vor allem Dankbarkeit und Liebe. Oda konnte ihr Glück kaum fassen. Sie hatte Hubert, einen Mann, der so großartig und einmalig war, dass auch ein Romanschriftsteller ihn sich nicht großartiger und einmaliger hätte ausdenken können. Und sie hatte ihren Adam, in dem, so kam es ihr vor, ein Teil ihres Herzens schlug.

«Alle mal zurücktreten», rief Bonna mit ihrer Polizeistimme, als die Fähre anlegte. Die Regenschirmarmada tat wie geheißen.

Alle außer Helge. Der blieb stehen, stellte seinen Arztkoffer auf den Boden. «Willkommen. Ich habe in der medizinischen Literatur alles genau recherchiert und stehe stets zur Verfügung. Außerdem hat mich Dr. Watanabe über die wichtigsten Grundlagen der Hebammentätigkeit unterrichtet.»

Der Sprühregen nahm zu, er verlor seine Zierlichkeit.

«In dem Koffer ist alles, was ihr für einen gesunden Start braucht. Fläschchen, Sauger, Milchpumpe, ein Dampfsterilisator, Windeln, Wundschutzsalbe, ein Wärmestrahler, ein Badewasserthermometer, ein Nasensauger, eine Finger-Aufsatz-Zahnbürste, eine Nagelschere mit abgerundeter Spitze. Ich bin inzwischen Profi in der Still- und Laktationsberatung und könnte euch sogar als Nachsorgehebamme gute Dienste erweisen.»

«Ich auch habe gelungene Beginn bereitet, geschmackliche Beginn», meldete sich Leska zu Wort, bückte sich nach der überdimensionierten Tiefkühlbox, die inzwischen zwei Zentimeter hoch in einer Pfütze stand.

«Jetzt lasst sie doch erst mal ankommen», sagte Bonna und drückte Oda verstohlen einen Kuscheltierpolizeibären in die Hand.

«Danke», flüsterte Oda. «Danke euch allen, aber ich muss mich jetzt erst mal hinlegen und wieder zu Kräften kommen.»

Unter ihren mannigfaltigen Regenschirmen nickten die Anwesenden und gaben ein Spalier frei.

«Rooming-in, In-Zimmerung, heißt das Zauberwort, nicht nur im Krankenhaus, auch hier bei uns.»

Trotz ihrer Schlappheit nahm Oda jedes Detail hellwach wahr. Hubert hatte das Haus generalüberholt. Nur den niedrigen Vorraum hinter der Eingangstür hatte er unverändert belassen. Dessen Stirnseite jedoch, gegenüber der Tür, war nun lichtdurchflutet.

«Wo kommt denn die ganze Helligkeit am Ende des Flurs her?» Oda hob den schlafenden Adam aus dem Tuch.

«Ich habe die Stube und unsere nur doppelbettbreite Schlafkammer miteinander verheiratet, sie zusammengelegt. So ist es ein einziger großer Raum. Jetzt haben wir quasi Licht am Ende des Tunnels. Das ist doch wirklich eine wundervolle Metapher.» Hubert schob seinen Cowboyhut in den Nacken.

Oda betrat den verheirateten Raum. Er war in hoffnungsvollem Grün gestrichen. Durch das Fenster sah man den Leuchtturm. Seine gelb-roten Streifen glänzten regenfeucht. Neben dem Fenster stand ein kastenförmiges Etwas von ungefähr einem Kubikmeter, unter einem Betttuch verborgen. Nach einem fragenden Blick zu Hubert und seinem aufmunternden Kopfnicken zog Oda das Tuch beiseite. Dasselbe Modell des Sessels aus dem Behandlungszimmer des Krankenhauses kam zum Vorschein. Wortlos überwältigt fiel Oda Hubert um den Hals. Nicht zu sehr, denn Adam zwischen ihnen war so zerbrechlich, dass man meinte, schon mittelstarkes Pusten könne ihm etwas anhaben. Oda, Hubert und Adam standen eine Weile so da.

Schließlich löste sich Hubert aus der Umarmung. «Du musst dir den Rest anschauen. Es ist gerade einmal Besichtigungshalbzeit.»

An der linken Wand befand sich das Bett. Darauf lag neue, hoffnungsgrüne Bettwäsche. Auf einer Seite des Bettes war eine halbrunde Ausbuchtung angebracht. Darauf lag die gleiche Bettwäsche im Miniaturformat, bewacht von dem Plüschseehund, den Leska Adam zur Geburt geschenkt hatte. Über dem Beibett hing ein Mobilé aus Muscheln und Steinen, die mittels nachträglich hineingebohrter Löcher zu Hühnergöttern geworden waren.

«Das ist ja bezaubernd. Wann hast du das alles geschafft?» Oda ging zum Bett, setzte sich vorsichtig darauf und legte Adam neben den Plüschseehund.

Beide waren gleich groß.

«So zwischendurch. Ubbo hat mir viel geholfen. Sieh dir mal die Wand hinter dem Nachtkästchen genauer an. Da ist eine Zaubertür verborgen.»

Oda tastete mit der Hand an der hoffnungsgrünen Wand entlang und bemerkte eine Vertiefung. Sie schob ihren Zeigefinger hinein und bewegte ihn hin und her. Schließlich klappte ein schreibblockgroßes Stück Wand nach vorne. Dahinter sah man direkt in die Küche.

«Eine Kaffeeklappe, eine Frühstücksklappe, eine Mittagessenklappe, eine Abendessenklappe, eine Schokoladenklappe, eine Fläschchenklappe. Wonach auch immer dein Herz begehrt.»

Hubert setzte sich neben Oda. Sie legte den Kopf auf seinen Schoß und griff nach seiner sommerwarmen Sandpapierhand.

«Ich weiß nicht, wie ich dir danken soll.» Oda konnte sich kaum gegen das Zufallen ihrer Augen wehren.

«Da gibt es nichts zu danken. Wir sind eine Familie, da ist es ganz normal, dass wir uns umeinander kümmern.» Hubert streichelte Odas mitgenommene Frisur, ihr mitgenommenes Gesicht und ihren mitgenommenen Körper. Dabei blickte er abwechselnd zu Adam, der seinen Miniarm um den Plüschseehund gelegt hatte und zum Leuchtturm hinter dem Fenster. Als hinter diesem ein Flugzeug vorbeizog, verengten sich Huberts Augen. Es war, als wäre er von einer unangemeldeten Sorge übermannt worden. Nachdem Oda mehrmals gezuckt, sich ihre Muskeln hundertprozentig entspannt hatten und sie eingeschlafen war, erhob sich Hubert, um in seine Werkstatt zu gehen.

Inzwischen lagerten in der Werkstatt keine reparaturbedürftigen Hinterlassenschaften mehr. Die Insulaner, nun allesamt Miteltern, gingen nicht etwa pfleglicher mit den Dingen um. Auch waren die Dinge nicht von beständigerer Qualität. Es ging genauso viel kaputt wie eh und je. Der Grund war ein vollkommen anderer. Hubert, der in den letzten vier Wochen dem Haus Weite, Lichtdurchflutung und Hoffnungsgrün verliehen hatte und zusätzlich täglich ins Krankenhaus gefahren war, sollte geschont werden. So kam es, dass niemand in den letzten vier Wochen Huberts Werkstatt betreten hatte. Sie hatte sich sehr verändert. Das Fenster war mit einer Hitzeschutzplane verdunkelt und halb geöffnet. Aus dem Fenster führte ein Schlauch ins Freie. Unter dem Fenster stand ein oszillierender Chrombodenventilator mit kraftvollem Einhundertzwanzig-Watt-Motor und einem Ventilatorkopfdurchmesser von fünfzig Zentimetern. Daneben befand sich ein riesiger, wassergefüllter Topf. In dessen Glasdeckel war ein Loch, in dem das andere Ende des Schlauches steckte. Der Topf stand auf einem Campingkocher. Drei Wandseiten waren mit einer Doppellage Aluminiumfolie beklebt. Zwei Dutzend weitere Rollen warteten in dem Regal über dem mit Skizzen bedeckten Tisch auf ihren Einsatz. Neben den Rollen lagerten sechs Kanister mit Essig. Apfelessig, Himbeeressig, Branntweinessig, Weinessig, Kräuteressig und Balsamicoessig. Neben den Kanistern war ein Stapel Bücher deponiert. *Geniale Erfinder, geniale Entdeckungen. Geistreich gescheitert – Erfinder und ihre Fehlschläge. Gefahren von weit, weit her. Erstkontakt zu fremder Materie. Geheime Weltraumprogramme. Sie kommen uns holen.*

Hubert nahm den Kanister mit Weinessig aus dem Regal, goss seinen Inhalt ausnahmslos bis auf den letzten Tropfen in den Topf und stellte die Campingkochplatte an. Danach schob er die Skizzen beiseite und schlug ein jungfräuliches Notizbuch auf. Lange kaute er auf der Rückseite eines Kugelschreibers. Dabei ließ er den Essigtopf nicht aus den Augen. Als das Wasser brodelte, begann Hubert hastig zu schreiben.

Rilke
Der Panther

Sein Blick ist vom Vorübergehn der Stäbe
so müd geworden, dass er nichts mehr hält.
Ihm ist, als ob es tausend Stäbe gäbe
und hinter tausend Stäben keine Welt.

Der weiche Gang geschmeidig starker Schritte,
der sich im allerkleinsten Kreise dreht,
ist wie ein Tanz von Kraft um eine Mitte,
in der betäubt ein großer Wille steht.

Hubert unterbrach seine Aufzeichnungen und blickte zufrieden auf den Topf, aus dem sich der Essigdampf seinen Weg durch das Loch im Deckel, durch den Schlauch und durch das Fenster ins Freie bahnte.

Lange hatte Hubert über eine Lösung nachgedacht. Ihm

war aufgefallen, dass sich manche Flugzeugkondensstreifen rasch auflösten, andere hingegen ungewöhnlich lange sichtbar waren, besonders bei indischblauer Himmelfärbung. Für Hubert stand fest: Am Platteooger Himmel ging etwas nicht mit rechten Dingen zu. Mehr noch. Am Platteooger Himmel bahnte sich etwas Unheilvolles, etwas Gefährliches und vor allem etwas Gesundheitsgefährdendes an. Schließlich war er auf die Idee mit dem Verdampfen von Essig gekommen. Der war billig, effektvoll, leicht zu besorgen und half, den Planeten zu schützen.

Nur manchmal schiebt der Vorhang der Pupille
sich lautlos auf –. Dann geht ein Bild hinein,
geht durch der Glieder angespannte Stille –
und hört im Herzen auf zu sein.

Wieder hob er den Blick von seinen Notizen und starrte lange an die gegenüberliegende Wand. Dann klappte er seine Aufzeichnungen zu. *Mein Leben in zwei Welten* schrieb er auf den Einband, stellte den Campingkocher aus, versteckte das Buch hinter den Aluminiumfolienvorräten und ging zurück ins Schlafzimmer, um nach Oda und Adam zu sehen.

KAPITEL 13

EINBRUCH DES NACHT

Eines von Adams Lieblingszitaten stammte von Hermann Hesse. *Ein Haus ohne Bücher ist arm, auch wenn schöne Teppiche auf seinen Böden und kostbare Tapeten und Bilder die Wände bedecken.* Bei dem Wort *Teppiche* und der Redewendung *etwas unter den Teppich kehren* fiel Adam sein Besuch in der Buchhandlung *Matzerath & Söhne* ein. Zwar war er auf seiner Suche nach Zola Hübner einen Schritt weitergekommen und hatte ihr Buch bestellt, aber ein Schritt reichte ihm nicht. Der Akku seines Handys war noch immer leer. Seit dem Anruf seiner Großmutter war ungefähr eine halbe Stunde vergangen. Seit ungefähr einer Viertelstunde fühlte Adam ein Unwohlsein mit einem leichten Panikanflug. *Oda ist zurück zu Hause und bei Gesundheit, doch Drama …*, hatte Leska gesagt. Mit der verstrichenen Zeit hatte sich das Wort *Drama* aufgebläht wie ein Luftballon, der zu zerplatzen drohte.

Die neongelbe Leuchtreklametafel in Adams Kopf kam ihrer Funktion vorbildlichst nach. *Ein Drama unter den Teppich kehren* blinkte auf.

Hastig verließ Adam die Bushaltestelle des Elfers. Als er das letzte Mal in der Universität gewesen war, hatte er hier gestanden. Der Bus hatte Verspätung gehabt, ihn aber gerade noch rechtzeitig zu seinem katastrophalen Speed-Dating gebracht. Nicht darüber nachdenken, sagte sich Adam und steuerte auf das Gebäude zu, in dem die sprachwissenschaftliche Fakultät untergebracht war.

In seinem Büro fand Adam alles so vor, wie er es hinterlassen hatte. Eine Bücherwand, ein Beratungs- und ein Schreibtisch sowie drei Stühle teilten sich den Raum. Die Einrichtung verströmte die Aura von wissenschaftlich fichtenholzfarbener Übersichtlichkeit, in der sich Adam seit vielen Jahren geborgen fühlte. Alles in seinem Büro war wohlsortiert. Die Bücherwand war in die Themenbereiche: allgemeine Sprachwissenschaft, Grammatiktheorie, Psycholinguistik, angewandte Linguistik, Korpuslinguistik, quantitative Linguistik, Spracherwerbstheorie, vergleichende und historische Sprachwissenschaft untergliedert. Der Beratungstisch stand genau gegenüber der Bücherwand, zwei Stühle standen sich exakt gegenüber. Auf Adams Schreibtisch gab es einen Computer und eine Büroablage, bestückt mit sieben Sachen. Eins: ein Bleistift der Stärke HB. Zwei: ein Bleistift der Stärke 2B. Drei: ein Lineal. Vier: ein Radiergummi. Fünf: ein Anspitzer. Sechs: ein Vierfarbkugelschreiber. Sieben: ein Fläschchen Korrekturfluid.

Adam ließ sich auf den dritten, einen Lederdrehstuhl, fallen, zog die oberste Schreibtischschublade auf und nahm ein Ladekabel heraus. Nachdem sich sein Handy mit einem fanfarigen Geräusch wieder ins Leben zurückgemeldet hatte, wählte er die Nummer seiner Großmutter.

«Hier spricht Adam. Mein Handyakku war leer, es tut mir entsetzlich leid, dass ich erst jetzt zurückrufe», eröffnete er das Gespräch mit bekümmertem Ton in der Stimme.

«Adamčík, wie gut, du rufst. Hier wir haben Drama, als ob vorher nicht schon schlimm genug war.»

Adam musste das Telefon eine halbe Armlänge von seinem Ohr weghalten. Es kam ihm vor, als hätte Leska noch nie so laut gesprochen.

«Du weißt, deine Maminka, sie hat seit Sache mit Hubertčík geschwiegen, aber immerhin aufgeschrieben, was sie nicht gesagt oder sagen konnte oder sagen wollte. Doch nun, nicht mal das.» Leska begann zu schluchzen.

«Wie meinst du das? Welche Bedeutung haben deine Worte?»

«Nix, null. Sie sitzt in Haus, starrt an Wand und kommunikatiert nicht, Verschwiegenheit ist vollzählig.» Leskas Schluchzen wurde intensiver.

Adam sah aus dem Fenster. Die jahrhundertealten Eichen, die das Gebäude umstanden, wogten wüst im Wind, so als würden sie in unermesslicher Verzweiflung die Kronen schütteln.

«Das ist bestimmt nur eine Phase. Sie muss erst einmal die seelische Erschütterung in Bezug auf das entdeckte Buch verarbeiten.» Als Adam sich reden hörte, war er erstaunt, wie gefasst er klang.

Auch die Leuchtreklametafel in seinem Kopf schien beeindruckt, denn sie teilte mit: *Nicht schlecht, Nicht schlecht ... Als hättest du ein Abo von* Psychologie Heute.

Leska schnäuzte sich geräuschvoll. «Deine Hoffnungen in Gottes Gehörohr. Allerdings, ich zweifele. Ist meine Tochter, sie war Geschenk, das ich nicht erhofft. Sie war glücklich, dann Hubertčík, dann du, meine Adamčík, dann Hubertčík weg, dann Sprache weg und jetzt ... Ist Drama, glaube, nicht mal Geschriebenes, da ist Riesenproblem, ist komplette Verstummung, ist wie tot.»

«Was kann ich tun, wie kann ich helfen?»

Der Wind ließ nach. Die betagten Eichen auf dem Campusgelände standen unbeweglich da und schienen gemeinsam mit Adam auf eine Antwort von Leska zu warten.

«Wenn ich wüsste nur! Wir müssen Sicherheit erlangen, ob Hubertčík wirklich ist Mann aus Buch. Hast du Buch?»

«Leider kann ich es morgen erst abholen.» Adam nahm das Fläschchen mit dem Korrekturfluid aus der Büroablage.

«Ich war in Flokum in Buchhandlung und wollte holen, aber dort ist Todesfall und niemand in Laden. Erst Gesundheitsfall, dann Todesfall, alles ist gerade Drama», sagte Leska.

«Ich fürchte über alle Maßen, mit dem Buch müssen wir bis morgen warten. Aber inzwischen konnte ich in Erfahrung bringen, welche der drei Zola Hübners die richtige ist. Es ist Nummer zwei aus Bonnas Polizeidatenbank. Die Logopädin.»

«Ist gute Nachricht, wenn auch kleine Schrittlein.»

Noch immer wunderte Adam sich, wie gefasst er klang.

Doch die neongelbe Leuchtreklametafel hatte offenbar andere Quellen für ihre Einschätzung der Lage. *Achtung, nicht zu früh freuen*, flackerte kurz auf und erlosch.

«Adamčík, ich weiß, dir nicht gefällt. Ich würde wünschen, du fährst Hubertčík zu suchen. Ist neue Reise, ist neue Durcheinanderbringung, aber ich nicht kann weg von Platteoog. Geht mit Uni?»

Verschreckt sah Adam das Fläschchen mit dem Korrekturfluid an. Während er die Worte seiner Großmutter hörte, fiel ihm ein, dass er sich noch gar nicht um die Planung seines Seminars gekümmert hatte. Adam hob die Hand, um die Gedanken wie eine lästig summende Mücke zu verscheuchen.

«Ich, also ... nun, ich mache eine Liste, organisiere, strukturiere. Ich rufe später wieder an. Bist du damit einverstanden?»

«Du bist Edelstein, meine Adamčík», sagte Leska zum Abschied.

Wie ein Tier in einem viel zu spärlichen Käfig lief Adam in seinem fichtenhölzernen Büro umher, das Fläschchen mit dem Korrekturfluid in der Hand. Dabei kam er sich vor wie der Panther von Rilke. Der Panther aus genau jenem Gedicht, das sein Vater auf die erste Seite seines Notizbuches geschrieben hatte.

Adam blieb stehen. Er setzte sich auf den Lederdrehstuhl, stellte das Fläschchen zurück in die Büroablage und legte den Vierfarbkugelschreiber, das Lineal sowie ein weißes Blatt vor sich hin. Zunächst notierte er die Gedankenliste des letzten Abends.

1) Koffer auspacken
2) In Platteoog anrufen und nach Mamas Befinden fragen
3) In die Buchhandlung gehen
4) Seminar vorbereiten
5) Seminar halten
6) Zola Hübner (Logopädin) anrufen
7) Einen neuen Laptop kaufen

Alles hatte sich geändert. Die Liste war, zu Adams Bedauern, nicht mehr aktuell. Er musste schleunigst Änderungen vornehmen. Kurz schaute er zu dem Korrekturfluid, das prompte Änderungshilfe versprach. *In zwei Sekunden ist alles verschwunden*, stand auf der Banderole. Wenn es doch so einfach wäre, dachte Adam. Er entschied sich letztlich für das Lineal. Sicherheitshalber und der Übersichtlichkeit wegen. Während er das Lineal auf das Blatt legte, fiel ihm eine Begebenheit aus seiner Schulzeit ein. Er war gerade in die dritte Klasse gekommen. Seine Mathelehrerin hatte die Schüler beauftragt, geometrische Figuren von der Tafel in ihre Hefte zu übertragen. Quadrate, Rechtecke, Dreiecke, Rhomben, Fünfecke, Trapeze. Das war Symmetrie in Reinform. Die Aufgabe hatte Adam dermaßen mit Freude erfüllt, die Klarheit, die Struktur und die eindeutige Wohlgestalt der Figuren ihn mit Entzücken gepackt, dass er nach fünf Minuten fertig gewesen war. Die Lehrerin hatte hinter ihm gestanden und gesagt: *Sehr gut. Und jetzt das Ganze noch mal in Grün.* Adam hatte genickt, einen grünen Buntstift aus seinem Federmäppchen genommen und erneut begonnen, die Figuren in sein Heft zu übertragen. Noch heute hatte er das schallende Gelächter seiner Mitschüler im Ohr. Adam vertrieb die folternden Erinnerungen.

Der Wind war in der Zwischenzeit erneut aufgefrischt. Adam blickte auf seine Listenübersicht und verbesserte verbissen.

~~1) Koffer auspacken~~	erledigt
~~2) In Platteoog anrufen und nach Mamas Befinden fragen~~	(4)
~~3) In die Buchhandlung gehen~~	morgen gleich um 10 Uhr
4) Seminar vorbereiten	(2) ?
5) Seminar halten	(3)
6) Zola Hübner (Logopädin) anrufen	(1) ?
~~7) Einen neuen Laptop kaufen~~	kann warten

Der Anblick der ausgebesserten Übersicht bereitete ihm körperliche Qual. Ein Flimmern vor den Augen. Ein gewichtsloses Zittern der Knie. Wäre das Korrekturfluid doch die bessere Wahl gewesen? Zwar standen alle Schritte des

Tages auf der Übersichtsliste, aber das Durcheinander ihrer Anordnung und die, wenn auch schnurgeraden, Ausstreichungen waren mehr Durcheinander, als er ertragen konnte. An diesem Tag, der kaum zwölf Stunden alt und längst überrandvoll mit außerplanmäßigen Ereignissen war, ganz besonders. Adam überlegte, die Übersicht noch einmal abzuschreiben. Doch die vorangeschrittene Zeit verlangte nach anderen Prioritäten. Es kam geradezu zu einem Prioritätenwettstreit. Adam wog ab. Er würde zunächst versuchen, Zola Hübner zu erreichen. Entschlossen griff er nach seinem Telefon.

In diesem Moment flog die Tür ohne vorausgegangenes Anklopfen auf.

«Riese, dass du dich noch hierhertraust.» Die donnernde Stimme gehörte seinem Kollegen Thomas Nacht, Professor für Grammatiktheorie. Nachts möhrenroter Schopf war zerzaust, seine eisblauen Augen waren seltsam aufgerissen.

Adam fiel vor Verdatterung das Telefon aus der Hand. Es schlug dumpf auf die Schreibtischplatte.

«Sieh dich nur an, Riese. Ich gehe davon aus, du weißt, warum ich hier bin», gewitterte Nachts Stimme ungerührt weiter.

«Äh … nein … Geht es um mein ausgefallenes Seminar?» Instinktiv griff Adam nach dem Fläschchen mit dem Korrekturfluid. Er wusste zwar noch nicht, was Nacht von ihm wollte, aber er hatte ein extrem mulmiges Gefühl.

«Tust du nur so scheinheilig oder hast du wirklich keine Ahnung, was hier los ist?»

Adam hielt seinem Kollegen das Korrekturfluid entgegen wie den Neutraliser aus *Men in Black*. Er wollte die Situation nicht nur korrigieren, sondern restlos löschen. Aber musste er das Neutaliserfluid dann nicht sich selbst hinhalten?

Wie auch immer, es schien zu funktionieren.

Nacht schloss die Bürotür so leise, als würde er ein endlich eingeschlafenes Kind nicht wecken wollen. Er lächelte schief, stellte sich vor die Bücherwand und fuhr mit dem Zeigefinger die Reihen entlang. Nachdem er seinen Finger über sämtliche Buchrücken hatte gleiten lassen, begann er von vorne. Die Ruhe war beängstigend. Schließlich parkte Nachts Finger auf einem Band. «Aha. Weißt du, was das hier ist, Riese?»

«Das ist deine Dissertation», gab Adam zur Antwort.

«Korrekt. *Die Bedeutung der Modalpartikel im Satzmodus des Deutschen.*» Stolz sprach Adams Kollege jedes Wort dezidiert aus.

«Erklär mir doch bitte, warum du hier bist. Leider habe ich nicht viel Zeit.»

Nacht stützte die Hände auf den Schreibtisch, wodurch er überaus bedrohlich wirkte. «Ich muss dir sicherlich nicht erklären, was Modalpartikel sind.»

«Das sind Abtönpartikel, welche die Einstellung des Sprechers hinsichtlich ...»

«Ja, ja, Abtönpartikel, die Einstellung. Wie ist eigentlich deine Einstellung zum Thema fremdes Gedankengut?» Thomas Nacht richtete sich auf.

«Ich verstehe nicht.»

Mit einer Halbkreisdrehung widmete sich Adams Kollege wieder dem Regal. Wieder fuhr er mit dem Finger die Buchrückenreihen entlang. «Wo ist eigentlich deine Dissertation? Steht die gar nicht hier?»

Adam schüttelte den Kopf und konnte sich selbst nicht erklären, wo die Arbeit geblieben war.

«Die Arbitrarität von Signifiant und Signifié in Bezug auf die Entwicklung von Phraseologismen im Deutschen»,

sagte Nacht. «Ich muss zugeben, ein wundervoller Titel und auch inhaltlich sehr interessant. Ein bisschen de Saussure, ein bisschen Kant, ein bisschen Jäger. Von allem ein bisschen. Von manchem ein bisschen zu viel, findest du nicht?»

Verunsichert blickte Adam zu den Eichen vor dem Fenster.

«Arbitrarität, das heißt Willkür, aber das muss ich dir nicht erklären. Willkür in wissenschaftlichen Zusammenhängen, Darstellungen, Verweisen, Erklärungen, Analysen.»

«Thomas, was möchtest du mir sagen?» Adam erinnerte sich, dass ihn die Bewunderung für die wissenschaftliche Arbeit von Nacht einst bewogen hatte, nach Berlin zu kommen. Selbstverliebt war der Kollege damals schon gewesen. Aber dieses Verhalten war für ihn untypisch. Untypisch abscheulich.

«Gut, Riese, ich mache es kurz. Ich habe deine Arbeit bei LottiPlag zur Prüfung eingereicht. Das sieht nicht gut aus für dich.»

Adams Thermoregulation kapitulierte. Kalter Schweiß brach ihm aus allen Poren. Seine rechte Schläfe begann staccatoartig zu hämmern. LottiPlag war eine Plattform, auf der wissenschaftliche Arbeiten auf Plagiatsverdacht hin untersucht wurden. Verdachtsfälle konnten anonym eingereicht werden. Sollte sich der Verdacht bestätigen, konnte das zur Aberkennung der Doktorwürde führen. Selbstverständlich hatte Adam nicht abgeschrieben. Was also konnte Thomas Nacht meinen?

«Ich bin enttäuscht, dass auch du dich offenbar einreihst in die bekannten Fälle. Dabei bist du nicht einmal Politiker.»

«Ich ... warum ... wie?» Nun hatte auch Adams Sprachregulation kapituliert. Er sackte zusammen und ließ den Kopf auf die Brust sinken.

Nacht stellte seine Doktorarbeit zurück ins Regal. «Gut, dass ich reagiert habe. Der Dekan oder die Verwaltung werden sich melden. Du bist bis auf Weiteres suspendiert. Ich habe mich bereit erklärt, deine Seminare zu vertreten. So hat das Ganze auch sein Gutes.»

Thomas Nacht ging gemächlichen Schrittes zur Tür, öffnete sie ebenso leise, wie er sie gerade geschlossen hatte, und verließ grußlos Adams Büro.

Bitterböser Schwindel machte sich über Adam her. Er spürte einen sauren Geschmack seine Kehle hinaufsteigen. Adams Magen, Zwerchfell sowie Bauchmuskulatur zogen sich zusammen und pressten den Mageninhalt nach oben. Hastig beugte Adam sich über den Papierkorb und erbrach sich. Dabei sah er nicht, dass auf seinem Handy eine unbekannte Nummer mit der Vorwahl von Göttingen aufleuchtete.

KAPITEL 14

DIE VERZÖGERUNG DER SPRACHE

Adam wuchs heran, und das zum völligen Wohlbehagen aller. Seine winzige Zerbrechlichkeit machte allmählich einer muttermilchrunden Propperheit Platz. Zwar lag er nach wie vor unter dem Entwicklungsdurchschnitt seiner Altersgenossen, das tat der Zufriedenheit rings um ihn jedoch keinen Abbruch. Allein Helge war ein bisschen unzufrieden. Schließlich hatte er sich extra zum Still- und Laktationsberater weitergebildet. Seine diesbezüglichen Fertigkeiten waren jedoch kein einziges Mal in Anspruch genommen worden. Dennoch. Seine Unzufriedenheit hielt sich nicht lange. Immerhin waren Oda und Hubert mit Adam zu allen anstehenden U-Untersuchungen bei Helge gegangen. So hatte der Arzt wenigstens einen Teil seines theoretischen Wissens in der Praxis unter Beweis stellen können.

Mit Beginn des vierten Quartals des Jahres neunzehnhundertachtundachtzig wog Adam sieben Kilogramm, trug Kleidergröße sechzig, erforschte greifbare Dinge mit Händen und Mund, schlief täglich dreizehn Stunden, konnte sich vom Bauch auf den Rücken und umgekehrt drehen, im Ansatz robben, fremdelte ein wenig, hatte zwei Zähne und aß am liebsten Möhrenbrei sowie Haferschleim mit zerquetschter Banane. Alles war im grünen Bereich. Dass Adam mit seinen acht Monaten weder lallte noch brabbelte, fiel niemandem auf.

Zur selben Zeit machte sich Radiosehnsucht in Oda breit. Sie verfolgte die deutsche Radiolandschaft akribisch. Im September war zum ersten Mal der Privatsender Antenne Bayern mit einem Vierundzwanzig-Stunden-Programm auf Sendung gegangen. Der Moderator hatte die Zuhörer mit dem Satz: *Es ist genau sechs Uhr und drei Minuten* begrüßt. Antenne Bayern sendete im Vollprogramm. Oda, die acht Monate im Vollprogramm für Adam da gewesen war, fiel inzwischen die Decke auf den Kopf. Sie genoss die erschütterungsfreien Kinderwagenspaziergänge über das auf Bonnas polizeiliche Anweisung hin ausgebesserte Platteooger Kopfsteinpflaster. Sie genoss die Besuche im Miniaturheimatmuseum im Leuchtturm. Sie genoss die Stunden in der böhmisch-ostfriesischen Backstube ihrer Eltern. Sie genoss die ruhigen Stunden in ihrem hoffnungsgrünen Haus. Doch trotz allen Genießens meldete sich der alte Freiheitswunsch zurück. Jener Wunsch, der sich Odas nach dem Schulabschluss schon einmal bemächtigt hatte. Jener Wunsch, den Hubert mit seinem Liebreiz zum Schweigen gebracht hatte. Um es kurz zu machen: Oda wollte wieder arbeiten gehen.

Am zwanzigsten November war es so weit. Die Fähre pflügte schäumend durch das Wasser in Richtung Flokum. Oda hatte Adam in einem ampelgrünen Tuch vor ihren Oberkörper gebunden. Er trug einen avocadogrünen Fleeceoverall sowie ein kressegrünes Wollstrickmützchen. Die Wellenkämme schuckelten gegen den Rumpf der Fähre, und Oda war glückselig vor Grün. Grün war Hoffnung, Grün war Fruchtbarkeit, Frische, Harmonie, Heilung, Grün war Erneuerung, Grün war Gesundheit, Grün war Sicherheit. Schließlich hatte die Fähre das Festland erreicht.

Der Studiotisch des Regieraums war überfüllt mit Päckchen. Längliche, runde, eckige, in Elefanten-, Entchen- oder Zellophanpapier eingewickelte.

Thilo Carstensen, der Aufnahmeleiter, breitete die Arme weit aus und drückte Oda an sich. «Willkommen zurück. Wir haben dich hier sehr vermisst. Und die Hörer erst, das kannst du dir gar nicht vorstellen.»

«Mir hat das alles hier auch gefehlt. Die ganzen Geschenke. Sind die von euch? Ihr habt mir doch schon so viel vorbeigebracht.»

«Die sind alle von deinen Fans.» Carstensen sah auf die Studioapparaturen, die an die Steuerzentrale von Captain Kirk erinnerten.

Oda musste daran denken, dass *Raumschiff Enterprise* kurz nach Adams Geburt zur Lieblingsserie von Hubert avanciert war. Vorher hatte er nur äußerst sporadisch Fernsehen geschaut. Doch inzwischen nutzte er jede freie Minute, um sich über das Weltgeschehen auf dem Laufenden zu halten und seine Serie zu sehen. Weltliche Nachrichten von der Erde und ferne Abenteuer aus dem All. Eine Mischung, die, wie Hubert sagte, ein komplexes Bild des Lebens vermittelte. Des tatsächlichen und des möglichen.

Carstensen streichelte Adams Strickmützchenkopf. «Niedlich, der Kleine. Tut mir leid, Oda, ich muss weitermachen, die Zeit drängt. Aber deinen Wiedereinstieg bei uns holen wir gebührend nach. Übernächste Woche ist unsere Weihnachtsfeier. Ich hoffe, du bist dabei?»

Zu Odas Nicken öffnete Adam gähnend die Augen. Sie waren wie die von Hubert nussbraun. Vorsichtig streichelte Oda Adam über die Miniwangen, zog das Minimützchen von seinem Minikopf und verhalf den semmelblonden Minilocken zu ihrem ersten Auftritt im Studio.

«Ach, eine Sache noch», der Aufnahmeleiter, der schon zur Tür heraus war, drehte sich noch einmal um. «Heute ist Totensonntag, der Redebedarf ist beachtlich. Wenn Adam weint oder etwas braucht, sag Bescheid. Ich bin in vierfacher Erfahrungsstufe Profi mit den Lütten. Und noch eine Sache, im Aufnahmeraum steht der Beschwerdekarton.»

Die Redaktionsleitung von FlokumFM hatte versucht, Odas Babypause mit einer Interimsmoderatorin zu überbrücken. Ein Versuch, der gescheitert war, da Oda sich sehr, sehr tief in die Herzen der Hörer hineinmoderiert hatte. Nachdem die Beschwerden einen geräumigen Pappkarton gefüllt hatten, war entschieden worden, *Sprich dich frei* bis zu Odas Rückkehr auf Eis zu legen.

Die abgedämpfte Abgeschiedenheit hinter der Doppelglasscheibe gab Oda das Gefühl, einen alten Bekannten wiederzutreffen. In den Telefonleitungen herrschte Andrang wie seit ihrem letzten Arbeitstag nicht mehr. *Sprich dich frei.* Und das ausgerechnet am Totensonntag. Daran hatte Oda in der ganzen Vorfreude über ihre Rückkehr in den Sender gar nicht gedacht. Der Tag im Jahr, der dem Gedenken an die Verstorbenen gewidmet war, mit schmerzlichen Friedhofsbesuchen, mit fürsorglichem Gräberschmücken, mit tröstenden Gottesdiensten und heiligem Glockenläuten. Da fiel ihr auf, dass Hubert heute aus ihr unerklärlichen Gründen nicht in der Kirche gewesen war.

Odas letzte Sendung lag neun Monate zurück. Gerne hätte sie sich besser vorbereitet. Neun Monate, in denen viel passiert und ihre Welt ausnahmslos von der Versorgung ihres eiligen Bruchpiloten bestimmt gewesen war. Plötzlich hatte Oda das Gefühl, zum ersten Mal eine Radiosendung zu moderieren.

Sie warf einen schnellen Blick auf die Liste mit den Liedern, die der Aufnahmeleiter dem Anlass entsprechend zusammengestellt hatte.

Knockin' on heaven's door (Bob Dylan)
The Sound of Silence (Simon & Garfunkel)
Fade to black (Metallica)
Leader of the pack (The Shangri-Las)
Candle in the wind (Elton John)
Wreck on the highway (Bruce Springsteen)

Knockin' on heaven's door lief bereits, als Oda sich auf den ergonomischen Stuhl setzte, bei dem sie zunächst die Sitzhöhe nach oben korrigieren musste. Zu Bob Dylans näselnd vorgetragenen Zeilen stülpte sie sich ihre Kopfhörer über und drückte auf einen ausgesprochen lebendig blinkenden Knopf.

«FlokumFM. Hier spricht Oda. Was kann ich für Sie tun?»

Keine Antwort.

«Mit wem spreche ich bitte?»

Adam lag am Fuße des Mischpults auf dem Pappkarton mit den Beschwerdebriefen, die ihn so anschmiegsam polsterten, dass er zufrieden schlaflächelte.

«Hier ist Oda. Sind Sie da?»

«Ja», kam kläglich zur Antwort.

Dann lief der Schall im Kreis. Der Ton des Anruferinnentelefons traf auf Odas Mikrophon und erzeugte ein unangenehmes Rückkoppelungspfeifgeräusch. Adam zuckte zusammen. Beschwerdebriefraschelnd drehte er sich auf die andere Seite und schlief weiter.

«Bitte stellen Sie Ihr Radio leiser», bat Oda.

«Entschuldigung. Ich bin so durch den Wind. Wie schön,

dass Sie wieder zum Radio zurückgekehrt sind.» Die Frauenstimme klang müde. Sie klang dermaßen müde, als würde auch sie, wie Adam, unverzüglich überall einschlafen können. Sogar in einem Pappkarton voller Briefe. «Seit er weg ist, weiß ich nicht mehr, wo mir der Kopf steht.»

«Verraten Sie mir Ihren Namen?»

«Gesine.»

«Gut, Gesine. Ich verstehe Ihre Trauer. Wie geht es Ihnen?», fragte Oda mild.

«Alles schmeckt bitter, das Leben ist leer und sinnlos. Ich weiß gar nicht, wann ich das letzte Mal vor der Tür war.»

«Sie fühlen sich auch wie nicht mehr da», sagte Oda noch ein wenig milder. Kein großer Lauschangriff, gezieltes Hinhören, noch gezielteres Schweigen. «Gesine, ich bin natürlich nicht in Ihrer Situation und hoffe, diese nie erleben zu müssen.»

Ein bekümmertes Schniefen drang aus der Leitung. «Hoffentlich. Sie können sich nicht vorstellen, wie sich das anfühlt. Man möchte am liebsten in sich selbst versinken und schweigen. Für immer schweigen.»

Zu gerne hätte sich Oda im Vorhinein ein paar totensonntagtröstliche Aphorismen bereitgelegt. Pfarrer Ewalds Lieblingszitat für traurige Anlässe kam ihr in den Sinn. «Gute Menschen gleichen Sternen, sie leuchten noch lange nach ihrem Erlöschen.»

«Ach Oda, es ist schön, dass mir endlich mal jemand zuhört. Ich bin sehr einsam.»

Oda versuchte sich vorzustellen, wie es sich anfühlte, wenn Hubert sterben würde. Sie scheiterte. Hubert gehörte so fest zu ihr, war so sehr in ihrem Leben verankert, dass sie mutmaßen musste, nach seinem Tod ebenfalls sterben zu wollen. Erneut raschelte der Beschwerdebriefkarton. Adam war unruhig, so als wäre die Beschwerdeaura der Briefe auf ihn übergegangen. Er öffnete die Augen. Zwei hilflose nussbraune Pfützchen schienen zu fragen: *Und was ist mit mir?* Oda sprang auf, hob Adam aus dem Karton, setzte sich zurück auf den Stuhl und presste ihn eng an sich. «Wir werden den Tod nie begreifen, er gehört zum Leben dazu. Aber die Geburt auch, die Erschaffung eines neuen Lebens, eines neuen Kreislaufes, einer neuen Hoffnung.» Während Oda diese Worte aussprach, streichelte sie Adams Minilocken. Ein Lächeln überhauchte sein Gesicht. Oda war dankbar, dass er ihre Entschuldigung angenommen hatte.

«Moment, ich habe das vielleicht nicht richtig erklärt. Mein Mann ist nicht gestorben. Er ist verschwunden. Einfach weg, keine Zeile, keine Spur.»

«Wie schrecklich. Haben Sie ihn suchen lassen?»

«Ja. Sein Verschwinden liegt nun zwei Jahre zurück. Die Polizei hat die Suche inzwischen eingestellt», sagte Gesine.

Wie konnte Oda der Frau helfen? Nach kurzem Überlegen schlug sie vor: «Wie wäre es, wenn Sie nächste Woche wieder anrufen und mir erzählen, wie es Ihnen geht? So haben wir jede Woche eine kleine, radiotechnische Verabredung, eine kleine Verbindung zwischen Ihrer Einsamkeit und der Welt hier draußen. Das ist doch ein erster Schritt. Mehr kann ich leider nicht für Sie tun.»

«Sie sind eine Perle, Oda.»

«Danke für Ihren Anruf, Danke für Ihren Mut, Sie sind eine starke Frau, Sie können alles schaffen. Das nächste Lied ist nur für Sie: *The Sound of Silence.*»

Und während Oda das Lied startete und den wieder eingeschlafenen Adam zurück in den Beschwerdepappkarton legte, erklangen die Stimmen von Simon & Garfunkel: *Hello, darkness, my old friend, I've come to talk with you again, because a vision softly creeping, left its seeds while I was sleeping, and the vision that was planted in my brain still remains, within the sound of silence.*

Der letzte Sonntag des Jahres neunzehnhundertachtundachtzig war der fünfundzwanzigste Dezember. Oda hatte frei. Die Redaktion von FlokumFM hatte einstimmig entschieden, dass eine Sendung, die von Ehe-, Selbstwert-, Erziehungs-, Sexual-, Arbeitnehmer- und Geldproblemen bestimmt wurde, einer besinnlichen Stimmung eher abträglich sein würde. Stattdessen lief auf FlokumFM eine Feiertagssondersendung. Es handelte sich um ein ganztägiges Mischprogramm aus Weihnachtsliedern, Diättipps, Vorschlägen zum diskreten Umtausch unliebsamer Geschenke sowie Jahresrückblickversatzstücken aus den Bereichen Kultur, Wirtschaft, Politik und Diverses.

Schon seit den frühen Morgenstunden saß Hubert, noch im Pyjama, auf dem Küchenfußboden des Gulfhauses. Vor ihm lagen eine Rolle Raufasertapete und verschiedenfarbige Filzstifte. Leska stand am Herd und rührte in einer Kasserolle mit Lendenbraten. Das kakaobraune Radio, das an dem Tag, an dem Hubert und Oda zusammengekommen waren, implodiert war, stand erhaben auf der Anrichte und dudelte vor sich hin. Bing Crosby träumte, so wie die Platteooger, von einer weißen Weihnacht. Doch in der Realität, fernab dieses Wettertraumes, der seit Ewigkeiten in vielen Herzen wohnte, war es wolkig mit etwas Regen bei fünf Komma drei Grad.

Oda betrat gähnend die Küche. Sie hatte Adam auf dem Arm.

«Nanu, hier ist ja schon so viel los. Seit wann bist du denn da?», fragte sie mit einem Blick auf ihre Mutter, die sich gerade eine geblümte Schürze um den ausladenden Bauch band.

In der Tat war es erstaunlich, dass Leska bereits derart früh am Morgen wieder einsatzbereit war. Fern ihrer altväterlichen Heimat wollte sie das Weihnachtsfest so heimatlich wie möglich gestalten. Eine enorme Herausforderung, der sie sich in all den Jahren fortwährend gestellt hatte. Ein Gemenge aus Traditionen, Regeln und Aberglaube war das Ergebnis. Heiligabend. Also gestern.

Im Haus in der Oppemannspad sieben hatte kein Licht brennen dürfen, bevor der erste Stern am Himmel aufgegangen war. Dann hatte Leska das Essen serviert. Die Tischbeine hatte sie mit Seilen verknotet. Dadurch sollte das Haus im kommenden Jahr vor Dieben und Einbrechern geschützt werden. Das Essen an Heiligabend hatte aus neun Gängen bestanden.

1) Knoblauchsuppe
2) Brot mit Honig
3) Karpfen
4) Kartoffelsalat
5) Pilze
6) Sauerkraut
7) Früchte
8) Apfelstrudel
9) Weihnachtsbrot

Die Neun war im Slawischen eine magische Zahl. Aber diese Zahl stellte den Körper mit seinem Verdauungstrakt vor ganz unmagische Herausforderungen. Odas Bauch war noch immer so angeschwollen wie im vierten Monat ihrer Schwangerschaft.

«Kann sein, dass Jahr schon fast ist rum. Ist geflogen wie Turboflugzeug.» Unter ihrer Schürze trug Leska ihr bestes Kleid. Eine elegante maisgoldene Kreation aus Chiffon und Spitze, in A-Linien-Form und mit Glitzerbesatz an Dekolleté sowie Handgelenken. Im Gegensatz zu allen anderen war Leska schon fix und fertig angekleidet für den Weihnachtsgottesdienst, den Pfarrer Ewald in einer Stunde abhalten würde.

Oda setzte Adam auf den Boden. Während er begann, in Huberts Richtung zu robben, betrachtete Oda nachdenklich die Raufasertapetenrolle auf dem Küchenboden.

Leska fing ihren Blick auf. «Da hockt er bereits ganze Morgen. Schreibt persönliche Jahresrückblick mit Info von deine Kollegen von Flokumradio.»

Oda sah Hubert über die Schulter. In verschiedenen Farben hatte er Überschriften auf die Tapetenrolle geschrieben. Es waren genau die, die in der Redaktionssitzung für die Weihnachtssondersendung festgelegt worden waren. Darunter hatte Hubert begonnen, einzelne Ereignisse des Jahres zu notieren.

Kultur
- Bruce-Springsteen-Konzert in Ostberlin
- DDR verbietet die Auslieferung der Zeitschrift Sputnik

Wirtschaft
- verbleites Normalbenzin verboten
- deutscher Leitindex DAX eingeführt

Politik
– Helmut Kohl besucht Michail Gorbatschow
– demokratische Verfassung für Brasilien
– George H. W. Bush zum Präsidenten der USA gewählt

Diverses
– totale Sonnenfinsternis im Westpazifik
– Grubenunglück von Stolzenbach

«Warum schreibst du das alles auf? Ich könnte dir sicherlich eine Übersicht aus dem Sender besorgen.» Oda kniete sich neben Hubert.

Bing Crosby hörte auf, von einer weißen Weihnacht zu träumen.

«Das ist lieb, aber ich möchte das allein machen. Ich glaube, da braut sich was zusammen. Ich glaube, im nächsten Jahr knallt es. Aber heute ist Weihnachten, heute soll alles besinnlich sein.» Hubert legte den Stift beiseite und rollte die Tapete zusammen. «Ich habe eine neue Erfindung für Adam. Du wirst staunen.»

Kurze Zeit später kam Hubert aus seiner Werkstatt zurück, in der Hand ein zusammengefaltetes Stück Stoff. Auf den ersten Blick war nicht erkennbar, was das sein sollte.

Hubert beugte sich zu Adam hinunter. «Na, dann komm mal her, du kleiner Weihnachtsengel.» Während er sprach, faltete er den Stoff auseinander. Zum Vorschein kam ein absinthgrüner Strampler, an dessen Knien und Ellbogen Büschel von Leskas Regenbogenstaubwedel genäht waren.

«Voilà, der MuFuStra», sagte Hubert voller Stolz.

Leska begutachtete den Strampler. «Ist gewöhnliche Strampler. Warum hat Wedel? Was heißt Abkürzung?»

«MuFuStra. Das bedeutet Multifunktionsstrampler. Ich

dachte, jetzt, wo Oda wieder arbeiten geht, kann Adam ein bisschen im Haushalt mithelfen. Wenn er den MuFuStra trägt und herumrobbt, staubwischt er gleichzeitig den Boden.» Hubert begann, Adam den Strampler anzuziehen.

«Ich finde das eine großartige Erfindung.» Behutsam streichelte Oda Huberts Rücken.

«Danke schön. Mal sehen, ob er den ersten Testdurchgang besteht.»

Adam grinste seinen Eltern entgegen. Er schien Gefallen an seiner neuen Aufgabe zu finden. Er schien sich zu freuen, noch vor seinem ersten Geburtstag einen Minibeitrag im Haushalt leisten zu können. Mit Huberts neuster Erfindung bekleidet, begann er seine Runden in der Küche zu drehen, wischelte aber nur spärlich Staub auf, denn Oda hatte das gesamte Haus erst vor zwei Tagen grundgereinigt. Wäsche gewaschen hatte sie auch. Sogar die, die blitzeblank im Schrank lag. Als Tochter einer abergläubischen Tschechin glaubte Oda fest daran, zwischen Weihnachten und dem Dreikönigstag keine Wäsche aufhängen zu dürfen. Leska hatte Oda bereits als kleinem Kind von den Raunächten erzählt. In diesen würde der Zugang zur Unterwelt weitläufig offen stehen. Die Geister würden umherfliegen, sich in aufgehängter Wäsche verfangen und Unheil bringen.

Leska blickte argwöhnisch auf den herumrobbenden Adam. «Ist nicht schlecht für Gesundheit? Wegen Staub und Babylunge und so? Wie schüttelst du MuFuDings aus? Wohl nicht mit gesamte Adamčík?»

«Wo denkst du hin. Mach dir keine Sorgen. Ich würde nie zulassen, dass Adam etwas Schlimmes passiert.»

«Dann ich bin beruhigt.» Zufrieden rührte Leska in der Kasserolle.

Hubert hob die Tapetenrolle mit den Jahresrückblicktabellen vom Boden und verließ die Küche.

Leska wandte sich an ihre Tochter. «Brouček, dein Hubertčík erinnert mich an Daniel Düsenantrieb, Figur aus Bilderbuch. Ich weiß noch Schrei- und Weinmaschine.»

Oda nickte. Hubert hatte kurz nach Adams Geburt eine Baby-Bedürfnis-Benachrichtigungsbox, die sogenannte BaBeBeBo entwickelt. Nachdem er selbst zwei Monate erfolglos versucht hatte, Adams Schreie zu deuten und die richtigen Handlungsschritte daraus abzuleiten, hatte er sich tatkräftig ans Werk gemacht. Seine Recherchen hatten ergeben, dass verbale Lautäußerungen von Babys sechs Grundbedürfnissen zugeordnet werden können: Hunger, Müdigkeit, Windel voll, Schmerz, mehr Entertainment, weniger Entertainment. Dabei hatte er mit einem mit einem Kassettenrecorder verbundenen Mikrophon in einer mehrwöchigen Testreihe Adams Schreie, Juchzer, Quieker, Stöhner, Brubbler, Brummer und Knurrer aufgezeichnet und akribisch klassifiziert. Er war zu der Schlussfolgerung gekommen, dass sich bestimmte Tonhöhen, Amplituden, Frequenzen und Intervalle einem der sechs Babybedürfnisse zuordnen ließen. Der Schreihörschall ließ sich in einen Ultraschall oder einen Infraschall untergruppieren. Oda lächelte warm, als sie an die Übersicht dachte, die Hubert mit seinen Testergebnissen erweitert hatte.

<u>Hunger</u>
Kurzer Infraschall, Hörschall
<u>Müdigkeit</u>
Hörschall, in den vermeintlichen Unterbrechungen Ultraschall
<u>Windel voll</u>

Schon beim Windelfüllen langer oder kurzer Infraschall (je nach Geschäft), Hörschall
Schmerz
Hörschall
mehr Entertainment
Hörschall, Ultraschall, Infraschall
weniger Entertainment
Hörschall, Infraschall, Ultraschall

«Brouček, wo ist Köpfchen? Du siehst aus gedankenversunken.» Leska hielt beim Rühren inne.

«Bei Huberts Erfindung.»

«Ich erinnere genau. Zwei Monate er hat gebaut. Grammophon, Seismograph, Akkustikkopplungsdings und Radioapparatur.»

Alle hatten sich damals gewundert, dass die Baby-Bedürfnis-Benachrichtigungsbox überhaupt funktionierte. Obgleich Hubert deren Funktionsweise genau erklärt hatte. Über ein Grammophon waren Adams Lautäußerungen aufgenommen und an einen Seismographen gekoppelt worden. Dieser wiederum leitete die Frequenz mit Hilfe eines Akustikkopplers an ein Radio weiter, welches nun seinerseits bei jeder Lautäußerung die Frequenz änderte und den jeweils passenden Radiosender auswählte. Oda schaute zum Kühlschrank, an dem die Liste hing.

1) Hunger
2) Nordsee-Radio
3) Müdigkeit
4) Radio Nederland
5) Windel voll
6) Ostfriesischer Rundfunk

7) Schmerz
8) British Forces Network
9) mehr Entertainment
10) Schlager-Radio
11) weniger Entertainment
12) Klassik-Radio

«Wie schade, dass Maschine nicht mehr nötig war nach Fertigstellung», sagte Leska.

«Ja. Nach der langen Entwicklungszeit war sogar Hubert in der Lage, Adams Schreie zu deuten, und wir konnten endlich mal wieder ein Lied im Radio zu Ende hören, ohne immerzu die Unterbrechungen und besonders ...»

Ein aufgeregtes Hupen drang von draußen in die Küche. Es war Ubbo, der in seinem Brezelkäfer saß. Der Wagen hatte inzwischen etliche Jahre auf dem lindgrünen Buckel. Die nächste Hauptuntersuchung würde er nicht überstehen.

«Frohe Weihnachten», sagte Ubbo.

«Dir auch, Frohe Weihnachten. Warum bist du mit dem Wagen da?», wollte Oda wissen.

«Ich dachte, ein paar von uns könnten nachher zum Gottesdienst bei mir mitfahren.»

«Aber das sind gerade einmal hundert Meter bis zur Kirche, und nach den Essenmengen von gestern ist ein Spaziergang sicherlich nicht verkehrt.» Oda tätschelte sich den Bauch.

«Ich weiß, ich weiß, aber das ist sein letztes Jahr.» Ubbo tätschelte die Karosserie. «Ich will mich nicht von der Zeit bezwingen lassen.»

Oda gab ihrem Vater einen Kuss auf die Wange und ging zurück ins Haus.

Hubert hatte in der Zwischenzeit seinen Pyjama gegen

eine Jeans und ein rot kariertes Flanellhemd ausgetauscht. Auf seinem Kopf ruhte der Cowboyhut. In der Hand hielt er seine Bibel, ein Sonderdruck in sonnenuntergangsrotem Cabraleder mit zweihundert Holzschnittabbildungen und goldenem Lesebändchen.

«Schick siehst du aus. Genauso wie bei deiner Ankunft auf der Insel.» Oda lächelte.

Obwohl Huberts Ankunft schon sechs Jahre zurücklag, hatte sie noch jedes Detail deutlich vor Augen. Die neugierige Menschenmenge am Hafen, der plötzliche Wind, die falsche Frisur, Huberts hochgekrempelte Jeans, Huberts rot kariertes Flanellhemd, Huberts Seesack, sein *Servus*, die umfangreiche, transparente Plastikdose ihrer Mutter, die falsche Reinhold-Anrede ihres Vaters, Bonnas Grundgesetz, Alfrieds Sonderausgabe des *Diekwiesers*, Huberts zurückweisende Schroffheit und vier Wochen darauf ihr romantisches Zusammenkommen. *Wir sind alle aus Sternenstaub gemacht.* Oda fühlte sich Hubert an diesem ersten Weihnachtsfeiertag so nahe, dass sie ihn bei der Hand nahm und aus der Küche zog. «Papa hilft mir beim Anziehen. Wir sind gleich wieder zurück», sagte sie zu Adam, der in seinem MuFuStra mit den regenbogenfarbenen Wischeln unbeirrt über den Boden robbte.

«Was ist das denn?» Amüsiert betrachtet Ubbo seinen Enkel.

«Ist neuste Erfindung von Hubertčík, heißt MuFuDings, ist Abkürzung, Langversion ich habe vergessen.»

Da passierte es. Adam hatte die herunterhängende Tischdecke mit den Tannenbäumchenkreuzstichstickereien erreicht. Er streckte die Händchen aus, zog an der Decke und zog an der Decke und zog noch einmal an der Decke. Sie rutschte vom Tisch und mit ihr alles, was vorher darauf gestanden hatte: ein nicht angezündeter Adventskranz, eine Glasschale mit Orangen, Nüssen und Dominosteinen, ein Babystoffspielbuch mit dem Titel *Der Zauberfrosch und seine Freunde* sowie eine halbvolle Tasse Zimttee. So als hätte der Zauberfrosch realweltliche Zauberkräfte, fielen all diese Dinge nicht auf, sondern neben Adam. Die Tasse war auf dem Boden umgekippt. Der Zimttee hatte sich tropfenförmig auf dem Strampler verteilt. Adam blickte mit großen Augen auf das Malheur.

«Oh, meine Gott.» Leska bekreuzigte sich und wollte gerade zu Adam laufen, als sie merkte, dass der Lendenbraten in ihrer Kasserolle anzubrennen drohte. «Oh, meine Gott. Dramatische Drama. Habe ich gestern vergessen etwas für Unglückabwehr? Ubbočik, du kümmerst um Adamčík, ich um Braten.»

Ubbo nahm Adam auf den Arm und ging mit ihm ins Bad. Dort streifte er ihm den Strampler ab und wusch ihn im Waschbecken aus. Nachdem er ihn ausgewrungen hatte, hängte er ihn auf die Leine über der Badewanne. «Siehst du, Adam, alles wieder behoben. Spätestens morgen ist der Strampler trocken.»

Strahlend lächelte Adam seinen Großvater an.

«Wir lassen uns doch nicht unterkriegen, schon gar nicht von so einem bisschen Tee. Da gibt es im Leben größere Erhebungen, die wir bezwingen müssen.»

KAPITEL 15

DIE RICHTIGE ZOLA

Prof. Dr. Nacht war die personifizierte Symbolträchtigkeit. Die Studenten, die seine Vorlesungen und Seminare zur Syntax mit Schwerpunkt Modalpartikel eher aus Pflicht denn aus leidenschaftlichem Interesse besuchten, griffen gerne auf Redewendungen zurück. *Bei Nacht sind alle Katzen grau. Bei Nacht und Nebel. Das ist ein Unterschied wie Tag und Nacht. Sich den Nacht um die Ohren schlagen. Hässlich wie der Nacht.* Diese Redewendungen waren unumwunden allesamt Ausdruck studentischer Abneigung. Eine Abneigung, der sich Adam nach dem Vorfall in seinem Büro nun unumwunden anschloss.

Na, dann gute Nacht. Suspendierung. Vorläufige Suspendierung.

In Adam kämpften Unmut und Fassungslosigkeit. Es war ihm unmöglich, einen klaren Gedanken zu fassen. Alle Systematisierungsversuche mündeten in ein Vakuum. Warum hatte Nacht Adams Doktorarbeit zur Prüfung eingereicht? Was sollte er jetzt tun? Hatte das, was Nacht gesagt hatte, überhaupt Rechtsgültigkeit? Musste er die Universität wirklich verlassen? Und wenn ja, wann? Durfte er überhaupt noch in seinem Büro sein?

Adam blickte auf das Fläschchen mit dem Korrekturfluid in seiner Schreibtischablage. Er hatte nicht plagiiert, das stand fest. Jedenfalls nicht bewusst. Aber vielleicht war ihm ein Fehler beim Zitieren unterlaufen? Aber wo nur? Warum hatte er keine Kopie seiner Doktorarbeit im Büro? Außerdem musste er sich doch um seine Mutter kümmern. Aus verzweifelter Verwirrung griff Adam nach dem Zettel mit der ausgebesserten Übersicht.

Systematisieren!

Einen Schritt zurücktreten.

Einatmen.

Ausatmen.

Das Durcheinander der Anordnung der einzelnen Punkte und die schnurgeraden Ausstreichungen brachten das Chaos in seinem Kopf ungebremst auf den Siedepunkt. Unwirsch zerriss Adam den Zettel und warf ihn in den Papierkorb. Übelkeit kletterte abermals seine Kehle hinauf. Nur knapp gelang es Adam, sich nicht noch einmal zu übergeben. Er zog sein einsteingraues Sakko über und stürzte aus dem Büro.

Die frische Luft auf dem Campusgelände beruhigte ihn kaum. Die betagten Eichen nickten ihm beschwichtigend zu. Vergeblich. Adam war dermaßen in Aufruhr, dass sein Puls hetzte wie ein Turnierpferd beim Baden-Baden-Galopprennen.

Systematisieren!

1) Mutter
2) Suspendierung
3) Vater
4) Die Erfindung der Sprache
5) Zola Hübner
6) Laptop
7) Übelkeit

Die Sieben war vor diesem Aufzählungshintergrund gar nicht mehr schön, magisch, schlank und stolz, sondern hässlich, real, fett und enttäuschend.

Das sieht nach siebenfachem Gedankensalat aus, ließ die Leuchtreklametafel neongelb verlauten.

«Das weiß ich selber», sagte Adam barsch.

Eine Studentin blickte Adam verwundert hinterher.

An der Bushaltestelle sah er nur noch die Rücklichter des Elfers. Unschlüssig blieb er stehen. Nach zwei Minuten hielt ein Taxi. Vor dem Einsteigen zögerte Adam. Taxifahrten mied er eigentlich. Sie waren ein Trigger für außerplanmäßigkeitsinduzierte Panik, und das aus drei Gründen. Eins: Man wusste nicht, wer am Steuer saß. Zwei: Man war fremden Fahrkünsten ausgeliefert. Drei: Man musste smalltalken bzw. Fragen beantworten.

Am Steuer saß eine sympathisch aussehende Frau. Sie fuhr ausgezeichnet. Sie smalltalkte nicht und stellte nur eine einzige Frage. «Wo darf es denn hingehen, bitte schön?»

Und Adam, tieferstaunt über diese Leichtigkeit mitten in seinem Aufruhr, antwortete spontan: «Zum nächstgelegenen Elektromarkt bitte.»

Die Leuchtreklametafel zitterte, so sehr musste sie lachen. Prustend sagte sie: *Erst Gedankensalat, nun Kabelsalat. Keine gute Idee, Herr Doktor a.D.*

Pluto stand auf einer zwei Meter breiten und einen Meter hohen neonblauen Leuchttafel über der Automatikglastür. Adams eigene Leuchtreklametafel stellte beschämt ihr Blinken ein. Es herrschte wenig Betrieb. Adam fiel ein, dass Pluto der zweitmassivste Zwergplanet war, und für einen

Moment fühlte er eine eigenartige Verbundenheit zu dem Elekromarkt.

«Was kann ich für Sie tun?», fragte ein schmerbäuchiger Verkäufer. Er trug, farblich passend zum Logo seines Arbeitgebers, eine neonblaue Hose nebst Weste, in deren Brusttasche ein Kugelschreiber steckte.

«Guten Tag. Mein Name ist Dr. Adam Riese, und ich bin auf der Suche nach einem tragbaren Computer.»

«Guten Tag, Herr Dr. Riese. Mein Name ist Felix Bosch.» Der Mann lächelte. «Was haben Sie denn für Ansprüche an einen Laptop?»

Auf diese Frage war Adam nicht vorbereitet. Warum war er als Erstes ausgerechnet hierher gefahren? Er hatte Sehnsucht nach seiner Wohnung, nach Abkapselung, nach seiner Zufluchtstätte. Auch wenn seine Möbel gestern so abweisend gewesen waren, war das weit besser als das, mit dem er sich momentan auseinanderzusetzen gezwungen war.

«Wenn Sie Doktor sind, empfehle ich Ihnen ein gutes Modell. Wir haben gerade eins im Pluto-Dupo-Angebot. Das ist zwar technisch aus dem letzten Jahr, aber durchaus zu empfehlen.» Felix Bosch zückte seinen Brusttaschenkugelschreiber.

Bevor Adam länger über die sprachlichen Besonderheiten des Wortes *Pluto-Dupo-Angebot* nachdenken konnte, bat er: «Könnten Sie diese Offerte spezifizieren, Herr Bosch?»

«Aber sicher. Halten Sie sich fest. Ein Spitzenmodell, ein zwei Komma drei Zoll Bildschirm, ein Zwei-in-eins-Tablet, mit Intel Core i sieben, sechzehn Gigabyte RAM, zweihundertsechsundfünfzig Gigabyte SSD, in der Farbe Schwarz, ultraleicht, vielseitig einsetzbar, mit drei Zoll Pixel-Sense-Touchscreen, mit bis zu zehn Stunden Akkulaufzeit, mit einem Gewicht von nur siebenhundertsechsundsiebzig Gramm, einer Front Webcam Resolution von fünf Megapixeln, einer integrierten Interface-Grafikkarte, einem USB-C- und USB-A-Anschluss und einem Sofortmitnahmepreis von eintausendeinhundertdreiunddreißig Euro.» Der Verkäufer holte tief Luft. Er grinste, so als hätte er seiner Frau eine selbstkreierte dreistöckige Torte zur Silberhochzeit überreicht und rechnete mit ausgiebigem Lob.

Adam dachte an seinen Laptop, der inzwischen in den ewigen Jagdgründen zu Hause war. «Kann man damit auch richtige Texte schreiben?»

«Soll das ein Witz sein? Doktor Riese, damit können Sie so flink schreiben wie ein Wiesel auf Speed. Damit können Sie in null Komma nichts noch einmal eine Doktorarbeit verfassen.»

Für einen flüchtigen Moment schloss Adam die Augen. Er presste die Lippen fest aufeinander. Schließlich beschloss er, das Fettnäpfchen nicht zu erwähnen, in welches der nette Verkäufer gerade mit Anlauf gesprungen war. «Sie sagten zum Sofortmitnahmepreis von eintausendeinhundertdreiunddreißig Euro. Wird es billiger, wenn ich ihn nicht sofort mitnehme, oder wird es dann teurer werden?»

Bosch entglitten die Gesichtszüge. Er sah dabei dem Disneyzeichentrickhund, der denselben Namen wie der Elektromarkt trug, überraschend ähnlich. Der Plutomitarbeiter blickte jetzt verstört auf Adams Sakkotasche, aus der ein Geräusch drang.

«Was ist eigentlich Ihr Spezialgebiet? Ich meine, was für ein Doktor sind Sie?» Der Verkäufer hatte seinen professionellen Gesichtsausdruck wiedergefunden.

«Nun, wenn man es genau nimmt, dann ..., allerdings in Anbetracht der jüngsten Entwicklungen ... nun ...»

«Entschuldigen Sie, Herr Dr. Riese, Sie klingeln.»

Adam fuhr hastig in seine Sakkotasche und nahm den Anruf entgegen, ohne vorher auf das Display zu schauen. «Riese.»

«Zola hier.»

Es entstand eine Pause. Der Verkäufer entfernte sich diskret im Rückwärtsgang und widmete sich dem Putzen einer Vitrine mit Kopfhörern.

«Ich sollte zurückrufen.»

«Frau Hübner. Ich ..., schön, dass Sie sich melden.»

«Hab wenig Zeit. Worum geht's?», sagte Zola Hübner.

Ihre Stimme klang, trotz ihrer Kurzangebundenheit, warm.

«Es geht um die Publikation *Die Erfindung der Sprache*. Leider konnte ich Ihre Veröffentlichung bisher nicht persönlich in Augenschein nehmen, aber ich habe sie bei der Buchhändlerin meines Vertrauens bestellt. Meine Frage lautet, inwieweit ...»

«Nicht böse gemeint, hab echt kaum Zeit. Ihr Name ..., Sie kennen nicht zufällig einen Hubert Riese, oder?»

Taumelnd machte Adam dieselbe Rückwärtsbewegung, die der Verkäufer gerade gemacht hatte. Er lehnte sich gegen ein Regal mit E-Book-Readern. Er wandte sich um, und ihm fiel ein, wie sich Frau Abendroth einmal über diese Geräte beschwert hatte. Das Schlimmste war für sie die Bedrohung ihres Berufsstandes. Zudem fehlte ihr die sinnliche Buchleseerfahrung, das Rascheln der Seiten, der Geruch des Leims und der unberührten Seiten und die Unmöglichkeit, Eselsohren ...

«Sind Sie noch dran?»

Adam räusperte sich. «Hubert Riese war mein Vater, oder Hubert Riese ist mein Vater. So genau weiß ich es nicht, ob er lebt, meine ich.»

Nun war es am anderen Ende der Leitung still.

Hatte Zola Hübner es gar nicht mehr eilig? Adam blickte zu dem Verkäufer. Der tat, als würde er weiter die Vitrine putzen. Seine Augen ruhten jedoch unablässig auf Adam.

«Frau Hübner? Sind Sie noch am Apparat?»

«Ja. Können wir uns treffen? Wo wohnen Sie?»

«In Berlin, in der Kruxstraße einundfünfzig.» Seine Adressangaben waren unwillkürlich aus Adam herausgeflossen. Ob das eine gute Idee war? Er kannte diese Zola Hübner gar nicht. Er konnte doch einer wildfremden Person nicht einfach seine Adresse mitteilen. Was, wenn sie eine Verbrecherin war?

«Alles klar. Danke für Ihren Anruf. Sie ahnen nicht, was mir das bedeutet», sagte Zola und legte auf.

«Hallo?»

Nichts.

«Hallo?»

Nichts.

Verdattert nahm Adam das Telefon vom Ohr und schaute es an. Es war, als hätte ihm jemand eine chinesische Bedienungsanleitung für ein Amiga-Diskettenlaufwerk Baujahr neunzehnhundertdreiundachtzig in die Hand gedrückt und gebeten, diese aus dem Stegreif zu übersetzen.

Adam entschied zurückzurufen, aber Zola Hübner ging nicht ran.

Felix Bosch war derweil hinter Adam getreten. «Alles in Ordnung, Doktor Riese? Ist Ihr Handy kaputt? Wir haben gerade ein Pluto-Dupo-Angebot für das neue …»

«Nein danke, danke, nein. Ich möchte den Computer zum Sofortmitnehmen erwerben, bitte.»

«Wunderbar». Der Verkäufer zückte erneut seinen Kugelschreiber. «Heute ist Ihr Glückstag. Zum Kauf eines Laptops erhalten Sie einen Schrittzähler mit Clip, Trageband, Supersensorentechnologie, Kilometer- und Meilenanzeige und Dreißig-Tage-Speicher.»

Adam schwieg.

Um das Schweigen nicht absolut werden zu lassen, kam die neongelbe Leuchtreklametafel aus ihrer Deckung. Sie gab zu bedenken: *Einen Schritt zurücktreten. Da gibt es doch nichts zu zählen. Oder zählt der auch im negativen Bereich?*

Fernsehen und Pizza. Dieser Abend wich stark von seiner Routine ab. Adam lag auf seinem Sofakoloss und war erstaunt, dass sich sein Fernseher nach jahrelanger Sendepause so einfach hatte reaktivieren lassen. Adam mochte schon lange kein Fernsehen mehr, vor allem nicht nach den Veränderungen in dem Programmangebot der letzten Jahre. Früher hatte er gerne *TKKG – Der Club der Detektive, Terra X, Die Knoff-Hoff-Show, Nicht nachmachen!, Wunderbare Welt, Wie würden Sie entscheiden?, Kennzeichen D* und *Küstenwache* gesehen. Aber heutzutage. Schnelle Schnitte, laute Werbepausen, laute Talkshows, brutale Dokumentationen sowie bedrückende Nachrichtensendungen. Nun aber lag er vor dem Fernseher, der zwar funktionierte, aber einen eigentümlichen Geruch von aufgewärmtem Staub verströmte. Es lief eine Reportage über Base-Jumping.

So wie Adam auf dem lehmbraunen Sofa lag, lag auf dem Tisch vor ihm ein fettiger Pizzakarton, der den Geruch eines letzten Stückes erkalteter Pizza Margherita verströmte. Auch Pizza mochte Adam nicht, weil auf denen oft zu viele verschiedene Zutaten auf engstem Raum vereinigt waren.

Pizza Margherita war ein Kompromissabendessen. Ein Minimalkonsens, für den er sich bei der Trattoria Isola Verde[21], die direkt gegenüber Adams Wohnung lag, entschieden hatte.

Fernsehen und Pizza.

«Base-Jumping. Der Name ist ein Akronym. Ein Wort, das sich aus den Anfangsbuchstaben folgender Wörter zusammensetzt: Building – Antenna – Span – Earth. Zu Deutsch: Gebäude – Sendemast – Brücke – Erde. In Deutschland fand der Sport erstmals größere Beachtung, als Klaus Heller neunzehnhundertzweiundachtzig von der einhundertfünfundachtzig Meter hohen Kochertalbrücke gesprungen ist», erklärte eine männliche Stimme.

Auch in Adams Kopf formte sich ein Akronym.

Bedrohliche
Angst
Sichert
Einsamkeit

Wo sollte das hinführen? Adam stand auf und stellte den Fernsehton leiser. Als er sich umdrehte, fiel sein Blick auf den unausgepackten Laptop und den Schrittzähler. Darum würde er sich morgen kümmern. Heute war er so voller außerplanmäßigkeitsinduzierter Panik gewesen, dass er einfach nur schlafen wollte. Schlafen und Vergessen. Einatmen und ausatmen, ohne darüber nachzudenken.

Obwohl es gerade einmal halb neun war, ging er ins Bad, putzte sich die Zähne und zog eine kristallgraue Jogginghose und ein T-Shirt an, auf dem in telemagenta stand: *Es dauer-*

---

21 Schenke zur grünen Insel

te dreißig Jahre, um so auszusehen. Das T-Shirt hatten ihm seine Kollegen vor zwei Jahren zum Geburtstag geschenkt, weil sie den Aufdruck so lustig fanden. Adam hatte sich höflich bedankt und es in seinem Schrank auf das Regalbrett der Kategorie *zu Hause* gelegt.

Während er mit einer Spülung für empfindlichen Zahnschmelz gurgelte, kehrten seine Gedanken zu dem seltsamen Telefonat mit Zola Hübner zurück. Beim Warten auf seine Pizza hatte er erneut versucht, sie zu erreichen. Erneut ohne Erfolg. *Danke für Ihren Anruf. Sie ahnen gar nicht, was mir das bedeutet,* hatte sie gesagt. Warum hatte sie danach aufgelegt? Warum war sie nicht mehr erreichbar? Offenbar kannte Zola Hübner Adams Vater. Wie sonst hätte sie seinen Namen wissen können? In Anbetracht ihres rätselhaften Verhaltens, vor der Kulisse dieses schrecklichen Tages, beschloss Adam, morgen weiter darüber nachzudenken. Außerdem würde er das Buch *Die Erfindung der Sprache* bei Frau Abendroth abholen. Vielleicht kam er danach einen Schritt voran.

Er hob den Kopf.

Zeit hast du ja jetzt, stand in neongelber Spiegelschrift vor seinem Gesicht.

Mit einem imposanten Schwall spuckte Adam die zahnschmelzschonende Mundspülung ins Waschbecken, so als könnte er die Leuchtreklametafel dadurch ertränken.

Als er ins Wohnzimmer ging, ließ sich ein Mann vom rechten Arm der Christusstatue in Rio de Janeiro fallen. Adam schaltete den Fernseher aus. Auch er fühlte sich, als würde er gerade von sehr hoch oben sehr tief herunterfallen.

«Der Tag war unermesslich schlimm», sagte Adam müde zu der stoffüberzogenen Pyramide in der Anbauschrankwand.

«Oh. Wenn es Probleme gibt, schick mir bitte ein Feedback.»

Adam hielt inne. Die Stimme, die aus der Pyramide kam, war eine andere, eine neue. «Deine Stimme ist anders.»

«Oh», antwortete die Pyramide. «Da werde ich ja ganz rot. Deine Stimme finde ich auch toll.»

«Was soll denn der Quatsch?» Adam wurde langsam ungehalten und fragte sich, wie viel Unglück in einem einzigen Tag Platz fand.

«Ich würde lügen, wenn ich ja sage», sprach die neue Stimme.

Adam runzelte die Stirn. «Tut mir leid, das hat gerade keinen Sinn.»

«Tut mir leid, das bekomme ich bestimmt besser hin.»

Vielleicht, aber nicht mehr heute, dachte Adam. Er nahm gähnend sein Handy vom Tisch. Zola Hübner hatte sich immer noch nicht gemeldet. Schnell schrieb Adam eine Textnachricht an seine Mutter.

> Hoffentlich bist du wohl und wohlauf? Bitte
> melde dich! Sag Oma und Opa, dass bei mir alles in
> Ordnung ist.
> Dein Adam

Bitte melde dich war Mitte der neunziger Jahre eine von Jörg Wontorra moderierte Fernsehsendung gewesen, die Adams Großmutter und mit ihr viele Millionen andere sehr gerne gesehen hatten. Die Rührungstränen, die damals geflossen waren, hätten locker für ein eigenes Meer ausgereicht. Es ging darum, vermisste Personen zu finden und das Wiederfinden sowohl gefühlsintensiv als auch fernsehtauglich zu inszenieren. Zweitausendeins, als Hubert verschwand, hatte es die Sendung nicht mehr gegeben, was Leska sehr bedauert hatte. *Jörgčik hätte Hubertčík gefunden, ich bin absolut sicher, wie Amen in Kirche.*

Als wäre die Textnachrichtaufforderung *Bitte melde dich* erhört worden, klingelte es an der Wohnungstür. Adam stutzte. Das konnte nie und nimmer seine Mutter sein. Oder vielleicht doch? Wieder klingelte es, diesmal fordernder. Argwöhnisch blickte Adam durch den Spion. Vor der Tür stand Lisbeth Salander aus der Verfilmung von Stieg Larssons Romanen. Die Frau vor Adams Tür war komplett in Schwarz gekleidet, hatte kurze, ebenfalls schwarze Haare, ebenfalls schwarz umrandete Augen, mehrere Ringe in Nase und Ohren. Sie trug ein Halsband mit Stacheln.

Verblendung, Verdammnis, Vergebung, ging es Adam durch den Kopf.

Die Leuchtreklametafel, die kein bisschen müde zu sein schien, mahnte: *Die sieht gefährlich aus. Leg mal lieber die Sicherungskette vor, ehe du aufmachst.*

Obwohl die Frau vor der Tür keineswegs eine dubiose Filmfigur sein konnte, kam Adam der Empfehlung nach.

«Sie wünschen?», fragte er durch den Türspalt.

«Tut mir leid, dass ich hier so reinplatze, aber ich denke, wir haben einiges zu besprechen.»

Sogleich hatte Adam die Stimme wiedererkannt. Sie gehörte Zola Hübner.

KAPITEL 16

BRÜDER UND BERGE

Pfarrer Ewald räusperte sich. «Liebe Platteooger Gemeinde. Wieder ist ein Jahr vergangen und was für eins.» Besonnen ließ Ewald den Blick von der Kanzel über die weihnachtlich hübschfrisierten Köpfe der Insulaner schweifen. «Guter Gott, du hast die Welt erschaffen. Fasziniert sehen wir auf das, was in den letzten Monaten geschehen ist. Freiheit, eingestürzte Mauern, Zusammenwachsen. Durch dich, Jesus Christus, können wir unsere Brüder und Schwestern wieder in die Arme schließen. Durch deine heilige Geisteskraft sind unsere Herzen voll von Dankbarkeit und Liebe.»

Das Kirchenschiff erfüllten weihevolle Orgeltöne.

Macht hoch die Tür', die Tor' macht weit.

Das Lied wurde alljährlich zur Weihnachtsmesse in der Platteooger Kirche gespielt. In diesem Jahr hatte es eine Bedeutung dazugewonnen. Noch frisch hatte man die Fernsehbilder von der DDR-Grenze in Erinnerung und die Rufe der Menschenmenge *Macht das Tor auf.* Symbolträchtiger konnte man eine Weihnachtsmesse neunzehnhundertneunundachtzig nicht intonieren.

Wie in jedem Jahr bestand der Chor lediglich aus einer Handvoll Sängern. Auf männlicher Stimmseite vertrat Alfried den Bass, Ubbo den Tenor, Helge den Bariton. Auf weiblicher Seite Bonna den Alt. Aus Mangel an mehr weiblichen Gesangstalenten war inzwischen Dr. Sota Watanabe dazugestoßen. Er hatte vor einem halben Jahr eine kleine Wohnung über Helges Praxis bezogen und pendelte von dort aus zum Flokumer Krankenhaus. Das allein reichte jedoch nicht als Rechtfertigung, um sich für eine Chormitgliedschaft zu qualifizieren. Der Grund war ein anderer. Der japanische Arzt hatte eine glockengleiche Stimme und den vakanten Sopran übernommen. Der Platteooger Chor war damit nicht nur der kleinste in ganz Ostfriesland, sondern zugleich der multikulturellste und geschlechterübergreifendste.

Macht hoch die Tür', die Tor' macht weit,
Es kommt der Herr der Herrlichkeit,
Ein König aller Königreich,
Ein Heiland aller Welt zugleich,
Der Heil und Leben mit sich bringt;
Derhalben jauchzt, mit Freuden singt:
Gelobet sei mein Gott,
Mein Schöpfer reich von Rat.

Pfarrer Ewald lächelte glückselig mit geschlossenen Augen. Er konnte nicht sehen, wie Hubert die rechte Hand diskret in seine Jackentasche schob, um Zettel und Bleistift hervorzuholen. Neben ihm saßen Adam und Oda. Ihre Locken glänzten noch feucht vom Weg vom Parkplatz zur Kirche. Oda hatte sich leidenschaftlich gewünscht, die Feuchtigkeit wäre von Schnee hervorgerufen worden. Aber dem war nicht so. Die Lockenhaarstruktur von Oda war unter dem Einfluss von sechsundachtzigprozentiger Luftfeuchtigkeit erst so richtig zur Geltung gekommen und erinnerte auffallend an Rudi Völler. Oda beobachtete, dass Hubert etwas notierte. Nicht nur ihre Frisur, sondern auch ihr misstrauischer Gesichtsausdruck erinnerten nun an Rudi Völlers Konterfei auf dem Hanuta-Sammelbild Nummer zwanzig aus dem letzten Jahr.

Orgel und Chor verstummten.

Pfarrer Ewald hob an. «Liebe Gemeinde. Ich weiß, es ist Weihnachten, und an dieser Stelle erzähle ich für gewöhnlich die Geschichte von Maria und Joseph, aber es ist Zeit, davon abzuweichen. Im Jahr neunzehnhundertneunundachtzig ist gar nichts gewöhnlich. Und mit Sicherheit ist euch die Geschichte von Maria und Joseph und die Geburt des Jesuskindes bestens bekannt. Da braucht es nicht jedes Jahr eine Wiederholung zur Festigung.»

In der Kirche war Gelächter zu vernehmen. Am lautesten war das eines ergrauten Lehrerehepaares in der ersten Reihe.

Oda lächelte Dr. Sota Watanabe zu, der ihr Lächeln erwiderte.

Dann betrachtete sie Adams Gesicht. Obgleich es nun schon sein zweites Weihnachten war, kam es ihr vor, als wäre seine Geburt erst gestern gewesen. Leska, die hinter Oda saß, klopfte ihrer Tochter auf die Schulter. Oda drehte sich unauffällig um und erblickte eine umfangreiche, transparente Plastikdose mit Zimtsternen.

«Hier ich habe Stärkung für Adamčík. Hat seit zwei Stunden nix bekommen in Magen. Muss essen, ist wichtig für Kinderentwicklung», flüsterte sie.

Oda wollte protestieren. Aber als sie Adams Augen leuchten sah, reichte sie ihm einen Zimtstern.

«Die Proteste, die zum Fall der Mauer geführt haben, wurden maßgeblich von den Kirchen vorangetrieben. Ja, ich gehe sogar so weit zu behaupten, ohne den heiligen Beistand, ohne den Schutz der Gotteshäuser wäre unser Land nach wie vor geteilt.» Ewald schaute zum hölzernen Gestühl hinauf.

Erneut setzte die Orgel ein.

Ein Kind geborn zu Betlehem.

Adam hielt den Zimtstern mit seinen Händchen so fest umklammert, dass er nur noch vage Ähnlichkeit mit einem Stern hatte. Inzwischen war Adam zweiundzwanzig Monate alt. In dem Ratgeber *Du und dein Kind*, den Oda fast auswendig kannte, war angegeben: Das Kind läuft breitbeinig, es kann sich bücken, Gegenstände aufheben, stapeln, ineinanderstecken, schieben sowie ziehen, es imitiert das Verhalten von anderen Menschen und Tieren, der Wortschatz des Kindes erweitert sich rasch.

Der Wortschatz. Die Sprache. Das war der Punkt, der Oda viele schlaflos grübelnde Nächte bereitet hatte. Denn Adam sprach nicht. Kein *Mama*, kein *Papa*, kein *Brumm-Brumm*, kein *Tut-Tut*. Nichts. Er verstand genau, was man ihm sagte, kam Anweisungen nach, zeigte auf Gegenstände, die man benannte. Adams Ohren waren anstandslos intakt. Oda und Hubert hatten sogar versucht, den Fernseher als Sprachinitiationshelfer auszuprobieren. Adams Lieblingsserie war unangefochten *Löwenzahn*, auch wenn er dafür viel, viel zu jung war. Dennoch. Er verstand sehr genau, was dort gezeigt wurde. Einmal hatte sie ihm *Sancho und Pancho* angeschaltet. Aber Adam hatte geweint, bis der Fernseher aus war. Dann entschied sich Oda für die Feuerprobe. Auch *Die Schlümpfe, Biene Maja, Doktor Snuggles, Heidi, Lucky Luke, Alice im Wunderland, Pinocchio* und *Speedy Gonzales* hatte sie probiert. Jedes Mal war das Ergebnis dasselbe. Adam weinte. *Vielleicht mag er im Allgemeinen kein Fernsehen oder keine Zeichentrickserien*, hatte Hubert vermutet. Als auch bei *Sesamstraße, Fünf Freunde, Flipper* und *Alf* Adams

Weinen derart laut geworden war, dass die Austernfischer am wassergefüllten Bombentrichter hinter dem Haus für einen Moment verunsichert erstarrten, war die Fernsehangelegenheit entschieden gewesen. *Löwenzahn.* Sonst nichts.

Etwas Feuchtes in Odas Hand holte sie zurück in die Gegenwart der Weihnachtsmesse. Es waren die zermatschten Zimsternreste, die Adam ihr übergeben hatte. Oda drückte ihm einen Kuss auf den semmelblonden Schopf. Hubert saß weiterhin über seinen Zettel gebeugt und kritzelte darauf herum. Gerade als Oda ihn fragen wollte, was er da wieder kritzelte, war ein langgezogenes hölzernes Knarzen zu hören. Es war das Kirchenportal. Die Gemeinde wandte sich um, während der Chor zu singen begann.

Die Kön'ge aus Saba kamen dar,
Gold, Weihrauch, Myrrhen brachtn sie dar
Alleluja!

Im diffusen Gegenlicht war anfänglich nur eine Drei-Personen-Silhouette zu erkennen. Oda hatte den Eindruck, die gerade besungenen Heiligen Drei Könige stünden höchstpersönlich im Kirchenportal. Caspar, Melchior, Balthasar. Aber zwei Anzeichen stimmten rein gar nicht. Zum einen war eine der Personen auffallend klein. Zum anderen waren die Personen rein rechnerisch zwölf Tage verfrüht. Oda sah auf den zermatschten Zimtstern in ihrer Hand. Der Stern über Bethlehem war heute Nacht aufgegangen. Die Heiligen Drei Könige konnten es unmöglich in so kurzer Zeit aus dem Osten hierhergeschafft haben.

Der Chor hatte ausgesungen.

Pfarrer Ewald räusperte sich. «Endlich sind sie da. Wir haben Neuankömmlinge aus dem Osten.»

Ungläubig starrte Oda auf die Zimtsternreste in ihrer Hand.

«Herzlich willkommen. Das ist Familie Maurus aus Wernigerode im Harz. Herr Maurus und seine Tochter werden von nun an bei uns auf Platteoog wohnen. Nun wächst zusammen, was zusammengehört.»

Die Insulaner sandten ihr besinnlichstes Lächeln in Richtung Silhouette. Familie Maurus betrat den Mittelgang. Jetzt konnte man sie besser erkennen. Die beiden Erwachsenen, Mann und Frau, wirkten trotz ihrer warmen Mäntel sportlich und nickten schüchtern in die Runde.

«Ich bin nur die Großmutter und habe meinen Sohn und meine Enkelin hergebracht. Ich fahre morgen wieder zurück», sagte die Frau zaghaft.

Bei der Enkelin handelte es sich um ein Mädchen mit rotblonden Affenschaukeln und brennesselgrünen Augen. Es musste in Adams Alter sein. Adam wischte sich seine Zimtsternmatschehände an der Hose ab, hüpfte von der Kirchenbank, lief in den Mittelgang, blieb stehen, drehte sich zur Tür, streckte den Arm in Richtung des Mädchens aus und öffnete den Mund. «Ich Adam, Oma haben sušenky.[22]» Wie um dem Ganzen Nachdruck zu verleihen, fügte er hinzu: *«Ich Adam, Oma haben sušenky. Ich Adam, Oma haben sušenky.»*

Der gesamten Gemeinde klappten die Unterkiefer nach unten. Ein jeder hatte mitgebangt, ob mit Adam alles in Ordnung war. Ein jeder hatte sich gewundert, warum er nicht sprach. Nun war ein Wunder geschehen. Ein Weihnachtswunder. Ein zweisprachiges. Oda und Hubert sprangen auf und pressten Adam in heiliger Glückseligkeit fest an sich.

---

22 Kekse

Leska richtete sich kerzengerade auf. «Oh, meine Gott. Ich wusste. Essen macht Sprachwunder.»

Pfarrer Ewald rieb sich über die Stirn. «Liebe Gemeinde, neunzehnhundertneunundachtzig ist das Jahr der Wunder. Der großen politischen und der kleinen familiären. Weihnachten ist eine magische Zeit, eine heilige. Nun lasst uns beten.»

Die Gemeinde erhob sich von den Bänken.

Bevor der Pfarrer mit dem Vaterunser begann, meldete sich Herr Maurus, der die ganze Zeit seine Augen auf den Chor gerichtet hatte. «Entschuldigen Sie, ich bin großer Karatefan, mein ganzes Begrüßungsgeld habe ich für Karateartikel ausgegeben. Ihre Insel scheint wirklich voller Wunder zu sein. Oder warum singt Mister Miyagi in Ihrem Chor?»

«Ich kann es immer noch nicht glauben.» Ubbo stellte seinen Fünfundsiebzig-Liter-Trekkingrucksack auf den Boden und schlug vorsichtig gegen die Tischglocke auf dem speckglänzenden Rezeptionstresen.

Das Harz-Haus in Wernigerode war eine Mischung aus Kneipe und Hotel und in seiner Ausstattung einer Zeit weit vor dem neunten November neunzehnhundertneunundachtzig verhaftet. Auf einer Tafel an der Wand stand eine Auswahl an Gerichten, die knapp siebzehn Millionen Menschen in der DDR mehr oder weniger gern gegessen hatten. Erbsensuppe, Soljanka, Falscher Hase, Tote Oma, Goldbroiler, gefüllte Paprikaschoten, Jägerschnitzel mit Feuerwehrsoße, Makkaroni, Guck-in-die Luft, LPG-Kuchen. Neben der Tafel war eine eigentümliche Aussparung. Ein zweihandtellergroßes Stück Wand war blütenweiß, die Farbe ringsherum vergilbt. Ubbo fragte sich, wessen Bild hier gehangen hatte. Egon Krenz? Erich Honecker? Willi Stoph? Oder vielleicht sogar noch Walter Ulbricht?

«Ja, die Kinder haben es uns vorgemacht», sagte Christian Maurus in Ubbos staatsratsvorsitzende Gedanken hinein.

«Du sagst es. Schön, dass du uns mit in deine alte Heimat genommen hast.»

Familie Maurus, die Neuankömmlinge aus dem Osten, wie Pfarrer Ewald Christian und seine Tochter Martha auf der Weihnachtsmesse vorgestellt hatte, hatte sich als mehrfacher Segen herausgestellt. Für Adam war die kleine Martha Anlass gewesen, seine ersten Worte zu sprechen. Für Ubbo war Christian zum Bergsteige- und Wanderkompagnon geworden, mit dem er oft Ausflüge, wie dieses Wochenende in den Harz, unternahm.

«Herzlich willkommen im Harz-Haus Wernigerode. Wie kann ich Ihnen helfen?» Hinter dem Tresen stand eine Frau mit gebleichtem Vokuhila sowie hilfsbereitem Lächeln.

«Wir haben reserviert. Ein Apartment für drei Personen und drei Nächte auf den Namen Bakker.» Ubbo überlegte, was Guck-in-die-Luft wohl für ein Gericht sein mochte.

Die Frau schlug ein kunstledernes Buch auf, das ebenso speckig wie der Tresen war. «Da habe ich Sie. Wo ist denn der Dritte im Bunde?»

Sogleich schellte beschwingt eine Glöckchenkette über der Eingangstür. Hubert betrat das Hotel. Er lüpfte seinen Cowboyhut und deutete eine edelmütige Verbeugung an. Dann legte er eine Hand auf seine Brust, um zu deklamieren: «Du Berg, der blieb, da die Gebirge kamen, Hang ohne Hütten, Gipfel ohne Namen, ewiger Schnee, in dem die Sterne lahmen.»

Ungläubig fixierte die Frau Huberts Cowboyhut. «Woher wissen Sie, dass ich früher beim Theater gearbeitet habe? Das war doch Rilke.» Sie deklamierte nun ihrerseits: «Geh ich in dir jetzt? Bin ich im Basalte, wie ein noch ungefundenes Metall? Ehrfürchtig füll ich deine Felsenfalte, und deine Härte fühl ich überall.»

Nun war es Hubert, der die Frau ungläubig fixierte. Dabei fiel ihm sein Hut aus der Hand, als wäre Huberts Ungläubigkeit eine ansteckende Krankheit. Eine, die besonders für Hüte gesundheitlich sehr, sehr bedenklich war.

«Ich müsste mal für kleine Bergsteiger. Das Bedürfnis bezwingt mich fast.»

«Selbstverständlich. Sie haben das Apartment mit der Nummer elf. Frühstück ist von sechs Uhr dreißig bis neun.»

Ubbo nahm den Schlüssel, den ihm die Gastwirtin entgegenhielt und stieg im Zwei-Stufen-auf-einmal-Modus die Treppe hinauf.

Hubert hatte sich wieder gefangen. Sein Cowboyhut auch. Er saß gesund und munter auf seinem Kopf.

«Wir möchten morgen wandern gehen», sagte Christian Maurus. «Hoffentlich macht Daria uns keinen Strich durch die Rechnung.»

Lächelnd legte Hubert Christian eine Hand auf den Rücken. Für ihn hatte sich die Ankunft der Familie Maurus hauptsächlich als wettertechnischer Segen herausgestellt. Christian war studierter Meteorologe. Das, was Hubert neben Rilke und dem Erfinden zu seiner dritten Leidenschaft zählte, hatte Christian sogar studiert. Damit übte er geradezu magische Anziehungskraft auf Hubert aus.

«Daria?» Die Frau an der Rezeption, die gerade etwas in ihr Kunstlederbuch geschrieben hatte, blickte auf. Sie war so blütenweiß wie der Wandteil hinter ihr, vor dem bis vor kurzem noch das Bild eines Politikers gehangen haben musste.

«Daria, das Orkantief der Sturmserie.»

«Ach, davon reden Sie. Da bin ich ja beruhigt. Ich dachte schon, Sie meinen Darja Nikolajewna Saltykowa, die russische Serienmörderin. Wenn Sie wandern wollen, sollten Sie vorsichtig sein.»

«Ja, ich kenne das Wetter hier», sagte Christian. «Zu DDR-Zeiten war ich einer der wenigen Meteorologen, die Zugang zur Wetterstation auf dem Brocken hatten.»

«Also waren Sie bei der Stasi?», echauffierte sich die Frau.

«Wo denken Sie hin? Ich war nur dafür da, Wetterdaten auszuwerten, sonst keine.»

«Das behaupten ja jetzt viele.»

Hubert schenkte der Gastwirtin sein bezirzendstes Lächeln aus nussbraun leuchtenden Augen. «Gnädigste, eine Theaterfrau wie Sie, eine Rilke-Kennerin, die sitzt doch so undifferenzierten Gedanken nicht auf. Wenn Christian etwas zu verbergen hätte, würde er doch nicht von seiner Arbeit auf dem Brocken sprechen. Oder?»

Die Frau nickte nussbraun hypnotisiert.

«Sehen Sie. Wie sagte schon unser gemeinsamer Freund Rainer Maria: Jeder schafft die Welt neu mit seiner Geburt, denn jeder ist die Welt.»

«Ach, das ist schön, Herr ...?», stotterte die Gastwirtin.

«Hubert, sagen Sie Hubert zu mir.»

«Gerne. Wissen Sie, Hubert, Sie erinnern mich ein wenig an Paul Newman in *Die Katze auf dem heißen Blechdach.*»

«Finden Sie? Ich nehme das als Kompliment. Danke schön. Also, wir wollen morgen wandern gehen, und mein Schwiegervater will die Schnarcherklippen bezwingen», erklärte Hubert.

«In jedem Fall sollten Sie den aktuellen Wetterbericht in Erfahrung bringen. Nicht, dass Ihnen etwas zustößt.»

«Das machen wir. Immerhin bin ich ja Profi», sagte Christian. Er war während des Gesprächs zwischen Hubert und der Frau in den Hintergrund gerückt wie die Hauptrollenzweitbesetzung eines Theaterensembles. «Das Wetter auf dem Brocken ist unberechenbar. Daria hat in den letzten Tagen dort oben für Böen mit Spitzen bis zu zweihundertdreißig Kilometer pro Stunde gesorgt. Wir prüfen morgen die aktuellen Daten, sonst haben wir noch *Vom Winde verweht.*»

Ein langgezogenes Magenknurren war zu hören. Kurz darauf ein verhaltenes «Entschuldigung». Ubbo stand auf der untersten Treppenstufe. «Jetzt habe ich die ganze Zeit überlegt, was Guck-in-die-Luft wohl für ein Gericht ist, und unbezwingbaren Hunger bekommen.»

Die Gastwirtin klappte das kunstlederne Buch zu. «Das mache ich Ihnen. Aber darf es vorher vielleicht noch etwas anderes von der Karte sein?»

Und wie ein tadellos harmonisches Theaterensemble, ohne Zweit- oder Drittbesetzung, entschieden Ubbo, Hubert und Christian aus einem Munde: «Falscher Hase, bitte.»

Der gemeinhin als Himmelspförtner verehrte Apostel Petrus war eigentlich Fischer. Für Fischer auf der Jagd nach beispielsweise Karpfen sind leichter Wind aus West, bedeckter Himmel bei sachtem Regen sowie milde Temperaturen fangideal. Vielleicht hatte Petrus ein Herz für die drei Harzbesucher. In jedem Fall waren die Wetterbedingungen am nächsten Morgen auch wanderideal, um die siebzehn Kilometer von Wernigerode bis zu den Schnarcherklippen zurückzulegen. Leichter Wind aus West, milde Temperaturen.

Ubbo hatte sich vorbereitet wie für die Verteidigung einer Doktorarbeit der Geographie mit Schwerpunkt auf Geomorphologie. «Die Geschichte des Harzes geht dreihundertachtzig Millionen Jahre zurück und ist so spannend wie ein Tatort mit Schimanski. Die Auffaltung des unbezwingbar schönen Harzes nahm ihren Anfang in der variszischen Gebirgsbildung und ihr vorläufiges Ende in einem Schollengebirge. Der Harz ist verführerisch vielfältig, mit Tonschiefern, Grauwacken und Granit. Die Flüsse haben, beeinflusst durch die Geographie und das Klima», Ubbo schaute zu Christian, «stark schwankende Wasserführungen, wie man zum Beispiel an der Bode wunderbar sehen kann.»

Abrupt blieb Christian stehen. «Lieber Ubbo, ich bin beeindruckt. Aber wärst du einverstanden, wenn wir einen Moment schweigen und die Natur genießen? Du redest wie der Romkerhaller Wasserfall.»

«Entschuldigt.» Ubbo zog eine Wasserflasche aus der Seitentasche seines Rucksacks, verlegen wie ein Fünfzehnjähriger, der das erste Mal bei den Eltern seiner Freundin zum Essen eingeladen ist und die Frage beantworten soll, wie er sich seine Zukunft vorstellt.

Hubert räusperte sich. «Seh' die Bäume hinter Bäumen, wie sie schnell vorüberrücken, und die Klippen, die sich bücken, und die langen Felsennasen, wie sie schnarchen, wie sie blasen! Siehst du, Ubbo, jetzt war ich auch ein Wasserfall.»

«Du und dein Rilke, ihr habt meine Scham ein bisschen abgemildert.» Ubbo schob die Flasche zurück in den Rucksack.

«Also, das war aber Goethe und Faust I.»

Ubbo nickte leidenschaftlich. «Stimmt. Der Johann Wolfgang hat sich ja auch hier herumgetrieben. Außerdem Heinrich Heine, soviel ich weiß. Ich glaube jedoch ...»

«Männer, ich will ja nicht unhöflich sein, aber ich bin für die Natur hergekommen und weniger für die Kultur.» Christian sah auf seinen Kompass und dann auf seine Uhr. «Noch etwa zwanzig Minuten bis zu den Schnarcherklippen, und bis dahin ist Ruhe. Geht das?»

Ubbo und Hubert waren einverstanden.

Während die drei ihren Weg fortsetzten, legte sich eine kontemplativ schweigsame Stimmung auf das wiedervereinte deutsche Mittelgebirge. Sie legte sich auf urige Wanderwege, knorrige Wurzeln, felsiges Granitgestein, schroffe Täler, verwitterte Bohlenstege, zauberhafte Fichten, märchenhafte Buchen, verführerische Moore, hurtige Stromschnellen, muntere Haubenmeisen und dunkelgraubraune Sperlingskäuze. Kontemplation legte sich auf die Gestalten von Ubbo, Hubert und Christian, ihre Rucksäcke, ihre Multifunktionsjacken und ihre groben Stiefel. Die drei Männer schauten nach links, nach rechts, nach unten, und manchmal, in Reminiszenz an ihren gestrigen Nachtisch, guckten sie in die Luft. In ihren Mägen wurden falsche Hasen verdaut, und im Dickicht kauerten unbemerkt echte Hasen und ahnten nicht, dass ein Gericht nach ihnen benannt war und dennoch kein einziges Stück Hasenfleisch enthielt.

Sie liefen und liefen und liefen.

Endlich brach Christian das Schweigen. «So, wir sind da. Gut gemacht. Jetzt war es ruhig genug, und wir könnten mal wieder etwas sagen.»

Ubbo nahm seinen Rucksack ab und fiel auf die Knie. Er war uferlos sprachlos. Im positiven Sinne.

«Die Berge sehen aus wie eine Kulisse, fast wie ausgedacht», sagte Hubert und holte Zettel und Bleistift aus seiner Hosentasche.

Vor den Männern erhoben sich zwei etwa zwanzig Meter hohe Klippen, die an riesige, aufeinandergestapelte regengraue Steinkissen erinnerten. Eine lag in nordöstlicher, eine in südwestlicher Richtung.

Ubbo kniete weiterhin sprachlos neben seinem Rucksack.

«Alles in Ordnung bei dir?», fragte Christian.

Ubbo nickte, stand ehrfürchtig auf und begann, seine Kletterausrüstung auszupacken. «Ich bin so weit. Ich werde die südwestliche Klippe bezwingen. Sie hat einundzwanzig Routen mit den Schwierigkeitsgraden eins bis acht b der Sächsischen Skala.»

Hubert stand kritzelnd vor den Schnarcherklippen.

«Du bist so ruhig.» Christian versuchte einen Blick auf das zu erhaschen, was Hubert kritzelte.

Doch in einer raschen Bewegung zerknüllte er den Zettel und schob ihn zurück in seine Hosentasche. «Ich bin gleich wieder da, ich muss mich kurz erleichtern.» Hubert verschwand.

Im Angesicht der Schönheit der Natur wird Zeit relativ. Als Hubert jedoch nach einer Viertelstunde noch nicht zurück war, begannen Christian und Ubbo sich Sorgen zu machen.

«Ich würde sagen, wir warten noch fünf Minuten. Danach schauen wir mal, wo er bleibt.» Ubbo hatte sich inzwischen die Hände mit Kletter-Chalk eingerieben.

Christian nickte.

Relative Zeit kann relativ kurz oder relativ lang sein. Während die beiden Männer auf Huberts Rückkehr warteten, war sie Letzteres. Der Wind hatte gedreht. Er kam jetzt aus südöstlicher Richtung, strich über die Steinkissenklippen und erzeugte dabei ein Geräusch, das an Schnarchen erinnerte. Über dem Warten auf Hubert schienen die beiden Klippen eingenickt zu sein.

Ubbo und Christian hatten kein Auge zugetan. Die Zeit war weder relativ kurz noch relativ lang, sondern absolut grauenvoll gewesen. Sie hatten die Umgebung abgesucht. Vergeblich. Sie hatten nach Hubert gerufen. Vergeblich. Sie waren bis zum Elendstal und zurück gelaufen. Vergeblich. Ubbo hatte sich so oft mit seinen mit Kletter-Chalk eingeriebenen Händen über das Gesicht gestrichen, dass er kreideweiß war. Was konnte nur passiert sein? War Hubert abgestürzt? Oder entführt worden? Hatte er sich verlaufen? War er ohnmächtig geworden und lag irgendwo hilflos herum? Ubbo und Christian hatten bis zur Dämmerung an den Schnarcherklippen auf Huberts Rückkehr gewartet. Vergeblich. Die überbordende Sorge hatte eine bleierne Müdigkeit über ihnen ausgebreitet. Sie hätten sich unverzüglich auf die Steinkissen der Klippen legen können. Mit einem letzten, schläfrigen Hoffnungshauch hatten sich die beiden Männer zurück zum Hotel geschleppt und waren dort entkräftet auf die speckigen Holzmöbel gesunken. Die Hoffnung, Hubert wäre vielleicht allein zurück zum Hotel gegangen, hatte sich als Illusion herausgestellt.

Ubbo hatte tiefe Augenringe, die im Schummerlicht der Lampe auf dem Tresen an ein Faltengebirge erinnerten. «Es hilft ja nichts, wir müssen die Polizei einschalten.»

Christian nickte desolat. «Das denke ich auch, aber ich fürchte, die können nichts machen. Im *Polizeiruf* heißt es doch immer, dass eine Person vierundzwanzig Stunden vermisst sein muss, bevor etwas unternommen werden kann.»

«Wer weiß, ob das stimmt.» Ubbo wischte mit dem Zeigefinger über einen Wachsfleck von unbestimmter Farbe auf der Tischplatte. «Vielleicht rufen wir Bonna an und bitten sie, uns zu helfen? Sie kann bestimmt von der offiziellen Vorgehensweise abweichen.»

«Zunächst müssen wir aber Oda informieren. Sie hat ein Recht zu erfahren, dass ihr Mann verschwunden ist.»

Ubbo ging zum Telefon. Bei dem Gerät handelte es sich um ein grelloranges Wählscheibenmodell Typ vierhundert aus dem DDR-Fernmeldewerk Nordhausen. Nach neunmal klingeln nahm Oda in Platteoog den Hörer ab.

«Hier ist Papa. Habe ich dich geweckt?»

Ein Gähnen war zu hören. «Nicht wirklich. Adam und sein neuer Backenzahn haben mich die ganze Nacht wach gehalten. Ich muss aufpassen, dass ich bei der Radiosendung heute Abend nicht einschlafe. Oder ich lege mich mittags noch mal hin, das wäre gar nicht schlecht.»

Ubbo überlegte, wie er die Nachricht von Huberts Verschwinden überbringen sollte. Oda klang trotz ihrer Müdigkeit ausgelassen. «Ja, müde bin ich auch», hob er schließlich an. «Allerdings ...»

«Wie ist es denn im Harz? Habt ihr Spaß? Was hast du schon alles bezwungen?», fiel Oda ihrem Vater ins Wort.

«Spaß haben wir nicht gerade. Es ist folgendermaßen. Wir waren an den Schnarcherklippen und ...»

«Jetzt schnarchst du noch lauter als sowieso schon?» Oda gluckste.

«Also, an den Schnarcherklippen waren wir, und Hubert wollte sich kurz erleichtern, und dann war er weg. Unauffindbar weg. Wir haben ihn überall gesucht, aber nichts.» Ubbo machte eine Pause.

Oda schwieg. In Wernigerode konnte man hören, dass Adam in Platteoog zu weinen begann. Hatte er mitbekommen, was sein Großvater gesagt hatte? Ubbos Herz zog sich zusammen wie das schwermütige Akkordeon eines Matrosen. «Ich weiß nicht, was wir machen sollen. Vielleicht kann Bonna uns helfen?»

«Papa, Hubert ist hier.»

Konsterniert nahm Ubbo den grellorangen Telefonhörer vom Ohr, um nachzuschauen, ob er noch funktionierte oder nur selbst erdachte Gesprächsteile weiterleitete.

Er funktionierte tadellos, denn Ubbo hörte Oda erklären: «Hubert ist gestern Abend zurückgekommen. Er hatte Sehnsucht nach mir und Adam. Was meinst du mit *er ist weg*? Hat er euch nicht gesagt, dass er zurück nach Platteoog fahren wollte?»

Christian war hinter Ubbo getreten. Er hatte mitgehört. Die beiden Männer sahen sich perplex an. Ubbo reichte Christian den Telefonhörer, so als wäre er ein Fremdkörper.

Kehlig räusperte sich Christian. «Ich bin es. Oda, es handelt sich um ein Missverständnis. Entschuldige die Störung», sagte er und legte auf.

Taumelnd machte Ubbo einen Schritt nach hinten. Selbstzweifel machten sich über ihn her. Hatte Hubert vielleicht erwähnt, dass er zurückfahren wollte, und Ubbo hatte es einfach vergessen?

«Es ist besser, wenn wir Oda nicht sagen, was hier passiert ist. Wir sollten sie nicht beunruhigen.» Christian rieb sich über die Augen.

«Du hast recht.»

«Gut so. Legen wir uns jetzt schlafen?»

Ubbo verneinte. «Wir sollten zurückfahren. Irgendwie ist mir die Lust am Bergsteigen vergangen.» Sein Blick fiel auf die Wandtafel mit den Gerichten. Er ging auf sie zu und wischte *Falscher Hase* ab, dessen Bedeutung ihm auf einmal viel zu viel symbolisch aufgeladen war.

KAPITEL 17

DER AUFBRUCH

Jetzt bloß keine Lisbeth-Salander-Vergleiche.» Zola Hübner saß auf dem samtenen Sofakoloss, neben ihr stand ihr Rucksack. Sie schaute Adam durchdringend an.

Der konnte ihrer Bitte nur mit Mühe nachkommen, denn Zola sah ihrem literarischen Vorbild nicht nur zum Verwechseln ähnlich, sondern hatte, salandergleich, ihren Laptop auf den Tisch gestellt. Nachdem sie so unvermittelt an der Tür geklingelt hatte, hatte Adam erst die Türkette, dann die gesamte Tür geöffnet und sie zuletzt hereingebeten. Nun fixierte er die stoffüberzogene Pyramide in der Anbauschrankwand, die schwieg, und dachte eingehend über seinen nächsten Satz nach. Außer seiner Mutter und seinen Großeltern war noch nie zuvor jemand bei ihm zu Hause gewesen. «Darf ich Ihnen vielleicht etwas anbieten?», fragte er schließlich.

«Gerne, ich habe Riesenkohldampf.» Zola lächelte, klappte ihren Laptop zu und den fettigen Pizzakarton auf. «Kann ich das letzte Stück haben?»

Adam nickte.

«Ist das Margherita?»

Adam nickte.

«Bisschen wenig Belag. Aber besser als nix.» Zola griff nach dem Stück Pizza, faltete es wie eine ausgelesene Zeitung zusammen und schob es sich im Ganzen in den Mund.

In Adams Wohnzimmer herrschte, bis auf Zolas schmatzende Kaugeräusche, Stille. Das erste Mal in seinem Leben wünschte sich Adam Stichwortschützenhilfe von der neongelben Leuchtreklametafel. Vergeblich. Auch sie schien nicht so recht zu wissen, was sie von Zola halten sollte.

«Tut mir leid, dass ich dich hier so überfalle. Ich sag jetzt einfach mal du.» Mit dem Handrücken wischte sich Zola eine fettige Pizzaspur vom Kinn. «Hast du noch mehr zu essen da? Mein Kohl hat immer noch Dampf.»

«Welcher Kohl?» Verwundert rieb sich Adam über die Wangen, die vor Müdigkeit kribbelten, als wäre eine darunter befindliche umfangreiche Ameisenkolonie in umfangreiche Unruhe geraten. Adam wunderte, dass eine Logopädin sich einer solch flapsigen Sprache bediente.

«Du spiegelst mich, das ist ein gutes Zeichen.» Zola klappte den Pizzakarton zu und ihren Laptop auf. «Wortsprache und Körpersprache. Sag bloß, du verstehst das nicht. Am Klingelschild steht, du bist Doktor. Außerdem habe ich dich gegoogelt.» Zola tippte mit dem Zeigefinger, auf dem ein Rest magnetitschwarzer Lack zu sehen war, gegen den Laptopbildschirm. «Da steht, du bist Doktor für Sprachtheorie und angewandte Sprachwissenschaft.»

Nun mischte sich die Leuchtreklametafel doch ins Gespräch ein. Man meinte, sie sei ihres Schweigens überdrüssig und sich endlich darüber klargeworden, wie man sich einer solch ungewöhnlichen Besucherin gegenüber verhielt. Sie bedeutete: *Die ist ganz schön unfreundlich, immerhin ist sie Gast.*

Adam nickte innerlich, erstaunt darüber, dass sich die Leuchtreklametafel auf seine Seite geschlagen hatte.

«Ich meinte Kohldampf, und mein Kohl hat Dampf. Verstehst du? Dann habe ich mir über das Kinn gewischt und du dir gleich darauf über die Wange. Das ist psychologisch eindeutig. Eine Synchronizität der Handlungen. Das hat mit den Spiegelneuronen zu tun. Du magst mich, so ist das nämlich.» Zola stand auf. «Wo ist deine Küche?»

Adams Spiegelneuronen mussten sich getäuscht haben. Er mochte Zola kein bisschen. Im Gegenteil. Er überlegte, wie er sie schnellstmöglich loswerden konnte, um diesen schrecklichen Tag beenden zu können. Er zeigte in Küchenrichtung und folgte Zola, die mit raumeinnehmenden, irgendwie männlich anmutenden Schritten vorausging.

«Hier drin ist echt Ebbe. Ein Kühlschrank ohne Eisfach, das passt zu deiner musealen Wohnung.»

Jetzt schlägt es aber dreizehn, sagte die Leuchtreklametafel, und ehe Adam sich dagegen wehren konnte, sagte er seinerseits: «Ich finde, Sie verhalten sich nicht in der gebotenen Adäquatheit zu Ihrem Status als Gast.»

Zola verharrte. Im fahlen Schein des Kühlschranklämpchens sah sie mit einem Mal verletzlich aus.

Sie schloss die Kühlschranktür. «Tut mir leid, Adam. Ich platze hier herein und benehme mich wie ein Elefant im Porzellanladen.»

Beipflichtend nickte Adam. Jemand benimmt sich *wie ein Elefant im Porzellanladen*. Das fiel in den Bereich der Phraseologismen. Mit dieser Redewendung hatte Adam sich vor vielen Jahren einmal beschäftigt und herausgefunden, dass man den Tieren damit unrecht tat. Elefanten sind äußerst sensible Wesen, ebenso empfindlich wie die Gegenstände in einem Porzellanladen.

«Ich sage dir, was mit mir ist. Am Telefon hast du erwähnt, Hubert sei dein Vater. Nach dem, was er sich geleistet hat, war ich sauer auf dich. Ich habe sein Verhalten auf dich projiziert.» Zola verschränkte die Hände ineinander.

«Was hat er sich denn geleistet?»

«Er ist einfach abgehauen, von einem Tag auf den anderen.»

«Sind wir denn schon darüber übereingekommen, ob wir überhaupt denselben Hubert meinen? Ich habe von Ihrer Publikation *Die Erfindung der Sprache* gehört, das Werk aber bisher nicht in Augenschein nehmen können.»

«Das haben wir gleich.» Zola holte ihren Laptop. «Ich habe leider kein Print-Exemplar dabei, aber hier kannst du einen Blick auf die Druckfahnen werfen. Noch eine Sache, du sagst Hubert, ich meine eigentlich einen *Übähr*, also die französische Version.»

Adam überging Zolas Einwand. Mit beständig stärker kribbelnden Ameisenwangen setzte er sich an den Küchentisch und begann zu lesen. Zola stand neben dem Kühlschrank.

Adam las und las und las.

«Sei mir nicht böse, aber ich möchte das Ganze gerne ein wenig abkürzen. Von Göttingen nach Berlin war ich vier Stunden unterwegs und das in meiner Klapperkiste. Wenn es geht, würde ich mich gerne ein bisschen hinlegen.» Zola setzte sich, in Ermangelung eines zweiten Stuhls, auf den Tisch.

Adams exekutive Hirnfunktionen hatten alle Hände voll zu tun. Das Festlegen von Zielen, strategische Planungen, das Einbeziehen von Hindernissen beim Erreichen der Ziele, eine Prioritätenentscheidung, die Aufmerksamkeitssteuerung und die motorische Umsetzung des Geplanten erforderten seine gesamte Konzentration. Aus der Küchentischschublade zog Adam Zettel und Bleistift. Er kaute so lange auf der Stiftrückseite, dass sich in seinem Mund leichter Bleigeschmack ausbreitete.

«Was denkst du?»

«Wie soll ich Ihnen das begreiflich machen? Ich bekomme es selbst kaum systematisiert.» Adam legte den Stift auf den Tisch.

«Könnten wir das Sie sein lassen? Ich bin Zola, eine sehr müde Zola übrigens, falls ich das noch nicht erwähnt habe.»

Zögerlich streckte Adam seine Hand in Zolas Richtung. «Einverstanden. Adam.»

«Also, Adam, schieß los. Ich sehe doch, wie dir das Köpfchen raucht.»

«Ich bin es nicht gewohnt, dass jemand in meiner Wohnung zu Gast ist, der zudem hier schlafen will. Meine Mutter hatte einen Zusammenbruch, als sie deine Publikation in der Buchhandlung in Flokum gesehen hat. Meine Großeltern und ich, wir machen uns riesige Sorgen. Apropos. Mein Vater heißt Hubert Riese, aber du sprichst den Namen französisch aus, das verstehe ich nicht. Offenbar kennst du, wie ich gerade gelesen habe, eine seiner Erfindungen. Deinen Aufzeichnungen nach handelt es sich um die BaBeBeBo, die Baby-Bedürfnis-Benachrichtigungsbox, die er damals für mich erfunden hat. Offenbar ist er nicht nur aus unserem, sondern auch aus deinem Leben verschwunden. Dann habe ich hier einen unausgepackten Pluto-Dupo-Laptop, der noch eingerichtet werden muss, weil in der Universität ...»

Stopp, stopp, stopp, blinkte die Leuchtreklametafel auf.

Adam stoppte.

Du kannst doch nicht alles auf einmal erzählen, wo bleibt denn da die Spannung?

Adam musste an Denis Scheck denken, der sich über die halbgare Plotstruktur eines mittelprächtigen Regionalkrimis echauffierte.

Einatmen.

Ausatmen.

«Da ist aber viel los in deinen Synapsen. Da würde mir auch der Kopf rauchen.» Zola knabberte an ihrem Restnagellackzeigefinger, bevor sie weitersprach. «Karierte Hemden, Cowboyhut, große Ähnlichkeit mit Paul Newman?»

Mit weit aufgerissenen Augen nickte Adam.

«Eine Schwäche für das Pilgern, verschwörungstheoretische Anwandlungen, nussbraune Augen», fuhr Zola fort.

Adam blieb nichts anderes übrig, als erneut zu nicken.

«Ich glaube, wir sind beide müde. Eine Sache können wir abhaken. Wir meinen denselben Mann. Ich kenne ihn unter Hubert Géant, also Hubert Riese auf Französisch. Er ist zweitausendvier in mein Leben getreten, also in das meiner Mutter und meins. Nach einem Jahr war er weg, ohne Erklärung, ohne irgendwas. Seitdem hat meine Mutter eine Grundtraurigkeit ... schwer zu erklären, immerhin waren Hubert und sie ein Liebespaar gewesen, wenn auch nur für sehr kurze Zeit.»

«Aus unserem ist er am dreizehnten April zweitausendeins verschwunden.» Hatten eben noch Adams exekutive Hirnfunktionen mehr als alle Hände voll zu tun gehabt, war nun seine Melatoninausschüttung derart hoch, dass er das Bedürfnis hatte, seinen Rauchkopf auf die Küchentischplatte zu betten.

Jetzt mal nicht auf der Zielgeraden schlappmachen, schalt die Leuchtreklametafel.

Einatmen.

Ausatmen.

«Ich weiß, dass Hubert aus Bad Kissingen kommt. Ob er lebt, kann ich nicht sagen. Aber vielleicht sollten wir dorthin fahren.» Zola griff nach ihrem Laptop. «Hättest du Zeit?»

Adams Suspendierung aufgrund des vermeintlichen

Plagiatsvorwurfs kam ihm derart schlagartig zurück ins Bewusstsein, dass er taghellwach war. Zeit hatte er. Aber ob er es schaffen würde, schon wieder wegzufahren?

Du und zweimal wegfahren, da wird ja der Hund in der Pfanne verrückt, giggelte die neongelbe Leuchtreklametafel.

Adam hatte Mühe zu verstehen, was damit gemeint war. Welcher Hund? Welche Pfanne? Wahrscheinlich machte sich die Leuchtreklametafel über ihn lustig. Dennoch. Es ging um seinen Vater. Auf die Schnelle konnte er Zolas Frage nicht beantworten und sagte: «Ich erbitte mir ein wenig Bedenkzeit.»

«Wie du meinst. Ich muss jetzt aber schlafen.»

«Du darfst gerne hier nächtigen. Reicht dir das Sofa im Wohnzimmer?»

«Du meinst dieses Samtmonster? Das wird schon gehen. Danke.»

Als Adam eine halbe Stunde später in seinem Schlafzimmer auf seiner quietschenden Ein-Personen-Liege lag, wandte er seinen Kopf dem zerschrammten Ganzkörperspiegel zu. Er konnte sich des Eindrucks nicht erwehren, es wäre gar nicht er, der ihm da entgegenreflektierte, sondern ein Mann, den er noch nie zuvor gesehen hatte.

Einatmen.

Ausatmen.

Und während er in Gedanken einen Schritt zurücktrat, fielen seine Lider schwer über die nussbraunen Augen.

Als sich Adam zum Quietschen seiner Liege am nächsten Morgen erhob, stieg ihm samtiger Kaffeeduft in die Nase. Halbwach schlug er seine schlafwarme Decke zurück, schwang die Beine zur Seite und fragte sich, warum der Koffer neben und nicht unter seiner Liege lag.

Und der Koffer, in heller Kofferaufregung schien zu sagen: *Ich habe gehört, wir verreisen vielleicht wieder. So viele Reisen, das ist wie Weihnachten und Ostern auf einmal für mich. Wenn du zusagst, geht ein Traum für mich in Erfüllung.*

Beim Blick auf den Wecker zuckte Adam zusammen. Es war bereits zehn Uhr. Der Frühaufsteher in ihm fand, er habe den halben Tag verschlafen.

Zola saß auf dem Wohnzimmerboden, auf ihrem Schoß ruhte Adams neuer Laptop. «Guten Morgen. Ich habe ein schlechtes Gewissen, weil ich gestern so flapsig war. Als Wiedergutmachung habe ich dir deinen Laptop eingerichtet. Ich hoffe, das war in Ordnung.»

Adam blickte auf den leeren Pappkarton. «Brauchst du dafür nicht einen Passwortzugang sowie meine E-Mail-Daten?»

Zola grinste. «Jetzt wäre doch ein Lisbeth-Salander-Vergleich angebracht. Wegen ihrer Computeraffinität, meine ich. Ich habe in der Schublade deiner prähistorischen Schrankwand einen Zettel mit deiner E-Mail-Adresse gefunden. Und dein Passwort war leicht zu erraten. Es lautet Hubert. Die Menschen und ihre Passwörter, es ist ein Trauerspielchen.»

Lisbeth Salander. Sie schien tatsächlich in Adams Wohnzimmer zu sitzen. Zwar war ihr kajalschwarzumrandetes Augen-Make-up im Schlaf zu einer pandaartigen Maske verwischt, aber sie besaß offenbar auch schlecht geschminkt ausgezeichnete Hackerqualitäten.

«Käffchen?»

Dankbar nickte Adam und versuchte sich zu erinnern, ob Zola gestern Abend bereits diese seltsame Vorliebe für

Diminutive gehabt hatte. *Trauerspielchen, Käffchen.* Wie dem auch sei. Zola war vorzüglichster Laune und die Verniedlichung von Nomen offenbar Gradmesser für ihre Zufriedenheit.

Während Adam an seiner Tasse nippte, tippte Zola weiter auf dem Laptop herum. Schließlich lächelte sie. «So, das Gerätchen ist fertig. Übrigens, vorhin kam ein Anruf. Jemand hat auf die Box gesprochen.»

Adam wechselte die Kaffeetasse von der einen in die andere Hand und drückte auf die Wiedergabetaste seines Anrufbeantworters.

«Adamčík, Oma Leska am Apparat. Ich wollte erkundigen nach Befindung und Stand von Entwicklung. Hast du Zola Hübner erkundet? Hast du Buch erstanden? In Platteoog ist Wetter schön, aber trotzdem fühlt sich an wie Gewitter. Deine Maminka, du hast Kurznachricht geschickt. Ist angekommen, aber keine Reaktion. Nicht einmal Essen. Ist Schlimmste. Ich habe alle Liebe in Zubereitung von Essen gelegt, doch Oda verweigert. Noch einmal Bitte. Wenn Hubertčík am Leben, wenn leise Hoffnung, geh suchen. Ich weiß, du nicht magst Reisen, aber ist für Rettung. Tschüs.»

«Wow. Das hört sich kompliziert an.»

In einem Zug leerte Adam seine Kaffeetasse und berichtete Zola, was in den letzten Tagen passiert war.

«Ja, zum Thema Hubert und Mutter habe ich auch einiges zu erzählen. Wie gestern schon gesagt, ich denke, wir sollten nach Bad Kissingen fahren.»

«Ich weiß nicht.» Adam nahm den Laptoppappkarton und faltete ihn so entschlossen zusammen, als könnte er dadurch das Thema Verreisen wegknicken, um es im Anschluss in der Papiertonne zu entsorgen.

«Du hast es doch gehört. Deine Mutter, deine Großmutter, alle brauchen dich. Es geht um die Familie. Was kann es Wichtigeres geben? Ich und du auch, wir brauchen Klarheit. Also, verreisen wir?» Zola umfasste mit beiden Händen fest Adams noch schläfrige Schultern.

Der senkte den Blick, und die Leuchtreklametafel forderte: *Jetzt sag ihr, was mit dir los ist.*

«Ich sag dir jetzt, was mit mir los ist. Ich bin ein bisschen ungewöhnlich, nicht sehr normkonform. Zumindest behaupten das die meisten.»

Zolas Vorschlag zu verreisen strotzte so vor vernünftiger Logik. Sie kannte seinen Vater, hatte eine Idee, wo sie nach ihm suchen konnten, seine Mutter verweigerte inzwischen sogar die Nahrungsaufnahme, er musste sie retten. Dennoch. Ein Faust'scher Gedanke schlängelte sich durch Adams Restschläfrigkeit. Zwei Seelen schlugen, ach!, in seiner Brust. Er entschied, zunächst beide zu ignorieren und Zola zu verraten, was ihn umtrieb. «Veränderungen, bestimmte Farben, fremde Menschen ... das alles tut mir nicht gut, das macht Angst, das löst Panik aus. Auch mit Gefühlen habe ich Probleme. Ohne Listen wäre ich wahrscheinlich gar nicht in der Lage, vor die Tür zu gehen, und nun soll ich von jetzt auf gleich verreisen an einen Ort, den ich nicht kenne.»

«Dass du anders tickst, ist mir auch schon aufgefallen. Bist du Autist?»

Autismus. Ja. Nein. Vielleicht. Für Adam machte das keinen Unterschied. Wenn von Autismus die Rede war, dachten alle sofort, er sei ein Rechengenie oder jemand mit einem fotografischen Gedächtnis, ein dem Film *Rain Man* entsprungener Raymond Babbitt. Einmal, kurz nachdem sich Adam im ersten Semester einem Kommilitonen anvertraut hatte, hatte dieser eine Dose Zahnstocher auf dem

Mensaboden ausgekippt und Adam gebeten, die exakte Zahnstocherzahl zu beziffern. Adam war aus der Mensa geflohen. Er hatte seitdem nie mehr einen Fuß hineingesetzt und sich sein Essen stets in einer Plastikdose von zu Hause mitgebracht.

«Wir hatten bisher kaum Zeit zum Reden. Ich bin Logopädin, das weißt du ja. Aber ich bin viel mehr. In meiner Freizeit arbeite ich als Tierkommunikatorin, dadurch bin ich hochgradig empathisch.» Aus der Hosentasche zog Zola ihr Handy und legte es auf den Tisch.

«Tierkommunikatorin?»

«Mein zweites Standbein. Lach bloß nicht. Ich weiß, dass es das im wissenschaftlichen Sinne nicht gibt. Was ich mir schon alles anhören durfte. Um die Kommunikation mit Tieren geht es in meinem Buch. Ich bin spezialisiert auf Katzen.»

In diesem Moment vibrierte Zolas Handy. Noch ehe Adam auf das Display schauen konnte, drehte Zola das Gerät um und sagte: «Ich habe ein bisschen Zeit, aber nicht unendlich. Lass uns nach Bayern fahren. Im Auto reden wir in Ruhe.»

«Nun gut, ich bin prinzipiell mit der Reiseidee einverstanden, aber ich werde meine Wohnung vermissen, meine Zuflucht. Ich weiß nicht, ob ich das schaffe.»

Die neongelbe Leuchtschrift blinkte auf: *Nicht zu doll auf die Tränendrüse drücken, sonst denkt sie, du bist ein Weichei.*

«Vorschlägchen. Ich mache Fotos von deiner Wohnung, und immer, wenn du Sehnsucht hast, schaust du dir die Bilder an.»

Zu seiner immensen Verwunderung wäre Adam Zola gerne um den Hals gefallen, doch ein wenig Restangst hielt ihn zurück.

«Du kannst jederzeit abbrechen und zurückfahren. Wenn du Ruhe brauchst, tu ich so, als wäre ich nicht da.»

Die Restangst zog die Zügel noch einmal an.

«Ich weiß nicht», sagte Adam.

«Wir können gemeinsam eine Liste anfertigen. Auch unterwegs, immer wieder neue, wenn du magst.»

«Ich weiß nicht.» Die Restangst wollte die Zügel nicht so leicht hergeben.

«Adam, es geht um deinen Vater, es geht, wenn ich alles richtig verstanden habe, um deine Mutter. Hast du in der Uni Verpflichtungen?»

Die Uni. Wie hatte er das vergessen können? Die Restangst ließ vor Erschaudern die Zügel fallen.

«Da bin ich wohl in der nächsten Zeit entbehrlich.»

«Siehst du. Lass uns fahren.»

Adam gab sich geschlagen. Die Zügel lösten sich mit einem gedämpften Zischen in Wohlgefallen auf. Adam meinte, aus seinem Schlafzimmer den Koffer jubeln zu hören.

Zola steckte die Nase in ihre Achselhöhle. «Ich bräuchte eine Dusche und was Frisches zum Anziehen. Vorher schieße ich noch Fotos von deiner Sehnsuchtswohnung. Du kannst in der Zeit deine sieben Sachen packen.»

Zum zweiten Mal an diesem Morgen hatte Adam das Bedürfnis, Zola um den Hals zu fallen.

Nachdem Adam gepackt hatte, stand er mit seinem Koffer im Wohnzimmer. Ein sonores Brummen ließ ihn aufmerken. Es kam von Zolas Handy. Scheu warf er einen Blick auf das Display. *Arschloch*, stand dort. Nachdenklich wandte Adam den Blick ab, sah sich um und verabschiedete sich von seinem hoffnungsgrünen, klobigen Sessel, den haushohen, mahagonifarbenen Bücherregalen, dem lehmbraunen, samtenen Sofakoloss, der kupferbraunen Anbauschrankwand und der stoffüberzogenen Pyramide.

«Ich werde eine Weile unterwegs sein», flüsterte er.

«Ich kann warten», gab die Pyramide in ihrer neuen, weiterhin befremdlich klingenden Stimme zurück.

«Das ist nett von dir.»

«Das macht mich glücklich.»

«Das macht dich glücklich? Das verstehe ich nicht.» Für einen Wimpernschlag hatte Adam den Eindruck, er würde einen Dialog aus *Wo die Liebe hinfällt*, der Lieblingsserie seiner Großmutter, hören.

«Hilfreich sein steht ganz oben auf meiner Happy-Liste.»

«Was ist eine Happy-Liste?» Sehr wohl wusste Adam, was das Wort bedeutete, aber dass eine Maschine eine solche Liste besaß, machte ihn stutzig.

«*Happy*. Glücklich, sehr zufrieden, gut gelaunt», übersetzte die Pyramide überflüssigerweise.

«Warst du schon mal in Bayern?»

«Ich habe von Liebe auf den ersten Blick gehört, aber den Sehtest dazu, glaube ich, nicht bestanden.»

Adam legte seinen neuen Laptop in den Koffer. «Du sprichst in Rätseln.»

«Okay. Hier ein Rätsel für dich: Wie viele Monate haben achtundzwanzig Tage?» Das Ticken einer Uhr war zu hören. «Alle zwölf.»

«Deine Rätsel sind überhaupt nicht lustig.»

«Ich bin mir nicht sicher, was das bedeutet.»

«Was was bedeutet?» Zola war ins Wohnzimmer gekommen. Sie trug ein Ensemble der Zu-Hause-Kategorie aus Adams Kleiderschrank. Eine mausgraue Jogginghose und einen graureiherfarbenen Rollkragenpullover. Beide waren ihr viel, viel zu groß, und sie wirkte viel, viel kleiner als ohnehin schon. Zola verströmte den herben Duft von Adams Duschgel. Ihre Augen waren frisch schwarzkajalumrandet. Misstrauisch blickte sie auf die stoffüberzogene Pyramide. «Die Dinger sind echt Schrott. Sobald man etwas Komplexeres wissen will, knicken sie ein. Die funktionieren gar nicht richtig.»

«Hoppla», sagte die Pyramide. Sie klang eingeschnappt.

«Hoppla, hoppla. Dich braucht kein Mensch.»

«Das tut mir leid, aber dich mag ich trotzdem noch.»

Der pyramidale Beschwichtigungsversuch verfehlte seine Wirkung, denn Zola setzte nach: «Niemand braucht dich.»

Adam hatte kurz Angst, die flapsige Zola von gestern Abend wäre zurück.

«Tut mir leid, das habe ich nicht verstanden.»

Bevor Zola zu einer neuen Replik ansetzen konnte, bevor es zu einem verbalen Schlagabtausch zwischen Mensch und Maschine kommen konnte, klatschte Adam in die Hände. «Lass uns aufbrechen. Ich fertige meine Liste im Auto an. Apropos. Du hast gestern gesagt, du hättest eine Klapperkiste. Was bedeutet das im Detail?»

Zola zögerte. «Nun, das wäre ein Punkt, über den wir noch sprechen müssen.» Sie trat ans Fenster und wies mit der Hand auf die Straße.

Nach einem Blick nach draußen fragte sich Adam, ob man bei dem Gefährt überhaupt von Auto sprechen konnte. Der gottesanbeteringrüne Bulli war so reichhaltig mit Gewebeklebeband umwickelt, dass es an ein achtes Weltwunder grenzte, dass Zola den Weg von Göttingen nach Berlin damit hatte bestreiten können. Die hängenden Gärten der Semiramis: ein Witz. Der Koloss von Rhodos: ein Zwerg.

Das Mausoleum von Halikarnassos: eine Minifußnote. Der Pharos von Alexandria: ein Lacher. Die Pyramiden von Gizeh: eine süße Idee. Die Tempel der Artemis in Ephesos: die Arbeit von Praktikanten. Die Zeus-Statue des Phidias: ein netter Versuch. Das, was ein tatsächliches Weltwunder war, war das Auto unten auf der Straße, dem sich Adam bis nach Bayern anvertrauen sollte.

«Das hält schon, vertrau mir. Auch wenn der TÜV da anderer Meinung ist.»

«Ich habe Zweifel, ich muss da mit dem TÜV sympathisieren. Wann hat die technische Zulassungsstelle dir das letzte Mal die Erlaubnis zum Fahren erteilt?»

«Vergessen.» Zola sah auf ihr Handy. «Hast du das Vibrieren gehört?»

Adam nickte, wagte aber nicht zu fragen, wer *Arschloch* war. Da Zola ihr Telefon in die Jogginghosentasche schob, hielt er es für angebracht zu schweigen.

«Ab in den Süden.» Zola hob Adams Koffer hoch und ging in den Flur, in dem ihr Rucksack lag.

Gerade als Adam die Tür hinter sich ins Schloss ziehen wollte, drängte sich Zola noch einmal an ihm vorbei in die Wohnung. Als sie zurück war, hatte sie eine kleine Schachtel in der Hand. «Hier. Den habe ich heute Morgen bei deinem Laptop gefunden. Wozu in aller Welt brauchst du einen Schrittzähler? Du bewegst dich ja nicht aus dem Haus, wenn es nicht unbedingt sein muss.»

Wo sie recht hat, hat sie recht. Die neongelbe Leuchtreklametafel hatte offenbar entschieden, gemeinsam mit Adam und Zola nach Bayern zu reisen.

Das kümmerte ihn allerdings wenig. Am symmetrisch wichtigsten war für Adam, dass sich sieben Sachen auf den Weg machten. Eins: der Schrittzähler. Zwei: die Leuchtreklametafel. Drei: der neue Laptop. Vier: Adams Koffer. Fünf: Zolas Rucksack. Sechs: Adam. Und Sieben: Zola, die auf der Treppe nach unten sagte: «Nichts widersteht, Berge fallen und Meere weichen vor einer Persönlichkeit, die handelt.»

«Ist das von Rilke? Mein Vater hat fortwährend Rilke zitiert.»

«Ich weiß, ich weiß. Nein, das ist von Émile Zola, dem französischen Schriftsteller. Hast du dich nicht gefragt, warum ich so einen eigenartigen Namen habe?»

«Bisher habe ich mir diese Frage nicht gestellt», gab Adam an.

«Das ist eine spannende Geschichte. Die erzähle ich dir unterwegs.»

KAPITEL 18

DIE VERSPÄTETE ERFINDUNG DER SPRACHE UND DIE SOZIALE INTEGRATION

Es ist zutiefst im Wesen junger Eltern verwurzelt, dass sie den ersten Sekunden, Minuten, Stunden, Tagen, Wochen und Monaten ihrer Nachkommen sehr, sehr viel Bedeutung beimessen. Eine Zeit voller Wunder. Voll dem Wunder Mensch. Das außerordentlichste Adam-Wunder hatte sich bei der Weihnachtsmesse neunzehnhundertneunundachtzig zugetragen. Es hieß Martha. Es trug rotblonde Affenschaukeln zu brennnesselgrünen Augen. Gleich einer Hebamme hatte Martha Adams Sprache zur Welt gebracht. Und die Zeit? Die Zeit, die so lange damit zugebracht hatte, Adams Sprechfähigkeit auszubilden, hatte sich seit der Weihnachtsmesse redlich Mühe gegeben, den entstandenen Sprachrückstand aufzuholen. Sie drückte richtiggehend auf die Tube und hielt, zur Entschädigung, noch ein zweites Wunder bereit.

Adam wuchs heran. Neunzehnhundertneunzig, im Jahr der Wiedervereinigung, wurde Adam zwei Jahre alt. Er und Martha waren vom ersten Tag an unzertrennlich, zwischen ihnen lagen gerade einmal vier Monate Lebenszeit. Da man sie für gewöhnlich nur zusammen sah, traten die Entwicklungsunterschiede zwischen den beiden deutlich zutage. Mit zwei Jahren überragte Martha Adam um einen ganzen Kopf und überwog ihn um sechs Kilogramm. Motorisch war Martha durchschnittsentwicklungskonform in der Lage, Spiralen zu malen, den Deckel einer Flasche auf- und zuzuschrauben, Perlen aufzufädeln, auf Spielplatzgeräte zu klettern sowie einen Ball mit den Füßen wegzutreten. Und Adam? Der steckte sich Stifte nur in den Mund, versagte beim Auf- und Zuschrauben einer Flasche, wagte nicht einmal, eine Schnur durch eine Perle zu fädeln oder sich auch nur in die Nähe von Spielplatzgeräten zu begeben. Auch stolperte er über Bälle. Mehr noch. Es schien geradezu, er wüsste nicht einmal, dass ein vor die Füße gestoßener Ball eine Aufforderung war, ihn zurückzustoßen.

Kommt Zeit, kommt schon Rest, hatte Leska an Adams zweiten Geburtstag gesagt und an seiner statt die beiden Kerzen auf der viel zu süßen Honigtorte ausgeblasen. Oda hatte sich gewünscht, ihre Sorgen würden mit den zwei feinen, den Kerzen entströmenden Rauchfäden aus dem Haus hinaus über den Himmel von Platteoog bis ins Nimmerwiedersehensland davonschweben. Tröstlich war für sie jedoch gewesen, dass Adam auf einer anderen Entwicklungsebene trotz der Anfangsschwierigkeiten inzwischen nicht nur Martha, sondern achtundneunzig Prozent seiner Altersgenossen vorauseilte. Der Sprache.

Formuliert erste Zweiwortsätze hieß es in den Ratgebern. Martha formulierte dementsprechend Sätze wie: *Martha Apfel, Papa müde, Stift haben.* Über diese Syntaxkonstruktionen war Adam längst hinaus. Er hatte sie einfach übersprungen, zumindest niemals laut geäußert. Sein erster Hattrick-Satz hatte *Ich Adam, Oma haben sušenky* gelautet. Und während ein paar Monate später die feinen Rauchfäden der ausgeblasenen Kerzen längst verschwunden waren, war er ungelenk auf Odas Schoß geklettert. Adam hatte gesagt: *Wenn die Kerze aus, dann ist sie verstorben.*

Als die Zeit sich ein weiteres Jahr vorwärtsgedreht hatte und neunzehnhunderteinundneunzig in dreitausend Metern Alpenhöhe zu Ubbos unbändiger Bergsteigerfreude die konservierte Leiche von Ötzi gefunden wurde, unternahm der dreijährige Adam seine ersten Leseversuche. Auf dem Tisch in der Backstube seiner Großeltern lag eine alte Ausgabe des *Diekwiesers*. Adam blätterte darin herum. Schließlich benannte er einzelne Buchstaben und versuchte, aus ihnen Wörter zu bilden. Ubbo fiel der Schneebesen aus der Hand. Er lief unverzüglich zu Helge, erklärte, was geschehen war, und bat um Hilfe. Helge nahm sich seiner ihm überantworteten Aufgabe frohen Mutes an. Er studierte eingehend methodisch-didaktische Werke zum Schriftspracherwerb. Wäre eine Stelle in der Platteooger Grundschule vakant gewesen, Helge hätte mühelos seinen Arztkittel an den Nagel hängen und als Lehrer anfangen können. Einige Wochen später, Helge war sehr zufrieden mit seinen neu erworbenen Kenntnissen, gingen er und Adam über die Insel spazieren. Vor der Mehrzweckhalle stolperte Adam. Er stürzte auf den Parkplatz. Nicht einmal das Gesicht verzog er zum Weinen. Stattdessen heftete er seine Augen auf die Autonummernschilder. Was dort steht, wollte er wissen. Helge verriet es ihm. Im Anschluss verbrachten sie drei geschlagene Stunden auf dem Parkplatz. Helge las alle Nummernschilder und die entsprechenden Buchstaben mit Wortbeispielen vor und Adam lernte in einhundertachtzig Minuten das gesamte Alphabet. Tags darauf kam Helge ins Gulfhaus, seine alte Fibel, ein abgegriffenes Pappbuch unter dem Arm. Adam und er wiederholten die Buchstaben, lernten die Umlaute dazu, bildeten Silben und machten phonetische Unterscheidungsübungen. Ein halbes Jahr später war es vollbracht. Mit knapp vier Jahren konnte

Adam lesen. Das zweite außerordentlichste Wunder nach dem Sprachhattrick bei der Weihnachtsmesse.

An einem kühlen Oktobertag im Jahre neunzehnhundertzweiundneunzig, an dem der Himmel und das Meer sich zu einer einzigen matschgrauen Fläche vereint hatten, klopfte Helge an der Tür der Rieses. Hubert öffnete. Er sah aufsehenerregend verwildert aus. Sein rot kariertes Flanellhemd war falsch geknöpft, seine Haare planlos.

«Hast du schlecht geschlafen?», erkundigte sich Helge medizinisch besorgt.

«Wie soll man in so einem seltsamen Jahr auch schlafen? Der Aufbau Ost ist ein Abbau, Helmut Kohls Augen haben sich verändert, sie wirken gruselig. Findest du nicht? Und, ach ja, ich träume so wunderlich. Heute zum Beispiel sind mir Petra Kelly und Gert Bastian in der Nacht erschienen.» Hubert fuhr sich über die Planlosigkeit auf seinem Kopf.

Helges medizinische Besorgnis verlagerte ihren Schwerpunkt auf die psychologische Ebene. Schon seit längerem zerbrach sich der Arzt den Kopf über seinen Freund, da dieser in kürzer werdenden Abständen schwermütige Gedanken äußerte. Doch immer dann, wenn sich Helge ein Herz gefasst hatte und die Sache besprechen wollte, war in Huberts Leben wieder alles in waschmittelsauberer Reinheit. Helge fühlte sich jedes Mal wie einige seiner Patienten. Patienten, die, sobald sie einen Termin in der Praxis ausgemacht hatten, blitzartig gesundet waren. Am gewaltigsten trieben Helge die Erinnerungen an den Zwischenfall im Harz vor zwei Jahren um. Ohne Ubbo und Christian zu informieren, war Hubert zurück nach Hause gefahren. Soweit

Helge wusste, war die Angelegenheit niemals zum Thema geworden, sie wurde totgeschwiegen. Auch Helge schwieg seine sorgenvollen Befürchtungen tot.

«Du bist ja auch nicht Sigmund Freud», sagte Hubert in Helges Gedanken hinein.

Konnte Hubert hellsehen? Helge blickte überrascht.

«Von wegen Traumdeutung und so», ergänzte Hubert.

Helge lächelte verunglückt.

«Tut mir leid, dass ich dich mit meinen Kümmernissen behelligt habe. Du willst bestimmt zu Adam und mit ihm Lesen üben. Doch der ist gar nicht da. Er ist bei Martha.»

«Ich wollte mit euch reden.»

Hubert führte den Arzt in die Küche, wo Oda saß und Kartoffeln schälte. Helge hob eine Schale von der Wachstuchtischdecke. Dann räusperte er sich. «Wir müssen uns etwas mit Adam einfallen lassen. Mit dem Jungen läuft etwas nicht so, wie es soll.»

Oda ließ das Schälmesser auf den Kartoffelschalenhaufen sinken. «Das wissen wir. Das ist nicht ungewöhnlich bei Frühchen. Wir finden es wunderbar, dass er sich trotz allem so gut entwickelt. Das mit dem Lesen, das ist doch etwas ganz Besonderes.»

«Versteht mich nicht falsch, Adam ist ein großartiger Junge. Er ist erst vier und kann schon lesen. Aber es gibt, wie soll ich es erklären, Aspekte, da ist er mächtig hinterher. Vor allem im Miteinander, im Menschlichen, meine ich.»

«Wie meinst du das?», fragte Hubert mit Ängstlichkeit in der Stimme.

«Was soll ich sagen? Er hat bestimmte Entwicklungsphasen übersprungen, er hat eine extrem hohe Auffassungsgabe, er merkt sich alles, was man ihm sagt, ist äußerst sensibel und, wie ich finde, über die Maßen ängstlich, gerade bei Unvorhergesehenem.» Helge blickte auf die Kartoffelschalenschlange, die er während des Sprechens zerpflückt hatte.

«Du möchtest ihn nicht mehr unterrichten. Ich verstehe das.» Oda gab einige Löffel Pulver in den Permanentfilter der Kaffeemaschine.

«Das ist es nicht. Es geht um Hochbegabung. Ich habe Adam getestet. Ein IQ von einhundertfünfundvierzig ist herausgekommen. Damit steht er in der Tradition von zum Beispiel Albert Einstein.» Jäh setzte sich Helges Gedankenkettenkarussell in Bewegung. Einstein, der sich schwer in sozialen Beziehungen tat, immer dieselbe Kleidung und am liebsten nur Grau trug. Genie und Wahnsinn.

«Aber das ist doch wunderbar. Unser Bruchpilot ist kleiner als die anderen, langsamer in bestimmten Dingen und im Kopf ein ganz schneller, ein riesiger Riese. Das ist doch gerecht. Das ist doch schön.» Weidlich beglückt lächelte Hubert Oda an, als hätte er eben erfahren, dass hinter dem Haus eine bisher unentdeckte Goldader verlief.

Helge ließ das Glücksgefühl eine Weile in der Küche umhertänzeln und überlegte, wie er seine nächsten Worte formulieren sollte. Er sah zu Hubert, dachte erneut an dessen zuweilen bizarres Verhalten, vergegenwärtigte sich genetische Veranlagungstheorien und fühlte in diesem Moment eine geradezu übermütterliche Beschützerzuneigung gegenüber Adam. «Das kann Fluch oder Segen sein. Es gibt viele Hochbegabte, die scheitern. Vor allem im sozialen Bereich. Später, im Erwachsenenalter, besteht die Gefahr von …, nun …, Adam sollte in den Kindergarten gehen, um Freunde zu finden, um das Soziale zu üben.»

Oda nahm das Kartoffelschälen wieder auf. «Wenn es weiter nichts ist. Das hatten wir sowieso vor. Martha kommt ebenfalls in den Kindergarten, die beiden könnten zusammen hingehen. Aber wir sind nicht die Hürde. Leska wird nicht begeistert sein, dass sie ihren Adam abgeben muss.»

«Fluch oder Segen, so ist das eben», sagte Hubert nachdenklich. «Das hat Rilke bereits gewusst, als er schrieb: Es gibt eine Menge Menschen, aber noch viel mehr Gesichter, denn jeder hat mehrere.»

Helge erschauderte. Der aus der Kaffeemaschine entweichende Dampf gab Huberts Worten eine gespenstische Kulisse.

Oda hatte richtig befürchtet. Leska war eine Hürde. Eine hundertachtundfünfzig Komma zwei Zentimeter hohe. Als sie das erste Mal hörte, dass Adam in den Kindergarten gehen sollte, zeugten zunächst ihr Gesichtsausdruck, dann ihre Worte von Missmut. *Ist dramatische Drama.* Ubbo rettete die Situation durch gutes Zureden. Erst nachdem Oda versprochen hatte, dass Leska die Eingewöhnung in der Einrichtung *Gute Kinderstube* in Flokum mitbegleiten durfte, wurde sie milder. Ubbo und Oda hatten die großmütterliche Leska-Hürde einfach umgestoßen und freie Bahn. Freie Bahn, um Adams soziale Fähigkeiten zu verbessern.

Der erste Kindergartenbesuchstag war für den einundzwanzigsten Oktober des Jahres neunzehnhundertzweiundneunzig anberaumt worden. Ein Mittwoch. Martha und Christian warteten bereits, als Adam, Leska und Hubert ankamen. Da ganz Platteoog von Beginn an Anteil an den Wegmarken der Familie Riese-Bakker genommen hatte, da es mittlerweile so Tradition war, stand an Adams erstem

Kindergartentag ein Großteil der Insulaner am Hafen. Der Himmel war blitzeblank und fliederblau. Das Meer war blitzeblank und jadegrün, bar jeder Wellenbewegung und wirkte erwartungsvoll. Die Fähre war pünktlich. Sie nahm ihre aufgeregte Fracht auf und entfernte sich unter dem Winken unzähliger Hände vom Katzenumrissufer. Die Platteooger winkten Adam und Martha. Martha winkte den Platteoogern an der Hand ihres Vaters Christian. Adam winkte den Platteoogern an der Hand seiner Großmutter Leska. Hubert hatte beide Hände zum Winken frei.

Der Empfang in der *Guten Kinderstube* war herzlich und warm, personifiziert durch Frau Rickkofen, eine erwachsene Pippi Langstrumpf mit Tendenz zum Übergewicht. «Herzlich willkommen, ihr beiden Krümel. Ihr kommt in die Gruppe *Stubentiger*», sagte sie sanft zu Adam und Martha. Sie ging trotz ihres Leibesumfangs erstaunlich gelenkig in die Hocke und reichte den beiden Kindern einen Anstecker. Martha griff nach einem. Adam versteckte seine Hände hinter dem Rücken.

«Adamčík gibt nicht gerne fremde Hand», erklärte Leska.

Die Erzieherin nickte und steckte den Anstecker in Adams rechte Hosentasche. «Ich bin Anneke.»

«Ich bin Valeska Bakker, geborene Nováková, Babička von Adamčík. Er ist besonders, Sie müssen unbedingt beachten. Hände war erst Anfang.»

Frau Rickkofen hatte Leska entweder nicht verstanden oder ignorierte sie hochgradig professionell. Ihre Augen waren nur für die beiden Kinder da. Martha lächelte. Adam stellte sich hinter Leska. Er war, aufgrund der Leibesfülle seiner Großmutter, in Gänze hinter ihr verborgen.

«Welches hast du?», fragte Martha und hielt Adam ihre

geöffnete Hand hin. Auf dem Anstecker war eine Wolke zu sehen.

Adam besah sich seinen. Es zeigte ein gelbes Quietscheentchen. Schockiert schloss er die Hand. Seine Mundwinkel begannen zu zucken. «Es ist gelb und aus Gummi und macht Geräusche. In der Natur klingt das nicht so. Der Anstecker ist grundfalsch.»

Adams neue Erzieherin rang sichtlich um Worte.

«Wollen wir tauschen?» Martha reichte Adam das Wolkenschildchen.

Adams Mundwinkel beruhigten sich. Er ließ den Quietscheentchenanstecker zu Boden fallen.

Leska straffte die Schultern. Sie zog Anneke Rickkofen in die Garderobenecke, in der Gummistiefel, Matschehosen und Rucksäckchen in wilder Formation herumlagen und -hingen. «Ich nicht sicher, ob Adamčík hier gut aufgehoben.»

Die Erzieherin nickte, und die Sommersprossen auf ihren Pausbäckchen formierten sich zu einem unwiderstehlichen Lächeln. «Frau Bakker, das weiß ich doch. Adams Eltern haben mir bei unserem Erstgespräch alles erzählt. Wir finden einen Weg, dass er sich wohl fühlt bei uns.»

«Ich zögere. Ist einzige Enkel von einzige Kind. Ist verfrüht und geringfügige Kerlchen, aber hat mächtige Schlauheit, mehr als Durchschnitt.» Leska drehte sich nach Adam um, der mit Martha, Hubert und Christian einen Rundgang in den Räumen des Kindergartens unternahm.

«Wir kriegen das hin, vertrauen Sie mir. Wichtig ist, dass er lernt, mit anderen Kindern zu spielen. Das haben mir zumindest Ihre Tochter und Ihr Schwiegersohn gesagt.»

«Wie ist Ernährungssituation?»

Anneke Rickkofen wies auf eine Tür neben dem Eingang. «Wollen Sie es sich genauer ansehen?»

Leska nickte. Ein Nicken, das in der Kindergartenküche erlosch. Auf den Arbeitsplatten standen Körbe mit frischem Spinat, Blumen- und Rosenkohl, Tomaten und Zucchinis, Paletten mit Äpfeln und Birnen, Bananen und Kiwis.

«Gibt auch mehr?»

Fragend zog Frau Rickkofen eine Augenbraue in Richtung Küchendecke.

«Ich meine, Obst und Gemüse ist gut, das klar. Aber Kinder brauchen Fleisch und Fett und Kohlenhydrate und, meine Adamčík übermaßen, Zucker. Für Wachstum und Entwicklung.»

«Liebe Frau Bakker, machen Sie sich keine Sorgen. Unser Ernährungskonzept hat sich über die Jahre mehr als bewährt. Wir verzichten komplett auf Fleisch und Zucker sowie Konservierungsstoffe. Sie werden sehen, wir kriegen Adam schon groß, allerdings nur so groß, wie es für ihn vorgesehen ist. Die Natur lässt nicht mit sich verhandeln.»

Da war Leska anderer Meinung. Und wie. Eine ausgiebige Weile war es still in der Küche. Schließlich rief sich der Kühlschrank brummend in Erinnerung, als würde er den letzten Satz der Erzieherin billigend unterstreichen. Als hätte der Satz nicht nur für das Ernährungskonzept der *Guten Kinderstube*, sondern für das Leben im Allgemeinen eine Aussage gemacht, die nicht nachhaltig genug unterstrichen werden konnte.

«Na gut», gab sich Leska geschlagen. «Aber ich habe Vorsorgung.» Aus ihrer Tasche zog sie drei umfangreiche, transparente Plastikdosen, durch deren Seitenwände man den Inhalt sah. Rinderrouladen, Knödel, süße Mohnnudeln. Die Erzieherin nahm die drei Dosen nach einigem Zögern entgegen und stellte sie vorsichtig in den Kühlschrank.

Als Leska und Frau Rickkofen in das Spielzimmer kamen,

standen Adam, Martha, Hubert und Christian vor dem Regal mit den Spielzeugen. CDs, ein CD-Player mit Kopfhörern, Wachsmalstifte, Blöcke, Obst und Gemüse aus Holz, Memory-, Puzzle-, Brett- und Steckspiele, Würfelbecher, Bausteine, Kuscheltiere, Puppen, Bastelmaterial sowie Bücher.

Adam hatte beide Hände in die Hosentaschen geschoben und den Kopf schräg gelegt. Er las die Buchrücken. *Ronja Räubertochter. Vom kleinen Maulwurf, der wissen wollte, wer ihm auf den Kopf gemacht hat. Wir Kinder aus Bullerbü. Die kleine Raupe Nimmersatt* und zahlreiche Bände der *Was-ist-was*-Reihe.

«Ist es erlaubt, ein Buch zu nehmen?» Mit dem Blick auf die Schuhe von Frau Rickkofen hatte Adam diese Frage gestellt.

«Selbstverständlich», entgegnete die Erzieherin.

Adam nahm den Band sieben der *Was-ist-was*-Reihe mit dem Themenschwerpunkt *Das Wetter* heraus und presste ihn an seinen schmächtigen Körper.

Martha, die die Bücher nur eines knappen Blickes gewürdigt hatte, nahm, ohne um Erlaubnis zu bitten, ein dekoratives Holzkästchen mit Perlen aus dem Regal und steuerte damit geradewegs auf eine Mädchengruppe zu, die in der Puppenecke in das Nachstellen einer Geburtstagsszene vertieft war. Christian lief ihr in gebührendem Abstand hinterher. Er lächelte zufrieden.

«Willst du nicht auch zu den anderen gehen?» Die Erzieherin deutete mit der Hand auf eine Gruppe Jungen, die gerade dabei war, lauthals eine Postkiste voller Legosteine auf dem Spielteppich auszukippen. Das Geräusch war ohrenbetäubend.

Adam verneinte.

«Ich habe gehört, du kannst schon lesen. Vielleicht

möchtest du den anderen etwas vorlesen?» Frau Rickkofen gab nicht auf.

Adam schüttelte intensiv mit dem Kopf.

Hubert räusperte sich. «Adam will sich in eine ruhige Ecke zurückziehen und allein lesen. Ist das möglich?»

Langsam richtete sich die Erzieherin auf. «Im Grunde ja. Wir wollen die Kinder nicht verbiegen. Aber ich wünsche mir, dass Adam lernt, in Zukunft mit den anderen Kindern Zeit zu verbringen.»

Hubert biss sich auf die Unterlippe.

«Danke, Frau Anneke», sagte Adam. «Eine Sache noch. Ich habe die Liste mit dem Tagesablauf gesehen. Mittag ist halb zwölf. Das muss ein Fehler sein.»

«Wie meinst du das?»

Adam tippte auf das Wetterbuch. «Mittag ist stets um zwölf.»

«Da Sie sehen, ist besonders, meine Adamčík. Können wir anpassen?», erkundigte sich Leska.

Das Lächeln der Erzieherin gefror. Kälte hatte sich auf ihre sommersprossigen Pausbäckchen gelegt.

Hubert lüpfte seinen Cowboyhut und strich sein rot kariertes Flanellhemd glatt. «Leska, wir können nicht alles wollen. Adam darf heute in Ruhe lesen. Das mit der halben Stunde verfrühtem Essen, das schafft er schon. Zu Hause bleiben wir bei den etablierten Regeln.» Mit einer halben Pirouette wandte er sich an die Erzieherin. «Wir kümmern uns, Anneke, machen Sie sich keine Sorgen.»

Die Kälte wich von Frau Rickkofens sommersprossigen Pausbäckchen und machte einer warmen Röte Platz, die sie fünfzehn Jahre jünger aussehen ließ. «Ihr Schwiegersohn hat recht. Einverstanden, Frau Bakker?», hauchte sie fragend in Leskas Richtung.

Leska nickte verzagt. «Wenn Adamčík Mücke macht, ich nicht wundere.»

«Sie müssen ja nicht gleich den Teufel an die Wand malen.»

Und während die Erwachsenen Leska zu beschwichtigen versuchten und nicht auf ihn achteten, legte Adam sein Wetterbuch auf den Tisch und griff nach einem teertonnenschwarzen Wachsmalstift im Regal. Mit ausholenden Bewegungen begann er, etwas an die Wand zu malen. Als er fertig war sagte er: «Du musst das nicht machen, ich habe es übernommen. Gut so, Babička?»

Plötzliche Stille. Sogar das Brummen des Kühlschrankes aus der Küche konnte man mit einem Mal im Spielzimmer der *Guten Kinderstube* hören. Alle Augen, die der spielenden Kinder, die von Martha, die von Christian, die von Frau Rickkofen, die von Leska und die von Hubert waren auf die Wand gerichtet. Adam hatte einen Teufel daraufgemalt, einen teertonnenschwarzen.

KAPITEL 19

BAD KISSINGEN I

Als sie nach zweihundertsiebzig Kilometern Weimar passiert hatten, hatte Adam seine Gedanken einer neuen Liste anvertraut. Noch immer war ihm mulmig ums Herz ob der zweiten Reise innerhalb von so kurzer Zeit. Eine Mulmigkeit, die sich aus der Ahnung speiste, er würde länger von zu Hause fort sein, als ihm lieb war. Zolas Fahrweise war rasant, aber sicher. Sie hielt den gebotenen Abstand zu den vorausfahrenden Wagen. Sie manövrierte den Bulli zu den stummbebilderten Hinweisen eines Navigationsprogrammes auf ihrem Handy, welches sie mit einem Haargummi am Lüftungsgitter neben dem Lenkrad fixiert hatte. Im Inneren war nichts von der äußeren Reparaturbedürftigkeit des Autos zu merken. Der keck baumelnde Dufterfrischer in Form eines Bullis, der am Rückspiegel hing, verströmte einen anmutigen Duft nach grünem Tee. Das Lenkrad war mit einem umbrafarbenen gelochten Lederschutz überzogen, die Sitze mit braunorangenem Karostoff bezogen. Damit die kleingewachsene Zola nicht im Fahrersitzpolster versank, hatte sie sich ein indisch aussehendes Kissen unter den Po geschoben. Um an die Pedale zu kommen, extra hochhackige Schuhe angezogen. *Meine Autoschuhe* hatte sie bei der Abfahrt gesagt und ein wenig beschämt den Zündschlüssel ins Schloss geschoben. Hinter den Sitzen befand sich eine verschiebbare, mit einem Vorhängeschloss gesicherte Sperrholzplatte, die die Sicht in den rückwärtigen Bulliteil verbarg. Auch kurz vor dem Einsteigen hatte der verdunkelte Ladebereich Adam nicht erlaubt, einen Blick hinein zu erhaschen. Der reiselustige Koffer lag friedlich zu Adams Füßen. Das viele Herumreisen hatte ihn vollkommen ausgelaugt. Er schlief. Vielleicht träumte er von den sieben Sachen, die seine Hartschale barg? Kurz hatte Adam überlegt, ob die Kleidung für die Zeit seines Unterwegsseins reichen würde, dann aber aufgehört, sich darüber den Kopf zu zerbrechen. Zu seiner eigenen Verwunderung fühlte sich Adam wohl. Er dachte kurz an die Busreise nach Flokum vor drei Tagen. Er dachte daran, dass er sich einen Doppelsitzplatz reserviert hatte, um nicht neben einer fremden Person sitzen zu müssen. Und nun? Zola war ihm immer noch fremd, obgleich er sich schon ein wenig an ihre Anwesenheit gewöhnt hatte. Dass auch sie eine gewisse Zeit mit Adams Vater verbracht und dass dieser auch sie verlassen hatte, ließ ihn sich ihr näher fühlen. Zola war in der Lage gewesen, Adam aus seiner Höhle zu locken. Sie hatte in ihm ein Feuer entfacht, wenngleich ein kleines. Eher ein Feuerchen. Sie glich einem Prometheus in der Gestalt von Lisbeth Salander. Sie glich einem Platon'schen Höhlengleichnis.

Ich finde das ein bisschen hochgestochen, ließ die Leuchtreklametafel verlauten.

Ihre erste Reisereplik. Adam musste zustimmen. Ihm fiel ein Aphorismus von Konfuzius ein, den Alfried früher gerne beim Betrachten der Sammlungen in dem Miniaturheimatmuseum im Leuchtturm zum Besten gegeben hatte. *Die Erfahrung ist wie eine Laterne im Rücken; sie beleuchtet stets nur das Stück Weg, das wir bereits hinter uns haben.* Nach dem überstürzten Aufbruch, zum Hintergrundrauschen der Autobahn, zum Kratzen der mahnenden Rubbelstreifen, zum Vorbeifliegen der Landschaft war das erste Mal Zeit, eingehender über die Reise nach Bad Kissingen nachzudenken.

Würde diese überhaupt etwas bringen? Sein Vater war in Bad Kissingen geboren, und zwar neunzehnhundertzweiundsechzig. Das war das Jahr der Kubakrise, der schweren Nordseesturmflut, das Gründungsjahr der Rolling Stones, das Jahr des Beginns der Spiegelaffäre. Noch kein Mensch hatte damals offiziell oder inoffiziell den Mond betreten. Inzwischen konnte man sich sogar Grundstücke dort kaufen. Wenn auch nur symbolisch. Sollten sich nach so langer Zeit noch Spuren von Hubert in Bad Kissingen finden? Und wenn ja, würden sie etwas darüber aussagen, wo er lebte?

Ob er überhaupt lebt, das ist ja auch noch nicht raus, sagte die Leuchtreklametafel, und erneut kam Adam nicht umhin zuzustimmen.

Zola warf einen Blick auf ihr Handy. Am Autobahnkreuz Erfurt wechselte sie auf die A einundsiebzig, und Adam triumphierte ob der zufälligen Begegnung mit einer Primzahl.

«Also, ich hätte Hunger», unterbrach Zola Adams Primzahlenfreude.

Adam nickte.

«Wollten wir nicht noch unheimlich viel reden auf der Fahrt? Inzwischen sind wir schon an Meiningen vorbei.»

«Einverstanden.»

«Ach Adam, ein paar Worte mehr wären nicht schlecht. Da muss eine Eisbrecherfrage her.» Elegant wechselte Zola auf die rechte Spur. Sie drosselte die Geschwindigkeit, ganz so, als könnte man eine Eisbrecherfrage keinesfalls mit über einhundert Kilometern pro Stunde stellen. «Wie findest du mein Bullichen?»

«Von Innen wirkt er vertrauenerweckender als zunächst vermutet. Die Farbe, dieses Grün, kommt mir sehr zupass. Es erinnert mich an das Auto meines Großvaters Ubbo. Das war auch ein Modell von Volkswagen, auch in Grün. Aber ich kenne ihn nur aus Erzählungen und Fotos. Leider nur schwarzweiße. Es handelte sich um einen sogenannten Brezelkäfer. Ein adäquates Fahrzeug für einen Bäcker, wenn ich das mal so behaupten darf.»

Der erwachte Koffer und Zola schauten Adam verblüfft an. Er hatte von null auf hundert für seine Verhältnisse extrem beschleunigt, extrem viel gesprochen. Zudem blitzte ein Hauch Humor durch Adams komplizierte Syntax.

«Erzähl weiter. Erzähl mir von früher. Das tut gut, wir fahren schon so lange, mein Rücken macht inzwischen Sperenzchen.» Zola wechselte auf die linke Spur. Diesmal ganz so, als bräuchte Adams Redefluss unbedingt mehr als einhundert Kilometer Reisegeschwindigkeit pro Stunde.

Es wirkte tatsächlich. Adam erzählte und erzählte. Von Platteoog, von seinen Großeltern, seinen Eltern, seiner Kindheit und Jugend, seinem Umzug nach Berlin, von der Universität, von der Doktorarbeit und schließlich von den Plagiatsvorwürfen.

Zola hörte zu und hörte zu. Nur hin und wieder fragte sie nach oder machte bedeutungsvoll *hmm, aha* oder *oh, wie krass*. Sie hätte beinahe das Ausfahrtshinweisschild von *Richtig Rasten & Toll Tanken* übersehen und wechselte kühn von der linken auf die rechte Spur.

Nun kam doch wieder Panik in Adam auf.

Einatmen.

Ausatmen.

Fahlweiß saß Adam an einem Tisch neben der automatischen Glastür. Von Zeit zu Zeit glitt sie auf und ließ einen Schwall kalte Luft in das Innere.

«Hüngerchen?»

«Ja, aber ich …, also …, momentan sehe ich mich nicht in der …, also Lage …»

«Alles klärchen. Ich besorg dir was.» Zola wandte sich dem Selbstbedienungsbuffet zu, das mit allerlei Gerichten um die Gunst der Rastenden buhlte.

Währenddessen zog Adam das Handy aus der Tasche seines Sakkos und schrieb eine Textnachricht an seine Großmutter.

> Ich bin auf dem Weg nach Bad Kissingen, auf der
> Suche nach Hubert. Hoffentlich ist alles gut bei euch.
> Ich melde mich später wieder.
> Dein Adam

«Sieh mal, was Einfaches, aber Leckeres.»

Zola stellte zwinkernd einen Teller auf den Tisch. «Es war gar nicht so leicht, die Dame zu überzeugen, dass man Nudeln auch pur essen kann. Sie hat mich gezwungen, das hier zusätzlich mitzunehmen.» Nun platzierte Zola ein Schälchen Pesto vor Adam.

«Das sieht fein aus. Zwei Zutaten. Da hast du genau meinen Geschmack getroffen.» Adam zog den Teller zu sich heran.

«Ich habe eben zugehört. Empathie und so, du erinnerst dich?»

Nickend spießte Adam drei Nudeln auf die Gabel und blickte auf Zolas Gericht. Ihm erschloss sich nicht auf den ersten Blick, welches um Zolas Gunst buhlende Gericht den Zuschlag bekommen hatte.

«Gemüselasagne. Ich esse kein Fleisch. Und ich verstehe auch nicht, wie man etwas essen kann, was mit einem kommuniziert.»

Adam erinnerte sich, dass Zola bereits erzählt hatte, was sie beruflich machte.

«Ich habe es gestern schon angedeutet, ich bin im Nebenberuf Tierkommunikatorin mit dem Schwerpunkt Katze.»

Fragend hielt Adam beim Kauen inne.

«*Die Erfindung der Sprache.* Mein Buch. Du weißt schon. Der Mensch stammt ja vom Tier ab, die Sprache demzufolge dito.» Skeptisch hob Zola mit dem Messer die fädenziehende Käsedecke von ihrer Lasagne an. «Vielleicht muss ich ein bisschen ausholen. Wenn ich ins Dozieren komme, sag stopp.»

Adam schluckte trocken, da ihn das Wort Dozieren an seine stillgelegte Tätigkeit an der Universität erinnerte.

«Tiere haben natürlich eine andere Sprache als wir Menschen. Sie verständigen sich untereinander, aber auch mit uns. Viele können das nicht verstehen. Dabei gibt es unzählige Beispiele. Nashörner etwa haben ein Kommunikationssystem, das mit dem von Facebook vergleichbar ist. Die Zusammensetzung ihrer Kothaufen enthält eine Art Profil, sie gibt Auskunft über Alter, Geschlecht, Gesundheitszustand oder Paarungsverhalten.» Zola begann zu essen.

Kothaufen? Adam schob seine Nudeln weg. «Könnten wir über die Ausscheidung von Tieren vielleicht zu einem späteren Zeitpunkt reden?»

Zola nickte. «Ich weiß, ich weiß. Meine Mutter Auguste steht meiner Leidenschaft auch skeptisch gegenüber. Sie arbeitet als Lektorin in einem Verlag. Nachdem sie von einem frankophilen Schriftsteller mit einer Schwäche für Émile Zola schwanger wurde, hat er sie verlassen. Sie war am Boden zerstört und hat sich geschworen, wenigstens ihr Kind Emil zu nennen und ...»

«Und du wurdest ein Mädchen und eine Zola», vollendete Adam den Satz.

Zola wickelte einen nicht enden wollenden Käsedeckenfaden um ihre Gabel.

«Was ist mit Hubert?» Mutig setzten sich Adams sympathiebekundende Spiegelneuronen in Bewegung. Er griff ebenfalls nach seiner Gabel.

«Der ist zweitausendvier aufgetaucht. Hat sich als Hubert Géant vorgestellt. Er hatte sich mit einem Buch über Erfindungen bei dem Verlag beworben, bei dem meine Mutter gearbeitet hat. Ein Exposé und eine Leseprobe sind auf ihrem Schreibtisch gelandet.»

«Mein Vater hat ein Buch geschrieben?»

«Ja, doch der Verlag wollte es nicht in sein Programm aufnehmen. Meine Mutter ihn aber in ihr Herz.» In einer plötzlichen Nachdenklichkeit ließ Zola ihre Gabel auf die Gemüselasagnenreste sinken. Ihr Redefluss pausierte ebenso wie Adams Doktortätigkeit. Er wunderte sich. Zolas Mutter schien Männern zu verfallen, die Bücher schrieben. «Darf ich weiter nach Hubert fragen? Ist dir das recht?»

Zola zuckte mit den Achseln, was die Redeflusspause beendete. «Ein Jahr hat er in Göttingen gelebt, eine Etage über uns. Die beiden waren nie offiziell ein Paar, sie hatten was miteinander, jedoch hat Hubert sie ganz schnell wieder auf Abstand gehalten. Der konnte sich gar nicht auf sie einlassen. Aber da war meine Mutter schon heftig verliebt in ihn. Schließlich verschwand er. Das war zweitausendfünf. Meiner Mutter wurde das zweite Mal das Herz gebrochen, diesmal aber so heftig, dass ...»

Das Vibrieren ihres Handys ließ Zola abbrechen. Nach

einem unsicheren Blick auf das Display nahm die Nachdenklichkeit in ihrem Gesicht zu. Aufgebracht stopfte sie das Telefon in ihren Rucksack.

«Was war mit deiner Mutter, so erzähl doch bitte weiter.»

Mit weggefegter Miene sah Zola Adam an.

«War es wieder das Arschloch, welches angerufen hat?», rutschte es Adam heraus.

Zolas Augen verengten sich. Sie sprang auf. Der Stuhl kippte krachend nach hinten. Er riss einen Aufsteller voller Minion-Reisenackenhörnchen mit sich. Die Raststättengespräche verstummten. Durch die sich öffnende Glastür drang ein frostiger Windstoß.

«Spionierst du mir nach oder was? Hast du sie noch alle? Ich glaube, es hackt.»

Zola stürmte hinaus wie Lisbeth Salander in *Verdammnis*, als man ihre Fingerabdrücke gerade auf einer Tatwaffe gefunden hatte.

Nach wie vor waren die Gespräche verstummt und alle Augenpaare auf Adam gerichtet.

Einatmen.

Ausatmen.

Die Raststättengespräche wurden langsam wieder aufgenommen.

Adam kratzte sich am Kopf.

Eine Übersprungshandlung, ganz eindeutig. Ein Relikt aus dem Tierreich. Angriff oder Flucht. Flucht ist ja schon weg, kommentierte die Leuchtreklametafel.

«Jetzt halt dich doch mal zurück mit deinen Kommentaren», sagte Adam halblaut, aber noch laut genug, dass die Anwesenden erneut in seine Richtung blickten.

Adam lächelte entschuldigend und prüfte, ob seine Großmutter geantwortet hatte. Sie hatte.

Adamčik, ich freue. Du bist Sternauge. Ich sage
Maminca. Bad Kisingen mit Quelen für Heilung,
ist gute Zeichn. In Hoffnung gross
Kuss von Babička

Adam griff nach Zolas Rucksack und lief zum geparkten Bulli. Zola stand gegen die gewebeklebebandverklebte Karosserie gelehnt und rauchte. Sie versuchte ein mildes Lächeln.

«Es tut mir leid», sagten beide zugleich.

«Ich wollte dich nicht brüskieren. Heute Morgen kam ich nicht umhin, den Anruf einer Nummer zu sehen, die unter dem Begriff Arschloch bei dir eingespeichert ist.»

«Ich bin manchmal ein wenig cholerisch», sagte Zola kleinlaut.

Da standen sie nun in fünfzigprozentiger Vertretung der vier Temperamente. Zola in Vertretung der Choleriker. Adam in Vertretung der Phlegmatiker.

Um sie nicht allein auf dem Rastplatz stehen zu lassen und gleichwohl dem Sanguiniker und dem Melancholiker einen Auftritt zu verschaffen, fasste sich die Leuchtreklametafel ein Herz. *Es ist doch schön, dass hier endlich mal Leben in der Bude ist,* freute sie sich. Nur um gleich umzuschwenken: *Es betrübt mich, dass ihr euch gerade gestritten habt. Das lief doch gut bisher.*

Je näher sie Bad Kissingen kamen, je spärlicher die noch zu fahrenden Kilometer wurden, desto tiefer drückten sich Adam und Zola in die braunorangenen Karositzpolster. Es war, als würden sie versuchen zu verschwinden. Als fürchteten sie, ihre Suche nach Hubert könnte ins Leere laufen. Zolas cholerischer Anfall an der Raststätte hatte, trotz ihrer Versöhnung, einen Mantel des Schweigens über die beiden Reisenden ausgebreitet. Adam fragte sich, warum sich Zola erst jetzt auf die Suche nach Hubert begeben hatte. Hatte sie früher vielleicht schon einmal versucht, ihn zu finden? Der Schweigemantel war schwer sowie kompakt und hielt Adam davon ab, seine Frage laut zu stellen.

An der Anschlussstelle Münnerstadt verließ Zola die Autobahn. Sie fuhren durch Nüdlingen, vorbei an der Ortseinfahrt Bad Kissingen, bogen nach links auf den Ostring, und endlich, endlich hob Zola zu sprechen an. «Greif mal unter deinen Sitz.»

Adam ertastete ein Buch, welches sich nach dem Hervorziehen als ein Reiseführer über Bad Kissingen herausstellte. Seine Frage war damit beantwortet. Zola schien ihre Fahrt im Voraus geplant zu haben.

«Weißt du was über Bad Kissingen?», wollte sie wissen.

«Das *Bad* lässt auf einen Kurort schließen. *Bad* kommt vom althochdeutschen *bat* und wird mit *warm baden* übersetzt. Ansonsten kann ich nichts Konstruktives zu deiner Frage beitragen.» Adam senkte seinen gelockten Kopf über den Reiseführer auf seinem Schoß.

Bad Kissingen stand in groß und *Kur, Kultur & Könige* in kleiner auf dem Hochglanzeinband. Außerdem war eine Kirche abgebildet. Ein buttercremefarbener, klassizistischer Bau. Hinter seinem Turm hatten sich Kinderbuchschäfchenwolken für den Fotografen zu einer hübsch anzusehenden Formation aufgereiht. Das tatsächlich aktuelle Wetter schien sich angesichts dieser Konkurrenz zu schämen. Wuchtige Nimbostratuswolken falteten sich am Himmel zusammen. Die Sonne, die sich bisher wenigstens ein bisschen hatte blickenlassen, zog sich zu einem späten Mittagsschlaf aus der Wetterverantwortung.

Zola blickte zu Adam. «Das ist die Sankt-Jakobus-Kirche. Da sollten wir uns zuallererst erkundigen. Von dieser Kirche hat Hubert einmal erzählt. Wir sind quasi schon da, ich brauche bloß noch ein Parkplätzchen.»

Während Zola nach einer bulliausreichenden Lücke Ausschau hielt, schlug Adam per Zufallsprinzip eine Seite des Reiseführers auf. Bad Kissingen lag beinahe in der Mitte Deutschlands, viele Berühmtheiten seien hier zu Besuch gewesen, stand da. Sisi, Bismarck und Theodor Fontane zum Beispiel. Adam las weiter. Abrupt breitete sich ein innerer Freudentanz in ihm aus. Bad Kissingen verfügte über sieben mineralstoffreiche Heilquellen. Sieben! Adam hatte Mühe, an diesen zauberhaften Zufall der Geschichte zu glauben. Er las erneut. Noch immer war von sieben mineralstoffreichen Heilquellen die Rede.

1) der Rakoczybrunnen
2) der Pandurbrunnen
3) das Kissinger Bitterwasser
4) der Maxbrunnen
5) der runde Brunnen
6) der Luitpoldsprudel
7) der Schönbornsprudel

Adam war entzückt. Mitten in seine Entzückung hinein erwachte ein weiterer Reisegast. Der Koffer.

War da gerade von Fontane die Rede, sind wir schon in der Mark Brandenburg?, fragte er schlaftrunken.

Du nun wieder, du Spätzünder, gab die Leuchtreklametafel zur Antwort.

Adams innere Freudentänzer machten eine falsche Schrittfolge, weil die Musik aus dem Takt geraten war und sich Koffer und Leuchtreklametafel verbal in die Haare bekommen hatten.

«Wir haben unser Ziel erreicht.» Zola schnallte sich ab, streifte ihre hochhackigen Autoschuhe ab und ihre ausgetretenen Turnschuhe über.

Das schachbrettgemusterte Zielfähnchen auf dem Handynavigationsprogramm bebilderte Zolas Aussage. Adams innere Freudentänzer begannen erneut, sich elegant taktvoll über das Parkett zu drehen.

In der Kirche war es klamm und roch nach Döner. Der hohe Kirchenbau war von quadratischer Form, mit abgeschrägten Ecken. Verziert war er mit ausufernden Stuckaturen, ekstatischen Säulen und Säulchen, verschwenderischen Erkern und Erkerchen, prunkvollen Figuren und Figürchen sowie einem erhabenen Hochaltar und Seitenaltärchen. Allegorische Deckengemälde gab es auch. Farblich dominierten Gold, Lachs, Mahagoni und das Buttercremeweiß der Außenfassade.

«Mir ist das zu viel Kitsch, ich würde hier nie freiwillig herkommen. Das sieht aus, als wäre dem Architekten die Zuckerdose aus der Hand gefallen», sagte Zola.

Ein älteres Ehepaar, welches schweigend in einer der Bankreihen saß, drehte sich entrüstet um.

Zola lächelte beschwichtigend. «Wir brauchen einen Verantwortlichen, im Idealfall jemanden, der Hubert gekannt haben könnte. Aber hier ist niemand», flüsterte sie.

Wieder drehte sich das ältere Paar um, wieder übervoller Vorwürfe.

Adam überfiel der dringliche Wunsch, der Boden möge sich unter ihm auftun. Die Aufmerksamkeit, die Zola auf sich zog, stand diametral zu seinem Wunsch, nicht aufzufallen.

Adam und Zola nickten sich wortlos zu. Sie teilten sich wie zwei Tatortkommissare, die schon seit Jahren Verdächtige dingfest machten, in links und rechts, um zu beiden Seiten, an den prunkvollen Wänden ihre Suche nach einem Verantwortlichen anzutreten. Zeitgleich erklang die Orgel.

Hilf, Herr meines Lebens.

Adam kannte das Lied. Es war eines der Lieblingsstücke von Ewald. Er hatte es zu zahlreichen Anlässen in der Platteooger Kirche spielen lassen. Dass es nun auch just in diesem Augenblick ertönte, konnte nur ein Zeichen der Zuversicht sein.

Hilf, Herr meines Lebens,
dass ich nicht vergebens,
dass ich nicht vergebens hier auf Erden bin.

Ermutigt von derlei heiligem Beistand, setzte Adam in einem Anfall von Tatendrang schnell einen Fuß vor den anderen. Eine verfrühte Vorfreude. Denn als Adam und Zola vor dem Altarbild mit dem heiligen Jakobus auf dem Weg zu seinem Martyrium angekommen waren, war noch immer niemand zu sehen. Wie um die Beinaheleere der Kirche zu unterstreichen, erhob sich das Ehepaar und ging.

Zola blickte zur Orgel hinauf, wo der Organist mittlerweile bei der vierten Strophe angekommen war. Spontan begann Adam halblaut zu singen:

Hilf, Herr meiner Seele,
dass ich dort nicht fehle,
dass ich dort nicht fehle, wo ich nötig bin.

«Du hast ja ein hübsches Singstimmchen», lobte Zola.

Die Orgel verstummte.

«Das finde ich auch», erklang es von ganz, ganz oben. Man konnte den Eindruck gewinnen, der Satz wäre direkt aus dem Himmel gekommen.

Ein Mann war nun zu sehen.

«Sind Sie ein Verantwortlicher, kennen Sie sich hier gut aus?», fragte Zola.

«Ja. Warten Sie kurz, ich komme zu Ihnen herunter.»

Der auffallend großgewachsene Mann, der auf Adam und Zola zukam, trug ein kragenloses, liturgieschwarzes Hemd sowie eine ausgebeulte, weizengelbe Cordhose. Sein Haar war trotz seines weit, weit fortgeschrittenen Alters noch voll. Es erinnerte von seinem Schnitt her an Mireille Mathieu.

«Ich bin Pfarrer Neumüller. Was kann ich für Sie tun?»

«Hübner und Riese.» Adam kam sich erneut wie in einem Tatort vor. So als hätte er gesagt: Ballauf & Schenk oder Dorn & Lessing oder Lürsen & Stedefreund oder Thiel & Boerne. «Wir sind auf der Suche nach einem Mann, der früher hier gewohnt hat. Wir sind uns der Tatsache bewusst, dass zwischenzeitlich einige Jahrzehnte vergangen sind. Aber vielleicht haben wir Glück, und Sie können uns weiterhelfen.»

Der Pfarrer schien eine Frage in seinem Kopf zu formulieren, als er den Blick senkte. Sein Magen knurrte. «Ich kann es nicht versprechen. Kommen Sie doch in mein Büro. Aber es gibt eine Bedingung. Den ganzen Tag habe ich noch nichts gegessen. Das müsste ich endlich mal tun.»

«Das stellt kein Problem dar. Was gibt es denn?»

In Adams Kopf grinste die Leuchtreklametafel. *Sieh an, sieh an, du kannst ja Smalltalk.*

Noch ehe der Pfarrer antworten konnte, übernahm das Zola für ihn. «Nur Döner macht schöner, nicht wahr, Herr Neumüller?»

Der Pfarrer errötete. «Darf ich Sie etwas fragen, Frau Riese?»

«Frau Hübner», unterbrach ihn Zola.

«Frau Hübner. Hat Ihnen schon einmal jemand gesagt, dass Sie Lisbeth Salander ähneln?»

Das Pfarrbüro sah haargenau so aus, wie man sich ein Pfarrbüro vorstellt. Zimmerdeckenriesige Regale, ein unaufgeräumter Ebenholzschreibtisch, eine moosgrüne Retrobankerlampe, eine zerschrammte Gitarre, ein ellenhohes Kruzifix mit Christusfigur, eine Klappliege sowie Bücher, Bücher, Bücher und Bücher. Adam atmete traulich. Kurz dachte er an seine Buchhändlerin Frau Abendroth, bei der er sich später noch würde melden müssen. Er fühlte sich wohl in Neumüllers Büro, so wohl, als hätte er eine wochenlange Heilwasserkur erfolgreich hinter sich gebracht. Doch im selben Moment überfiel ihn Heimweh. Er blickte zum Gekreuzigten im Rücken des Pfarrers und rang ihm den stillformulierten Wunsch ab, er würde gleich die Adresse von Hubert bekommen oder auch die Nachricht, dass er nicht mehr am Leben sei. Dann wäre alles eindeutig. Keine Ungewissheit, kein Vielleicht. Dann könnte Adam zurück nach Hause fahren, seiner Mutter eine Adresse oder eine Nachricht überbringen, die Sache mit dem Plagiatsvorwurf aus der Welt schaffen, und alles wäre *Ende gut, alles gut.*

Die Leuchtreklametafel verschluckte sich mehrfach an ihrem spöttischen Lachen. *Die Geschichte hat noch ein paar Seiten für dich eingeplant*, behauptete sie.

Während Neumüller leidenschaftlich in seinen Döner

biss, ließ er sich erzählen, was Adam und Zola zu ihm geführt hatte. Er kaute hastig. «Bisher sagt mir der Name nichts, weder Hubert Riese noch Hubert Géant. Haben Sie vielleicht ein Foto?»

«Nein», sagte Adam.

«Ja», sagte Zola. Sie zog ihr Handy aus dem Rucksack, entsperrte den Bildschirm, scrollte sich durch die Galerie und hielt dem Pfarrer ein abfotografiertes Bild hin.

Neumüller zerknüllte die leere Döneralufolie, legte sie beiseite und kratzte sich mit der freien Hand durch seine Chansonsängerinnenfrisur. «An irgendjemanden erinnert mich dieser Mann ... Paul Newman ... Nein. Aber irgendwer, jemand Älteres. So wirklich formt sich noch kein Bild in meinem Kopf.» Er warf die Alufolie versiert in den Papierkorb neben der Tür.

Adam überlegte, ob der Pfarrer in seiner Jugend vielleicht Basketballspieler gewesen war, und betrachtete jetzt seinerseits das Foto auf Zolas Handy. Der Hubert, der darauf abgebildet war, war der, den auch er kannte. Das war unzweifelhaft sein Vater. Sein Haar allerdings war etwas schütterer, und er trug keinen Cowboyhut. Die Zeit hatte ihren Abdruck in zwei eindrucksvollen Nasolabialfalten hinterlassen.

Der Pfarrer wischte sich mit der Serviette über den Mund. «Jetzt ist der Groschen gefallen. Der Mann, den ich meine, hieß Pavel Obri. Er war ein bisschen seltsam, hat kaum etwas über sich erzählt und sah Ihrem Hubert recht ähnlich, da könnte durchaus eine Verwandtschaft bestehen. Seine Frau hieß, glaube ich, Marie. Oh Gott, das liegt so lange zurück. Nicht, dass ich Ihnen etwas Falsches erzähle.»

Adam und Zola rutschten aufgeregt auf ihren Stühlen hin und her, als würden sie auf Gymnastikbällen sitzen, um Lendenwirbelprobleme zu lindern.

«Es kann sein, dass ihr Sohn Hubert hieß. Pavel, Marie und Hubert. Das muss zu meiner Anfangszeit, also neunzehnhundertsiebenundsechzig, gewesen sein. Aber die hießen ganz sicher Obri. Sie suchen ja die Familie Riese. Wahrscheinlich handelt es sich um ein Missverständnis.»

Zola begann, auf ihrem Handy herumzutippen.

«Ruhm ist die Summe der Missverständnisse, die sich um einen Namen sammeln.» Adam hatte das mehr für sich als für Publikum bestimmt gemurmelt.

«Wie meinen Sie das?», fragte Pfarrer Neumüller.

«Das ist von Rainer Maria Rilke. Mein Vater hat Rilke verehrt wie sonst fast nichts in seinem Leben.»

«Bingo», sagte Neumüller.

«Bingo», sagte Zola.

«Ladies first.» Der Pfarrer bedeutete Zola zu sprechen.

«Obri kommt aus dem Tschechischen und heißt Riese.»

Adam nickte. Diese Übersetzungsparallele war ihm in der Aufregung gar nicht in den Sinn gekommen.

«Pavel Obri hat ständig Rilke zitiert», erklärte nun der Pfarrer. «Das weiß ich noch so genau, weil er mir zum Antritt meines Pfarramtes gesagt hat: Der Bewegung meiner Seele aufs Offene zu, wäre jeder geistliche Zwischenhändler kränkend und zuwider.» Neumüller schloss die Augen. «Eine Unverschämtheit. Das ist jetzt über fünfzig Jahre her, und noch heute kränkt es mich.»

Adam hatte Mühe zu glauben, was er gerade erfahren hatte.

«Es sieht so aus, als hätten wir eine Spur von Hubert gefunden.» Zola nickte dem Kruzifix an der Wand zu.

«Ich möchte Ihrer Freude nicht als Advocatus Diaboli im Weg stehen. Aber die Familie lebt schon lange nicht mehr in Bad Kissingen, soweit ich weiß.»

Eine geknickte Stille füllte das Büro.

«Zuletzt haben sie in der Bräugasse gewohnt. In der fünf, wenn mich mein Gedächtnis nicht täuscht. Mehr kann ich leider nicht für Sie tun.» Der Pfarrer warf, den Stuhl zurückschiebend, einen Blick auf seine Armbanduhr. An der Knopfleiste seines Hemdes hing ein Rotkohlfitzelchen, das der Schwerkraft trotzte. «Ich muss weitermachen. Wenn Sie mich brauchen, wissen Sie ja, wo Sie mich finden. Der Herr segne und behüte Sie.»

«Wir danken Ihnen von Herzen für Ihre Mühen. Dem Schaffenden ist Gott die letzte, tiefste Erfüllung.» Nur mit beträchtlichen Schwierigkeiten gelang es Adam, seinen Worten einen soliden Klang zu geben. Zu tief saß seine Enttäuschung. In seiner Vorstellung hatte er sich bereits auf dem Rückweg nach Berlin befunden.

«Das ist aber schön, Herr Riese. Ist das von Ihnen?»

«Das ist auch von Rilke. Sie sollten sich mit ihm versöhnen. Er war dem Glauben äußerst zugewandt.»

Pfarrer Neumüller gab Adam und Zola die Hand und begleitete sie zurück in die Kirche, wo sich die beiden auf eine Bank fallen ließen.

Es war dunkler geworden. Ob das an den Witterungsverhältnissen draußen oder an der semifrohen Botschaft lag, die ihnen verkündet worden war, vermochte Adam nicht zu sagen. Es war, das vermochte er felsenfest zu sagen, Zeit für eine neue Liste. Die, die er bei der Abfahrt angefertigt hatte, lag noch im Bulli, und dort konnte sie auch bleiben, da sie nicht mehr aktuell war. Es ist eine Schande, ging es Adam durch den verwirrten Kopf. So viele Listen wie in den letzten Tagen hatte er im gesamten vierten Quartal des letzten Jahres nicht angefertigt. Er begann zu schreiben.

1) Riese – Géant – Obri (Pavel / Marie)
2) in die Bräugasse 5 gehen
3) …

Er ließ den Stift sinken.

Das ist ja wohl nicht alles. Da fehlen fünf Punkte, beschwerte sich die Leuchtreklametafel.

Adam zückte den Stift.

3) Oma Leska anrufen
4) in der Universität anrufen / Doktorarbeit besorgen
5) Frau Abendroth anrufen (Buchbestellung stornieren)
6) …
7) …

Adam merkte, er würde nie und nimmer auf sieben Punkte kommen. Aber war die Sieben nicht auch manchmal unschön? Bedrohlich? Gefahrenvoll? Die sieben Todsünden oder die sieben Posaunenengel der Apokalypse. «Wollen wir etwas essen gehen?», fragte er in die Düsternis des Kirchenschiffs.

Zola hatte die ganze Zeit nachdenklich auf ihre Schuhe geschaut. Sie hob den Kopf zum opulent verzierten Tabernakel, als würde allein dort, in diesem heiligen Aufbewahrungsort für Hostien, eine Antwort auf eine Essensfrage zu finden sein.

Der Weg von der Sankt-Jakobus-Kirche zur Bräugasse betrug nur zwei Minuten, zweihundert Meter. Da war keine

Zeit, das eben Erlebte zu besprechen. In der Kürze lag für so komplexe Neuigkeiten keinesfalls die Würze. Adam und Zola kamen an einem vietnamesischen Restaurant vorbei, entschieden aber, zunächst das Haus zu suchen, in dem Hubert und seine Eltern früher gelebt hatten. Die Hoffnung, dort einen brauchbaren Hinweis über ihren Verbleib zu finden, war ebenso gering wie die zurückgelegte Wegstrecke.

Eine Bräugasse fünf gab es nicht. Es gab sie vier Mal. Eine fünf A, eine fünf B, eine fünf C und eine fünf D. Unsicher sah Adam zu Zola, doch die schüttelte nur den Kopf und entfernte sich außer Hörweite, um zu telefonieren. Adam begann die Klingelschilder zu studieren. Er fand weder den Namen Riese noch den Namen Géant, noch den Namen Obri. Zu allem Übel begann ein feiner Sprühregen aus den Wolken zu rieseln, der das Misserfolgsgefühl verstärkte. Entmutigt blickte sich Adam nach Zola um, die wild gestikulierend in das Gerät sprach. Sie schien den Regen nicht zu bemerken, nahm ihr Handy vom Ohr, sah es an wie eine tickende Zeitbombe und brüllte: «Du Arschloch, du kannst mich mal.»

«Was soll der Lärm? Wir sind doch nicht bei den Hottentotten.» In der Bräugasse fünf C, einem dreistöckigen, heruntergekommenen Haus, hatte sich im Erdgeschoss ein Fenster geöffnet. Der wütende Lockenwicklerkopf einer Frau im Rentenalter war erschienen.

Zum zweiten Mal an diesem Tag wünschte sich Adam ein Loch im Boden herbei. Er entschuldigte sich umständlich, was die Frau allerdings nicht besänftigte. Ganz im Gegenteil. Sie bückte sich, legte ein Kissen auf den Fenstersims und bettete ihre vollschlanken Arme darauf. In Oberlehrerinnenmanier hob sie ihren Zeigefinger. «Die Verrohung der Jugend. Sodom und Gomorrha. Das kommt von diesem YouTube.»

Zola näherte, Adam duckte sich. Der Regen begann zu sprühen. Um die Ecke schlich eine zimtbraune Katze. Sie blieb stehen und blickte Zola unablässig an. Adam hatte das Gefühl, als hätten sich die Katzenaugen für einen Moment zu einem versöhnlichen Blinzeln geschlossen.

«Es tut mir leid», hob Zola sanftmütig an. «Ich wollte Sie nicht stören.»

Ein erneutes Mal schaute die Katze Zola fest in die Augen, um schließlich zufrieden weiterzulaufen.

«Na ja, reden können Sie viel.» Die Frau nahm ihr Kissen vom Sims und machte sich daran, das Fenster zu schließen.

«Eine Frage, Frau …» Zola war einen Schritt näher getreten.

«Wer will das wissen?»

«Ich, also mein Name ist Hübner. Ich bin Logopädin.»

Adam war inzwischen sehr, sehr durchnässt, aber so fasziniert von der Szene, die sich gerade abspielte, dass ihm das nichts ausmachte.

«Kowalski, Erna. Hausmeisterin», blaffte die Alte.

«Frau Kowalski, wir sind auf der Suche nach einer Familie, die früher hier gewohnt hat.»

«Name?»

«Hübner.»

Die Frau lachte. Man sah, dass ihre falschen Zähne schief im Mund saßen. «Frau Hübner, die Hellste sind Sie wohl nicht. Aber fluchen wie ein Waschweib. Das sind mir die Liebsten. Sind Sie vom Film? Ich habe Sie doch schon mal im Fernsehen gesehen, in einem schwedischen Krimi.»

«Nein. Ich habe nur entfernt Ähnlichkeit mit …» Zola wirkte eingeschüchtert.

«Name des Gesuchten? Aber zackig, ich habe nicht ewig Zeit.»

«Wir suchen die Familie Obri oder Riese oder Géant? Pavel, Marie und vielleicht ein Hubert. Die müssen früher ...»

Mit einem unerbittlichen Knall schloss die Frau das Fenster, das der Erschütterung unerschüttert trotzte.

Die Nimbostratuswolken hatten sich derart erschrocken, dass sie aufhörten, ihrem Namen gerecht zu werden. Der Regen versiegte, als hätte jemand den Wasserhahn zugedreht.

«Zola, das bringt nichts. So kommen wir nicht weiter. Ich möchte gerne zurück nach Berlin fahren. In der ganzen Aufregung habe ich die Sache mit den Plagiatsvorwürfen nicht weiterverfolgt. Das muss ich schleunigst tun. Ich muss in die Bibliothek der Universität und dort ein Exemplar beschaffen, um nachzuweisen, dass ich nicht willentlich betrogen habe.»

«Ist ja gut. Wir fahren», gab sich Zola geschlagen.

«Vielleicht erzählst du mir auf dem Rückweg etwas über ...?»

Die Hausmeisterin schien sich auf Gesprächsunterbrechungen spezialisiert zu haben. Sie stand unerwartet in der Haustür, bekleidet mit einem schlabberigen Sportensemble. «Hier», zischelte sie und warf etwas auf den Gehsteig. «Mit dem Halodri will ich nichts mehr zu tun haben. Jetzt sehen Sie zu, dass Sie Land gewinnen.»

Adam und Zola näherten sich dem Gegenstand, der äußerst knapp neben dem Gully gelandet war, so zögerlich, als hätten sie Angst, er könnte durch die Stäbe entfliehen. Es war ein Briefumschlag. Ein vergilbter Briefumschlag. Er lag mit der Adressseite nach oben.

Erna Kowalski
Bräugasse 5c
D 8730 Bad Kissingen

Das Regenwasser auf nassem Kopfsteinpflaster machte sich über das Papier her.

Zola rettete den Umschlag vor dem Ertrinken. «Wann war die Postleitzahlenumstellung?»

«Neunzehnhundertdreiundneunzig.» Adam warf einen Blick auf die Briefmarke.

Sie war in einem Leichtviolettblau, mit dem Konterfei des Mathematikers Eduard Čech. Darüber stand in kaum noch leserlichen Buchstaben *Česká republika*[23]. Konnte es tatsächlich sein, dass die Hausmeisterin einen Brief aus der Heimat von Adams Großmutter bekommen hatte?

Einatmen.

Ausatmen.

«Dreh den Umschlag um», sagte Zola atemlos.

Die Rückseite hatte den Wasserangriff kaum überstanden.

Ná dní divadlo Pr ha

«Es muss sich um das Nationaltheater in Prag handeln, meine Großmutter hat mir mal davon erzählt. Aber mir ist nicht klar, wie uns das weiterhelfen könnte.»

Zola nickte atemlos.

«Eine vielversprechende Spur ist das nicht. Wir haben zu wenig Informationen, und die wenigen sind mindestens siebenundzwanzig Jahre alt.» Enttäuscht wandte Adam

---

[23] Tschechische Republik

den Kopf vom Umschlag ab. Er versuchte auszumachen, ob die Sportensemblesilhouette hinter der Fensterscheibe zu sehen war. Er wollte die Hausmeisterin fragen, ob sie ihre Halodri-Wut für einen Augenblick vergessen und ihnen weiterhelfen konnte. Fehlanzeige.

Einatmen.

Ausatmen.

«Nichts.» Zola sprach gedämpft. «Der Umschlag ist leer.» Dann, so als hätte sich ein Schalter von gedämpft in geladen in Zolas Kopf umgelegt, stürmte sie zum Hausmeisterinnenfenster und hämmerte gegen die Scheibe. «Das können Sie doch nicht bringen. Uns einen Umschlag hinzuwerfen und sonst nichts. Machen Sie schon auf.»

Ihre Forderung verhallte ungehört. Die Nacht rückte auf verwaschenen Sohlen heran. Zola fiel auf die Knie. Ihre Kleidung saugte das Regenwasser auf wie ein durstiger Schwamm.

«Ich bin in großer Sorge. Wir sollten zum Bulli gehen, uns trockene Kleidung anziehen und uns endlich mal um unsere Versorgung mit Essen kümmern. Beim Essen können wir eine Liste anfertigen und überlegen, was wir tun sollen. Außerdem denke ich, sollten wir nach Prag fahren», schlug Adam vor.

Alle Wetter, sagte die neongelb blinkende Leuchtreklametafel, *du machst Ansagen. Nicht schlecht, Herr Specht.*

Es war faszinierend, dass ihre schlimme Farbe einen Lichtblick in dem Dunkel der Bad Kissinger Nacht auflodern ließ. Ein unerwarteter Leuchtturm im fränkischen Bayern.

Der knappe Rückweg hatte Zolas Verzweiflung kein winziges Stückchen verfliegen lassen. Ganz im Gegenteil. Als sie und Adam beim Parkplatz ankamen, zeigte das Schicksal seine dunkelste Seite. Adam brauchte einen Moment länger als Zola, um zu verstehen, was das Schicksal an Dunkelheit alles in petto hatte.

«Der Bulli ist weg. Die müssen ihn geklaut haben. Bin ich eigentlich nur von Arschlöchern umgeben?» Tränen liefen über Zolas Wangen.

Adam erstarrte.

Einatmen.

Ausatmen.

Er sah zur Hauswand, vor der das Auto gestanden hatte. Jemand hatte ein Zitat von Henry Kissinger an die Fassade geschrieben.

> *Tagesereignisse brechen über jeden herein,*
> *und wenn man da kein Konzept hat,*
> *nach dem man sie filtert,*
> *kommt man in die größten Schwierigkeiten.*

Kissinger in Kissingen. Das Schicksal klopfte sich auf die Schenkel, dass es nur so krachte.

KAPITEL 20

DIE SPRACHE HINTER DER SPRACHE

Sieh dir diese Wolken an», sagte Oda entbrannt.

Sie und Adam saßen in der Küche und beugten sich über einen wuchtigen Gemäldeband mit Werken der Romantischen Malerei. Auf dem Tisch lagen Farbtuben, Pinsel, Spachtel und Mischpaletten. Daneben, aufgeschlagen, das Faksimile des Gemäldes *Der Wanderer über dem Nebelmeer* von Caspar David Friedrich. Ein dunkel gekleideter, auf einen Stock gestützter Mann in Rückenansicht, auf einem Felsen stehend, über ein Meer aus Nebel blickend.

«Das ist mein Lieblingsbild des Malers. Ich kann es nicht erklären, aber es bringt eine Saite in mir zum Klingen, die ich nicht in Worte fassen kann.» Eine Art innere Handbremse brachte Oda jäh zum Verstummen. Sie wusste, dass die Art, in der sie mit Adam sprach, nicht zu einem Sechsjährigen passte.

«Welche Buchseite meinst du?»

«Ach, Adam, Saite mit A, nicht mit E. Das bezieht sich auf die klingende Saite eines Instruments.»

Adam griff in seinen Rucksack neben dem Küchentisch und zog sein Notizbuch heraus. Nachdem er sich mit fünf Jahren in unbeholfenen Ansätzen das Schreiben beigebracht hatte, schrieb und schrieb er. *Listen* stand in ungelenken Lettern auf dem schnittlauchgrünen Einband. Das Notizbuch beherbergte eine Vielzahl von Listen. *Gerichte mit zwei Zu-*

taten. Primzahlen in der Natur. Geburtstage im Frühling. Geburtstage im Sommer. Geburtstage im Herbst. Geburtstage im Winter. Tagesabläufe unter der Woche. Tagesabläufe am Wochenende. Tagesabläufe an Feiertagen. So befremdlich Adams Listen für Außenstehende auch anmuteten, sie besaßen eine Gemeinsamkeit: Sie waren alle in sieben Unterpunkte gegliedert. Wie Adam auf die Zahl Sieben, die ihm zum Maß aller Dinge gereichte, gekommen war, bot erneut Anlass zu Spekulationen jeglicher Couleur.

Oda glaubte, es würde von der Anzahl der Wochentage, Hubert, es würde vom Leuchtturm von Alexandria, dem siebenten Weltwunder, kommen. Leska tippte auf die sieben Kurfürsten, die die Geschicke des Böhmischen Reiches im dreizehnten Jahrhundert lenkten, Ubbo auf das Siebengebirge.

Helge glaubte an den menschlichen Zyklus, der sich alle sieben Jahre erneuert. Alfried an die sieben freien Künste des Mittelalters. Pfarrer Ewald war der Meinung, die Siebenfixierung käme von den sieben Sakramenten. Bonna warf Artikel sieben der Straßenverkehrsordnung in die Vermutungsrunde. Dieser reglementierte die Benutzung von Fahrstreifen durch Kraftfahrzeuge. Bonnas Vermutung hatten alle am abwegigsten gefunden. Sie hatten nachgefragt, was eine Straßenverkehrsordnung denn bitte schön mit Adam zu tun hätte. Bonna hatte daraufhin erklärt, in Absatz fünf des Gesetzes würde es heißen, man müsse jeden Fahrstreifenwechsel rechtzeitig ankündigen. Daraufhin hatten alle genickt, weil sie daran denken mussten, wie verzweifelt Adam reagierte, wenn Unangekündigtes passierte. Bei unangekündigten Wechseln, welcher Art auch immer, war Adam vollständig neben der Spur.

Entschlossen klappte Adam das Notizbuch auf.

falsche Sprichwörter (Nr. 3)

1) Alles in Budder → nicht Budder, alles ist in Ordnung
2) Ken Blatt for den Mund nemen → kein Blatt, Wahrheit sagen
3) Jemandem nicht das Wasser raichen können → kein Wasser, jemand ist besser als jemand
4) Tomaten auf den Augen haben → keine Tomaten, nich seen können
5) …
6) …
7) …

Adam ergänzte die Erklärung seiner Mutter auf der Liste. Er war so kurzatmig, als hätte er eine sehr, sehr heftige körperliche Anstrengung hinter sich gebracht.

«Widmest du dich wieder dem Malen? Deine Radiosendung findet erst am frühen Abend statt. Ein wenig kompliziert finde ich diese Zeitangabe schon. Früher Abend ist zugleich ein später Nachmittag», wandte sich Adam an seine Mutter.

Nachdem Odas sonntägliche Sendung *Sprich dich frei* auf FlokumFM unaufhaltsam beliebter geworden war, hatte der Programmchef ihr angeboten, montags, dienstags und mittwochs die Sendung *Feier den Feierabend* von achtzehn bis zwanzig Uhr zu moderieren. Ein buntes Mischprogramm mit den Hits aus vier Jahrzehnten, Nachrichten, Wetter- und Verkehrsberichten, Verbrauchertipps und Interviews mit Experten zu allgemeinen und besonderen Angelegenheiten. Oda hatte zugesagt. So war sie an vier Tagen in der Woche im Sender, drei hatte sie frei. Da Adam ihre mütterliche Fürsorge auch an den freien Tagen nicht mehr so umfassend brauchte, hatte sie sich auf die Suche nach einem Hobby begeben. Die Malerei hatte den Zuschlag erhalten. Warum, das konnte Oda sich nicht erklären. Das Malen machte sie glücklich. Stilistisch ließen sich Odas Bilder zwischen Romantik und Naiver Malerei einordnen. Sie widmete sich hingebungsvoll der Verbesserung ihrer Technik. Die zauberhaften Platteooger Naturschauspiele sowie wuchtige Gemäldebände waren ihr Inspiration und Lehrmeister.

«Bist du so weit, kleiner Bruchpilot?» Hubert kam lächelnd in die Küche.

«Ja. Wir können uns unmittelbar auf den Weg in die Kita machen. Ich muss mir nur noch die Schuhe über die Füße ziehen. Das wird hoffentlich eine Saite in dir zum Klingen bringen.» Adam hüpfte in den Flur.

Hubert stellte sich hinter Oda, legte ihr seine sommerwarmen Sandpapierhände auf die Schultern und küsste sie zaghaft auf den Scheitel.

«Ist alles vorbereitet?», fragte Oda. Sie wies in Richtung Leuchtturm, der sich morgenträge und konturlos am Horizont hinter dem Fensterquadrat präsentierte.

«Alles vorbereitet. Ich hoffe, Adam freut sich. Rilke würde sagen: Die Zukunft zeigt sich in uns, lange bevor sie eintritt.»

Die Fähre legte pünktlich am Hafen von Flokum an. Eine außerordentlich glänzende Sonne begleitete Adams und Huberts Ankunft auf dem Festland und die ersten einhundert Meter zur *Guten Kinderstube.* Diese einhundert Meter mussten auf eine besondere Art zurückgelegt werden. Beharrlich, ohne Abweichung. Egal, welches Wetter herrschte, egal, ob die Fähre pünktlich angekommen war oder nicht. Was nicht egal war, war die Anzahl der Etappen.

1) Nachdem Adam den rechten Fuß vom Deck des Schiffes auf den Steg gesetzt hatte, zog er ihn sogleich wieder zurück, setzte
2) den linken auf den Steg und hüpfte erst im Anschluss
3) beidfüßig auf den Fähranleger und an Land.
4) Danach gab es einen Zwischenhalt am Fischbrötchenstand, und Adam stupste einmal gegen den PVC-Werbewimpel.
5) Schließlich liefen Adam und sein Vater geradewegs zum Marktplatz mit seiner backsteinroten Mittelalteraura. *Concordia res parvae crescunt*, las Adam jeden Morgen.
6) Zuletzt schlenderten Vater und Sohn zum Buchladen, der direkter Nachbar des Kindergartens war. Adam las jeden Titel und den entsprechenden Autor in der Auslage.
7) Zuallerletzt betraten sie die *Gute Kinderstube*.

An diesem Tag nun passierte es. Auf dem Weg vom Marktplatz zum Buchladen tat sich ein Hindernis auf, und zwar in Form einer unangekündigten Baustelle. Eine Baustelle, die unzweifelhaft einen Spurwechsel nötig machte. Hubert versuchte, pädagogisch wertvolle Ruhe auszustrahlen. Er betrachtete das Geschehen vor sich. Bauarbeiter in gelben Warnwesten waren dabei, Muschelkalkplatten zu verlegen. Eine düstere Altocumuluswolke schob sich wie ein gigantisches Bettlaken keck vor die Sonne.

Adam stockte. Sein Körper verkrampfte. «Diese Einrichtung war gestern noch nicht dort. Gab es eine Ankündigung diesbezüglich?»

Hubert griff nach Adams Hand. «Das macht doch nichts, wir gehen einfach drum herum.»

Winterkalt begann Adam zu zittern. Eine Träne desertierte aus dem Nussbraun seiner Augen. «Wir gehen stets hier entlang. Wenn wir das Hindernis umlaufen, ist der Tag verdorben.»

«Eine Ausnahme schaffst du. Immerhin bist du jetzt ein großer Junge, mein eiliger Bruchpilot. Das ist deine letzte Woche im Kindergarten. Nach den Ferien bist du ein Schulkind.»

«Wir gehen stets hier entlang. Wenn wir das Hindernis umlaufen, ist der Tag dahin.» Inzwischen desertierten aus Adams beiden Augen Tränen.

Die Bauarbeiter schauten auf.

«Ein Hindernis in Gelb, in einem schlimmen Gelb. Ich möchte nach Hause, ich möchte Ruhe, ich möchte die Welt ausschalten.» Adam setzte sich auf den Boden, zog die Beine an den Oberkörper und vergrub den Lockenkopf in den um die Beine geschlungenen Armen.

Hilfesuchend blickte Hubert zur Gruppe der Bauarbeiter, als würde auf ihren Helmen nicht *Straßenbau Focke & Vocke*, sondern *Soforthilfe für Verzweiflung* stehen. Hubert rief sich ein Zitat von Rilke in Erinnerung. *Nie kann ganz die Spur verlaufen einer starken Tat.* Tatsächlich. Ein Adam neben der Spur. Rilke. Eine Handvoll starker Bauarbeiter. Diese drei Dinge zusammen wirkten wie eine Soforthilfe für Verzweiflung. So, als müssten die Flokumer nicht ihren morgendlichen Alltagsroutinen nachgehen, drosselten sie ihre Geschwindigkeiten. Jemand schien eine kreisstädtische Zeitlupenfunktion eingeschaltet zu haben. Manch ein Flokumer hatte sogar ein Pausensignal empfangen.

Der Polier trat auf Hubert zu. «Kenn ich, meiner ist auch in der Trotzphase. Kriegen wir hin.» Er wandte sich lächelnd an Adam. «Und du, Kleiner. Schon mal über eine Baustelle getragen worden?»

Adam löste sich aus seiner zusammengefalteten Körperhaltung. «Wie meinen Sie das, Herr Bauarbeiter?»

Der Polier stutzte. «Du willst unbedingt hier rüber, wenn ich das richtig mitbekommen habe.»

Adam nickte.

«Aus Sicherheitsgründen ist das eigentlich nicht erlaubt. Es sei denn, ich trage dich, und dein Vater lässt mal Fünfe gerade sein.» Der Polier zwinkerte Hubert zu, Hubert zwinkerte zurück.

«Fünf ist ungerade, außerdem eine Primzahl. Primzahlen sind immer ungerade, weil sie andernfalls durch zwei teilbar wären. Ob eine Zahl prim ist, ist durch einen sogenannten Primzahlentest herauszufinden. Es gibt mehrere solche Testungen ...»

Der Polier nestelte an seiner Warnweste. «War ein Scherz. Also? Sollen wir das machen? Ich habe nicht ewig Zeit.»

«Ich danke Ihnen, das ist ein reizendes Angebot. Aber es geht nicht. Sie tragen Gelb. Gelb ist schlimm, ich möchte nicht so dicht mit dieser Farbe in Hautberührung kommen.»

Hubert räusperte sich verlegen. «Adam, es gibt zwei Möglichkeiten, drum herum gehen oder hinübergetragen zu werden. Ich weiß, es fällt dir schwer, aber du musst dich für eine entscheiden.»

Nachdenklich legte Adam den Kopf in den Nacken, sah mit tränenfeuchten Augen zum Himmel und flüsterte: «Entscheidung zwei.»

«Na, also. Geht doch.» Der Polier hob den Bauzaun ein Stückchen beiseite und zog mit einer versierten Bewegung seine gelbe Warnweste aus. «Kein Ding, ich kenne das. Mein Junge hat auch seine Macken.» Er hob Adam auf seine Arme, trug ihn behutsam auf die andere Straßenseite und stellte ihn direkt vor dem Schaufenster der Buchhandlung ab.

«Danke vielmals, Herr Bauarbeiter.»

Der Polier streckte ihm seine Hand entgegen. Adam kaute auf seiner Unterlippe. Er zögerte und zögerte. Schließlich legte Adam für eine Millisekunde seine Hand in die hingehaltene.

«Gern geschehen.»

Zu dem *Gern geschehen* des Bauarbeiters schlug die Kirchturmuhr neun Mal. Die Flokumer, die das Schauspiel beobachtet hatten, nahmen ihre morgendlichen Alltagsroutinen wieder auf. Ein butterblumengelber Sonnenstrahl schlängelte sich durch ein Löchlein in der düsteren Bettlakenwolkendecke. Er fiel auf die Inschrift der Kirche. *Concordia res parvae crescunt.* Durch Eintracht wachsen kleine Dinge.

Das Miniaturheimatmuseum, das Alfried unter der Wendeltreppe des Platteooger Leuchtturms eingerichtet hatte, fand nicht die von ihm gewünschte Publikumsbreitenwirkung. Kaum ein Insulaner, kaum ein Tourist verirrte sich dorthin. Doch Alfried gab nicht klein bei. Er sah sich in der ostfriesischen Tradition eines Mannes, der sich so leicht nicht unterkriegen lässt. Er hatte sich damit arrangiert. Wenn ihn doch einmal Zweifel heimsuchten, das geschah zumeist bei Tiefdruckwetterlagen, rief er sich seinen ostfriesischen Lieblingshäuptling Balthasar von Esens ins Gedächtnis. Dieser Junker, der sich lange für die Unabhängigkeit des Harlingerlandes eingesetzt hatte, war sein Vorbild. Vor- und Sinnbild für ein Miniaturheimatmuseum, das unabhängig von Besucherströmen existierte. Außerdem wünschte sich Alfried in einem windstillen Winkel seiner Seele, dass auch er nach seinem Tod der Nachwelt, in Gestalt einer Skulptur, auf ewig erhalten bleiben würde.

Der achtzehnte September neunzehnhundertvierundneunzig war ein Sonntag, und Sonntag war traditionell der Tag, an dem sich Alfried und Pfarrer Ewald nach dem Gottesdienst beim Leuchtturm trafen. Sie tranken eine Tasse Tee mit Kluntje und Sahne und unterhielten sich über die Ereignisse der vergangenen Woche.

«Deine Predigt heute war ganz besonders erhebend. Vor allem das, was du über das Älterwerden gesagt hast.» Alfried stellte eine Kanne mit Tee und zwei Tassen, verziert mit der ostfriesischen Rose, auf das altersschwache Tischchen neben der Bank vor dem Leuchtturm.

«Unser Leben währet siebzig Jahre, und wenn's hochkommt, so sind's achtzig Jahre, und wenn's köstlich gewesen ist, so ist es Mühe und Arbeit gewesen; denn es fährt schnell dahin, als flögen wir davon», rezitierte Ewald einen Ausschnitt seiner jüngsten Predigt. Er beobachtete eine Gruppe Austernfischer, die draußen mit ihren Schnäbeln im ebbezurückgewichenen Wasser nach Plattmuscheln pickten.

«Damit habe ich noch neun Jahre, bis ich siebzig bin. Ein Zipperlein hier, ein Zipperlein dort, das lässt sich nicht leugnen.»

Ewald griff nickend nach der Rosenteekanne und goss zwei Tassen ein. «Laat di Tiet un eet Broot dorto, denn warrst oolt.»[24]

«Recht hast du. Wie hat mein Vater schon gesagt: Ach un

---

[24] Lass dir Zeit und iss Brot dazu, dann wirst du alt.

Weh treckt den Wagen nich.[25] Wahrscheinlich werde ich ausgesprochen alt. Alle in meiner Familie haben ein methusalemisches Alter erreicht.» Vorsichtig nippte Alfried an der Teetasse. Aus dem Augenwinkel sah er, wie sich zwei Silhouetten näherten. Eine kleine mit Lockenkopf. Eine große mit Cowboyhutkopf. Hand in Hand.

Alfried stellte die Tasse ab. Er hatte noch genau vor Augen, wie Oda vor zwölf Jahren ein Praktikum beim *Diekwieser* gemacht hatte, Hubert auf die Insel gekommen und dann, nach vielen Schwangerwerdungsversuchen und einer unverhofften Schwangerschaft, Adam zwei Monate zu früh auf die Welt gekommen war. Ja, die Zeit. Er nippte erneut an seinem Tee. Seit Oda malte, war sie häufig beim Leuchtturm und versuchte, ihn und die Wolken auf ihre Leinwand zu bringen. Da Oda noch ungeübt war und sich Wolken ihrem Naturell nach nicht als geduldig darstellten, hatten Oda und Alfried viel Zeit zum Reden. Sie machte sich Sorgen um Adam. Seit er in der Schule war, traten seine Besonderheiten deutlicher als im Kindergarten zutage. Auch Hubert war das nicht entgangen. Ihm war ein vorzüglicher Einfall gekommen. Er wollte Adam einen Weltrückzugsort schaffen. Einen Rückzugsort auf neunundvierzig Metern Höhe.

Alfried stellte die Tasse auf den Tisch, der durch eine aufkommende Böe ausgiebig wackelte. «Glück will Tiet hebben.»[26]

«Du meinst Adam?», mutmaßte Ewald.

Alfried nickte.

«Er hat sein eigenes Tempo. Ich denke, wir kriegen ihn schon groß.» Ewald sprach eilig weiter. Es wirkte, als wür-

---

25 Ächzen und Wehklagen ziehen den Wagen nicht.

26 Glück will Zeit haben.

den seine Gedanken seit Tagen keinen Platz mehr in seinem Kopf finden und müssten unverzüglich ins Freie entlassen werden. «Ich mache mir eher Sorgen um Hubert.»

Die beiden Silhouetten waren näher gekommen. Der Wind legte von Stärke vier auf Stärke fünf zu.

Taktvoll senkte Ewald seine Stimme. «Ich habe den Eindruck, Hubert trägt schwer an einer Last. Doch ich weiß nicht, an welcher. Er war schon von Anfang an ständig in der Kirche, aber inzwischen ist er dreimal täglich zum Beten da.»

Hubert und Adam waren jetzt in Hörweite.

«Moin, Professor Adam», rief Alfried gegen die frische Brise.

«Guten Tag, Häuptling Alfried, Gott zum Gruße, Himmelsbote Ewald.»

Die beiden Männer sahen sich an, als überlegten sie, ob Adam einen Witz gemacht hatte.

«Ach, großer Bruchpilot, wo hast du das nun wieder her?», fragte Hubert.

«Nirgends. Es entspricht doch der Wahrheit. Obwohl die Bezeichnung Häuptling negativ konnotiert ist. Im Zuge der Kolonialisierung wurde sie als undefinierter Sammelbegriff einer höhergestellten Person eines Stammes oder einer größeren Gemeinschaft eingeführt. Himmelsbote hingegen ...»

Hubert legte seinen ausgestreckten Zeigefinger über seine Lippen.

Adam verstummte.

«Ach, lass ihn doch.» Alfried lächelte Adam gewinnend an, doch sein Lächeln fand keine Erwiderung. Fast schien es, als würde Adam durch Alfried hindurchsehen wie durch ein frisch geputztes Fenster.

Ewald, Meister der empathischen Konversation und Botschaftenverkünder, versuchte, das Gespräch in eine andere Richtung zu lenken. «Was machen die Wolken?»

Nun lächelte Adam über das ganze Gesicht. «Das Wort *Wolke* hat indogermanische Wurzeln und kann mit feucht oder nass übersetzt werden. Eine Wolke ist im Grunde nichts weiter als Wassertropfen, die sich um einen Kondensationskern herumgruppieren, sobald die Luftfeuchtigkeit, also der Anteil des Wasserdampfs am Gasgemisch der Luft...»

Die Luft hatte Adams Redebeitrag offensichtlich fehlinterpretiert. Die frische Brise kletterte auf Nummer sechs der Beaufortskala. Sie wurde zum starken Wind, in der Lage, dicke Äste zu bewegen und ein hörbares Pfeifen an Drahtseilen oder Telefonleitungen zu verursachen. Konkret verursachte er eine Bewegung des wackeligen Tischchens, woraufhin das Teegeschirr zu Boden krachte und zerschellte. Adams Mundwinkel zuckten.

«Das warst nicht du», sagte Hubert. «Mach es dir im Wolkenkuckucksheim bequem, ich komme gleich nach.»

«Wolkenkuckucksheim?», fragte Adam.

«Wolkenkuckucksheim bedeutet ein Rückzugsort, fern der Realität», erklärte Hubert.

«Danke.» Adam verschwand im Inneren des Leuchtturms.

«Versteh mich nicht falsch», setzte Ewald zögerlich an Hubert gerichtet an, «aber kann es sein, dass Adam heute ein bisschen sehr durch den Wind ist?»

Der Wind wurde schwächer, als hätte man ihn massivst beleidigt.

«Leider ja. Gestern war Martha bei uns. Sie hat eine neue Katze, mit der die Kinder gespielt haben. Adam konnte nicht einschätzen, wie doll man sie kraulen darf, und da hat das Tier ihn heftig gekratzt.»

Alfried und Ewald blickten mitfühlend.

«Wir mussten alles, was mit Katzen zu tun hat, aus dem Haus entfernen. Zwei Kuscheltiere, der *Was-ist-was*-Band zum Thema Katzen, alles weg.» Hubert seufzte niedergeschlagen. «Oda hat sogar Seiten aus ihren Gemäldebänden herausreißen müssen. *Katze unter einem Baum* von Franz Marc, *Die Katze und die Blumen* von Edouard Manet und *Katzenkampf in einer Speisekammer* von Paul de Vos.»

Alfried nickte.

«In der Schule ist es besonders hart für ihn. Martha ist die Einzige, die Zugang zu ihm hat. Die anderen lachen ihn aus.» Hubert zog seinen Cowboyhut tiefer ins Gesicht.

«Bist du deshalb so oft in der Kirche in letzter Zeit, erbittest du darum so unaufhörlich den Segen des Herrn?», fragte Ewald.

Hubert blieb dem Pfarrer eine Antwort schuldig. Stattdessen zog er seinen Cowboyhut noch ein wenig tiefer ins Gesicht.

Alfried ließ den Blick umherschweifen. Er schweifte über den Strandhafer, die schwarze Krähenbeere, den Sandthymian, das Silbergras und das Gänsefingerkraut. «Geduld is ’n goot Kruut, dat wasst man nich in jeedeen Hoff[27]», gab er schließlich zu bedenken. Dann bückte er sich, um die Scherben des windzerschellten Geschirrs aufzuklauben. Die ostfriesische Rose auf der Kanne hatte den Sturz unbeschadet überlebt. Wohlwollend tätschelte Alfried die Scherbe und schob sie behutsam in die Tasche seiner Korvettenkapitänsjacke.

---

27 Geduld ist ein gutes Kraut, es wächst aber nicht in jedem Garten.

Mit einem Mal pochte es sacht von oben. Es war Adam, der von innen gegen ein Fenster des Miniaturtrauzimmers geklopft hatte. Für Hochzeiten wurde es seit einigen Jahren nicht mehr genutzt, denn deutschlandweit waren die Eheschließungszahlen merklich rückläufig. Adam sollte von der Heiratsmuffeligkeit der Deutschen profitieren.

Hubert lüpfte seinen Hut und verabschiedete sich von Alfried und Ewald.

Als Hubert in das Ex-Miniaturtrauzimmer kam, hockte Adam im Schneidersitz vor der Backskiste. Sein Weltrückzugsort war so reizarm wie nur möglich eingerichtet. Es gab ein astronomisches Kinderteleskopfernrohr mit Stativ und einer Brennweite von vierhundert Millimetern. Unter den Fenstern standen kniehohe Bücherregale, deren Bretter Hubert angeschrägt hatte, sodass sie sich dem Rund der Leuchtturmwand anpassten. Vor den gewölbten Fenstern waren Gardinen aus einem stattlichen Verdunklungsstoff angebracht. Hubert hatte dafür extra bei der norddeutschen Marinedivision der Bundeswehr angefragt. Der zuständige Befehlshaber hatte ihm sechs Meter Stoff zukommen lassen. Selbstverständlich mit dem Befehl um Geheimhaltung dieses illegitimen Transfers. Die Gardinenstangen waren zunächst normal gerade gewesen. Hubert hatte sie über dem Backstubenbackofen seiner Schwiegereltern erwärmt und zurechtgebogen. Zurechtgebogene Gardinenstangen sowie Bundeswehrverdunklungsstoff konnten bei einhundertprozentigem Rückzugsbedarf einhundertprozentig geschlossen werden. Im Fall der Fälle, wenn Adam die Welt zu viel wurde und er seinen Rückzugsort brauchte, war es hier auch tagsüber dunkel wie in der Nacht. Der Leuchtturm war für Adam zu einem Freund geworden. Neben Martha sein einziger. Der Leuchtturm gewährte ihm Geborgenheit und Schutz. Wenn Adam im Gulfhaus war, schaltete Hubert stets den Kohlebogenscheinwerfer ein. So bot der Turm auch dort sichtbare Orientierung.

Momentan waren alle Gardinen beiseitegezogen. Konzentriert schrieb Adam etwas in das Notizbuch, das er von Oda zum Schulanfang bekommen hatte. Auf den Einband des steingrauen Pappumschlags hatte sie das Bild *Der Wanderer über dem Nebelmeer* gezeichnet. Seit Adam dieses Gemälde zum ersten Mal gesehen hatte, hatte er begonnen, sich für Wolken zu interessieren. Jeden Tag nach der Schule widmete er sich hingebungsvoll deren Studium und erstellte Übersichten sowie Systematiken.

Hubert schaute Adam über die Schulter.

1) Kumuluswolken (tief): Blumenkohl: fröhlich, gut gelaunt
2) Altokumuluswolken (mittelhoch): größere Schäfchen / Bäusche: müde?
3) Zirruswolken (hoch): Haarlocke: ???
4) Andere Wolken: Perlmuttwolken, nachtleuchtende Wolken, Fallstrickwolken, Mamawolken
5) Wolkensprichwörter:
   a) auf Wolke sieben
   b) aus allen Wolken fallen
   c) wie auf einer Wolke schweben
6) Wolkenfarben
7) Wolkenhäufigkeit

Neben den Wolken war Sprache zu Adams zweiter Leidenschaft geworden. Er wollte sie vollständig erforschen. Dieser Forscherdrang speiste seine Kraft aus den Schwierigkeiten, die Sprache hinter der Sprache zu verstehen. Sprichwörter und Redewendungen verstand Adam schwer. Einige gar nicht. Mit Beginn seiner Schulzeit hatte er bemerkt, dass sich seine Mitschüler über ihn lustig machten. Nicht immer waren Martha oder der Leuchtturm oder eine ganze Insel da, um ihn in Schutz zu nehmen. Also war die einzige Möglichkeit, seine junge Seele vor Angriffen zu schützen, Sprache vollständig zu durchdringen. Adam las inzwischen anspruchsvolle Fachbücher. Sein Lieblingssachbuch war unangefochten ein dicker Wälzer mit dem Titel *Soziolinguistik für Anfänger* von Matthias Hartig. Ein Wälzer, der normalerweise auf der Lektüreliste von Erstsemestern der Linguistik stand. Die Soziolinguistik brachte Adam genau das näher, was andere sagten. Sie erfüllte ihn mit einer zwischenmenschlichen Wärme, dem Ansatz eines Verstehens, gekleidet in eine ihm verständliche Sprache, frei von Tropen, Gleichnissen, Vergleichen, Metaphern, Alliterationen, Chiasmen, Ellipsen, Hypallagen, Ironie, Periphrasen, Tautologien oder Zeugmata.

Romane hingegen gehörten kaum zu seinem Leseschatz, stillten seinen Sprachwissensdrang nicht, schafften es nicht in seine individuelle Bestsellerliste. Oda hatte ihm zu Testzwecken Bücher aus drei Kategorien vom schwimmenden Bücherbus besorgt.

1) Kategorie für Erwachsene: *Fräulein Smillas Gespür für Schnee* von Peter Høeg. Für Adam war Smilla zu undurchsichtig und wolkenverhangen. Ihm war während der Lektüre ständig kalt gewesen. Er hatte den Roman nach fünfzig Seiten abgebrochen.
2) Kategorie für Jugendliche: *Wir Kuckuckskinder* von Anatoli Pristawkin. Adam hatte das Buch zu grau-

sam und gewittrig gefunden und bei dieser Lektüre ebenso gefroren. Er hatte das Buch nach einundzwanzig Seiten abgebrochen.

3) Kategorie für Kinder: *Siebenstorch* von Benno Pludra und Johannes K. G. Niedlich. Diesem Buch hatte Adam wegen des wundervollen Titels mehr Zeit gewidmet, aber auch das nicht beendet.

«Kommst du gut voran mit deiner Wolkenübersicht?», wollte Hubert wissen.

«Ja. Ich habe noch eine Menge zu tun und hoffe, das stört dich nicht.»

«Keineswegs. Ich habe auch noch zu tun. Es ist großartig, wenn wir beide hier oben sitzen und die Welt Welt sein lassen.» Hubert nahm hinter dem ovalen Tischchen Platz, auf dem sich zu Miniaturtrauzimmerzeiten die Blumenvase und das Satinringkissen mit Ankerstickbild befunden hatten. Aus seiner Jackentasche zog er einen Briefumschlag. Darin steckte ein verblichenes Foto, aufgenommen Mitte der siebziger Jahre. Es zeigte ihn und seine Eltern vor dem Nationaltheater in Prag. Hubert betrachtete es lange, dann schloss er die Augen und dachte darüber nach, wie gebrochen seine Familie damals schon gewesen war.

KAPITEL 21

BAD KISSINGEN II

Der Mann hinter dem fettverschmierten Tresen trug eine fettverschmierte Schürze und hobelte mit einem gewaltigen Messer Fleisch von einem armseligen Dönerspieß. Von Entsetzen erfüllt, saßen Adam und Zola an einem Tisch einer Bahnhofsimbissbude. Aus einem ihnen unerklärlichen Impuls heraus hatten die beiden, nachdem sie den Diebstahl des Bullis bemerkt hatten, an das Portal der Sankt-Jakobus-Kirche geklopft, die einen matten Lichtschein in das Dunkel der Nacht warf. Erstaunt hatte Pfarrer Neumüller geöffnet. Im Anschluss an einen Blick in Adam und Zolas verzweifelte Gesichter, kurzes Nachfragen und Zuhören waren sie losgelaufen. Nachdem die drei im strömenden Regen sämtliche Seitenstraßen rund um die Kirche abgesucht hatten, war der letzte Zweifel unwiderruflich hinweggespült worden. Der Bulli war weg. Erneut hatte Zola begonnen, stumm zu weinen, und Adam überlegt, was er sagen konnte, um sie zu trösten. Der Pfarrer war schneller gewesen. Nur eine Millisekunde hatte er Zolas kajalstiftverschmierte Augen betrachtet und angeboten, dass Adam und Zola die Nacht in seinem Pfarrbüro verbringen konnten. Die beiden hatten abgelehnt. Sie wollten unverzüglich die Heimreise antreten. Adam nach Berlin. Zola nach Göttingen.

Nun saß Adam in außerplanmäßigkeitsinduziertem Schmerz auf seinem Bahnhofsimbissstuhl. Mit dem Bulli war sein Koffer verschwunden und mit ihm dessen Sieben-Sachen-Inhalt. Den Verlust von sechs der sieben Sachen konnte er verkraften. Nur einen nicht. Den des Notizbuches seines Vaters. Es war das letzte Band, das ihn mit Hubert verknüpfte. Es war das letzte greifbare Zeugnis von ihm. Es war das Letzte, was ihm sein Vater vor seinem Verschwinden geschenkt hatte. Überdies war da noch der Koffer selbst. Er hatte einst Leska gehört. Mit ihm war sie vor über fünfzig Jahren aus Odkiseník nach Platteoog gekommen. Der Koffer war Symbol für Adams Familie. Er war Ursprung, Anfang, Auftakt. Auftakt einer Gemeinschaft, der am dreizehnten April zweitausendeins ein schonungsloser Schnitt zugefügt worden war. Gleich einer beinahe zwanzig Jahre alten Wunde. Adam hatte gehofft, er könnte die Wunde heilen, war über seinen Schatten gesprungen, aus seiner Höhle gekrochen. Und nun? Noch bevor er irgendeine Spur seines Vaters verfolgen konnte, musste er abbrechen.

Glücklicherweise steckte Adams Geldbörse in seiner einsteingrauen Sakkotasche. So würde er wenigstens das Essen und die Fahrkarte nach Berlin bezahlen können. Aber das Wie der Fahrt erfüllte ihn mit Panik. Zola hatte auf ihrem Handy die nächstmögliche Fahrverbindung herausgesucht. Er musste die Bahn nehmen, obgleich er damit trostlose Erinnerungen verband. Es war ein Graus. Der Zug fuhr um dreiundzwanzig Uhr vierzehn nach Schweinfurt, dort hatte man fünf Minuten Umsteigezeit, im Anschluss fuhr man weiter nach Bamberg, dort hatte man sechsunddreißig Minuten Umsteigezeit, schließlich ging es nach Berlin. Alles in allem sieben Stunden und zwölf Minuten. Adam spürte, dass er nicht die Kraft besaß, eine derart lange Reise auf sich zu nehmen. Und ohne seinen treuen Kofferbegleiter schon gar nicht.

Einen Schritt zurücktreten.

Systematisieren!

«Döner ist fertig», rief der Mann hinter dem Tresen und stellte zwei Teller vor Adam und Zola auf den Tisch. Für Adam einen mit, für Zola einen ohne Fleisch. Wortlos griff Zola nach dem prall gepackten Fladen.

Tja, Herr Dr. Riese, da haben wir den Salat. Salat und Fleisch und Brot und Soße. Die neongelbe Leuchtreklametafel in Adams Kopf war in ihrem Element.

Ein Döner stellte für Adam eine noch größere Herausforderung dar als eine sieben Stunden und zwölf Minuten lange Bahnreise. Doch er hatte raupenimmersatten Hunger.

Einatmen.

Ausatmen.

Adam langte kühn nach der Gabel, klappte seinen Döner auseinander und aß erst den kompletten Rotkohl, dann den Weißkohl, die Tomaten, die Gurken, den Salat, das Fleisch und zum Schluss das Brot.

Zola war unterdessen längst fertig und zog ihr Handy aus dem Rucksack. «Scheiße», stieß sie aus und warf ihr Telefon auf den Tisch.

«Was ist los? Wir haben doch augenscheinlich den Höhepunkt der Dramatik längst erreicht», sagte Adam brotkauend.

«Nun ja.» Zola drehte ihr Handy so, dass Adam lesen konnte, was auf dem Display geschrieben stand.

Fahrt fällt aus.

Adam begann, an seinem Dönerpapier zu knibbeln. «Wie ist die Ankündigung für deinen Zug nach Göttingen?», fragte er und wunderte sich, wie gefasst seine Stimme klang.

«Mein Zug fährt, aber ich lass dich nicht allein. Außerdem kann ich so noch mal nach meinem Bulli suchen.»

«Danke, das bedeutet mir sehr viel.» Adam lächelte.

Zola wischte sich entschlossen über die Augen. «Glückwunsch übrigens zu deinem erfolgreichen Durcheinanderessen.»

«Das war gar nicht so schwer. Tatsächlich ein sehr schmackhaftes Gericht, damit hätte ich nicht gerechnet.»

«Sag bloß, du hast noch nie einen Döner gegessen?»

«Das war mein erster. Apropos Döner. Vielleicht sollten wir das Angebot von Pfarrer Neumüller annehmen und in seinem Büro übernachten.» Adam gähnte.

«Ein guter Plan. Dass ich das mal sagen würde, Pläne sind sonst nicht so meins.» Zola schob das Handy in die Seitentasche ihres Rucksacks.

Der Mann hinter dem Tresen band seine Schürze ab und hängte sie an einen Haken neben dem sich nicht mehr drehenden Dönerspieß. «Leute, ich mache jetzt Feierabend.»

Zola stöhnte auf. «Du hast es gehört, hier können wir nicht bleiben. Ob der Pfarrer um diese Zeit noch wach ist? Bestimmt schlummert er schon und zählt seine Schäfchen.»

Adam holte sein Handy aus der Tasche seines einsteingrauen Sakkos. Dabei fiel der Briefumschlag heraus, den ihnen Erna Kowalski in der Bräugasse hingeworfen hatte. Das Telefon vermeldete einen verpassten Anruf der Buchhandlung *Matzerath & Söhne* sowie eine neue Nachricht auf der Mailbox. Adam rief diese an und stellte den Lautsprecher auf laut.

«Herr Riese, hier spricht Undine. Also, Frau Abendroth von Matzerath & Söhne. Wussten Sie, dass ich Undine heiße? Meine Mutter war eine glühende Verehrerin von Ingeborg Bachmann … Was rede ich da. Also, ich mache mir Sorgen.

Sie hatten das Buch Die Erfindung der Sprache *bestellt. Es liegt bei mir im Laden, Sie haben es nicht abgeholt. Das ist noch nie vorgekommen. Hoffentlich geht es Ihnen gut. Also … tschüsschen.»*

«Das klingt ja, als sei die verknallt in dich.» Zola schulterte ihren Rucksack.

Adam entgegnete nichts. Frau Abendroth sollte verliebt in ihn sein? Bisher war, soweit Adam das beurteilen konnte, noch niemals irgendeine Frau in ihn verliebt gewesen. Er tippte seufzend auf den Briefumschlag von Frau Kowalski. «Nur um sicherzugehen, der Vollständigkeit halber, frage ich das. Eine Fahrt nach Prag steht nicht mehr zur Debatte, oder?»

«Ich glaube nicht. Leider habe ich wenig Zeit. Mit dem Bulli wäre das etwas anderes gewesen. Aber mit der Bahn dauert es sieben Stunden, wenn sie dann überhaupt mal fährt. Mit dem Auto wären wir etwa bei viereinhalb.»

«Ist dein Zeitmangel durch die wiederholten Anrufe von Arschloch begründet?» Dieser Satz hatte Adams Mund zu eilig verlassen. Das spürte er, als er bei dem Wort *Arschloch* angekommen war.

Der zweite Arschloch-Fauxpas des Tages. Wäre es technisch möglich, wären Blitze aus Zolas Augen geschossen.

«Tut mir leid», sagte Adam beschwichtigend.

«Geschenkt.»

Vor dem Bahnhofsgebäude stand ein Taxi. Der Fahrer war eingeschlafen. Vorsichtig klopften die beiden an die Seitenscheibe des Wagens. Nach sieben Minuten beziehungsweise drei Komma vier Kilometern standen Adam und Zola wieder vor der Sankt-Jakobus-Kirche. Pfarrer Neumüller saß auf den Stufen vor dem Portal. Er erhob sich, als das Taxi hielt.

«Woher …?», fragte Adam.

«Die Wege des Herrn sind manchmal doch ergründlich. Hinzu kommt mein Instinkt», sagte Neumüller und führte die beiden in sein Pfarrbüro, wo er bereits alles für die Nacht vorbereitet hatte. Auf jedem der beiden Kissen auf der ausgeklappten Doppelklappliege lag ein Tütchen Gummibärchen mit dem Aufdruck *Schlafschäfchen.*

Als Adam am nächsten Tag erwachte, fühlte er sich ausgeruht. Sonderbar ausgeruht.

Dass du dich da mal nicht täuschst.

Sieh an, dachte Adam, die neongelbe Leuchtreklametafel war auch schon munter. Er drehte sich vom Rücken auf die Seite, auf welcher er die schlafende Zola vermutete, und erschrak. Zola war verschwunden. Der Abdruck ihres Körpers auf dem verrutschten Bettlaken war noch deutlich erkennbar. Adam streckte seine Hand aus. Ein warmer Bettlakenkörperabdruck. Es konnte nicht lange her sein, dass Zola aufgestanden war. Adam tat es ihr gleich.

Neumüllers Büro erinnerte ihn an sein Wohnzimmer. Ob bei ihm zu Hause in Berlin alles in Ordnung war? Aber was sollte schon sein? Es gab niemanden, der ihn vermissen würde. Außer vielleicht …? Adams Gedanken wanderten einen kurzen Augenblick zu Undine Abendroth. Konnte es tatsächlich stimmen, dass die Buchhändlerin heimlich in ihn verliebt war? Undine. Was für ein ungewöhnlicher Name.

So schnell, wie er gekommen war, verwarf Adam den Undine-Gedanken. Ein neuer nahm seinen Platz ein. Die Universität. Wussten die Studenten inzwischen von seiner vorläufigen Suspendierung? Wahrscheinlich ja. So wie er seinen Kollegen Thomas Nacht kannte, hatte er inzwischen alle informiert, und zwar die, die es wissen wollten, und die anderen vorsorglich auch. Eines war sicher. Adam musste sich bei seiner Großmutter melden. Er musste ihr berichten, was seine Nachforschungen ergeben hatten. Vor allem musste er sich nach dem gesundheitlichen Zustand seiner Mutter erkundigen. Wie es ihr wohl ging? War sie wieder zu Kräften gekommen?

Einatmen.

Ausatmen.

Auf der Suche nach seinem Handy hob Adam den Kopf und erblickte die Jesusfigur an der Wand.

Adam vermeinte, den Gekreuzigten milde flüstern zu hören: *Ihr sollt niemanden unter euch Vater nennen auf Erden; denn einer ist euer Vater, der im Himmel ist.*

Was für ein bescheuerter Trost, oder? Das klingt ja, als wäre dein Vater tot, sagte die neongelbe Leuchtreklametafel.

Adam kam nicht umhin zuzustimmen.

Auf dem Stuhl vor dem Ebenholzschreibtisch lagen eine kohlenschwarze Hose, ein Paar rußschwarze Socken, eine anilinschwarze Unterhose und ein steckdosenweißes Hemd. Adam lächelte in großer Zufriedenheit. Schwarz und Grau waren ihm treue Farbwohlfühlverwandte. Da störte nicht einmal das Steckdosenweiß des Hemdes. Außerdem sah Adam eine Tube Zahncreme, eine Zahnbürste, ein Deo der Duftrichtung *Clean & Comfort*, eine Flasche Wasser, einen Apfel, eine Tüte, die den Duft frischgebackener Croissants verbreitete, sowie einen Stoffbeutel mit dem Aufdruck *Jesus Inside*. Die Sachen mussten von Pfarrer Neumüller sein. Adam wurde von einem Schwall grenzenloser Dankbarkeit durchflutet. Neumüller hatte sich wie eine besorgte Mutter ihres Kost- und Logiswohls angenommen. Wo gab es heute noch so viel Selbstlosigkeit?

Adam griff gerade nach der Kleidung über der Stuhllehne, als ein Juchzer von draußen durch das angekippte Fenster des Pfarrbüros drang. Unverkennbar ein Zola-Juchzer. Adam glaubte kaum, was er sah. Vor dem Fenster auf der Straße stand Zolas Bulli. Adam hätte es nicht überrascht, wenn der Gekreuzigte an der Wand angefangen hätte, Nenas Zeilen *Wunder geschehen, ich hab's gesehen* zu singen. Soweit Adam es von seinem Beobachtungspunkt aus beurteilen konnte, war der Bulli zwar wieder da, jedoch in einem schrecklichen Zustand. Wobei. Schrecklich war dieser bereits vor seinem Verschwinden gewesen. Aber das übertraf alles. Nichtsdestotrotz streichelte Zola über die rudimentäre Karosserie wie über die zarte Haut eines neugeborenen Babys.

Adam gab einige Deostöße *Clean & Comfort* in seine Achselhöhlen, zog sich die frische Kleidung über, biss in ein Croissant und eilte nach draußen.

«Es ist ein Wunder.» Zolas Wangen waren überschwangsrot getupft. Sie trug ein altertümliches, langärmeliges Kleid in Eierschalenbraun mit ginstergelben Blüten. Dazu eine birkenweiße, blickdichte Strumpfhose. Das Ensemble musste von Pfarrer Neumüllers Mutter stammen. Stürmisch fiel Zola Adam um den Hals. Aus ihren Achseln entstieg ein Hauch *Clean & Comfort.*

«Ich kann es kaum glauben, mein Bullichen ist wieder da. Ein Träumchen. So schnell wie möglich werde ich der Kirche beitreten.»

Neumüller lächelte verrutscht. Er schien zu wissen, was von solchen Ankündigungen zu halten war. «Haben Sie gut geschlafen, Herr Riese?», erkundigte er sich.

Adam nickte.

«Na, dann kann es ja losgehen. Die Goldene Stadt. Glauben Sie es oder nicht, ich war bisher nie dort. Wenn ich hier abkömmlich wäre, ich würde glatt mitkommen.»

Adam überlegte, welchen Teil der Reiseplanung er nicht mitbekommen hatte.

«Wir müssen uns sputen, nach unserem Ausflug nach Prag muss ich fix zurück nach Göttingen. Beeil dich, Adam, es ist noch früh, da kommen wir schneller durch.» Zola strich sich über den Stoff ihres Kleides.

«Nach Prag? Damit?» Adam wies auf den Bulli beziehungsweise auf das, was von ihm übrig war. Von nahem betrachtet war sein Zustand noch weit schauerlicher als aus der Distanz zunächst vermutet.

«Womit denn sonst?»

«Zola, wie soll ich es ausdrücken. Der Wagen war bereits vor seinem Verschwinden verkehrs- und sicherheitstechnisch ein Wagnis, aber das?» Adam starrte auf die Karosserie, die derart verbeult war, dass sie kaum noch an ein Fahrzeug erinnerte. Das breite Gewebeklebeband hatte sich fast vollständig gelöst und den gottesanbeteringrünen Lack von der Karosserie abgezogen. Der rechte Kotflügel sah aus, als hätte man versucht herauszufinden, wie vielen Gegen-Hindernisse-Fahrten er standhalten würde. Der Auspuff hing seidenfadengleich vom Unterboden. Das Heckfenster zierten reichhaltige Risse. Vorn fehlten die Scheibenwischer. Ebenso die Seitenspiegel. Mit dem Wagen musste jemand in der Nacht eine halsbrecherische Tour unternommen haben. Jemand, der betrunken für die Stuntaufnahmen eines *The-Fast-and-The-Furious*-Films geprobt hatte. Ungewöhnlicher-, aber freundlicherweise hatte dieser Jemand den Schrottbulli genau an die Diebstahlstelle zurückgebracht.

«Ich kann dir die Entscheidung nicht abnehmen», sagte

Zola. «Aber ich weiß, was Hubert euch bedeutet hat. Ich weiß, was er meiner Mutter bedeutet hat. Wir sollten nach Prag fahren.» Sie öffnete die Beifahrertür, bückte sich ins Innere des Bullis hinein und zog Adams Koffer heraus. Wie den gewichtigsten Faktor eines wohlzurechtgefeilten Strafverteidigerplädoyers hielt sie das verlorengeglaubte Gepäckstück in den Bad Kissinger Morgenhimmel.

Adam barst vor Freude.

Er nahm Zola den Koffer aus der Hand und drückte ihn so fest an sich, dass er meinte, ihn bitten zu hören: *Ich bin zwar eine Hartschale, aber diesem Druck halte selbst ich nicht stand.*

Zola drehte eine Runde um den Wagen. «Dein Köfferchen hat die Fahrt in dem, das gebe ich zu, nun tatsächlich kaputten Bulli auch überlebt.»

«Vielleicht sollten Sie es doch wagen, nach Prag zu fahren», lenkte Neumüller ein.

Adams Versuch zu antworten wurde von einem Klingeln in seiner Sakkotasche durchkreuzt. Es war Leska.

«Adamčík, wie ist Befindung? Wie ist Stand von Nachforschung?»

«Nun ja, das ist ein wenig kompliziert», flüsterte Adam.

In Kurzversion berichtete er seiner Großmutter das, was in den letzten Stunden geschehen war.

«Ich habe Verwirrung. Hubertčík hat neue Familie gemacht?»

«Nicht ganz. Die Familie gab es schon. Es ging wohl von seiner Seite aus eher um Freundschaft, soweit ich das beurteilen kann. Doch auch aus deren Leben ist er verschwunden. Das war im Jahr zweitausendfünf.»

Leska sprach gedämpft mit jemandem. Adam glaubte schon, sie hätte ihn vergessen, doch schließlich wandte sie sich wieder an ihn. «Verrückte Geschichte. Grüße und Danke von Ubbočik, sitzt neben mir, ist ganz wissbegierig zu neuste Entwicklungen. Fremde, andere Familie oder ähnlich und auch verlassen. Ist verrückt. Aber gute Zeichen für Anfang. Deine Maminka wird freuen. Bestimmt wird auch essen, ist schon viel ausgedünnt. Sieht aus wie Strich in Landschaft. Ich glaube fest, du findest deine Otec. Vor allem ist Prag, ist Hauptstadt von meine Heimat. Mach bitte, meine Goldstückchen. Děkuji.»[28]

Da wusste Adam, dass er keine Wahl hatte. Er wusste es, wie man weiß, dass man schwanger ist. Wie man weiß, dass man durch einen Platzregen gleich nass bis auf die Knochen sein wird. Adam streichelte sachte über die Hartschale des Koffers, wie um sich zu beruhigen und den Koffer gleich ein wenig mit. Die Anwesenheit seines reiselustigen Gepäckstücks hatte ihm Sicherheit zurückgegeben.

Einen Schritt zurücktreten.

Einatmen.

Ausatmen.

«Ich fahre», sagte Adam in sein Handy.

Adam verabschiedete seine Großmutter. Er versprach, sich aus Prag zu melden.

Pfarrer Neumüller verschwand im Inneren der Kirche.

Als Adam gerade aufgelegt hatte, klingelte Zolas Handy. Sie nahm den Anruf entgegen und ließ schweigend das Schreien einer männlichen Stimme über sich ergehen. Eine Amsel, die in einem kratzbürstigen Hagebuttenstrauch am Straßenrand bis eben noch ein Morgenliedchen geträllert hatte, verstummte. Nach einer halben Minute drückte Zola den Anrufschreier weg.

---

28 Danke.

Adam wollte in den Bulli steigen und sah, dass sein Platz mit dem braunorangenem Karostoff bereits besetzt war. Von einer Katze. Erschrocken machte er einen Schritt nach hinten und wäre beinahe gestolpert. Es war genau jene zimtbraune Katze, der sie gestern bei Erna Kowalski begegnet waren. Katzenfell und Sitzpolsterstoff wirkten so harmonisch, als hätte ein Innenarchitekt das farblich extra ausgesucht.

«Huch!»

Die Katze zuckte, entfloh in den hinteren Bereich des Autos. Die Amsel, die gerade neu zu trällern angesetzt hatte, verstummte zum zweiten Mal.

«Hast du etwa Angst vor Katzen?» Zola öffnete die Fahrertür.

Verbissen überlegte Adam, ob er Zola von dem Zwischenfall mit der Katze erzählen sollte. Von jenem weit zurückliegenden Zwischenfall, bei dem ihn damals Marthas Katze gekratzt hatte und infolgedessen alles Katzenmäßige aus seinem Leben verschwinden musste. Bis heute hatte sich daran nichts geändert. «Mit einer Katze ist es mir unmöglich zu reisen. Ich möchte den Grund an dieser Stelle nicht näher erklären», erklärte er.

Zola ließ sich auf den Fahrersitz fallen, wobei sie eine Chipstüte inklusive Restkrümel plattdrückte. Die musste noch von der nächtlichen Spritztour der Interimsautodiebe stammen. «Hör mal Adam, du bist nicht der Einzige, der Probleme hat. Das Arschloch hat angerufen, du hast es dir sicherlich schon gedacht. Um es kurz zu machen. Das ist mein Ex. Wir hatten gute Zeiten, dann fing es an, schleichend, aus Versehen, wie er sagte. Am Ende ging es nicht mehr.» Zola schob die Ärmel ihres eierschalenbraunen Kleides nach oben hoch. Ihre Unterarme waren mit blauen Flecken in unterschiedlichsten Abheilungsfarben übersäht.

«Hast du das gemeldet? Hast du die zuständige Polizei davon in Kenntnis gesetzt?»

«Bringt nichts. Er ist selbst Polizist. Ich traue Polizisten nicht über den Weg. Ich bin erst mal raus von zu Hause. Dreh dich um.»

Die noch gestern hinter den Sitzen befindliche, mit einem Vorhängeschloss gesicherte Sperrholzplatte war aufgebrochen worden. Splitterige Holzstücke waren im rückwärtigen Bulliteil verstreut. Sie lagen auf einer Matratze mit Schlafsack. Daneben eine Taschenlampe, Bücher und eine leere Raviolidose. An dem Deckel klebten noch Resttomatensoßenschlieren, die sich die zimtbraune Katze gerade schmecken ließ.

«Eine Weile habe ich hier geschlafen, der Bulli war meine Zuflucht. Ich konnte sogar tagsüber weiter in meiner Praxis arbeiten. Und mich nebenher um die Tiere kümmern. Sie geben mir Halt und sind so verständnisvoll.»

Verständnisvoll. Die Katze hielt im Raviolirestsoßenschlecken inne, hob den Kopf, fuhr sich mit der Zunge noch einmal über die Schnauze und sprang mit einem eleganten Hopser auf Zolas Schoß.

«Siehst du, genau das meine ich.»

Tierkommunikatorin mit dem Schwerpunkt Katze, dachte Adam. War ihm diese ausgedachte Berufsbezeichnung vorgestern noch abwegig erschienen, war sie in diesem Moment absolut zutreffend. Er fürchtete Katzen außerordentlichst, würde sie nie mögen, ihnen sein Leben lang aus dem Weg gehen. Doch er fühlte eine enge Verbindung zu Zola und ihrer Katzenliebe. Er war froh, dass er sie hatte. Mit Zola an seiner Seite konnte er weitestgehend panikarm die Suche nach seinem Vater weiterführen. Zolas Unerschrockenheit gab ihm Sicherheit und Zuversicht.

Sie werden ja richtig sentimental, Herr Doktor, ereiferte sich die neongelbe Leuchtreklametafel.

Sogleich trat Pfarrer Neumüller aus dem Kirchenportal und schwenkte den Jesus-inside-Stoffbeutel in der Hand.

«Und dann kam dein Anruf», redete Zola weiter. «Das war mein Startsignal. Ich brauchte mal einen Tapetenwechsel. Zudem hatte ich schon seit längerem vorgehabt, etwas über Huberts Verbleib rauszukriegen, damit meine Mutter endlich zur Ruhe kommt. Sie macht sich seit Jahren Vorwürfe, glaubt, sie hätte etwas Falsches gesagt oder getan. Sie ist immer noch unglücklich verliebt in diesen Mann.»

Die Katze blickte Adam so ausführlich in die Augen, dass er den Kopf abwenden musste. Er legte den Koffer auf seinen Schoß.

«Jetzt hat er mich angerufen. Das Arschloch will eine Aussprache. Er will sich entschuldigen. Ich kenne das, das hatten wir schon so oft. Er wird sich nicht ändern. Aber er hat gedroht, wenn ich in zwei Tagen nicht bei ihm bin, fährt er bei meiner Mutter vorbei.» Verzweifelt kraulte Zola das Katzenfell, als könnte sie ihre Sorgen hinwegkraulen.

«Ich habe Angst, dass er ihr etwas antut.»

Pfarrer Neumüller klopfte gegen die Scheibe. «Ist eine Prag-Entscheidung gefallen?»

«Ja, wir fahren», antwortete Adam bestimmt.

«Sehr gut. Ich wünsche Ihnen eine gesegnete Reise. Hoffentlich macht der Wagen mit. Wenn das alles nicht hilft, nehmen Sie einen Schluck davon.» Neumüller reichte Adam ein schmalbauchiges Fläschchen. «Sie wissen ja, Bad Kissingen ist die Stadt der sieben Heilwasser.»

Adam nickte dankbar. Die Sieben. Seine geliebte Sieben. Vor dem abenteuerlichen Hintergrund der letzten Ereignisse war der Heilwasserumstand gänzlich aus seinem Kopf verschwunden.

«Ich gebe Ihnen etwas vom Luitpoldsprudel alt mit», erklärte der Pfarrer. «Das Wasser ist nach dem Prinzregenten Luitpold von Bayern benannt. Anwendung findet es bei Übersäuerung des Magens, aber auch bei Erschöpfungszuständen.»

Nachdem er sich bedankt hatte, schob Adam das Fläschchen in die Innentasche seines Sakkos. Zola zog derweil ihre hochhackigen Autoschuhe an und schnallte sich und die Katze fest. Adam stockte, weil unzählige Warnhinweise in seinem Kopf aufploppten. Die Katze sollte mitkommen? Sie gehörte doch bestimmt jemandem? Außerdem brauchte man für Katzentransporte doch sicherlich eine spezielle Vorrichtung oder einen Korb. Vielleicht war sogar ein Einreisedokument nach Tschechien notwendig? Oder eine Impfung? Adam wusste auch nicht, ob das Schengener Übereinkommen Katzen einschloss. Er holte tief Luft, um zum Sprechen anzuheben.

Sie weiß, dass das riskant ist, aber lass sie, sie hat genug durchgemacht, mahnte der Koffer auf Adams Schoß.

Anstatt aufzubegehren, schnallte Adam sich sowie den Koffer ebenfalls an.

«Ich wünsche Ihnen sehr, dass Sie Marie, Pavel oder Hubert finden. Lassen Sie mich wissen, wie das Ganze ausgeht. Ich bin neugierig. Abenteuergeschichten sind seit jeher meine Lieblingslektüre. Neben der Bibel natürlich, diesem ewigen Verkaufsschlager.»

Zola startete den Bulli. Der Motor rasselte, klapperte, schnaufte, ächzte, seufzte, hechelte und erstarb.

«Komm schon, Schätzchen. Ein bisschen schaffst du noch.» Zola versuchte es erneut.

Der Motor rasselte, klapperte, schnaufte, ächzte, seufzte, hechelte und erstarb.

Beim dritten Anlauf sprang der Motor umstandslos an, und Zola fuhr los. Die rudimentäre Karosserie des Bullis schepperte, als wären Adam und Zola Frischverheiratete mit einer rückwärtig angebundenen Blechdosenschlange.

Während der winkende Umriss Neumüllers im Rückspiegel fortwährend schrumpfte, sagte Zola: «Jetzt kommt mir der Pfarrer vor wie Albus Percival Wulfric Brian Dumbledore, der uns für den Weg ein Euphorie-Elixier mitgegeben hat.»

«Wie bitte?»

«Ich meine dieses Bad Kissinger Prinzregentenwasserzeug.» Zola beschleunigte. Mit einem dumpfen Rumpeln gab der Bulli sein Missfallen zu Protokoll.

«Beziehst du dich auf den Dumbledore aus den *Harry-Potter*-Filmen?»

«Aus den Filmen? Hast du nie die Bücher gelesen?»

Adam schüttelte den Kopf.

Das Autobahnschild kam in Sicht.

Mutig beschleunigte Zola. «Also, *Harry Potter* musst du lesen. Die Bücher sind exemplarisch für gutes Geschichtenerzählen.»

«Warum bist du derart versiert im Erkennen literarischer Strukturen?» Adam nahm das vorletzte Croissant aus der Tüte.

«Schon vergessen, ich bin die Tochter einer Lektorin.» Mutig fädelte sich Zola in den Autobahnverkehr ein. «Du verkörperst gewissermaßen, zumindest bis jetzt, den klassischen Vertreter einer Heldenreise. Insgesamt gibt es zwölf Etappen, du bist momentan so bei Etappe acht.»

Als Adam nachfragen wollte, wie genau Zola das gemeint

hatte, gab es einen verheerenden Knall. Die Katze erschrak, sprang von Zolas auf Adams Schoß, woraufhin der erschrak, aufschrie, die Katze erneut aufsprang und nach hinten in den Schlafsack flüchtete.

Zola drehte sich kurz um. Sie verriss das Steuer. «Das war der Auspuff und vielleicht noch was anderes.»

Zur Verabschiedung des Auspuffs und des Was-Anderem verabschiedete sich Adams Gesichtsfarbe. Er konnte sein Blut in den Ohren sturmrauschen hören.

Zola hatte sichtlich Mühe, das Lenkrad im Zaum zu halten. Sie wirkte wie ein zu kleiner Kapitän hinter einem zu groß geratenen Steuerrad bei zu hoch aufgepeitschter See. Der Bulli schlingerte. Sie schaltete die Warnblinkanlage ein. Das Klacken hatte denselben Takt wie Adams außer Rand und Band geratener Puls. Die Autos hinter Zola bremsten ab, um dem Gegenstand, der vor ihnen auf der rechten Spur lag, auszuweichen. Einige hupten, andere zeigten den Effenberg-Finger.

Adam krallte sich an seinen Koffer und schrie: «Anhalten, du musst sofort anhalten!»

«Das geht nicht, wer weiß, ob der Wagen wieder anspringt. Solange wir noch rollen, sollten wir rollen.»

Und was ist, wenn wir tanken müssen?, ging es Adam entgeistert durch den Kopf, während er innerlich bis sieben zu zählen begann.

KAPITEL 22

ÜBER DEN WOLKEN, UNTER DEN WOLKEN

Jetzt fängt der Ernst des Lebens an. Das verstand Adam nicht. Gewiss wusste er, was im übertragenen Sinne damit gemeint war. Gewiss hatte er den Satz in seine Notizbuchliste aufgenommen. Dennoch. Er erinnerte sich, dass seine Mutter diesen Satz gesagt hatte, als er in den Kindergarten gekommen war. Zum Grundschulbeginn war dieser Satz ebenfalls gefallen. Dann noch einmal zum Beginn von Adams Gymnasialzeit. *Jetzt fängt der Ernst des Lebens an.* An diesem Satz war viel zu viel unwahr. Paradox viel.

Da war zunächst der Ernst. Warum Ernst? Das Antonym, das Gegenteil, von Ernst war Heiterkeit. Waren nicht Kindergartenkinder immer sehr heiter, wenn der Schulanfang bevorstand? Freuten sie sich nicht, wenn es losging? Allerdings …

«Huhu, Erde an Adam.»

Adam glitt der Bleistift aus der Hand. Einundzwanzig Mitschüler lachten, während er sich bückte. Nur Nummer zweiundzwanzig lachte nicht. Es war Martha. Nachdem Adam den Kopf wieder gehoben hatte, drohten ihn die Sinneseindrücke des Klassenzimmers wie ein polysensorisches Wimmelbild zu erdrücken. Er sah Lehrer Ewer mit seinem zerknitterten, eichhörnchenbräunlichen Anzug und den gleichfarbigen Derbyschnürschuhen, er sah seine zweiundzwanzig Mitschüler mit ihren Jeans- und Cordhosen in Amselschwarz, Blaumeisenblau und Wellensittichgrün, ihre Pullover in Sperlingsbraun, Kleiberorange und Silbermöwengrau, er sah die Regale an den Wänden mit den bunten Buchrücken, er bemerkte den leicht muffigen Geruch im Klassenraum, eine Mischung aus vernachlässigtem Turnbeutel, aufgewühltem Pubertätsschweiß, überüberzuckerter Caprisonne, deftigen Wurstbroten und chemieschwerem Hubba Bubba. Die operationssaalhellen Deckenleuchtröhren verursachten ihm nagende Schmerzen hinter der Retina, er hörte das Ticken der Vogelstimmenuhr über der Tür, den rasselnden Atem einer asthmakranken Schülerin aus der ersten Reihe, das klagende Quietschen des Sandkippers vor dem Fenster, der die Weitsprunggrube gerade mit frischem Sand versorgte, und schließlich sprang, mit einem zarten Klack, der große Zeiger der Uhr auf die Zwölf. *Kuckuck.* Adam schloss die Augen.

«Herr Riese, wie oft muss ich noch nachfragen? Wann hat Johann Wolfgang Goethe gelebt?» Deutschlehrer Ewer knibbelte sauertöpfisch an seiner Gleitsichtbrille.

Adam hielt die Augen weiterhin geschlossen, weil ein weiteres Element zu dem Wimmelbild in seinem Kopf hinzugekommen war. Die erfragten Lebensdaten standen auf zwei Cumulonimbuswolken. Adam hatte einmal eine Kurzbiographie über Goethe auf dem Buchrücken von den *Leiden des jungen Werthers*, eines der Lieblingsbücher seines Großvaters, gelesen. Einmal. Sofort hatten sich die beiden Jahreszahlen in sein Gedächtnis eingegraben. Fast so wie eine Mücke in flüssiges Harz, die unzählige Jahre später als Bernsteinfossil wunderbar in Alfrieds Miniaturheimatmuseum gepasst hätte.

«Kommt da noch was?» Der Lehrer nahm seine Brille von der Nase und begann an ihrem Bügel zu kauen.

«Herr Ewer, Sie wissen es doch», sagte Martha, die neben Adam saß.

«Was soll ich wissen, Fräulein Maurus? Meinen Sie Goethes Lebensdaten oder Adams Spleen?»

Die Klasse lachte verhalten.

«Was meinen Sie damit?» Ein brennnesselgrünes Zögern legte sich über Marthas Augen.

Im gleichen Augenblick öffnete Adam die seinen. Die grelle Realität schickte Blitze durch seinen Kopf. Eine unbändige Sehnsucht nach der Verdunkelung im Leuchtturm fiel über ihn her. Adam nahm ein liniertes Blatt aus seinem Hefter. Er schrieb und schrieb. Danach schob er das Blatt zu Martha.

Sie las: «Spleen, auch Fimmel oder Tick, ist pejorativ gemeint. Es kommt ursprünglich aus dem Englischen und ist die Bezeichnung für die Milz. Die Milz ihrerseits ist der Sitz von Gemütserkrankungen und wird häufig in Zusammenhang mit Hypochondrie erwähnt.»

Der Lehrer wirkte verunsichert.

«Sehen Sie, wie schlau er ist.» Martha verschränkte die Arme vor ihrem Oberkörper.

«Schön und gut. Aber das war nicht die Frage. Ihr seid nicht in der Schule, um irgendwas zu antworten, sondern exakt auf das, was ich wissen will.»

In der Klasse wurde es unruhig. Einige Schüler begannen, sich gegenseitig mit Papierkügelchen zu bewerfen.

Adam blickte aus dem Fenster des in der vierten Etage befindlichen Klassenzimmers. Ein Zirruswolkenballett, zartweiß und seidig bebändert, trat dort für ihn auf. Ein Tanz unzähliger Kommatabüschel. Die Kommatabüschel ordneten sich neu. Sie ähnelten nun, wenn auch sehr, sehr vage, der Silhouette von Goethes Kopf. Adam lächelte. Er fragte sich, ob sein Lehrer wusste, dass Goethe sich mit den Wolken beschäftigt hatte.

Martha löste die Arme aus ihrer Verschränkung. «Warum helfen Sie ihm nicht? Es geht um den Klang. Dieser neue Klassenraum hat einen anderen Hall als der alte. Das erschreckt ihn.»

«Ich bin nicht die Wohlfahrt. Vielleicht ist Adam ungeeignet für die höhere Schulbildung?» Ewer fuhr mit der flachen Hand mehrfach über seinen Schreibtisch, so als würde sich dort ein Fleck sträuben, weggewischt zu werden.

Adam begann erneut, etwas zu schreiben und reichte Martha das Blatt.

«Es muss von Herzen kommen, was auf Herzen wirken soll.»

«Sagt wer?»

«Sagt Goethe. Der Goethe», las Martha weiter, «der von siebzehnhundertneunundvierzig bis achtzehnhundertzweiunddreißig gelebt hat.»

Es klingelte. Die Schüler stürmten hinaus. Adam verließ als Letzter den Klassenraum. Der Lehrer sah ihm lange hinterher und lächelte, als hätte die Frau, in die er jahrelang heimlich verliebt war, endlich seine Esseneinladung angenommen. Ewer bemerkte, dass er sich in Adam getäuscht hatte. In diesem Jungen steckte mehr Potenzial, als zunächst vermutet. Auf der nächsten Klassenkonferenz würde er sich für Adam starkmachen und darum bitten, ihn wohlgesinnt zu behandeln. Er würde anbieten, ihn unter seinen pädagogischen Denkmals- und Welpenschutz zu stellen. Und da Ewer die Tendenz zu langen Monologen eigen war und das Kollegium nicht den ganzen Nachmittag im Konferenzraum verbringen wollte, würde man seinem Ansinnen stattgeben.

Auf dem Heimweg hing Adam seinen Gedanken über Wetter und Wolken nach. Der Frühling wärmte das Salzwasser und kurbelte den Fortpflanzungstrieb von Seeringelwürmern, Wellhornschnecken und Strandkrabben an. Der Sommer ließ das Watt unter den nackten Füßen der Einheimischen und Touristen schmeichelnd glucksen wie eine zärtliche Massage durch geliebte Hände. Im Herbst dezimierten sich regelmäßig die Touristenzahlen. Die der Zugvögel, des Knutt und der arktischen Nonnengänse etwa, nahmen zu. Das Watt wurde zu ihrem Rastplatz auf dem Ostatlantischen Zugweg. Der Winter mit seinen handfesten Böen erhöhte die Flutzeiten und sorgte dafür, dass die Priele ihren Verlauf veränderten. In ganz frostigen Fällen sorgte eine feine Eisschicht für ein leises Knacken. Ein Klang, als würde man mit einem Löffel die Karamellschicht einer Crème brûlée zerstoßen.

Für Adam spielte der Lauf der Jahreszeiten und das, was da unter den Wolken wuchs, blühte, reifte und verging, eine Nebenrolle. Eine sehr, sehr kleine Nebenrolle. Die Hauptrolle spielte das, was hoch über seinem Kopf vor sich ging. Mit seinen nunmehr beinahe zwölf Jahren saß dieser Kopf auf einem weiterhin unterdurchschnittlich großen Körper. Beim Blick zu den Wolken jedoch merkte Adam wenig von diesem physischen Makel, so verbunden fühlte er sich mit dem, was am Himmel passierte. Zwar gab es keine jahreszeittypischen Wolken, aber bestimmte Formationen ließen Rückschlüsse auf das kommende Wetter zu. Schwierig war es dennoch. *Eine Vielzahl von physikalischen Faktoren muss dabei berücksichtigt werden*, hatte Christian Maurus erklärt. *Das ist selbst für einen erfahrenen Meteorologen sehr geheimnisvoll.* Christian war Adams Lieblingsgesprächspartner bei seinem Lieblingsthema. Als Meteorologe waren Wolken zwar nur ein Teilgebiet seines Arbeitsbereichs, nichtsdestotrotz konnte er viel über sie erzählen.

Adam war froh, dass dieser Schultag vorbei war und das sogar zwei Stunden früher als sonst. Er schob die Hände in die Taschen seiner Jacke. Vor der Kirche blieb er stehen. Er legte den Kopf in den Nacken. Für den frühen Abend war Hagel vorausgesagt. An der geheimnisvollen Weite über seinem Kopf klebte eine hohe Schicht vertikaler Cumulonimbuswolken.

«Na, mein Junge, so früh schon aus der Schule zurück?» Helge war von seiner Praxis auf die Straße getreten.

«Ja, die Lehrer sind fast alle krank. Offenbar haben sie eine Gastroenteritis.»

Helge lächelte. «Du solltest später Arzt werden.»

Energisch schüttelte Adam die semmelblonden Locken. «Nein, ich werde Meteorologe. Das steht fest, das ist unerschütterlich.»

«Warte kurz. Ich habe ein Medikament für deinen Vater.» Helge eilte mit wehendem Kittel, der an die Flügelunterseite einer Schneeeule erinnerte, in seine Praxis.

Seit beinahe einem halben Jahr litt Hubert unter Warzen an Händen und Füßen. Helge hatte ihn ausführlich über Ursachen und Behandlungsmöglichkeiten in Kenntnis gesetzt. Doch Hubert wollte nicht glauben, dass schlichte humane Papillomaviren der Auslöser sein sollten. Er glaubte vielmehr an ein komplexeres Zusammenspiel zwischen dem Dammbruch einer Absetzanlage im rumänischen Baia Mare, dem Hochwasser in Mosambik und dem Absturz einer französischen Concorde bei Paris. Diese Katastrophen hätten allesamt Einfluss auf die Umwelt und folglich auch auf die Trinkwasserqualität von Platteoog gehabt und diese wiederum seine Warzen verursacht. Oda versuchte,

Huberts Befürchtungen ernst zu nehmen. Sie hatte ihm wochenlang verschiedene natürliche Heilmittel in Flokum besorgt. Knoblauch, Bananen, Apfelessig, Kräutertinkturen, Teebaum- und Rizinusöl. Nichts hatte geholfen. Schließlich war Hubert mit einer schulmedizinische Salbe einverstanden gewesen.

Das rostbrüchige *DongDong* einer Lenkerglocke ließ Adam aufmerken. Alfried näherte sich auf seinem museumsreifen Fahrrad. Auf dessen Gepäckträger war ein Korb gebunden. In ihm lagen die Karten, Briefe und kleinere Päckchen, die mit der Fähre vom Festland angekommen waren und die Alfried an die Platteooger auslieferte.

«Moin, Adam! Wie gut, dass ich dich treffe. Ich hätte da was Postalisches für euch.» Quietschend brachte Alfried sein Fahrrad zum Stehen. Er überreichte Adam einen Brief.

Helge, der inzwischen zurückgekommen war, beugte sich neugierig über den Umschlag. «Der sieht ja ganz anders aus, als man es kennt.»

«Japan», sagte Alfried so stolz, als wäre das die Lösung für die Quadratur des Kreises.

Helges Gesicht wurde von einem Strahlen erhellt. «Ich habe da eine Idee. Schau auf die Rückseite.»

Behutsam drehte Adam den Umschlag.

> 竹林寺[29]*, Chikurin-ji (Kōchi),*
> *Sota Watanabe*

«Na, das ist ja ein Ding. Der ist von meinem Hebammenlehrmeister und unserem ehemaligen Sopran. Ich fand es sehr schade, dass er zurück in seine Heimat gegangen ist.

---

29 buddhistischer Zhulin-Tempel

Aber einem Ruf an das Keio University Hospital muss man einfach folgen.»

Adam verstand nicht, wovon Helge sprach. Die Wolken hatten inzwischen die Umrisse eines Trichters. Sie waren weiter gestiegen, und die Eispartikel in ihrem Inneren hatten sie an der Oberseite ausfransen lassen. Der Hagel würde nicht mehr lange auf sich warten lassen.

«Wer ist dieser geheimnisvolle Mann aus Japan?», erkundigte sich Adam.

«Von dem hast du doch sicherlich schon gehört. Das war der Arzt, der dich in den ersten Wochen im Krankenhaus auf der Neonatologie betreut hat.» Helge blickte kurz nach oben, denn das Licht wurde diffuser, der Wind mehr.

«Ich muss weiter.» Auch Alfried hatte das unaufhörliche Näherrücken des Hagels bemerkt. «Wenn die Post trocken zu den Platteoogern soll und ich danach noch trocken nach Hause kommen will, muss ich jetzt auch los.» Aus seiner museumsreifen Briefträgertasche zog Alfried ein durchsichtiges Regencape und legte es sich um die Schultern. Dann schlug er kurz gegen die Lenkerglocke, die *DongDong* machte, trat in die Pedale und radelte quietschend von dannen.

«Grüß alle ganz lieb von mir, Adam.» Helge tippte auf den Briefumschlag in Adams Hand. «Dieser Doktor kann Wunder vollbringen, wahrscheinlich sogar mit einem Fingerschnipsen Warzen verschwinden lassen.»

Nachdem Adam die Haustür aufgeschlossen, «Hallo, jemand da?» in den Flur gerufen und keine Antwort erhalten hatte, ging er davon aus, allein zu sein. Er musste sich sputen, da er den vorhergesagten Hagelschauer vom Leuchtturm aus beobachten wollte. Hagel faszinierte Adam. Er hatte gelesen, dass, wenn man ein Hagelkorn aufschneidet, mikroskopisch winzige Schichten wie bei einer Zwiebel zum Vorschein kommen. Hagel brauchte hohe, wasserreiche Wolken sowie Auf- und Abwinde. Seine Entstehung ließ sich mit einem außer Kontrolle geratenen Fahrstuhl vergleichen, wobei die Wassertröpfchen fortwährend eisiger und umfangreicher werden. Dadurch konnte Hagel Murmel- bis Tennisballausmaße und Fallgeschwindigkeiten von über einhundertfünfzig Stundenkilometern erreichen. Das durfte Adam nicht verpassen. Das musste er sich aus nächstmöglicher Nähe ansehen.

Ohne die Schuhe abzustreifen, lief er in die Küche, um seine Brotbüchse mit den Resten des gestrigen Montagabendessens zu holen. Am Kühlschrank hing eine Liste mit Mahlzeiten aus jeweils nur zwei Komponenten.

1) Montag: Nudeln mit Tomatensoße
2) Dienstag: Quark mit Kartoffeln
3) Mittwoch: Spinat mit Kartoffeln
4) Donnerstag: Milchreis mit Apfelmus
5) Freitag: Krabbenbrötchen
6) Samstag: Kartoffelsuppe mit Würstchen
7) Sonntag: Szegediner Gulasch mit Knödeln

Die Nudeln-mit-Tomatensoße-Büchse schob er in seinen Rucksack und hatte bereits die Hand auf die Haustürklinke gelegt, als er zögerte. Der japanische Brief. Adam hätte ihn beinahe vergessen. Flink zog er den Umschlag aus der Seitentasche seines Rucksacks, um ihn auf den Wohnzimmertisch zu legen.

«Mein großer Bruchpilot, du bist aber früh zurück.»

Adams Herz konnte sich nicht entscheiden, einen Schlag auszusetzen oder zu verdoppeln.

«Tut mir leid, ich wollte dich nicht erschrecken.» Hubert war nur zu hören, nicht zu sehen, so dunkel war es mittlerweile geworden. Selbst der Leuchtturm hinter dem Fensterquadrat war bloß noch schemenhaft zu erkennen.

«Wir hatten heute zwei Stunden eher Schulschluss. Warum ist denn die Lampe aus?» Adam schaltete das Deckenlicht ein. Erneut geriet sein Herzschlag durcheinander und entschied sich für das Aussetzen.

Hubert lag auf dem Sofa. Er hatte einen riesigen Hut aus Aluminiumfolie auf dem Kopf.

Vater und Sohn sahen sich an. Der Vater den Sohn mit einer Mischung aus Scham und Ertapptheitsgefühl. Der Sohn den Vater mit einer Mischung aus Angst und Belustigung.

«Du fragst dich, was das soll, habe ich recht?»

Adam nickte.

«Es ist schwierig zu erklären, wissenschaftlich auch nicht belegt.» Raschelnd zog sich Hubert die Folie vom Kopf. «Das Aluminium soll negative Energie von mir und auch von euch fernhalten.»

So als wüsste die Witterungslage punktgenau, was Hubert meinte, löste sich wie zum Beweis ein energiereicher Blitz. Adam hingegen wusste keineswegs, was sein Vater meinte. Dieser richtete sich auf und drapierte die Folie wieder auf seinem Kopf. Weil sie nicht halten wollte, stülpte er seinen Cowboyhut als eine Art Deckel darüber.

«Ich möchte gerne zum Leuchtturm. Geht das? Zudem habe ich noch zwei Dinge für dich dabei. Einmal ein Medikament gegen deine Warzen von Helge. Außerdem überbringe ich den Brief eines japanischen Soprans.»

Nun war es Hubert, der nichts verstand.

Dr. Sota Watanabes Brief hatte Platteoog in einen Ausnahmezustand versetzt. Einen charmanten, keinen bedrohlichen. Alle hatten den japanischen Arzt in wunderbarer Erinnerung. Er war für sie das Sinnbild eines Mannes, der eine Weisheit ausstrahlte, die sie magisch angezogen und die Insel einst mit internationalem, ostasiatischem Flair überzogen hatte. Leska war deswegen ein wenig beleidigt. Immerhin hatte auch sie einst reichlich östliches Flair mitgebracht, wenn auch nicht von ganz so weit östlich.

Sotas Abreise lag nun acht Jahre zurück. Zweimal hatte er sich in dieser Zeit gemeldet. Beide Male mittels Postkarten. Die erste hatte ihn Arm in Arm mit einer Frau auf der Vorder- und der Verkündung seiner Vermählung mit Sakura, einer Tokyoter Krankenschwester, auf der Rückseite gezeigt. Die zweite Postkarte war uneindeutiger gewesen. Sie hatte auf der Vorderseite die Drei Heiligen Berge von Dewa gezeigt. Auf der Rückseite hatte gestanden:

Der Zimmermann bearbeitet das Holz, der Schütze krümmt den Bogen, der Weise formt sich selbst.

Dr. Watanabe hatte nun seinen Besuch in Platteoog angekündigt. Er wollte zu Adams zwölftem Geburtstag für eine Stippvisite auf die Insel kommen. Das traf sich gut und bewies, dass Sota rechnen konnte. Jedes Jahr stellte sich nämlich die Frage: Wann feiern wir Adams Schaltjahrgeburtstag? Neunzehnhundertachtundachtzig, neunzehnhundertzweiundneunzig und neunzehnhundertsechsundneunzig hatte sich diese Frage nicht gestellt. Dieses Jahr auch nicht, und es hatte sich obendrein ein schmerzlich vermisster Freund angekündigt. Eine betriebsame Vorbereitungswelle schwappte über Platteoog. Jeder eiferte auf seine Weise.

«Ich mache japanische Essen, Reis und rohe Fisch oder Ähnlichkeiten. Vor allem Fisch wir haben ja in mächtige Anzahl herumschwimmen», verkündete Leska.

«Ich entwerfe einen Fragenkatalog zu den Drei Heiligen Bergen mit Fokus auf dem Aspekt, wie man die am besten bezwingen kann», gab Ubbo bekannt.

«Ich besorge ein Goldenes Buch für die Insel, in das sich Dr. Watanabe eintragen kann, womit er dann der Erste wäre, was ein guter Start für eine neue Tradition ist», sagte Alfried.

«Ich informiere mich über neue Tendenzen in der traditionellen japanischen Medizin. Das könnte uns allen zugute kommen», schlug Helge vor.

«Ich hoffe, dass er etwas gegen meine vermaledeiten Warzen hat», wünschte sich Hubert.

«Vielleicht kann ich ihn als Interviewpartner für meine Radiosendung gewinnen», erhoffte sich Oda.

«Wahrscheinlich muss ich mit dem Fähranbieter sprechen, damit wir eine größere Menschenmenge nach Flokum transferieren können», überlegte Bonna.

Bonnas Sorge rührte daher, dass Dr. Watanabe angekündigt hatte, er würde an der Shell-Tankstelle in Flokum ankommen. Damit hatte er mit der Tradition gebrochen. Bisher waren wichtige Ereignisse ausschließlich am Hafen von Platteoog begangen worden.

Nur Adam blieb stumm angesichts des bevorstehenden Besuchs. Er verkündete nichts, er gab nichts bekannt, er sagte nichts, er schlug nichts vor, er wünschte, erhoffte und überlegte auch nichts.

Am Abend vor dem großen Tag hatte sich die halbe Insel am Leuchtturm eingefunden. Es hatte tagsüber ein wenig genieselt, aber der Regen hatte gegen achtzehn Uhr ein Einsehen gehabt. Die Temperaturen waren für Februar angenehm mild, und Hubert konnte am Leuchtturm ein großes, weißes Bettlaken entrollen. Mittels einer ausgefeilten Technik hatte er es an den vier Ecken so befestigt, dass es sich spannte wie eine Leinwand. Außerdem hatte er einen Projektor an einen Videorecorder angeschlossen und den ganzen Aufbau mittels einer Plastikregenschutzkonstruktion verschachtelt. Um neunzehn Uhr sollte es losgehen. Leska hatte großküchengroße Töpfe voller Popcorn vorbereitet. Zudem gab es Bier, Wein und Cola. Das erste ostfriesische Freiluftkino war ins Leben gerufen worden. Der erste Film, den die Insulaner sich gemeinschaftlich ansahen, war *Karate Kid.* Jedes Mal, wenn Mister Miyagi auf der Leuchtturmleinwand zu sehen war, wurde applaudiert.

Bier- und weinverkatert hatten sich zahlreiche Insulaner in den frühen Morgenstunden am neunundzwanzigsten Februar zweitausend an der Shell-Tankstelle in Flokum eingefunden. Leichter Nebel waberte über der Stadt und verlieh der Szenerie etwas Mystisches. Der Tankstellenwärter ließ seiner Verwunderung über einen derartigen Andrang unverhohlen freien Lauf. Man meinte, kleine D-Mark-Zeichen in seinen Pupillen aufblinken zu sehen. Leska hatte eine Schubkarre von Ubbo voller umfangreicher, transparenter Plastikdosen voller Gyōza dabei. Auf den fragenden Blick des Tankstellenwärters hin erklärte sie: «Sind Teigdingchen mit Krabben in Innerem. Ist traditionell in Japan und gut für Transport, weil sogar schmecken kalt. Gibt auch in meine Heimat, heißt Piroggen.»

«Soll das hier verzehrt werden?», erkundigte sich der Tankstellenwärter.

«Selbstverständlich. Warum ich sonst dabeihaben?»

«Ich weiß nicht, ob das geht.»

«Und ob das geht», schaltete sich Bonna ein. Sie legte die Hand administrativ gegen ihre Uniform. «Die Lage ist juristisch eindeutig.»

Der Tankstellenwärter verschwand im Inneren des Tankstellenhäuschens.

Adams zwölfter Geburtstag ging in all dem Trubel unter. Er stand neben Martha und hatte ihr Geschenk, ein laubfroschgrünes Notizbuch mit einem selbstgemalten Leuchtturm auf dem Einband, unter seiner Jacke geborgen.

«Wo er nur bleibt.» Alfried kaute nervös auf einem Gyōza herum.

«Er ist sicherlich gleich da.» Hubert nahm seinen Cowboyhut ab und maß die zweispurige Bundesstraße mit den Augen ab. Er fragte sich, aus welcher Richtung Dr. Watanabe kommen würde. «Wo genau liegt eigentlich Japan?»

Alfried schob sich den Rest des Gyōza in den Mund und zog einen museumsreifen Magnetkompass aus der Tasche seiner Korvettenkapitänsjacke. «Dahinten.» Vage wies er in Richtung einer Baumgruppe.

Das Warten wollte und wollte kein Ende nehmen. Nach einer geschlagenen Stunde gingen Leska und Oda zum Tankstellenhäuschen, um sich zu erleichtern. Adam und Martha standen ein wenig abseits und spielten Schiffe versenken. Helge und Alfried waren um die Ecke verschwunden, um in gebührlichem Tankstellenabstand zu rauchen. Hubert saß mit der linken Pobacke auf der Schubkarre und hielt Zwiesprache mit seinen Warzen.

Ein kehliges Mehrfachhupen ließ das verstreute Empfangskomitee auf die mittlere der drei Zapfsäulen zuströmen wie Eisenspäne hin zu einem Magnetkern. Sogar der Tankstellenwärter schlenderte heran. Der Traktor des mürrischen Bauern Alrich Schwennen tuckerte die Straße entlang. Er tuckerte so langsam, dass es schien, als würde er sich überhaupt nicht von der Stelle bewegen.

Und da saß er. Dr. Sota Watanabe, vollständig in Weiß gekleidet, hockte neben Schwennen und glich einem meteorologischen Schneegruß an einem viel zu milden Februartag. Er trug einen spitzzulaufenden Hut, zwischen seinen Beinen klemmte ein Stock.

Als der Traktor vor den Zapfsäule zum Stehen kam, sprang Sota herunter, verbeugte sich tief vor Bauer Schwennen, drehte sich zu seinem aufgeregten Empfangskomitee und verbeugte sich erneut.

«Minister Maggi, konchichicha.» Leska vollführte eine unbeholfene Verbeugungsandeutung, genauso, wie sie es getan hatte, als sie Dr. Watanabe vor exakt zwölf Jahren zum ersten Mal auf der Neugeborenenstation begrüßt hatte.

Sota umarmte Leska und klopfte mit seinem Stock vorsichtig auf den Tankstellenboden, worauf ein kleines Glöckchen bescheiden bimmelte. «Wie schön, euch alle zu sehen.»

«Wir freuen uns so.» Hubert umarmte Sota. Er nahm seinen Cowboyhut vom Kopf und tat einen Schritt nach hinten, um ihn besser mustern zu können. «Du hast dich verändert.»

«Ich weiß. Ich habe erkannt, es gibt keinen Weg zum Glück, Glücklichsein ist der Weg.»

Hubert, Oda, Adam, Martha, Alfried, Helge, Leska und Ubbo sahen den Gast verunsichert an.

«Ich denke, bezieht sich auf Traktor, wegen Langsamkeit», wagte Leska einen Interpretationsversuch.

Sota nickte. «Auch. Das ist eine längere Geschichte. Ich bin auf Pilgerreise. Für mich hat seitdem der Ernst des Lebens angefangen.»

Hubert setzte seinen Cowboyhut zurück auf den Kopf und hob die Augen. Sein Blick fiel auf das Shell-Tankstellensymbol. Die Muschel. Er nickte ihr entgegen, als wäre sie die Antwort auf eine Frage, die er schon lange in sich trug.

KAPITEL 23

PRAG I

Der Vogel Strauß wird zu Unrecht beschuldigt, ein Drückeberger zu sein. Wenn er den Kopf tatsächlich in den Sand stecken würde, bekäme er Sand in die Augen oder würde wegen des hohen Blutdrucks in Ohnmacht fallen. Nein. Der Vogel Strauß legt seinen Kopf lediglich flach auf den Boden, um sich bei Gefahr zu tarnen. Auch kleine Kinder, das ist allgemein bekannt, legen sich die Hände über die Augen und hoffen, nicht gesehen zu werden. In der Psychologie bezeichnet man dieses Phänomen als Objektpermanenz. Es meint die nichtangeborene Fähigkeit zu wissen, dass Objekte, die aus dem Sichtfeld verschwinden, weiterbestehen.

Auf der Fahrt von Bad Kissingen nach Prag passierte so etwas Ähnliches. Beim Losfahren hatte Adam die Angst, der Bulli würde nach dem Tanken nicht wieder starten, nicht ausgesprochen. Diese Angst bewahrheitete sich nicht. Es war, als hätte das Nichtaussprechen eine ähnliche Funktion wie falschinterpretiertes Vogelstraußverhalten. Das Losfahren nach einer Tank-, zwei Kaffee- und Brötchen- sowie drei Toilettenpausen klappte vorbildlich. Der Bulli machte keinerlei Anstalten zu versagen. Ganz im Gegenteil. Er schnurrte wie ein Kätzchen, sogar ohne Auspuff, was einem technischen Supergau gleichkam. Auch die Katze schnurrte in Zolas Schlafsack friedlich vor sich hin.

Das Katzenschnurren gab Zola Anlass, auf die Baby-Bedürfnis-Benachrichtigungsbox zu sprechen zu kommen. «Dein Vater hat mir und meiner Mutter von der BaBeBeBo erzählt. Zunächst haben wir ihn ausgelacht.»

Adam richtete sich im Beifahrersitz auf.

«Später habe ich erkannt, dass die Kommunikation von Babys und Katzen fast gleich ist. Sie sprechen quasi dieselbe Sprache. Eine Sprache, die nur bedingt lautlich ist, jedenfalls nicht wie unsere.»

«Selbst bei der gibt es Uneindeutigkeiten. Ich habe dazu geforscht. Das Thema meiner Doktorarbeit lautet: Die Arbitrarität von Signifiant und Signifié in Bezug auf die Entwicklung von Phraseologismen im Deutschen.»

Zola warf einen hilflosen Blick nach rechts. Adam musste sich redlich Mühe geben, nicht an Thomas Nacht zu denken. Seltsam. Warum hatte sich bisher noch niemand von der Universität wegen des Plagiatsverdachts bei ihm gemeldet? «Stell dir ein Brötchen vor», erklärte Adam. «Das Signifié ist das, was eine Sache *ist*. Und dann gibt es noch den Begriff, der diese Sache *benennt*. In unserem Fall also?»

«Na, Brötchen», antwortete Zola, unverändert hilflos blickend.

«Richtig, das wäre das Signifiant. Das kann allerdings verschieden sein. Der Berliner sagt Schrippe, weiter südlicher sagt man Semmel, im Südwesten Weck, die Schweizer sagen Mutschli, in Ostfranken hört man zuweilen Laabla ...»

«Okay, verstanden. Aber wie kommt man auf so was?», wollte Zola wissen.

«Sprechen beziehungsweise Nichtsprechen war stets ein Leitmotiv in meinem Leben. Ich habe spät angefangen zu reden. Es war für mich, als müsste ich die Sprache ganz neu erfinden. Das, was andere gesagt haben, hat sich mir nicht in der normalen Art und Weise erschlossen. Meine Brötchenerklärung zeigt das. Sprache ist eine Erfindung, genau wie es der Titel deiner Publikation sagt.» Adam erzählte Zola, wie seine Mathelehrerin ihn gebeten hatte, fertig abgezeichnete geometrische Figuren noch einmal in Grün in sein Heft zu malen. Er erzählte, dass er tatsächlich einen grünen Stift genommen hatte, um die Aufgabenstellung zu bearbeiten. Zola hatte Mühe, ein Lachen zu unterdrücken. Als Adam weitererzählte, die Angst, etwas falsch zu verstehen, sei der Hauptgrund, warum es ihm so schwerfiel, mit anderen Menschen auszukommen, verebbte Zolas Lachanflug.

«Hattest du schon mal eine Freundin, warst du schon mal verliebt?», fragte sie vorsichtig.

Adam überlegte, ob er Martha erwähnen sollte. Doch er entschied zu schweigen. Er schaute auf den Koffer zu seinen Füßen.

Dieser flüsterte ihm zwinkernd zu: *Ich liebe dich, wie du bist. Mit dir kann ich supergut schweigen.*

Adam musterte einen maiskolbengelben Porsche, der auf der linken Seite an ihnen vorbeirauschte. «Weißt du, Zola, Sprache an sich ist schon ein Rätsel, die Sprache der Liebe ist ein ganzes Rätselheft.»

«Das unterschreibe ich glatt. Aber wie dem auch sei, ich habe versucht, mit Hilfe der BaBeBeBo die Sprache von Katzen zu entschlüsseln. Pupillenausrichtung, Ohrenhaltung, Schwanzstellung, Schnurrgeräusche, Knurren, Zischen, Fauchen, Schnattern, Keckern … Die gemeine Hauskatze hat zum Beispiel zehn unterschiedliche Miau-Laute. Wie Hubert habe ich versucht, eine Systematik zu entwickeln und auf die Tiere zu übertragen.» Zola drosselte die Geschwindigkeit. «Wie Hubert habe ich natürliche Schreie, Juchzer, Quieker, Stöhner, Brubbler, Brummer und Knurrer aufgezeichnet, klassifiziert und bin zu der Schlussfolgerung gekommen, dass sich bestimmte …»

Ein unnatürliches Brummen unterbrach Zolas Ausführungen. Sie löste ihr Telefon aus der Haargummihalterung und starrte auf das Display. Der Motor des Bullis schien sich daran ein Beispiel zu nehmen. Er starrte gleichfalls. Sodann gab er ein bedrohliches Geräusch von sich, als hätte er sich spontan daran erinnert, dass er eigentlich nicht mehr fahrtüchtig war.

Adam hatte den unbedingten Drang, aus sicherheitstechnischer Notwendigkeit heraus die Bedienung des Lenkrads zu übernehmen. «Sollte das das Arschloch sein? Er hat nicht das Recht, unser Leben aufs Spiel zu setzen.»

Zola reichte Adam ihr Telefon. «Das war meine Mutter, sie fragt, wie es mir geht. Ist schon abgefahren. Du und ich, wir haben nicht nur gemeinsam, dass Hubert aus unserem Leben verschwunden ist, auch die Beschäftigung mit Sprache ist eine Gemeinsamkeit. Das ist unser Leitmotiv.» Zola setzte den Blinker rechts, um eine Ausfahrt zu nehmen.

«Zola, denkst du, wir werden Hubert in Prag finden? Wird unser Leitmotiv uns zu einem positiven Ende führen?»

«Ich weiß es nicht.»

Adam und Zola waren inzwischen bis zur tschechischen Autobahn Dálnice fünf gekommen. «Wir brauchen musikalische Untermalung», sagte Zola und wischte auf ihrem Handydisplay herum.

Gleich darauf ertönte Bedřich Smetanas *Die Moldau*. Eine anheimelnde Harmonie erfüllte die Fahrerkabine auf der Zieleinfahrt nach Prag. Das rondoartige Hauptthema von Smetanas Komposition ließ plätschernd Quellen, Stromschnellen, Landschaften und Bauernhochzeiten im

Inneren des Bullis Gestalt annehmen. Der Wagen hatte sich wieder beruhigt und kam umstandslos dem Zweck seines Daseins nach.

Für meinen Geschmack ist das zu viel Harmonie, ich brauche mehr Konflikt, ließ die neongelbe Leuchtreklametafel in Adams Kopf spielverderberisch verlauten.

Die Harmonie stellte sich taub angesichts solch einer unverschämten Provokation.

Zola fuhr schließlich in Prag ein. Die Stadt war in diesem Moment absolut eine goldene. Adam und Zola hatten entschieden, direkt zum Nationaltheater zu fahren, dessen Adresse auf dem Briefumschlag von Erna Kowalski stand. Bis dorthin blieben nur wenige Kilometer. Der Verkehr war mäßig, die Passanten beiderseits der Fahrbahn spärlich. Die Spärlichkeit konnte nicht verhehlen, dass das Klappern, das Scheppern und das hilfsbedürftige Aussehen des Bullis die Blicke auf sich zogen.

Die Moldau war jetzt nicht nur im Bulliinnenraum zu hören, sondern gleichwohl durch das Bullifenster zu sehen. Adam legte seinen Koffer auf den Schoß und klappte ihn auf. Er wollte seinem treuen Reisegefährten den wundervollen Blick auf die Metropole nicht vorenthalten. Schließlich war der Koffer ein ehemaliger tschechischer Auswanderer.

Eine rote Ampel an der Holečkova-Straße ließ sie anhalten.

Zola lächelte Adam zufrieden an. «Alles wird gut.» Als sie den ersten Gang einlegte, um weiterzufahren, passierte nichts.

Im fernen Afrika hob ein Vogel Strauß den Kopf vom Savannenboden.

Der Bullimotor erstarb mit einem sachten *Gluck*. Adam war mehr erstaunt über das sachte Geräusch als über das

Absterben an sich. Nach mehrmaligen Versuchen sowie einer Lawine unflätiger Schimpfwörter gab Zola den Versuch auf, den Bulli wieder zum Leben zu erwecken.

Adam rang um Fassung.

Einen Schritt zurücktreten.

Einatmen.

Ausatmen.

Eine Handvoll Passanten eilte zu Hilfe. Mit international vereinten Kräften schoben sie den Wagen an den Straßenrand.

«Du musst den Abschleppdienst anrufen.» Zola reichte Adam ihr Handy.

«Ahoj[30]», grüßte eine männliche Stimme.

Adam erinnerte sich an ein paar Brocken Tschechisch, die ihm seine Großmutter beigebracht hatte.

«Ahoj, Adamčík. Rozbitá auta, potřebují pomoc, zlato, jsou u mostu v Národním divadle a rychle odtáhnout.»[31] Adam war froh, dass Zola nicht verstand, was er geradebrecht hatte. Er zweifelte, dass das syntaktisch und semantisch sinnvoll war. Hatte der Mann vom Pannendienst überhaupt verstanden, worum er gebeten worden war?

Er hatte.

Nach zwanzig Minuten kam der Abschlepper, hievte den Bulli auf die Laderampe und schnallte ihn fest.

«Když je znovu celý a je schopen se pohybovat, prosím, můj zlatý kus[32]?», fragte Adam zögerlich.

---

30 Hallo

31 Hallo, Adam hier. Autopanne, kaputte Wagen, Hilfe brauchen, mein Goldstück, sind bei Brücke an Nationaltheater, Abschleppen rasch.

32 Wann ist wieder ganz und in der Lage zu bewegen sich, bitte schön, mein Goldstück?

«Ich spreche übrigens auch Deutsch. Ich empfehle einen Neuwagen, lasse die Möglichkeit einer Reparatur aber prüfen. Rufen Sie mich in einer Woche noch mal an.» Der Mann vom Abschleppdienst zwinkerte Adam zu. «Korrekte Sprache ist nicht so Ihr Ding, oder?»

Weder ein Pilsner Urquell für Zola noch eine Kofola für Adam sowie Lendenbraten mit Knödeln und Kraut für beide konnten für das Bullimalheur entschädigen. Doch der Körper hatte Verdauungsarbeit zu erledigen, die ein wenig ablenkte. Um nicht untätig herumzusitzen und passiv vor sich hin zu verdauen, hatten Zola und Adam entschieden, zum Theater zu laufen. Während sie schweigend Seite an Seite auf das Gebäude zustrebten, lugte die Katze mit dem Kopf aus Zolas Rucksack. Adam versuchte das Tier zu ignorieren und hielt seinen Koffer wie einen Schild vor die Brust gepresst. Er glich einem postmodernen König Artus auf dem Gang zu einer alles entscheidenden Schlacht. Den Jesus-inside-Beutel trug er über der Schulter. In Gedanken entwarf Adam eine Notfallliste, konnte sich aber kaum konzentrieren.

Und dann waren sie angekommen.

Der prachtvolle Neorenaissance-Bau direkt an der Leglí-Brücke war golddachbeschirmt und wirkte, märchenverwunschen, wie aus der Zeit gefallen. Die Sonne, diese famose Übertüncherin, schmunzelte von oben herab, so als hätte sie von den jüngsten Entwicklungen nichts mitbekommen.

«Wir gehen erst mal rein», übernahm Zola die Führung.

Die Katze miaute zustimmend.

Das Theaterfoyer strahlte verspielte Imposanz und Geschichtsträchtigkeit aus. Es war mit allegorisch verzierten Lünetten, großflächigen Platten zum Gedenken an wichtige Geschichtsereignisse und bronzenen Büsten geschmückt. Überall Bordeaux und Gold. Adam vermutete, dass es sich bei den Büsten um Prager Persönlichkeiten handelte. Welche berühmten Prager kannte er eigentlich? Er gab die Frage an Zola weiter.

«Auf Anhieb fällt mir bloß Franz Kafka ein. Im Grunde ist unsere ganze Reise sehr kafkaesk.»

«Václav Havel und Egon Erwin Kisch», ergänzte Adam.

«Zurück zu kafkaesk: Diffuse Angst, Unsicherheit, Entfremdung, so geht es mir gerade. Und dir?»

Just als Adam etwas entgegnen wollte, tippte ihm ein Finger von hinten auf die Schulter.

Der Finger gehörte einem Mann, der höflich mahnte: «You are not allowed to be here with this suitcase.» Sodann deutete er auf Zolas Rucksackkatzenkopf. «Unfortunately cats are also not allowed, although I like cats very much.»

Zola entschuldigte sich. Sie schlug vor, dass Adam sich allein umsehen sollte, während sie mit Koffer und Katze draußen warten würde.

Unschlüssig durchschritt Adam das bordeauxgoldene Foyer. Wonach sollte er eigentlich genau suchen? Er konnte doch nicht einfach jemanden fragen, ob er zufällig Marie, Pavel und Hubert Obri kannte. Oder Riese? Oder Géant? Wie groß war die Wahrscheinlichkeit, dass nach beinahe dreißig Jahren genau jetzt jemand im Theater sein würde, der die Familie Obri oder Riese oder Géant kannte? Auf Höhe einer deutschen Reisegruppe blieb Adam stehen.

«Hier sehen Sie eine Zusammenstellung berühmter

Schauspieler, die am Prager Nationaltheater tätig waren.» Der Reiseführer, der dem Magier David Copperfield ähnelte, entblätterte ein Postkartenleporello.

Adam trat näher.

«Nur zu, die können Sie gerne käuflich erwerben», sagte der Reiseführer, der annahm, Adam wäre Teil der Gruppe.

«Dürfte ich die Sammlung in Augenschein nehmen?»

Der Reiseführer reichte Adam die Bilderschlange. Eingehend betrachtete er die Schwarzweißaufnahmen. Frauen. Männer. Manchmal Paare. Geschminkt, mit Masken, aufwendigen Frisuren. Insgesamt dreimal begutachtete Adam die Ehemaligenbilder. Nichts. Enttäuscht gab er dem Mann das Leporello zurück.

«Ich hätte noch mehr, aber die sind nicht sortiert. Außerdem sind das nur die Abtrünnigen.» Davidcopperfieldmäßig zauberte er einen flachen Fotostapel aus seiner Gürteltasche.

Genau obenauf lag der Gesuchte. Es war eine verschwommene Aufnahme eines schätzungsweise dreißigjährigen Mannes. Er glich Hubert zum Verwechseln. Unter dem Bild stand *Pavel Obri*.

Einatmen.

Ausatmen.

Pavel Obri war vollständig in Schwarz gekleidet, auf dem Kopf trug er eine Art Haarreifen mit Fühlern. Vor ungläubiger Überwältigung griff Adam nach der Hand des Reiseführers. «Pavel.»

«Nein», der Mann befreite seine Hand. «Ich heiße Edgar.»

«Pavel.»

«Edgar.»

«Pavel.»

Der Reiseführer fuhr sich beirrt durch die Haare. Als Adam ihm einen Kuss auf die Stirn gab, drehte er sich weg.

«Diese Schauspieler», sagte er an die Reisegruppe gerichtet. «Ich glaube, die proben ständig. Wahrscheinlich nach der Stanislawski-Methode, inneres Erleben, was weiß ich. Nun, zurück zu den architektonischen Besonderheiten dieses Hauses.»

Zola saß vor dem Theater auf dem blanken Straßenpflaster. Neben ihr standen Adams Koffer und ihr Rucksack. Die zimtbraune Katze lag ausgestreckt auf Zolas Schoß und Adam wunderte sich über Zolas erschlaffte Körperhaltung, die zur Ausgestrecktheit der Katze einen scharfen Kontrast bildete. Zolas Oberkörper zuckte. Unablässig rieb sie sich über die Lider. Die beiden Linien ihres verschmierten Lisbeth-Salander-Kajalstiftes befanden sich längst nicht mehr da, wo sie am Morgen hingezeichnet worden waren. Beim Näherkommen blickte Adam in Zolas rotgeweinte Augen, ihre unpässliche Gesichtsfarbe und auf die zum Strich gepressten Lippen. Die Katze kletterte elegant in den Rucksack, als würde sie Adam Platz machen. Er setzte sich neben Zola auf das Straßenpflaster. Das war kühn, die Temperaturen bewegten sich im unteren einstelligen Bereich. Was zählte in diesem Moment die Gefahr einer Verkühlung? Zola ging es elend. Adams Freude über das Finden eines Hinweises zum Verbleib seines Vaters flaute um mehrere Windstufen ab. Waren das diese Spiegelneuronen, von denen Zola an ihrem ersten gemeinsamen Abend in Berlin gesprochen hatte?

Ein vor einer Viertelstunde im Theaterfoyer noch nicht da gewesener Geruch umfing Zola. Vorhin hatte sie eine mildherbe Pilsener-Urquell-Fahne verströmt, aber das … Adam schnupperte mehrfach diskret nach. War das Schnaps? Er entschied, vorerst nicht weiter nachzuforschen. «Schau mal. Ich habe eine außerordentlich erfolgreiche Neuigkeit zu überbringen.» Er hielt Zola das Foto von Pavel Obri hin.

Zola griff in ihre Jackentasche und zog eine halbleere Flasche Sliwowitz hervor. Adam fragte sich, wie Zola den Obstbrand bezahlt hatte, schließlich hatten sie bisher kein Geld gewechselt. Die erste Antwort, die ihm einfiel, schob er unverzüglich beiseite. Er ließ das Foto sinken. «Hat das Arschloch angerufen? Bist du darum dem Alkohol derart zugeneigt?»

Nach einem kräftigen Schluck aus der Flasche schüttelte Zola den Kopf.

«Ist es wegen des Bullis? Trauerst du? Bei der Trauer gibt es verschiedene Stadien …»

«Bitte, hör auf.»

Eine Weile saßen Adam und Zola so da. Sie bemerkten nichts von der Kälte, die in ihre Körper kroch. Sie waren blind für die bildschöne Stadt um sie herum, ihre inneren Bilder nahmen sie restlos in Beschlag. Zola trank und trank. In winzigen Schlucken zwar, aber kontinuierlich.

Adam zog das kabelgraue T-Shirt aus seinem Koffer. «Hier, schieb dir das unter dein Gesäß. Nicht, dass du dir eine Zystitis zuziehst.»

Als Adam den reiselustigen Koffer schließen wollte, erblickte er den Schrittzähler und den Laptop. Der Schrittzähler stand bei null, was Adam als Affront deutete. Sicher, er war während der Reise viele Schritte zurückgetreten, um seinen Panikanflügen beizukommen. Aber er war gleichermaßen zahlreiche Schritte vorangekommen. Er hatte sich aus seiner Höhle, seinem Zufluchtsort, entfernt und eine gewagte Reise ohne konkretes Ziel angetreten. Noch vor ein paar Tagen hätte er das als vollkommen unmöglich erachtet.

Schon ein verspäteter Bus hatte gereicht, um ihn durcheinanderzubringen. Er musterte den Schrittzähler, holte aus und schleuderte ihn in die Moldau.

Verwandlung ist nicht Lüge. Adam wusste nicht, warum ihm ausgerechnet jetzt dieses Zitat von Rilke einfiel. Aber ihm wurde klar, dass er einen wesentlichen Umstand bisher noch gar nicht bedacht hatte. Rilke war in Prag geboren. Rilke war ein Kind der Stadt. Und Adam wiederum Kind eines glühenden Rilkeverehrers.

«Jetzt zeig schon das Bild, Sherlock.» Zola schniefte.

«Der Reiseführer meinte, das wären die abtrünnigen Schauspieler. Was könnte er damit gemeint haben?»

Zola untersuchte das Foto. «Das scheint tatsächlich dein Opa zu sein», sagte sie lallend und drehte das Bild um.

Auf der Rückseite stand *1940–1980.*

«Da hätten wir die Erklärung für den Abtrünnigkeitshinweis. Sehr alt ist er ja nicht geworden.»

Adam betrachtete die mittlerweile gänzlich leere Sliwowitzflasche und staunte, dass sich Zola noch aufrecht halten konnte.

Bis jetzt sitzt sie, abwarten, gab die neongelbe Leuchtreklametafel zu bedenken.

«Ich möchte schlafen.» Zola erhob sich und taumelte seemannlandgängig. Die Katze sprang aus dem Rucksack. Zola musste sich an einer Mauer abstützen, dann ließ sie los, knickte ein und fiel. Stumm weinend lag sie auf dem Boden. Sie rieb sich den rechten Knöchel. Die birkenweiße, blickdichte Strumpfhose von Neumüller war nun nicht mehr blickdicht. Sie war gerissen. Der Knöchel lugte hervor. Nur unter großer Anstrengung gelang es Adam, Zola aufzurichten. Nach einem missglückten Stehversuch setzte sich Zola wieder.

Adam wusste, nun oblag es ihm, die Organisation zu übernehmen.

Eine Liste ohne Aufschreiben.

Schulternstraffend begann Adam zu sprechen: «Eins: Wir brauchen tschechische Kronen. Zwei: Wir brauchen ein Hotel mit Haustiererlaubnis. Drei: Wir brauchen eine Tablette oder Vier: besser einen Arzt. Fünf: Wir brauchen einen Stadtplan mit allen Prager Friedhöfen. Sechs: Wir brauchen ein Taxi und ...»

«Und Sieben: Du brauchst ein wenig Stolz auf deine panikarme Furchtlosigkeit, du Listenheld», ergänzte Zola. Hinter ihren Tränenaugen erglomm ein aufgeräumter Hoffnungsschimmer. Nachdem sie ihre zerrissene Strumpfhose geprüft hatte, schloss sie die Augen. Nun schimmerte nichts mehr. Zolas Knöchel maß unterdessen Avocadogröße und leuchtete avocadogrün.

Listenheld? Adam erinnerte sich, dass ihm Zola auf der Fahrt von der Heldenreise erzählt hatte. Gerade als er Zola danach fragen wollte, stieß sie einen abschreckenden Laut aus. Sie schlug sich die Hand vor den Mund, rappelte sich auf, knickte weg, rappelte sich auf, vollführte eine eckige Einhundertachtzig-Grad-Drehung und erbrach sich ausführlich am Straßenrand. Die Katze floh zurück in den Rucksack. Fast hätte man meinen können, ein enttäuschtes Raunen des Kochs aus dem Restaurant, in dem Adam und Zola gegessen hatten, über die Legií-Brücke wehen zu hören.

«Möchtest du vielleicht einen Schluck des Luitpold-alt-Sprudelheilwassers von Pfarrer Neumüller zu dir nehmen?»

«Lass mal, ich habe heute genug an Flaschen genippt. Wer weiß, wofür wir das noch brauchen. Das Wässerchen jetzt zu trinken wäre Perlen vor die Säue werfen.»

Perlen vor die Säue? Geschwind überlegte Adam, was

dieser Satz bedeutete. Außerdem beschäftigte ihn die Frage, warum Zola erneut ein Diminutiv verwendet hatte. Wässerchen? Vielleicht war das Schlimmste ausgestanden.

«Meine Goldstück.»

Es tat unwahrscheinlich gut, die Stimme seiner Großmutter zu hören. «Ich bin jetzt schon auf dem vierten Friedhof.»

«Oh, meine Gott, Adamčík, was geschehen? Wer ist verstorben? Deine Zola, französische Schriftstellertochter?»

Adam merkte, dass sein Satz als Gesprächsauftakt ungeeignet gewesen war. «Niemand. Ich war auf dem Olšany, auf dem neuen jüdischen, dem Vinohradský, nun bin ich auf dem Žižkov-Friedhof. Ich habe die Gräber von Klement Gottwald, Jan Palach, Franz Kafka, Egon Erwin Kisch, Antonín Dvořák, Alfons Mucha und Bedřich Smetana gefunden. Das Grab von Pavel Obri nicht.»

«Ich verstehe nur Friedhof. Nein, verzeih mich, ich verstehe nur Bahnhof», entgegnete Leska.

Adam beschloss, der Reihe nach zu berichten. Er berichtete von der Abreise in Bad Kissingen, von der Fahrt mit dem schrottreifen Bulli, dessen Ableben und Abschleppen sowie von dem Restaurant.

«War sicherlich nicht gleichköstlich wie meine Zubereitung von böhmische Leckereien?», unterbrach ihn Leska, die bisher schweigend zugehört hatte.

«Deine Zubereitung ist unübertroffen.» Adam berichtete von den abtrünnigen Schauspielerfotos des Reiseführers, unter denen das seines vermeintlichen Großvaters Pavel Obri gewesen war.

Wieder unterbrach ihn seine Großmutter. «Ist komische Gedanke, aber Natur ist ja eindeutig, ist normal, dass ein Kind zwei Opi besitzt. Trotzdem, fühlt seltsam an in Herz.»

«Ja, aber das ist ja in diesem Fall nur pro forma.» Ein akuter Heimwehanfall stürzte sich auf Adam. Er dachte an seinen Großvater Ubbo und dessen Eigenart, alles mit dem Maß der Bezwingbarkeit zu betrachten. Er war sicherlich stolz auf das, was Adam bisher alles bezwungen hatte. Adam berichtete davon, wie er Geld gewechselt und ein Taxi angehalten hatte, welches ihn und Zola komischerweise zum Prager Fernsehturm im Žižkov-Viertel gebracht hatte.

Geduld hatte nie zu Leskas Tugenden gehört. Ein erneutes Mal unterbrach sie ihren Enkel. «Wie schön, Viertel ist Montmartre von Goldstadt. Was du hast gesagt zu Fahrer?»

«Hotel s vysokým výhledem.»

In ihr Lachen hinein sagte Leska: «Adamčík, nicht verwunderlich. Du hast gebeten: Ein Hotel mit hohe Ausblick.»

Adam war froh, dass der Friedhof menschenleer und nur ein Wildkaninchenpaar Zeuge seines Tieferrötens war.

«Egal, du hast gut gemacht. Ist meine Fehler, ich dir habe nie meine Muttersprache beigebracht richtig. Du bist Wunder. Wird Oda mögen, sie isst Stückchen besser. Noch zu wenig, aber ist Fortschrittigkeit.»

Zum ersten Mal bemerkte Adam Leskas unbeholfenen Gebrauch der deutschen Sprache. Bedurfte es erst einer Ländergrenzentrennung, um das festzustellen? Bedurfte es erst seiner eigenen Sprachverwirrung, eines Aufenthalts in einem Land, dessen Sprache er nur rudimentär beherrschte? Doch vielleicht hatte das alles gar nichts mit Sprache zu tun, sondern vielmehr mit einem Geisteszustand, einer Offenheit für Neues.

«Warum so verschwiegen in Prag? Wie ging weiter?»

Adam berichtete von der zugelaufenen Katze sowie der Hotelwohnung in einer Gründerzeitseitengasse, in der Zola derzeit lag, ihren Sliwowitzrausch ausschlief und dabei ihren Knöchel mit einem Kühlkissen kühlte. Er berichtete von der netten Gastwirtin, die Zola eine Tablette und Adam einen Stadtplan von Prag gegeben und die Friedhöfe eingezeichnet hatte.

«Oh, meine Gott, doppelte Schwierigkeiten. Du und Katze ist große Problem. Und Friedhöfe in Prag ist Sisyphosaufgabe, Stadt hat achtzig und darüber.»

Adam blickte sich um. Die Dunkelheit hatte sich wie eine stattliche Abdeckplane ausgebreitet. Die halbverwitterten Gräber, herrschaftlichen Mausoleen und düsteren Gruften aus Granit, Alabaster und Tonschiefer wurden von einem Halbkreismond beschienen. Die Steintürmchen, die auf einigen Gräbern lagen, wirkten beklemmend. Die winterlichen, sich im lauen Wind wiegenden Baumgerippe trieben geisterhafte Schatten über die letzten Ruhestätten. War die Friedhofssuche ebenso Adams letzte Reiseetappe? Die Ruhestätte aller Hoffnungen? Und was genau erhoffte er sich von seiner Suche überhaupt? Sollte er das Grab seines Großvaters Pavel tatsächlich finden, was dann? Wie sollte es ihm Aufschluss darüber geben, ob sein Vater noch lebte und wo er zu finden war? Mitten in Adams Gedanken hinein piepte es abweisend an seinem Ohr.

«Piept bei dir?» Leska brüllte. Es klang, als hätte sie diese Frage von Platteoog direkt auf den Prager Friedhof gebrüllt. Eine Meisterleistung. Zwischen Adam und seiner Großmutter lagen rund neunhundert Kilometer.

«Ja.» Adam nahm das Handy vom Ohr. Das Display mahnte, dass das Telefon unverzüglich an ein Ladekabel angeschlossen werden müsse. «Der Akku ist fast leer.»

«Oh, meine Gott. Warum passiert ständig? Bestimmt, weil du hast alte Modell. Ich mache hurtig.»

Erneut piepte das Handy.

«Oh, meine Gott. Diese Piepung. Ich soll fein grüßen von alle. Besonders von Ubbočik, auch Alfried, Ewald und Bonna. Wenn du benötigst Polizeibeistand, rufe. Nutze Profiunterstütz...»

Funkstille. Adam seufzte. Er schob das akkuaufgebrauchte Handy in die Tasche seines Sakkos. In einer halben Stunde würde der Friedhof schließen. Er entschied sich für einen letzten Suchrundgang.

Zwanzig Minuten vergingen.

Dreiundzwanzig Minuten vergingen.

Nicht das winzigste Fitzelchen brachte Adam sein Friedhofssuchgrundgang weiter. Der Lauf der Natur rief sich unabdingbar in Adams Blase in Erinnerung. Er schaute sich um, auf der Suche nach einem uneinsehbaren Rückzugsort. Er fand ihn hinter einer ansehnlichen Esche. Beim Zuknöpfen seiner Hose fiel Adams Blick auf eine Gruppe Gräber, die abseits der Hauptwege versammelt waren. Eines stach hervor. Adam näherte sich. Vom Halbmond beleuchtet, wirkte der Grabstein unheimlich. Seine außergewöhnlich bizarren Umrisse verstärkten diesen Eindruck. Sie erinnerten vage an einen dicken Fisch mit Löwenmähne und offenem Maul. Im unteren Bereich des Grabsteins war ein stilisierter Leuchtturm eingemeißelt, umkreist von drei Möwen. Adam stockte, in der Angst, die neongelbe Leuchtreklametafel würde sich über ihn lustig machen oder gleich Fritz Egner aus dem Buschwerk springen und rufen: *Herz-*

lich willkommen bei Versteckte Kamera. Doch nichts dergleichen geschah.

Einatmen.

Ausatmen.

Im Gegensatz zu den Grabsteinumrissen war seine Inschrift sehr, sehr eindeutig.

PAVEL OBRI
5. 6. 1940–31. 12. 1980
ER GĚR EMAÑ.
ER IST ZU HAUSE.

«Zavíráme[33]», sagte eine freundliche Stimme in Adams Rücken.

Vor Schreck verharrte er in der Bewegung, sogar beim Ein- und Ausatmen.

«We are closing», wiederholte die Stimme.

Stand da etwa wirklich Fritz Egner hinter ihm? Wenn ja, hatte er einen seltsamen Akzent. War er doch bei *Die versteckte Kamera*? Adam drehte sich um. Es war der Friedhofswärter. Er wiederholte seine Aufforderung, woraufhin Adam versprach, dass er unverzüglich gehen werde. «Foto rychle.»[34] Adam lächelte den Friedhofswärter gewinnend an. So gewinnend, wie er es in seiner erschrockenen Verwirrung vermochte.

Der Wärter nickte gefällig.

Stumm fluchend stellte Adam fest, dass sein Handy kein Foto mehr machen konnte.

---

33 Wir schließen.

34 Foto schnell.

«Malovat rychle.»[35]

Der Wärter nickte leicht abweisend.

In seiner Jackentasche fand Adam den Beleg über die getauschten Kronen, allerdings keinen Stift.

«Možná mít barevnou tužku?»[36]

Der Wärter zog, nun merklich säuerlich, einen Kugelschreiber aus seiner Tasche.

Schnell zeichnete Adam die Umrisse des Grabsteins, den Leuchtturm und die Möwen ab und schrieb die Inschrift dazu. Nachdem er dem Wärter den Stift zurückgegeben und sich bedankt hatte, zeigte dieser auf Adams Hose. Beschämt stellte Adam fest, dass er vergessen hatte, sie richtig zuzuknöpfen.

In der Hotelwohnung war alles ruhig. Zola schlief weiterhin ihren Rausch aus, und Adam wollte sie nicht stören. Von der Katze war nichts zu hören und nichts zu sehen. Adam hoffte, sie wäre verschwunden. Er legte sich auf das Sofa im Wohnzimmer und nickte tageseindrucksüberrumpelt ein. Er nickte ein in seinem einsteingrauen Sakko, Pfarrer Neumüllers kohlenschwarzer Hose, den rußschwarzen Socken, der anilinschwarzen Unterhose und dem steckdosenweißen Hemd. Sogar seine Schuhe hatte Adam anbehalten. Die hatten heute eine so weite Strecke zurückgelegt, dass der Schrittzähler hohe Eingangszahlen hätte vermelden können. Aber auch der Schrittzähler war auf dem Grund der Moldau eingenickt. Für immer.

[35] Malen schnell.

[36] Haben Farbstift vielleicht?

Am nächsten Morgen übernahm ein rumpelnder Müllwagen vor dem Fenster die Funktion des Weckers. Adam gähnte, richtete sich vorsichtig auf und stellte mit Entsetzen fest, dass er seine Kleidung vom Vortag trug. Mit der Zunge fuhr er sich über die seit vierundzwanzig Stunden ungeputzten Zähne und schämte sich. Das war ihm noch nie passiert.

Auf dem Teppich ruhte Adams Koffer. Morgenmatt hatte Adam das Gefühl, dessen Deckel würde sich rhythmisch heben und senken. Das akkuleere Handy war in der Nacht aus Adams Sakkotasche gerutscht und auf der reiselustigen Hartschale zwischengelandet. Er versorgte das Telefon mit Strom, reckte sich und ging in das Schlafzimmer, um nach Zola zu sehen. Er wollte ihr schnellstens von der Entdeckung von Pavel Obris Grab erzählen.

Das Schlafzimmer war leer, das Bett vorbildlich gemacht. Das konnte nicht sein. Das war ein Déjà-vu zum gestrigen Morgen in Bad Kissingen. Wo war Zola? War sie bereits beim Frühstück? War sie joggen?

Soweit ich weiß, joggt sie nicht, gab die neongelbe Leuchtreklametafel zu bedenken.

Zitternd schlug Adam die vorbildliche Decke zurück und fand den Brief.

Mein lieber Adam,

was soll ich sagen. Du hattest recht gestern. Das Arschloch hat mich angerufen. Er ist bei meiner Mutter, ich muss zu ihr, ich habe Angst. Ich fühle mich mies, dich allein zu lassen, wollte dich wecken, um mich zu verabschieden, aber du hast so fest geschlafen.
Ist dir aufgefallen, wie symmetrisch wir sind? Das magst

du doch so! Beide suchen wir Hubert, beide beschäftigen wir uns mit Sprache, beide sind wir in Sorge um unsere Mütter. Die Familie. Das Wichtigste überhaupt.

Allein. Die weite Welt. Keine Struktur. Unvorherseh-barkeiten. Panik. Ich weiß, all das macht dir Angst, aber ich weiß, du schaffst das. Du bist klug und ein Held. Du hast sogar Zauberwasser von einem Geistlichen. Und außerdem, überleg mal. Du heißt Adam Riese. Wenn das mal kein geeigneter Name für einen Helden ist. Das muss gut ausgehen.
Adam, ich bin nicht weg, nur nicht an deiner Seite. Damit du nicht allzu einsam bist, habe ich Abhilfe geschaffen. Sieh in den Koffer, sieh auf dein Handy!!!

Als Wegbegleiter ein Zitat meines Namensgebers Zola, also, dem echten:
«Nichts widersteht, Berge fallen und Meere weichen vor einer Persönlichkeit, die handelt.»

Alles Liebe,
deine Zola

PS: Der Text klingt aufgeräumt, aber ich weine beim Schreiben.

Weinen. Adams Tränenapparat nahm seine Arbeit auf. Er wankte ins Wohnzimmer. Er klappte seinen Koffer auf. Darin lag die Katze. Ihr Körper hob und senkte sich tief schlafend. Adams erster Reflex war zurückzuweichen. Doch ohne zu wissen, wer ihm die Hand führte, streckte er sie aus. Das zimtbraune Katzenfell war angenehm warm.

Adam begann, die Katze zu kraulen. Er konnte ihr puckerndes Katzenherz fühlen. Das Tier erwachte. Es hob behäbig den Kopf und gab den Blick auf ein Zettelchen frei, das es an einer Schnur um den Hals trug.

Ab heute bin ich deine Reisebegleiterin.

Der Tränenapparat, der für kurze Zeit pausiert hatte, nahm seine Arbeit sofort wieder auf, als gelte es, einen neuen Produktionsrekord zu erringen. Mit den samtenen Vorderpfoten stellte sich die Katze auf Adams Knie. Sie senkte ergeben den Kopf. Bedeutete das, sie würde Adam nicht verlassen, stets an seiner Seite bleiben? In seine Tränen hinein musste Adam lächeln. Was war nur los mit ihm? Katzen, deren Körpersprache etwas ausdrücken sollte? War das nicht Zolas Forschungsschwerpunkt? Die Katze kletterte zurück in den Koffer.

Adam griff nach seinem Handy mit inzwischen fünfprozentiger Akkukapazität. Nach der nächtlichen Funkpause war es, als müsste das Telefon unbeschreiblich viele Informationen loswerden: zwei verpasste Anrufe, zwei Nachrichten auf der Mailbox, sieben Fotosendungen. Das war normalerweise Adams Wochendurchschnitt.

Adam schaute sich zunächst die Fotos an. Sie zeigten allesamt seine Wohnung. Es waren Aufnahmen, welche Zola kurz vor der Abreise aus Berlin gemacht hatte. Visuelle, abgezählte Heimwehtrostpflaster. Eins: die hünenhafte, kupferbraune Anbauschrankwand. Zwei: die haushohen Mahagoni-Bücherregale aus dem Ikea-Sortiment von zweitausendsechs. Drei: die stoffüberzogene Pyramide. Vier: der samtene, lehmbraune Sofakoloss. Fünf: die quietschende, schwarzbraune Ein-Personen-Liege. Sechs: der riesenhaft emporragende, kastanienbraune Kleiderschrank. Sieben: der hoffnungsgrüne Sessel. Zola hatte eigentlich mehr Bilder gemacht, doch genau sieben an Adam geschickt. Überwältigt streichelte Adam erneut zolastellvertretend über das Katzenfell. Er musste sich zügeln, nicht noch einen Kuss hinzuzufügen.

Die beiden verpassten Anrufe waren von der Buchhandlung *Matzerath & Söhne* und von einer unbekannten Nummer. Ebenso die beiden Nachrichten auf der Mailbox. Adam entschied sich, mit der Unsicherheit zu beginnen. Es war Thomas Nacht.

«Riese, wo sind Sie? Haben Sie sich aus dem Staub gemacht? Die Plagiatsprüfungen laufen auf Hochtouren. Das sieht nicht gut für Sie aus. Ich soll Ihnen vom Dekan ausrichten, dass Sie sich unverzüglich in seinem Büro einzufinden haben.»

Einen Schritt zurücktreten.

Einatmen.

Ausatmen.

Tja, da kann selbst eine Katze nichts ausrichten. Die neongelbe Leuchtreklametafel feixte.

Jetzt lass ihn doch mal in Ruhe. Siehst du nicht, dass hier gerade eine Welt zerbricht?, versuchte der Koffer zu beschwichtigen.

Adam stutzte. Waren das die ersten Anzeichen aufkommenden Wahnsinns? Unsinn, schalt er sich und hörte die zweite Nachricht ab.

«Undine hier, also Frau Abendroth. Wo stecken Sie denn? Ich war mal so frei und bei Ihnen zu Hause. Niemand da, der Briefkasten quillt über. Ich habe also die Post an mich genommen. Nicht, dass die in die falschen Hände gelangt. Melden Sie sich doch. Vielleicht reagiere ich übergriffig. Doch, also … Ich mache mir große Sorgen.»

KAPITEL 24

UM EINE SACHE ZU BEGINNEN, MUSS MAN EINE ANDERE SACHE BEENDEN

Wie schade, dass er nur so kurz bei uns war.» Oda schenkte sich und Hubert Wein nach.

Die beiden saßen auf der halbkreisförmigen Holzveranda und sahen zu, wie die Sonne langsam hinter dem Horizont verschwand. Sie verschwand heute so spät wie an keinem anderen Tag des Jahres. Es war der einundzwanzigste Juni zweitausend. Sommersonnenwende.

«Sotas Besuch hat etwas mit mir gemacht», sagte Hubert in die sonnenuntergängliche Stimmung. Er setzte seinen Cowboyhut ab und griff nach dem Weinglas.

«Das ist mir auch aufgefallen. Nicht nur, dass deine Warzen plötzlich verschwunden sind, auch ...» Oda hielt inne.

«Was meinst du? Was auch?»

Da sie nicht wusste, wie sie sagen sollte, was sie sagen wollte, griff auch Oda nach ihrem Weinglas. «Du bist ruhiger geworden», versuchte sie es schließlich, «wie soll ich es ausdrücken, weniger Molière.»

Die Sonne war genau an dem Punkt, wo sie ins Meer zu tauchen schien. Oda vermeinte, ein leises *Tssss* zu hören. Ganz so, als würde sich die Sonne beschweren, dass Oda sich nicht ein wenig konkreter ausdrückte.

«Molière?» Hubert massierte Odas weinglasfreie Hand.

Ein sommernachtswarmes, sandpapierraues Wohligkeitsgefühl durchflutete sie und schwemmte ihre Zweifel hinweg. Zweifel, die sich ihrer schon vor Jahren bemächtigt hatten. Seit ihrem Kennenlernen hatte sich Hubert sehr verändert. Noch plastisch hatte Oda in Erinnerung, wie verschlossen er gewesen war, als ihn der Auftrag, den Leuchtturm zu restaurieren, an den Platteooger Strand direkt vor ihre Füße gespült hatte. Ihre Liebe hatte ihn zum Leben erweckt, ihn aufblühen lassen. Er blühte immer noch. Attraktiv und liebreizend und begehrenswert und warm und einnehmend. Doch im Laufe der Jahre hatte er an Strahlkraft eingebüßt. Wenig, aber merklich. Schuld daran war, so ging es Oda durch den Kopf, Huberts Misstrauen. Er hatte Misstrauenslisten erstellt. Er war ein ebensolcher Listenersteller wie Adam. Oda fragte sich, auf welchem codierten Genabschnitt Listenerstellen lag. Doch Huberts Listen hatten, im Gegensatz zu Adams, eine unheimliche Färbung. Listen über schädliche Umwelteinflüsse, Naturkatastrophen und gesellschaftliche sowie politische Ereignisse.

Durch Zufall war Oda vor zwei Monaten nach Arbeitsschluss im Sender und beim Schlendern durch den Buchladen in Flokum über ein Buch mit Verschwörungstheorien gestolpert. *Neues aus der Gerüchteküche* hieß die Publikation. Es wimmelte von Beispielen. Die Exeter-Verschwörung, nach der Heinrich der Achte ermordet worden sein soll, um angeblich die Reformation rückgängig zu machen. Wolfgang Amadeus Mozart, der angeblich von Freimaurern umgebracht wurde. Die Mondlandung, die angeblich in einem amerikanischen Filmstudio aufgenommen worden war. Elvis Presley, der angeblich nach wie vor unter Ausschluss der Öffentlichkeit weiterlebte. Die Forschungseinrichtung HARP in Alaska, die angeblich nach politischen Notwendigkeiten das Wetter beeinflussen konnte. Verschwörungstheorien waren so alt wie die Menschheit, hieß es in dem Buch. Der Autor ging davon aus, dass die Menschen diese brauchten, um für unverständliche Ereignisse sinnstiftende Zusammenhänge zu schaffen.

Hubert blickte nachdenklich zu der Stelle am Horizont, an der die Sonne dem Frühling und dem Tag gerade Lebewohl gesagt hatte. Bewegungslos verharrte er, und Oda schien es, als würde ihn die Dunkelheit mit jeder verstreichenden Sekunde fortwährend ein Stückchen mehr verschlucken.

Hubert brachte seine Auflistungen über schädliche Umwelteinflüsse, Naturkatastrophen und gesellschaftliche sowie politische Ereignisse in absurde Zusammenhänge. Hauptsächlich befürchtete er negative Einflüsse auf seine Gesundheit. Darin glich er Molières eingebildetem Kranken. Bisher hatte Oda ihre sorgenvollen Gedanken Hubert gegenüber nie angesprochen, denn eine Sache war für sie wichtiger. Die Liebe. Sie liebte Hubert. Hubert liebte sie. Hubert liebte Adam. Er kümmerte sich seit dem ersten Tag ganz und gar voller Zuneigung um ihn. Er war verlässlich, stets für ihn da. Sogar von seinem Wanderausflug in den Harz war er vor lauter Sehnsucht nach seiner Familie eher zurückgekommen. Zwar hatte er es versäumt, Christian und Ubbo davon in Kenntnis zu setzen, aber sich im Nachhinein dafür entschuldigt. Er hatte es, so seine Erklärung, im Eifer der Sehnsucht einfach vergessen. Wenn da nicht die Sache mit dem scharlachorangenen Fernseher gewesen wäre, den Hubert aus dem Fenster gew…

«Da geht offenbar viel in deinem hübschen Köpfchen hin und her», wendete sich Hubert an Oda. Er küsste sie vorsichtig auf die Lippen.

«Ja. Ich freue mich, dass es dir wieder besser geht.»

«Sotas Besuch, also, genau kann ich es nicht erklären. Er hat etwas in mir ausgelöst. Eine Zufriedenheit und ein Bedürfnis.» Hubert nippte an seinem Weinglas. «Mir ist klar, du kannst nicht immer alles nachvollziehen, was ich mache und was ich denke und was ich wie in welchen Zusammenhang bringe.»

Oda nickte dankbar. Sie war froh, dass Hubert von allein auf ihre Sorgen zu sprechen gekommen war.

«Du erinnerst dich doch an Sotas Pilgererzählung», fuhr Hubert fort.

Oda erinnerte sich.

Dr. Sota Watanabe war der Arbeit im Krankenhaus irgendwann überdrüssig geworden. Er hatte sich ausgelaugt und dauermüde gefühlt. Seine Heirat mit Sakura tat ihr Übriges. Die beiden sahen sich kaum und wenn, dann nur im Krankenhaus. An seinem sechzigsten Geburtstag traf Sota eine Entscheidung. Er kündigte, kaufte sich eine weiße Pilgerjacke, eine ebenso weiße Pilgerhose, ebenso weiße Pilgerschuhe, einen Pilgerhut, einen Pilgerstock mit Glöckchen, eine Pilgertasche, einen japanischen Rosenkranz, ein Sutrenbuch und begab sich auf den eintausendzweihundert Kilometer langen Shikoku-Pilgerweg mit seinen achtundachtzig Tempeln. Sakura hatte Sota zunächst ein Stück begleitet. Dann war sie jedoch zurück nach Tokyo gefahren, weil sie sich den Strapazen des Pilgerns körperlich nicht gewachsen sah. Auch Sota hatte zu Beginn an den Laufanstrengungen zu knabbern. Doch sie schienen ihm weitaus erträglicher als seine Arbeit im Krankenhaus. Nach einer Weile hatte sich sein Körper an das Laufen gewöhnt. Sota überkam eine derart glückliche Zufriedenheit wie zuletzt während seines Aufenthalts in Platteoog. Da reifte der Entschluss in ihm. Nach dem einundvierzigsten Tempel, dem Ryūkō-ji in der Stadt Uwajima, am Ufer des Flusses Suka, besuchte er einen der ungewöhnlichsten Schreine Japans. Dieser war der Sexualität gewidmet. Ihn zierten mehrere, auffallend realistische Phallussymbole. Bei ihrem Anblick wurde Sota sich bewusst, wie vielen Kindern er schon beim Start ins Leben geholfen, diesen in vielen Fällen überhaupt erst ermöglicht hatte. Sein allerallerliebster Patient war stets Adam gewesen. Unverzüglich begab Sota sich auf den Weg zum Flughafen Matsuyama. Von dort flog er über Tokyo-Haneda und Paris-Charles-de-Gaulle nach Hamburg. Das Ganze kostete ihn zwanzig Stunden und fünfzig Minuten. Noch einmal so lange brauchte Sota bis zur Shell-Tankstelle in Flokum. In der Zeit enthalten waren drei längere Fußmärsche, eine Fahrt auf dem Beifahrersitz eines Milchlasterfahrers und glühenden, ununterbrochen singenden Johnny-Cash-Fans, eine Fahrt auf dem Beifahrersitz einer redebedürftigen, männerverachtenden Bremer Managerwitwe, eine Fahrt auf einem gefundenen Fahrrad, das aber rasch den Geist aufgab, und zuletzt eine Fahrt auf dem Traktor des mürrischen Bauern Alrich Schwennen, der während der gesamten Fahrt nur einen Satz sagte. «Na, denn man tau.»[37]

«Sota war so lange unterwegs. Stell dir das mal vor, Oda. Erst das Laufen. Danach knapp zweiundvierzig Stunden bis zu uns, und Sota war vollkommen klar, rein und strahlend. Vielleicht ein wenig erschöpft, aber strahlend. Und das, wie soll ich sagen, ohne Grund, nur aus sich selbst heraus.»

Trotz der Dunkelheit vermeinte Oda ein Leuchten in Huberts nussbraunen Augen aufflackern zu sehen. Er strahlte ebenso wie Sota.

---

[37] Also dann mal los.

«Sein Glaube hat ihm Kraft gegeben. Das Pilgern, die Zuversicht. Oda, ich trau mich gar nicht, es auszusprechen.»

«Nur zu. Du weißt, wir können über alles reden. Immerhin habe ich eine Sendung, in der die Menschen mir ihr Herz ausschütten.»

«Nun, ich, also … ich möchte auch pilgern.»

«In Japan?» In Odas Stimme zitterten Zweifel und Besorgnis in wackeliger Einigkeit.

«Nein. Vorerst nicht. Ich dachte an den Jakobsweg. Als wir auf Sota gewartet haben, musste ich ständig auf das Muschelsymbol der Tankstelle schauen. Das ist ein Zeichen. Tankstelle, Jakobsmuschel, verstehst du?» Hitzig sprang Hubert auf. «Das Zeichen, die Muschel, das Symbol der Pilger. Es hat mich geradezu angesprungen. Mehr Zeichen gehen nicht.»

«Einverstanden», sagte Oda.

Hubert hielt inne. «Was? So schnell? Ich dachte, ich müsste ewig auf dich einreden. Ich habe mir eine lange Argumentationskette zurechtgelegt.»

«Wenn es das ist, was du willst, wenn es das ist, was dich glücklich macht, wie könnte ich da Einwände haben.»

Mit einem Schritt war Hubert bei Oda und umarmte sie lange. Eine jähe Brise wehte vom Meer heran und kreiselte um die beiden Umarmenden.

«Wenn du eine Argumentationskette vorbereitet hast, nehme ich an, deine Pilgerreise ist bereits genauestens geplant», sagte Oda und pikte Hubert in die Seite.

Oda sollte halb recht behalten. Ganz so genauestens wie vermutet waren Huberts Pilgerpläne noch nicht gediehen. Was jedoch genauestens feststand, war, dass Listen unverzichtbare Planungsgrundlage sein sollten. Hubert und Adam waren in ihrem Element.

Über einen allerweltenschweren Atlas und einen hageren Pilgerratgeber gebeugt, saßen Vater und Sohn an einem Sonntag im November zweitausend in der Küche des Gulfhauses. Santiago de Compostela war, einem übermütigen Zufallswink gleich, in diesem Jahr zur Kulturhauptstadt Europas ernannt worden. Das kakaobraune Radio, die betagte Taufpatin von Hubert und Odas Liebe, funktionierte anstandslos. Es übertrug die Sendung *Sprich dich frei* direkt in die Küche. So war Oda, zumindest stimmlich, auch zugegen.

Hubert tippte gegen seinen Cowboyhut. «Findest du es nicht außergewöhnlich? Ich trage diesen Hut, solange ich denken kann. Pilger tragen ebenfalls einen Hut. Ich bin nach Platteoog gekommen, eine Insel im Meer. Im Meer gibt es Muscheln. Pilger tragen eine Jakobsmuschel als Symbol an ihrem Rucksack.»

«Das stimmt teilweise», erwiderte Adam. «Das mit dem Hut, das ist richtig, ohne Zweifel. Aber das mit den Jakobsmuscheln ist falsch. Die Pecten jacobaeus lebt im Mittelmeer und nicht in der Nordsee.»

«Wie schlau du bist. Doch es ist im übertragenen Sinne gemeint. Als Symbol, da muss nicht jedes Detail stimmen.» Hubert strich Adam eine Locke aus der nachdenklich gekräuselten Stirn.

Adam holte Luft. «Also, es gibt mehrere mögliche Wege. Den Camino Francés, den französischen Weg, den Camino del Norte, den Küstenweg, den Camino Portugés, den portugiesischen ...»

«Ich nehme den französischen Weg, der sollte für den Anfang am besten passen.»

«Das hätte ich auch empfohlen. Der Weg beginnt ...» Adam schlug eine frische Seite in seinem Notizbuch auf.

«*El camino comienza en su casa*, der Weg beginnt in Ihrem Haus. Weißt du, großer Bruchpilot, also genau hier, genau auf diesem Stuhl, vor diesem Tisch. Gemeint ist jedoch das Herz.» Hubert legte beide Hände auf seine Brust. «Im Herzen wird der erste Schritt zum Pilgern gemacht.»

«Das ist sicherlich wieder im übertragenen Sinne gemeint», sagte Adam. Als er die Zustimmung in den Augen seines Vaters sah, legte er seine Hände ebenfalls auf seine Brust.

Zwei Paar nussbraune Augen, zwei Paar Hände auf zwei Brustkörben. Und Oda, die in Flokum im Sender saß, schickte ein thematisch passendes Lied über den Äther. *You'll never walk alone* von Lee Towers.

Hubert nahm eine Rolle Raufasertapete. Er entrollte sie auf dem Küchenfußboden. Adam kniete sich neben seinen Vater und sah eine Liste. Bruce Springsteen, Dax, Grubenunglück. Hubert zuckte zusammen, als hätte er einen alten Bekannten aus dem Jahr neunzehnhundertachtundachtzig, den er auf keinen Fall wiedersehen wollte, wiedergesehen.

«Was ist das?», wollte Adam wissen.

Hubert schwieg, riss das beschriebene Raufasertapetenstück von der Rolle, warf es in den Mülleimer und setzte «Ach, nichts» hinterher.

Das Lied im Radio war zu Ende.

«Jetzt fangen wir an. Was für Listen brauchen wir?» Hubert drehte das Radio stumm.

Adam blickte auf seine Aufzeichnung. «Der Camino Francés. Knapp achthundert Kilometer, bei einunddreißig Etappen von Saint-Jean-Pied-de-Port nahe der französisch-spanischen Grenze, über Pamplona und Burgos bis Santiago de Compostela. Bei einem leichten bis mittleren Wegeprofil wirst du zwischen vier und sechs Wochen benötigen. Die idealen Monate wären im Frühjahr oder wahlweise im Herbst.»

Mit einem behaglichen Gesichtsausdruck betrachtete Hubert seinen Sohn.

«Du weißt wahrscheinlich bis in jede kleinste Einzelheit auch schon, was ich in meinen Rucksack packen muss», sagte Hubert.

Anstelle einer Antwort beugte sich Adam über die leicht vergilbte Raufasertapetenbahn auf dem Boden, griff nach einem Stift und schrieb.

1) Kleidung:
2) Ausrüstung:
3) Geld:
4) Unterlagen:
5) Technik:
6) Hygiene:
7) Sonstiges:

Gerade als Adam die einzelnen Punkte konkretisieren wollte, klopfte es an der Tür. Ubbo und Christian waren vorbeigekommen.

Ubbo blieb vor dem knienden Adam stehen. «Das sieht nach einem Plan aus. Keine Außerplanmäßigkeit darf vergessen werden. Du wirst sie alle bezwingen. Geht es dir gut?»

Adam drehte sich um, nickte seinem Großvater listenversunken zu und widmete sich unverzüglich wieder seinen Aufzeichnungen.

«Hier, das hat Leska für euch gekocht. Sie hat Angst, dass

ihr verhungert, wo doch Oda heute im Sender ist.» Ubbo hatte eine umfangreiche, transparente Plastikdose dabei, deren Ausmaße es locker mit dem allerweltenschweren Atlas aufnehmen konnte. Er lüpfte den Deckel. Der unverwechselbare Duft von Leskas berühmten Krabben-Powidltascherln breitete sich in der Küche aus.

Wie magisch angezogen näherte sich Christian dem kulinarischen Mitbringsel. «Darf ich?», fragte er.

«Nur zu, das reicht für die ganze Insel bis Ende nächster Woche», gab Ubbo zur Antwort.

Kauend betrachtete Christian Adams Pilgerpackliste. «Ich hoffe, du hast bedacht, dass die meteorologischen Besonderheiten bei der Kleidungswahl zu berücksichtigen sind.»

«Selbstverständlich», erwiderte Adam, ohne sich umzudrehen.

«Der ist in seinem Element, wir sollten ihn nicht stören.» Hubert nahm sich ein Krabben-Powidltascherl und biss hinein.

«Hubert, warum wir hier sind …», hob Ubbo an, «wir wollten dir einen Vorschlag machen. Wie wäre es mit einer Pilgerübung, quasi als Generalprobe für den Ernstfall.»

«Was meinst du?»

Ubbo und Christian nickten sich zu.

«Also», Ubbo schluckte den letzten Krabbenrest herunter. «Wie du weißt, zieht der Jakobsweg ein ganzes Netz über Europa, auch über Deutschland. Es gibt eine historische Wanderroute im Frankenland. Was hältst du davon, wenn Christian und ich mit dir testpilgern?»

Hubert zögerte. Er blickte auf die abgerissene Raufasertapetenliste aus dem Jahr neunzehnhundertachtundachtzig, deren Silhouette sich unter dem Müllbeutel abzeichnete wie die Umrisse der im Jahr neunzehnhundertfünfundachtzig verhüllten Pont Neuf. «An welche Strecke habt ihr gedacht?», erkundigte er sich.

Christian räusperte sich. «Es gibt sieben Etappen, in sieben Tagen, von Kronach nach Nürnberg. Das sind zusammen etwa einhundertsiebzig Kilometer.»

Noch immer fixierte Hubert die Müllbeutelsilhouette. «Einverstanden.»

«Ein wenig mehr Begeisterung hätte ich schon erwartet», gab Ubbo zu.

«Ich bin bloß überrascht und muss mich erst einmal an den Gedanken gewöhnen.» Hubert sah erst Ubbo, dann Christian an. «Entschuldigt, dass ich so verhalten bin. Ich danke euch, und zwar mit Rilke: Ist nicht ein helfendes Leben ein zehnfaches?»

«Ich denke, das ist positiv für uns gemeint.» Christian griff nach einem zweiten Krabben-Powidltascherl.

«Vielleicht heißt es auch, wir dürfen jeder fünf von Leskas Köstlichkeiten essen?» Zwinkernd griff Ubbo in die Plastikdose.

Christian lachte schallend, hielt dann inne und wandte sich an Hubert. «Aber nicht wieder einfach verschwinden, Sehnsucht hin oder her. Wenn, bitte nur mit Ankündigung.»

Hubert betrachtete die Postkarte, die magnetfixiert am Kühlschrank hing. Sie war Zeugnis seiner fränkischen Testpilgerreise von Kronach nach Nürnberg vor einigen Wochen. Die Bildseite der Karte zeigte die Nürnberger Burg, Wahrzeichen der Stadt, auf einem sandsteinernen Sockel thronend, baugeschichtlich zurückreichend bis ins elfte

Jahrhundert, politischer Ausgangspunkt für die Territorialbildung der Hohenzollern in Franken und erfolgreiches Symbol für Huberts Testpilgern in Begleitung von Ubbo und Christian. Vorsichtig löste Hubert den Magneten von der kühlschrankweißen Kühlschranktür, nahm die Karte ab und drehte sie um.

Ihr zwei Lieben,
alles perfekt, wir liegen gut in der Zeit, weit und breit keine Blasen an den Füßen.
Ich freu mich auf euch.
Hubert & Papa

Hubert blickte lange auf die Zeilen, die er unter einem kreissteinmauereingefassten Baum im Hof des burglichen Kemenatenbaus geschrieben hatte. Dann legte er die Karte beiseite und nahm einen Bleistift mit rückwärtiger Radiergummispitze vom Tisch. Unter seine Pilgerzeilen schrieb er:

Auf eine Postkarte passt nicht viel und ein ganzes Leben schon gar nicht

Jäh erzitterte Hubert und mit ihm der Bleistift. Es war, als hätte sich ein garstiger Wind in die Küche verirrt und vor lauter Verirrung alles darin Befindliche um zehn Grad abgekühlt. Rasch radierte Hubert das Geschriebene weg und hängte die Postkarte zurück an den Kühlschrank. Die Armbanduhr an seinem Handgelenk zeigte, dass es fünf vor zwölf war. Höchste Zeit, aufzubrechen. Pfarrer Ewald würde sicherlich schon warten.

«Mich wundert es bei dir am wenigsten von allen Platteoogern.» Ewald knispelte an seiner blütenweißen Halskrause und bedeutete Hubert, Platz zu nehmen. «Du bist hier der Religiöseste von allen. Vor deiner Ankunft war die Kirche kaum besucht. Ich habe mich nur wie der Hausmeister Gottes gefühlt.»

«Alle fanden mein tägliches Gebet ungewöhnlich, dabei ist es das Natürlichste, das man sich vorstellen kann», entgegnete Hubert.

Durch die adrett bemalten Glasfenster fiel ein Sonnenstrahl und warf ein kaleidoskopartiges Bild auf den Kirchenboden.

«Darf ich dich etwas fragen?»

«Selbstverständlich», entgegnete Hubert.

«Warum hat das Religiöse so eine große Bedeutung in deinem Leben?»

Schweigen.

Gerade als Ewald seine Frage ein zweites Mal stellen wollte, sagte Hubert. «Wegen meiner Mutter.»

Vor die Sonne schob sich eine Wolke. Ewald deutete das als meteorologisches Zeichen, nicht weiter nachzufragen, obgleich sich in ihm mindestens fünf Anschlussfragen formuliert hatten.

«Ich möchte aber nicht über sie sprechen.» Hubert drehte den Kopf und blickte dem Pfarrer eindringlich in die Augen.

Dann lief er schleppend zum Altar. Seine Schuhabsätze tönten gespenstisch durch das Kirchenschiff. Der Cowboyhut wippte im Gleichklang. Jeder von Huberts Schritten wirkte bedeutungsvoll und dermaßen allegorisch aufgeladen, dass es Ewald die Kehle zuschnürte. Mit einer flotten Handbewegung zog er seine Halskrause ab, um besser Luft holen zu können.

«Weißt du, Ewald, das Pilgern ist eine religiöse Reise. Eine Reise zu mir selbst, zu einem tieferen Verständnis meines Wesens. Ich hoffe auf Reinigung und Erkenntnis. Ich will als neuer Mensch zurückkommen.»

«Das habe ich mir gedacht. Wenn hier einer pilgert, dann du. Ich beneide dich, gerne würde ich es dir gleichtun. Aber mir fehlen der Mut und leider ...», Ewald stöhnte leise auf, «leider Gottes eine funktionstüchtige Hüfte.»

Hubert war vor dem Altar angekommen.

«Ich werde jeden Tag für dich beten und an den Sonntagen die ganze Insel. Wenn du zurück bist, musst du mir alles haarklein erzählen. Genau so, als wäre ich dabei gewesen», sagte Ewald.

«Selbstverständlich.»

«De langsaam föhrt, kümmt ook na Stadt[38]. Ich habe noch ein Geschenk für dich.» Der Pfarrer trat hinter Hubert, um ein klitzekleines Päckchen vom Altar zu nehmen. «Ich weiß, deine Ausgabe ist viel schöner. Deine ist ein Sonderdruck in sonnenuntergangsrotem Cabraleder mit zweihundert Holzschnittabbildungen und goldenem Lesebändchen.»

Hubert griff nach dem Päckchen, das Ewald ihm entgegenhielt.

«Schöner, aber zu schwer für dein Pilgergepäck.»

Ewald hatte Hubert eine Bibelminiaturausgabe geschenkt. Sie maß sieben Komma sechs mal zehn Komma acht Zentimeter, war auf dünnes, halbtransparentes Papier gedruckt und wog genau einhundertdreizehn Gramm. Hubert ließ die zarten Seiten des heiligen Leichtgewichts über seinen rechten Daumen gleiten. Doch die Seiten glitten nur bis zur Hälfte, dann stoppte sie ein Zettelchen.

---

[38] Wer langsam fährt, kommt auch in die Stadt.

«Ich weiß, wie sehr du Rilke liebst, und da habe ich dir noch eine lyrische Nachricht in die religiösen Guten Nachrichten gelegt.»

Hubert faltete den Zettel auf.

Laß dir alles geschehn:
Schönheit und Schrecken.
Man muß nur gehn:
Kein Gefühl ist das fernste.
Laß dich von mir nicht trennen.
Nah ist das Land,
das sie das Leben nennen.
Du wirst es erkennen
an seinem Ernste.

Wortlos umarmte Hubert den Pfarrer. Der zuckte zusammen, erschrocken über die ungewöhnliche Kälte, die von Huberts Körper ausging. In diesem Moment drängte sich, hoch über dem Kopf des Pfarrers und dem Cowboyhutkopf von Hubert erneut ein Sonnenstrahl durch das bemalte Glasfenster. Doch als Huberts Körperkälte blieb, machte die Sonne der nächsten Wolke Platz und kleidete das Kirchenschiff wieder in verhangene Schatten.

Als Pilgerstartdatum hatte Hubert den dreizehnten April zweitausendeins gewählt. Der Grund dafür war so schlicht wie einfach: Das war genau der Tag, an dem, ein Jahr zuvor, Sota zurück nach Japan gefahren war. Die Tatsache, dass Huberts Pilgerbeginn auf einen Freitag, den dreizehnten fiel, interpretierte niemand als schlechtes Omen.

Pilgerausgangspunkt war selbstredend die Shell-Tankstelle in Flokum. Der Tankstellenwärter war rechtzeitig informiert worden. Er wusste, dass sich am dreizehnten April gegen dreizehn Uhr die Platteooger bei ihm einfinden würden. Als Zugeständnis hatte man versprochen, in der nächsten Zeit sämtliche Fahrzeuge an seiner Tankstelle mit Benzin, Normal, Super und Bleifrei sowie mit Diesel zu versorgen. Ein kurzfristiges Problem hatte sich aufgetan, als der Tankstellenwärter erwähnte, dass er ausgerechnet an jenem Freitag sein Tankstellenhäuschen neu streichen wollte, und zwar in Neutralblau. Er hatte sich nicht davon abbringen lassen. Man war also darin übereingekommen, er könne streichen und Hubert problemlos parallel lospilgern. Überhaupt sei Blau symbolisch unübertrefflich passend. Denn Blau war die Farbe des Himmels, der unendlichen Weite, der Sehnsucht, der geistigen Erkenntnis, der Phantasie und der Treue.

Pilgerpate war Alrich Schwennen. Immerhin hatte er einst Sotas letzte Wegstrecke begleitet. Er sollte Hubert nach Hamburg zum Flughafen fahren, von wo es über Paris nach Biarritz gehen würde. Bauer Schwennen war sehr, sehr viel schwerer zu überzeugen gewesen als der Tankstellenwärter, weshalb man Ewald und Alfried als Platteooger Überzeuger zu ihm gesandt hatte. Einem Pfarrer und einem alten ostfriesischen Traditionalisten hatte man die meiste Überzeugungskraft zugetraut. Zu Recht. Ausschlaggebend waren allerdings weniger die logischen Argumente, die die beiden Männer Schwennen dargelegt hatten, als vielmehr die kulinarischen Argumente in Gestalt von Leskas Krabben-Powidltascherln.

Am dreizehnten April zweitausendeins war es wolkig mit etwas Schnee. Die deutschlandweiten Temperaturen erstreckten sich über das Spektrum von minus zwei Komma sechs bis sieben Komma ein Grad. Die Luftfeuchtigkeit lag bei durchschnittlich vierundsechzig Prozent. Es war Karfreitag. In Rom nahm, nach zweiundzwanzigjähriger Amtszeit, Papst Johannes Paul II. zum ersten Mal nicht an der traditionellen Kreuzwegprozession beim Kolosseum teil. An Huberts Verabschiedung nahm traditionell jeder teil.

Und so standen sie alle da. Der Tankstellenwärter tunkte den Teleskopfarbroller behutsam in den mit Neutralblau gefüllten Eimer und strich sein Tankstellenhäuschen.

Ubbo stand neben Huberts Pilgerrucksack, gefüllt mit den Gegenständen von Adams Packliste, und bewachte ihn, als wäre er das mühsame erklommene Gipfelkreuz des K2. «Hast du auch alles? Bist du bestens ausgerüstet für alle etwaigen spanischen Eventualitäten? Bist du materialtechnisch unbezwingbar?»

Hubert nickte.

Leska schob eine Schubkarre voller umfangreicher, transparenter Plastikdosen mit spanieninspirierten Chorizo-Liwanzen zwischen den aufgeregten Verabschiedern umher. «Wie ist groß Aufgeregung. Unser Leuchtturmrestauratator geht zu Pilgerung. Ich finde fulminant. Hubertčík, pass auf, dass du nicht vernachlässigst Ernährung.»

Hubert nickte.

Ewald, an diesem karfreitäglichen Tag in Sonntagsgottesdienststaat, hielt eine Bibel in den Händen, sah Hubert an und flüsterte: «Herr, am Beginn meiner Fahrt bitte ich dich: Sei mir nahe, und umgib mich mit deinem Schutz. Bewahre mich davor, dass ich andere oder mich selbst in Gefahr bringe. Schenke mir Umsicht und Geistesgegenwart. Führe mich sicher ans Ziel.»

Hubert nickte.

Seine Korvettenjacke glattstreichend, griff Alfried nach Huberts Hand. «Wenn du fremde Menschen triffst, und das wirst du, erzähle ihnen von Ostfriesland, erzähle von unserem Eiland. In meinem Miniaturheimatmuseum steht jederzeit eine Tür offen für die Menschen aus aller Welt, jeder Hautfarbe, jeder Religion.»

Hubert nickte.

Bonna legte die Hände über ihre Augen, um die Straße besser einsehen zu können. «Wo er nur bleibt. Die aktuellen Verkehrsmeldungen sind gut. Kein Stau, kein angefahrenes Tier. Nichts. Schwennen wollte doch pünktlich kommen oder?»

Hubert nickte.

Neben Helge stand sein Arztkoffer. «Hubert, ist alles mit der spanischen Krankenkasse geregelt? Wirst du im Notfall ärztlich versorgt?»

Hubert nickte.

Christian schob sich seinen Zeigefinger in den Mund und hielt ihn nach oben. «Windstärke eins auf der Beaufortskala. Leichter Zug, schwache Kräuselwellen auf dem Meer, Windflügel und Windfahnen unbewegt. Ich habe die Daten für die nächsten Wochen ermittelt und dir hier zusammengetragen. In Spanien ist Superwetter.» Er reichte Hubert einen in Miniaturschrift beschriebenen Zettel mit Tabellen.

Hubert nickte. Er nahm den Zettel, steckte ihn in die Brusttasche seines rot karierten Flanellhemdes und wandte sich an Adam. «Na, mein großer Bruchpilot. Alles in Ordnung bei dir?»

«Ja. Ich bin erfreut, dass so viele gekommen sind, um dich zu verabschieden. Das spricht für Zuneigung.»

Hubert streichelte über Adams Wange. «Da hast du recht. Aber ich finde, sie machen die Pferde etwas scheu.»

Adam blickte sich nach allen Seiten um. «Ich sehe keine Pferde.»

«Sie machen sich Sorgen und übertreiben ein wenig. Hier, für dich.» Hubert reichte Adam ein Päckchen, welches unverkennbar ein Buch unter seinem Einschlagpapier barg. «Aber erst einen Tag vor meiner Rückkehr aufmachen.»

«Also in fünf Wochen und sechs Tagen, am vierundzwanzigsten Mai», ergänzte Oda, die neben Adam und Hubert getreten war.

Zur Feier des Tages hatte sie sich besonders hübsch gemacht. Ihre semmelblonden Locken waren zu einem kunstvollen Gesteck aufgetürmt. Zwar hatte sich die Luftfeuchtigkeit über einzelne Strähnen hergemacht und eine außerordentlich starke Kräuselung verursacht, aber ihrer Schönheit tat das keinen Abbruch. Ihre Augen strahlten wie zwei lindgrüne Taschenlämpchen. Ihr farblich abgestimmtes Kleid endete verführerisch eine Handbreit über dem Knie. Ihr Mantel war von demselben Nussbraun wie die Augen der beiden Lieblingsmenschen in ihrem Leben. Hubert legte seine Hand auf Odas Rücken. Er ließ sie peu à peu nach unten pilgern, so als wäre das eine versinnbildlichte Probe für das, was ihm in den nächsten Wochen bevorstand. Eine Handwanderprobe.

Fehlte nur der motorisierte Pilgerpate Schwennen. Wie aufs Stichwort tuckerte der Traktor heran. Schon von weitem konnte man sehen, dass der Bauer eine spanische Flagge auf das Dach des Fahrerhäuschens montiert hatte. Zwar hing sie schlaff in ihrer Halterung, aber das Rot und das Gelb waren trotzdem gut auszumachen.

«Ich finde das eine schöne Geste. Sonst ist Schwennen so bäuerlich karg», sagte Helge.

Dann ging es recht geschwind. Adam hatte sich gewünscht, dass Hubert genau um dreizehn Uhr und dreizehn Minuten losfahren sollte. Da jeder um Adams Primzahlenverliebtheit wusste, hatte nie zur Debatte gestanden, ihm den Wunsch abzuschlagen. Aus Zeitmangel blieb Schwennen auf dem Traktor sitzen. Hubert nahm den Rucksack aus Ubbos Obhut und verstaute ihn im Fußraum der Fahrerkabine. Danach umarmte Hubert alle reihum. Adam als Vorletzten und sehr, sehr lange. Als Letzte verabschiedete Hubert Oda. Er küsste sie auf ihre lippenstiftroten Lippen, woraufhin sich das Verabschiedungskomitee diskret wegdrehte. Um dreizehn Uhr zwölf und dreißig Sekunden nahm Hubert neben Schwennen Platz.

Dieser sagte: «Na denn man tau.»

Hubert schwieg und winkte.

Die Platteooger sahen die Straße hinunter. Von Schwennens Traktor war bald nichts mehr zu sehen und kurz darauf auch nichts mehr zu hören.

«Na, so was», wunderte sich der Tankstellenwärter in die Flokumer Tankstellenstille.

Neben der Dieselzapfsäule saß ein Eichhörnchen. Draufgängerisch rannte es zum Tankstellenhäuschen und lief dabei durch eine Pfütze verkleckerten Neutralblaus. Es hielt inne und hastete schließlich über die Straße in einen Graben. Dabei hinterließ es blaue Fußspuren auf der Fahrbahn.

«Oje», stieß der Tankstellenwärter aus.

«Das kriegen wir hin, die Farbe entfernen wir. Ich informiere die zuständigen Behörden», sagte Bonna.

«Darum geht es nicht», sagte der Tankstellenwärter. «Ich habe mal zwei Semester Germanistik studiert und meine mich zu erinnern, dass die Farbe Blau sowie Eichhörnchen in der romantischen Lyrik Unglücksboten sind. Oder war es in *Bahnwärter Thiel* von Gerhart Hauptmann?»

Leska schüttelte den Kopf. «Quark das. Sie haben nicht gemacht fertig Studium. Ist Täuschung, Fehlinterpretierung, aber danke für Warnung.»

KAPITEL 25

PRAG II

Zolas Abschiedsbrief und ein narkoleptischer Schub. Nur kurzfristig hatte Adam sich ausruhen wollen und war langfristig eingenickt. In einen tiefen Schlummer war er gefallen, traum- und endlos.

Eine raue Katzenzunge fuhr über Adams schlafendes Gesicht. Er klappte die Lider auf. Zunächst sah er nur das Schild um den Katzenhals.

Ab heute bin ich deine Reisebegleiterin.

Adams Blick wanderte nach oben. Er traf auf ein Paar lindgrüne Katzenaugen. Zum ersten Mal fiel ihm auf, dass diese von derselben Farbe wie die seiner Großmutter und seiner Mutter waren. Adam reckte die müden Glieder. Draußen vor der Prager Hotelzimmerwohnung hatte eine diffuse Abenddämmerung begonnen, sich einzurichten. Wie lange hatte er geschlafen? Der Katzenkopf mit den Familientraditionsaugen war Adam ganz nah. Er fühlte ihnen gegenüber eine ausgeprägte Anziehungskraft. Eine Mischung aus Heimweh und letztem Strohhalm. Es war, als wären seine Großmutter und seine Mutter bei ihm in Prag. Einladend hob er seine Decke, die Katze kletterte darunter und bettete sich auf Adams Bauch. Eine Weile lagen die beiden so da.

Ein Knurren unterbrach die Abenddämmerungsstille. Es war nicht auszumachen, ob dies aus Adams oder dem Bauch der Katze kam. Wie auch immer, die Aussage war unzweifelhaft. Hunger. Es klopfte zaghaft an der Tür, Adam öffnete. Es war die Hotelbesitzerin.

«Jste v pořádku? Jak dlouho zůstanete[39]?», erkundigte sie sich.

«Nevím. Jednu noc jistě, můj zlatý kus[40]», radebrechte Adam und bemerkte die trockene Schwere seiner Zunge.

Die Hotelbesitzerin versuchte, einen Blick in die Wohnung zu erhaschen. Adam schloss flugs die Tür, woraufhin die neongelbe Leuchtreklametafel in seinem Kopf kopfschüttelnd sagte: *Oha, warum so unfreundlich? Sie hat dir und Zola doch gestern so herzlich geholfen.*

Adam rief ein «Danke» durch das Türblatt.

Im Bad trank er einen reichhaltigen Schluck Wasser direkt aus dem Hahn, unsicher, ob man Prager Leitungswasser überhaupt trinken konnte. Noch vor ein paar Tagen wäre er nie und nimmer auf die Idee gekommen, unbekanntes Wasser zu trinken. Zu groß war die Gefahr von Infektionen. Aber nun. War er wirklich ein Held, so wie Zola es in ihrem Abschiedsbrief behauptet hatte? Trank Batman Leitungswasser? Was war mit Spiderman, was mit Ironman?

Ein Schluck Leitungswasser macht noch lange keinen Helden, unkte die neongelbe Leuchtreklametafel.

In seinem Jesus-inside-Beutel fand Adam das letzte Bad-Kissingen-Croissant. Die Luft hatte es pappig werden lassen, doch es war das letzte Überbleibsel an Nahrung. Mit einer schnellen Handbewegung zerteilte Adam das Croissant. Er

---

39 Alles in Ordnung? Wie lange bleiben Sie?

40 Weiß nicht. Eine Nacht zudem, meine Goldstück.

erinnerte sich, wie er gestern, im noch halb funktionstüchtigen Bulli und in der voll funktionstüchtigen Hoffnung, alles würde gut ausgehen, Zola mit Hilfe von Brötchen den Unterschied von Signifiant und Signifié erklärt hatte. Er vermisste sie. Aus einem Vermissensimpuls heraus entschied er, die Katze Zola zu nennen. Zola-die-Katze. Er legte ihr die Hälfte des Croissants neben das Kopfkissen wie ein Taufgeschenk.

Kauend griff er nach dem Handy, fotografierte seine Zeichnung von Pavel Obris Grab und schickte das Bild an seine Großmutter.

Schnell war das halbe Croissant aufgegessen. Nach der erledigten Nahrungsaufnahme überfiel Adam schlagartig Angst. Vom Frühstück abgesehen, war nichts erledigt. Im Gegenteil. Plötzlich wurde ihm mit voller Wucht bewusst, dass er ab jetzt auf sich allein gestellt war, so viele offene Fragen warteten auf Antwort, so viele unerledigte Dinge blieben zu erledigen.

Systematisieren!

Einen Schritt zurücktreten.

Adam musste sich setzen. Da, wo er die Sitzgelegenheit vermutet hatte, war keine. Hart fiel er zu Boden und auf das knöcherne Steißbein und stöhnte auf. Zola-die-Katze schlich zu ihm. In ihren Augen lag Fürsorge. Sogar im Bodenruhezustand spürte er das Puckern der Nervenfasern. Mit Mühe unterdrückte er seine aufsteigenden Tränen. Um sich abzulenken, betrachtete er das Zimmer, in dem er sich befand. Mit seiner Fichtenanbauschrankwand, der wildgeblümten Couch, dem niedrigen Nierentisch und der troddeligen Stehlampe musste die Ausstattung noch aus sozialistischen Zeiten stammen. Sein geprelltes Steißbein puckerte stärker.

Einatmen.

Ausatmen.

Kurze Atemstöße, Hecheln, Schnaufen, tiefe Bauchaspiration, beim Luftentweichenlassen ein langes *Ooohhh*, wahlweise ein langes *Aaahhh*. Adam fühlte sich wie eine Gebärende, die Wehenschmerzen veratmet. Beim zweiten *Aaahhh* wandte sich Zola-die-Katze ab und begann an ihrem halben Croissant zu kauen. Dabei ließ sie ihn nicht aus den Augen, als wäre sie im Katzenkino, Adam der Film und das Croissant ihr Popcorn. Leider verschaffte die Atmerei wenig Linderung. Leider, so war sich Adam bewusst, war, anders als bei einer Gebärenden, auch kein Ende des Schmerzes abzusehen.

Eine schmerzliche Wahrheit ist besser als eine Lüge, zitierte die neongelbe Leuchtreklametafel Thomas Mann.

Und während Adam überlegte, was dieser Satz eigentlich mit ihm zu tun hatte, wusste er, es war Zeit für eine Liste. Eine ganz besondere. Während der Schrittzähler seit gestern auf dem Grund der Moldau lag, lag der Pluto-Dupo-Laptop jungfräulich im Koffer. Adam klappte ihn auf und versuchte, eine Internetverbindung herzustellen. Fehlanzeige. Der WLAN-Zugang des Hotels funktionierte offenbar nicht. Adams Handyverbindung ins Netz ebenso wenig.

Kurzentschlossen öffnete Adam ein neues Dokument im Textverarbeitungsprogramm und begann, seine Gedanken tabellarisch festzuhalten.

Problem	Lösung 1	Lösung 2	Unsystematische Ergänzungen
Grab Pavel	er ist tot – Ende der Suche	er ist tot – Suche fortsetzen – aber wie und wo?	Grabinschrift? Was ist mit Marie (Huberts Mutter?)
Hubert tot	?	?	
Hubert lebt	?	?	
Mutter helfen	Hubert finden	Hubert finden	Ist ihr damit geholfen?
Zola helfen	?	?	
Transport	Bahn	Bus	nach Berlin? Was ist mit dem Bulli?
Plagiatsvorwurf	Dekan anrufen	Dekan nicht anrufen	Doktorarbeit finden, lesen und Unschuld beweisen
Sonstiges: Undine Abendroth anrufen/schreiben			

Adam stoppte. Diese Tabelle half ihm zwar beim Systematisieren, brachte ihn jedoch nicht wirklich weiter. Es gab zu viele Fragezeichen, zu viele Möglichkeiten. Welchen Weg sollte er einschlagen? Wie ließen sich die aufgelisteten Probleme priorisieren? Was sollte er zuerst tun? Oder war es grundsätzlich vollkommen irrsinnig weiterzusuchen?

«Und nun?», fragte er leise an Zola-die-Katze gerichtet.

Das Tier blinzelte wie in Zeitlupe, und Adam hatte den Eindruck, das würde *alles wird gut* bedeuten.

Konnte das sein? Hatte Zola-die-Katze mit ihm gesprochen? Nonverbal zwar, aber gesprochen? Sollte die echte Zola recht haben mit ihren kruden Theorien zur Sprache der Katzen?

Leidlich zufrieden, speicherte Adam die Tabelle und erwartete einen schnippischen Kommentar der neongelben Leuchtreklametafel. Solche Pattsituationen waren ihre Lieblinge. Doch nichts. Angesichts einer Tabelle, dem Porsche der Listen, wusste sie offenbar nichts zu erwidern. Sie unkte nicht, sie tadelte nicht, sie feixte nicht, sie kritisierte nicht, sie mahnte nicht, sie maßregelte nicht, sie missbilligte nicht, sie rügte nicht. Sie war nicht zynisch, nicht sarkastisch, nicht spöttisch, nicht scharfzüngig, nicht lästernd, nicht schmähend, nicht stichelnd, nicht höhnisch, nicht anzüglich, nicht boshaft, nicht frech, nicht verletzend. Sie schwieg. Sie hatte ihre Kommunikation offenbar exakt in dem Augenblick eingestellt, in welchem Zola-die-Katze begonnen hatte, mit Adam zu kommunizieren.

«Wir unternehmen einen Spaziergang. Frische Luft unterstützt das Nachdenken. Weißt du», sagte Adam in seine Schuhe schlüpfend und an Zola-die-Katze gewandt, «es gibt einen Mann. Dr. Sota Watanabe. Ein Japaner, mein Geburtshelfer, Mister-Miyagi-Ebenbild und später pilgernder Buddhist. Er hatte wunderbare Weisheiten für jede Situation.»

Zola-die-Katze blickte Adam unentwegt lindgrün an.

«Und dieser Mister Miyagi hat unter anderem gesagt: Verlieren gegen Feind okay, aber niemals verlieren gegen Angst.»

Die Katze blinzelte in Zeitlupe.

Ein teigiger Tageslichtrest begleitete Adam bei seinem Spaziergang durch die Stadt, Zola-die-Katze lief neben ihm. Mitunter hielt das Tier an, schaute sich um, lief weiter, hielt an, schaute sich um und bog ab. Es schien einer unbestätigten, aber verheißungsvollen Fährte zu folgen. Es glich einem Spurenhund, dem man die Socke eines vermissten Menschen vor die Nase gehalten und der die olfaktorische Witterung aufgenommen hatte.

Sie liefen und liefen.

Die Bewegung tat Adam gut. Die außerplanmäßigkeitsinduzierte Panik, die sich in seinem Kopf angestaut hatte, löste sich ein wenig. Die Moldau kam in Sicht. Ihr blaues Band teilte die Stadt in zwei Hälften. Adam erinnerte sich daran, dass Prag von sieben Hügeln umgeben war, und lächelte.

Sie überquerten den Fluss über die Mánes-Brücke zur Kleinseite der Stadt. Fensterstürze, Revolutionen, Frühlinge. Das Palais Lobkowitz, die John-Lennon-Mauer, die Prager Burg, das Haus zu den drei Straußen, die Sankt-Nicolaus-Kirche, das Kafka-Museum. Die vom Zweiten Weltkrieg fast unzerstörte Metropole blätterte sich vor Adam auf wie ein steinernes Geschichtsbuch. Mit seiner eigenen Geschichte jedoch haderte Adam. Seine Geschichte war lückenhaft und schmerzlich und mit Fragen angefüllt. Zola-die-Katze hatte offenbar die Fährte verloren. Vor einem Restaurant warf sie einen flehentlichen Blick zu Adam hinauf.

«Willst du mir bedeuten, dass du Hunger hast?»

Das Tier senkte den Kopf zu einer Verbeugung.

«Ich gehe davon aus, ich habe verstanden. Ich kümmere mich darum. Einen Augenblick Geduld müsstest du allerdings noch aufbringen.»

Ohne lange zu überlegen, bestellte Adam sprachlich fehlerhaft zweimal dasselbe zum Mitnehmen, was er gestern mit der echten Zola gegessen hatte. Lendenbraten, Knödel und Kraut.

Eine Viertelstunde später saßen Adam und die Katze vor der Hungermauer und ließen es sich schweigend schmecken. Adam war zuerst fertig. Ihm kam der Porsche unter den Listen, seine Tabelle, in den Sinn. Er wischte sich die Hände an seiner Hose ab und schrieb der Buchhändlerin Undine Abendroth eine Nachricht.

> Sehr geehrte Frau Abendroth,
> machen Sie sich keine Sorgen. Ich musste eine Reise antreten, bin wohlauf und melde mich, sobald ich zurück bin. Danke für Ihre Besorgnis.
> Mit freundlichen Grüßen,
> Dr. Adam Riese

Adam war überzeugt, dass sich die neongelbe Leuchtreklametafel in seinem Kopf prompt zu Wort melden würde und *Du bist wohlauf? Ich lach mich tot, das sind doch Fake News* oder irgendetwas Gleichartiges sagen würde. Doch nichts. Schweigen an der Leuchtreklametafelfront. Nach so vielen Jahren? Zum ersten Mal hatte sich diese zynische Kommentatorin gemeldet, als Adams Vater von seiner Pilgerreise nach Santiago de Compostela nicht zurückgekehrt war. Adam war dreizehn gewesen und seitdem in ständiger Begleitung dieser schlimmgelben Kopfinnenstimme, die sich auf seine Ängste stürzte und an ihnen labte. Satt, zuversichtlich und in dem sicheren Wissen, eine winzige Glückssträhne in all dem Dilemma für sich verbuchen zu können, wählte er die Telefonnummer des Dekanatsbüros seiner Universität. Niemand hob ab.

Nun hatte auch Zola-die-Katze ihr böhmisches Hausmannskostabendbrot beendet. Zufrieden streifte sie um Adams Beine. Sie hob den Schwanz und deutete damit nach links. Dabei erinnerte sie an einen Reiseführer, der seiner Gruppe mit Hilfe eines Stockschirms die Richtung wies. Überschnell stand Adam auf. Die Nervenfasern in seinem Steißbein beschwerten sich eingehend.

Einatmen.

Ausatmen.

Mit auf die Lendenwirbelsäule gepressten Händen fragte Adam: «Willst du mir etwas mitteilen? Ich bin ungeübt, ich verstehe deine Sprache kaum. Im Grunde stehe ich noch ganz am Anfang.»

Abermals deutete das Tier mit dem Schwanz nach links. Abermals erinnerte sie Adam an einen stockschirmschwenkenden Reiseführer, der etwas ... Adam stutzte. Ja, der etwas Wegweisendes, etwas Leuchtturmartiges hatte.

Adam lächelte. «Meinst du den Fernsehturm auf unserer Hotelseite der Stadt?»

Zola-die-Katze blinzelte in Zeitlupe.

Ihnen blieben zwanzig Minuten, bevor der Prager Fernsehturm schließen würde. Adam und Zola-die-Katze waren die einzigen Besucher. Um nicht wieder hinauskomplimentiert zu werden wie gestern im Nationaltheater, hatte sich Adam das Tier unter sein einsteingraues Sakko geschoben und dieses zugeknöpft. Er sah jetzt sehr, sehr übergewichtig aus. Der Blick über die Stadt und ihre blinkenden Lichter war eindrucksvoll, doch Adam niedergeschlagen. Auf dem Weg von der Kleinseite bis ins Žižkov-Viertel war er sich darüber klargeworden, dass seine Suche in eine Sackgasse geführt hatte. Er ließ sich vorsichtig auf eine der hängenden, transparenten Sesselschaukeln sinken, um sein geprelltes Steißbein nicht aus der Reserve zu locken. Auch wollte er die Katze, die unter dem Sakkostoff ruhte, nicht erschrecken. Adam schloss die Augen. Hinter seinen Lidern, wie auf einer Zitatleinwand, prangte ein Rilke-Gedicht.

Schlussstück

Der Tod ist groß.
Wir sind die Seinen
lachenden Munds.
Wenn wir uns
mitten im Leben meinen,
wagt er zu weinen
mitten in uns.

Tränen tröpfelten auf Adams innere Zitatleinwand. Sie verwischten die Gedichtbuchstaben. Sie wurden unleserlich und waren am Ende restlos verschwunden.

Adam begann, sich mit den Füßen abzustoßen. Die Sesselschaukel setzte sich in Bewegung. Er wiegte sich selbst in den Trost, wie ein Kind. Verlassen. Isoliert. Es war das erste Mal, dass Adam nach Huberts Verschwinden und der monatelang anhaltenden Suche nach ihm wieder auf einem Turm war. Neunzehn Jahre Turmabstinenz, die ihm mit einem Mal töricht vorkam. Zwar war dieser hier ein Fernsehturm. Aber was machte das für einen Gefühlsunterschied? Die Trauer war zurück. Geballt. Bitter. Herzzerreißend. Dreiundneunzig Meter in ihrem Höhenmaß.

Zola-die-Katze begann sachte zu schnurren. Doch abrupt änderten sich die Schnurrgeräusche, wurden nachhaltiger und beschleunigten ihrem Rhythmus. Was hatte das nun wieder zu bedeuten? Träumte die Katze schlecht? Adam überlegte, Zola anzurufen, um sie danach zu fragen und vor allem, um sich nach dem Befinden ihrer Mutter zu erkundigen. Hoffentlich war Zola rechtzeitig nach Göttingen gekommen, um zu verhindern, dass das Arschloch ihre Mutter bedrohte oder ihr gar etwas antun konnte.

Der Schnurrrhythmus legte noch einen Zahn zu. Adam knöpfte sein einsteingraues Sakko auf und sah sein Handy einen Anruf seiner Großmutter vermelden.

«Babička.»

«Ähm ...»

Leska musste sich eine Erkältung eingefangen haben. Ihre Stimme klang heiser.

«Nein, hier ist Alfried», sagte die heisere Stimme.

«Ist etwas passiert? Gibt es Grund zur Beunruhigung?» Adam stieß sich vor Entsetzen derart stürmisch vom Boden ab, dass die Schaukelketten in ihrer Verankerung rasselten.

«Nein, alles gut, ruhig Blut. Ich habe erfreuliche Nachrichten. Wahrscheinlich habe ich eine Spur zu Hubert.»

Adam wagte nichts zu erwidern.

«Leska hat mir das Bild von Pavels Grabstein gezeigt. Meine Vermutung ist die Bretagne.» Alfried hustete.

«Bretagne? Wie kommst du denn darauf?»

Nachdem Alfried ausgehustet hatte, sprach er weiter. «Die Umrisse des Grabsteins, das sind die Umrisse der Bretagne. Die Grabinschrift *Er gĕr emañ* ist Bretonisch.»

«Woher weißt du das so genau?» Adam spielte mit der Idee aufzustehen, blieb aber sitzen, weil er seinem Steißbein eine Verschnaufpause gönnen wollte.

«Diese Frage beleidigt mich fast ein bisschen als waschechter Ostfriese. Ich bin Leiter und Gründer eines Miniaturheimatmuseums. Adam, die Ostfriesen und die Bretonen haben viel gemeinsam. In Deutschland wird sich über uns, in Frankreich über die Bretonen lustig gemacht. Das ist der Grund, warum ich ein Miniaturbretagneexperte bin. Die Sprache habe ich mir im Selbststudium beigebracht, nun ja, zumindest die Grundlagen.»

«Was gibt dir die Sicherheit zu glauben, dass ich Hubert in der Bretagne finden könnte?», fragte Adam unsicher.

«Auf dem Grabstein ist ein Leuchtturm zu sehen, und in der Bretagne, im Finistère, gibt es die Straße der Leuchttürme. Hubert ist als Leuchtturmrestaurator nach Platteoog gekommen, was liegt näher, als zu einem Leuchtturm zu verschwinden? Hier schließt sich der Kreis. Wenn das kein Zeichen ist, weiß ich auch nicht.» Nochmals hustete Alfried.

«Wie viele Leuchttürme gibt es in der Bretagne?»

«Dreiundzwanzig. Das wird dir gefallen.»

Adams Primzahlenfreude erwachte aus ihrer Lethargie und gab dem Schaukelsessel einen kräftigen Anschubser. «Aber ich kann ja nicht in alle Städte der Bretagne fahren», sagte Adam.

Alfried entließ ein *Hmm*. Dann war es eine Weile still.

«Bist du noch am Apparat?»

Alfried holte tief Luft. «Nun, ich weiß, es klingt ein bisschen weit hergeholt. Die Möwen, die um den Leuchtturm kreisen, haben an einer Stelle einen Möwenschiet hinterlassen. Der ist genau auf der Stelle, auf der sich die Stadt Brest befindet. Brest, im Jahre fünfzehnhundertdreiundneunzig durch König Heinrich den Vierten das Stadtrecht ... Entschuldige, das ist die falsche Zeit für eine Geschichtsstunde.»

«Könnte es nicht auch sein, dass die Möwenhinterlassenschaft gar nicht eingraviert ist, sondern von echten Vögeln stammt?» Unsicher erhob sich Adam aus seiner Sesselschaukel.

«Auszuschließen ist es nicht. Aber ich würde es wagen. De Dristen hòört de halve Welt.[41] Ich weiß, es ist nicht viel, aber wenn es irgendeine Verbindung zu Hubert gibt, und sei sie noch so klein, dann musst du ihr nachgehen. Fahr ins Finestère. Gut möglich, dass du dort, am Ende der Welt, deine Antworten findest.»

---

41 Den Wagemutigen gehört die halbe Welt.

KAPITEL 26

WARTEN IN ZEITEN DES ABNEHMENDEN HOFFENS

Zunächst war es allein Oda, die von einem Unwohlsein heimgesucht wurde. Ein Unwohlsein darüber, dass Hubert sich während des Pilgerns auch nach drei Wochen nicht ein einziges Mal gemeldet hatte. Odas Unwohlsein war eine diffuse Mischung aus gefühligem Vermissen und logischen Schlussfolgerungen, wobei die Gefühlsebene die Nase vorn hatte. Die Feinheiten ihrer Gefühlsebene behielt Oda für sich. Pilgern, so wusste sie, speiste seine heilende Wirkung hauptsächlich daraus, alles hinter sich zu lassen. Pilgern folgte keinem Stundenplan. Keiner Struktur. Keinem Schema. Und überhaupt. Bedurfte es nicht eines gewissen Maßes an Einsamkeit und Distanz, um zu sich zu finden, zu entdecken, was im Leben wirklich zählte? Sicherlich ging es Hubert gut auf dem Weg nach Santiago de Compostela. Er genoss das einsame Laufen durch die spanische Landschaft, kam jeden Tag vollkommen erschöpft in den Pilgerherbergen an und schlief, unter der Last der Anstrengungen, unverzüglich ein. Da konnte das Sich-Melden schon mal in Vergessenheit geraten. Gab es entlang der Pilgerstrecke überhaupt Telefone? Oda ärgerte sich, dass sie Hubert nicht gebeten hatte, ein Handy mitzunehmen.

Nach vier Wochen, das Vermissen hatte sich inzwischen zu seiner Maximalkapazität ausgewachsen, drängelte sich

Odas Verstand rebellisch in den Vordergrund. Nicht einmal das Malen machte ihr mehr Freude. Pinsel, Leinwand und Farbkasten lagen wie abgelegte Liebhaber in der Ecke.

Dann fasste sich Oda ein Herz. «Mach dir keine Sorgen, es wird ihm gut gehen», hatte ihr Vater Ubbo gesagt. Er war der Erste gewesen, dem Oda ihre Ängste anvertraut hatte. «Keine Nachrichten sind gute Nachrichten, so heißt es doch», hatte er hinzugefügt.

Auch die anderen Platteooger gingen ihren täglichen Verrichtungen nach, ohne Huberts Schweigen große Bedeutung beizumessen. Leska buk und kochte. Alfried arbeitete in der Redaktion des *Diekwiesers* und im Miniaturheimatmuseum. Helge versorgte seine Patienten. Ewald predigte zu seinen Schäfchen. Christian war damit beschäftigt, eine neue meteorologische Messstation auf dem Leuchtturm zu installieren. Bonna hielt Verbrechen und Gefahren in Schach. Angesichts des Umstandes, dass alle Insulaner ihren beruflichen Pflichten folgten, war Oda froh über die ihren bei FlokumFM. *Feier den Feierabend* und *Sprich dich frei.* Letztere erfreute sich nach wie vor ansehnlicher Beliebtheit. Da der Sendungsfokus mehr auf den Beratungsgesprächen als auf den musikalischen Passagen lag, bemerkte niemand, dass Oda die Musik instrumentalisierte, um ihr Unwohlsein gegenüber Huberts Funkstille auszudrücken. Sie hatte sich eine Handvoll Lieder notiert, die sie allsonntäglich in wechselnder Reihenfolge spielte.

Time waits for no one (Rolling Stones)
Wait till you see him (Supremes)
True love waits (Radiohead)
Memories can't wait (Talking Heads)
Don't make me wait (Bill Withers)

Das, was sich außerdem in Odas Moderatorinnentätigkeit hineinschmuggelte, war eine Funktionsumkehr. War es bisher sie gewesen, die ihren Hörern half, halfen diese nunmehr ihr. Zumindest erhoffte sie das. Dabei wich Oda nicht von ihrem erfolgversprechenden Moderationsgeheimnis ab. Gutes Zuhören, kein großer Lauschangriff, gezieltes Hinhören, noch gezielteres Schweigen, Nachfragen, Wiederholen der Hörergefühle in eigenen Worten. Zunehmend fragte Oda allerdings für sich und ihre Gefühle. Sie stellte Fragen wie: *Ist es notwendigerweise ein schlechtes Zeichen, wenn sich eine Person nicht meldet? Entspricht die Häufigkeit von Anrufen dem Ausmaß der Gefühle? Ist es kompliziert, eine Postkarte aus Spanien zu schreiben? Kennen Sie sich zufällig mit der Situation von öffentlichen Telefonen in Spanien aus?* All diese Fragen wurden ihr von unterschiedlichen Hörern einhellig mit nein beantwortet.

Sechs Wochen und drei Tage nach Huberts Abreise waren Oda und Adam bei Leska und Ubbo zum Achtzehn-Uhr-dreißig-Abendessen eingeladen. Auf dem Tisch standen dampfende Schüsseln und Schalen, auf dem Herd drei Töpfe. In der Ecke neben dem Fenster, durch das man in einiger Entfernung den Leuchtturm in ein romantisches Granatapfelrot gebadet sah, hatte Ubbo vor kurzem einen Fernseher angebracht. So konnte Leska beim Kochen ihre Lieblingsserie *Wo die Liebe hinfällt* verfolgen. Als Leska vom größten der drei Töpfe aufblickte, stellte sie das Fernsehdrama um Justin, Chayenne und Tiffany stumm.

«Wie schön, ihr seid da. Ich habe reichhaltige Angebot bereitet.» Nachdem Leska Oda auf die linke und Adam auf die rechte Wange geküsst hatte, rührte sie weiter.

In der Küche duftete es verführerisch nach Kraut, Knödeln, Kartoffeln, Schweinebraten, Letscho und Mohnkolatschen.

«Was macht Schule, Adamčík?» Leska gab Kümmel in den Krauttopf.

Adam setzte sich an den Küchentisch und beobachtete einen tonlosen Disput zwischen Chayenne und Tiffany. «Ich komme gut zurecht. Um es deutlich zu sagen, der gesamtpädagogische Anspruch könnte höher sein. Lehrer Ewer kümmert sich aber vorbildlich um mein individuelles Vorankommen.»

Zärtlich strich Oda über Adams Locken. «Ich habe überlegt, ob wir ihn vielleicht eine Klasse überspringen lassen. Aber das kann ich nicht allein entscheiden. Ich warte, bis Hubert ...»

Oda verstummte.

«Zu welchem Zeitpunkt kommt Papa eigentlich zurück? Er ist bereits überfällig», sagte Adam in die Stille hinein.

Man hätte eine Stecknadel fallen hören können. Leska hielt im Rühren inne. Ubbo stand im Türrahmen. Oda floh das Blut vom Kopf in die Beine. Selbst Chayenne und Tiffany schienen ihren Disput zu unterbrechen und aus der Mattscheibe hinaus in die Küche der Bakkers zu starren.

Im nächsten Moment war die Folge von *Wo die Liebe hinfällt* zu Ende. Nach dem Abspann war eine Nachrichtensprecherin mit einer haarsprayunbeweglichen Kurzhaarfrisur zu sehen. Leska griff nach der Fernbedienung und stellte den Ton lauter.

«Liebe Zuschauer, in Kürze folgt eine Dokumentation über die Raumstation Mir, die vor zwei Monaten unter kontrollierten Bedingungen in den Wiedereintritt in die Atmosphäre gebracht wurde. Über vierzig Tonnen nicht verglühte Trümmer der Station stürzten am dreiundzwanzigsten März um

sechs Uhr siebenundfünfzig südöstlich der Fidschi-Inseln in den Pazifischen Ozean. Die fünfzehnjährige Geschichte der Raumstation, die ursprünglich bloß auf eine Lebensdauer von sieben Jahren ausgelegt war, ging somit zu Ende. Mehr dazu nach den Nachrichten.»

Erst Adams Frage, dann die verglühte Raumstation. Taumel erfasste Oda. Ein Taumel, als würde die Schwerkraft ihren gesamten Körper zu Boden ringen wollen. Beinahe hätte sie es nicht bis zum Stuhl neben Adam geschafft.

«Fünfzehn Jahre anstelle von sieben, das ist eine unbezwingbare Leistung», sagte Ubbo, der nichts von Odas innerem Zusammenbruch mitzubekommen schien.

«Ubbočik, ich glaube, geht nicht um Friedensraumschiff, geht um Hubertčík». Leska schaltete den Fernseher aus.

Oda nickte ihrer Mutter dankbar zu. Die deutete das Nicken offenbar als Ausdruck eines leichten Hungergefühls und stellte ihrer Tochter einen Teller mit krossen Mohnkolatschen auf den Tisch. Auch im Sitzen ließ der Taumel nicht von Oda ab. Wochenlang hatte sie Stillschweigen bewahrt. Ihr Unwohlsein, das gefühlige Vermissen, die logischen Schlussfolgerungen, die Wartelieder. Nun hatte Adam die entscheidende Frage gestellt. *Zu welchem Zeitpunkt kommt Papa eigentlich zurück?* Jetzt brach sich alles Bahn, was sich sechs Wochen und drei Tage in Oda angesammelt hatte wie eine Regentonne, deren Ablaufventil verstopft war und die nun barst. Das Regenwasser floss aus Odas lindgrünen Augen und landete auf den Mohnkolatschen, die nach nicht einmal dreißig Sekunden matschig geworden waren.

Platteoog war aus einem Dornröschenschlaf erwacht. Die beschauliche Bilderbuchschönheit war Geschichte. Zwar war die Insel an Reiz nach wie vor unübertroffen, aber ihre Bewohner wurden von einem Fieber erfasst. Dem Fieber der Suche. Hubert war überfällig. Es war, als wären die Trümmerteile der Raumstation Mir nicht nur auf den Fidschi-Inseln, sondern nun auch auf der Insel Platteoog gelandet. Es war, als hätte dieses Mir-Trümmerteil den bisherigen Bilderbuchfrieden zerstört. Allumfassender Aktionismus griff um sich. Oda war vollkommen paralysiert angesichts der suchenden Umtriebigkeit der anderen. Sie verbrachte die Tage im Bett unter zwei korpulenten Decken und fühlte sich wie lebendig begraben. Adam versorgte sie täglich mit einem Report, über das, was die Insulaner in Angriff nahmen.

Bonna hatte begonnen, die spanischen Kollegen der Guardia Civil zu kontaktieren und sich nach dem Verbleib von Hubert zu erkundigen. Ihr Ansinnen wurde anfänglich ablehnend beschieden. Ein volljähriger Mann hatte schließlich das Recht, allein zu entscheiden, wo er sich wann aufhielt und bei wem er sich wann meldete. Daraufhin hatte Bonna auf einen zweifelhaften Trick zurückgegriffen. Sie hatte erzählt, dass die Vermutung bestünde, der Gesuchte könnte Mitglied einer gewaltbereiten Splittergruppe der baskischen Untergrundbewegung ETA sein. Unverzüglich hatte man die landesweite Suche eingeleitet. Ohne Erfolg.

Helge hatte begonnen, die Kollegen in den spanischen Krankenhäusern zu kontaktieren. Ihm wurde auf Anhieb mehr Kooperationsbereitschaft entgegengebracht als Bonna. Eine Kooperationsbereitschaft, die nicht darüber hinwegtäuschen konnte, dass in keinem Krankenhaus von Andalusien bis Kantabrien, von den Balearischen Inseln bis nach Galicien die Einlieferung eines Hubert Riese verzeichnet worden war. Daraufhin hatte Helge überlegt, alle buddhistischen Klöster zu kontaktieren, scheiterte jedoch daran, dass deren Telefonnummern nicht ausfindig zu machen waren.

Alfried verlagerte seine Suche auf die unmittelbare Umgebung im Inland. Er fuhr nach Flokum, wo es neben dem Tee- und Buddelschiffmuseum eine Detektei gab. Zu Alfrieds Überraschung war diese auf die Suche nach vermissten Personen spezialisiert. Sie hieß *Wiedersehen macht Freude* und rief exorbitante Preise auf. Nach einem halbstündigen Gespräch mit dem Privatdetektiv und dem Ausfüllen eines Formulars kehrte Alfried beschwingt zurück auf die Insel. Doch der Beschwingtheit wurde nach drei Wochen ohne Rückmeldung des Detektivs das Wasser abgegraben. War Huberts Überfälligkeit eine bewusste Entscheidung? War ihm am Ende gar nichts zugestoßen, wovon alle ausgingen? Alfried überlegte, ob er eine Anzeige im *Diekwieser* aufgeben sollte. Immerhin hatte Hubert sich schon einmal auf eine gemeldet. Aber sollte seine Überfälligkeit Kalkül haben, würde er einer Anzeige mit Schweigen begegnen. Kam man in Spanien überhaupt an den *Diekwieser*? All diese Gedanken behielt Alfried sicherheitshalber für sich, um Oda nicht noch tiefer in die Arme der Verzweiflung zu treiben.

Auch Leska verschrieb sich dem, was sie am besten konnte: Backen und Kochen. Sie buk und kochte schiere Unmengen und stellte die riesigen Bleche, ausufernden Kuchenformen, umfangreichen Töpfe und ansehnlichen Pfannen unmittelbar nach der Zubereitung auf die Terrasse vor ihrem Haus. Dahinter drehte sich, tagein, tagaus, der riesige Chrombodenventilator mit kraftvollem Einhundertzwanzig-Watt-Motor aus Huberts Werkstatt. Leska hoffte, der betörende Duft würde Hubert nach Platteoog locken. Sie hoffte, ihm würde im etwa zweitausendfünfhundert Kilometer entfernten Santiago de Compostela der Speichelfluss in Wallung geraten und ihn dazu veranlassen, nach Hause zu kommen. Ihre Hoffnungen blieben Hoffnungen.

Ubbo und Christian überlegten, nach Spanien zu fahren und den Pilgerweg abzulaufen, um nach einem Hinweis auf Hubert zu suchen. Immerhin waren Ubbo, Christian und Hubert vor seinem Aufbruch die Wanderroute im Frankenland testgepilgert. Sie kannten, wenn auch in abgemilderter Form, die Gefahren und Heimtücken, die sich in den Weg stellen konnten. Blasen an Füßen und Händen, Rückenschmerzen, Flüssigkeitsmangel, Muskelkater oder -faserrisse, Hangabstürze, Hitze- und Steinschläge, Überfälle, Verirrungen. Am Ende hatten die beiden Männer sich derart viele Horrorszenarien ausgemalt, dass die Furcht, diese könnten sie selbst heimsuchen, sie von ihrem Plan Abstand nehmen ließ. Sie beschlossen, stattdessen die Bemühungen der anderen nach bestem Vermögen vor Ort zu unterstützen.

Pfarrer Ewald war der unabdingbaren Auffassung, göttlicher Beistand sei vonnöten. Dieser sei überhaupt die einzig legitime Maßnahme, um ein der Herde davongelaufenes Schäfchen in den Schoß der Gemeinde zurückzugeleiten. Zwei Wochen nach Huberts Überfälligkeit läutete er kurz vor zehn die Kirchenglocken, deren Tragwerkbalken Hubert einst fachmännisch restauriert hatte.

Schnell füllte sich das Kirchenschiff bis auf den letzten Platz. Ewald hatte auf ein weißes Bettlaken ein Gottesdienstmotto geschrieben. Als glühender Marcel-Proust-Verehrer war die Wahl auf *Auf der Suche nach dem verlorenen Sohn* gefallen.

Oda, Adam, Ubbo und Leska saßen in der ersten Reihe.

Hinter ihnen hatten sich Christian und seine Tochter Martha, Helge und Alfried niedergelassen. Der Rest der Gemeinde war ohne erkennbare Systematik auf den restlichen Bänken verteilt. Bonna bewachte das hölzerne Portal, um für Sicherheit zu sorgen, wenngleich sie niemand darum gebeten hatte und die größte Gefahr schon längst in der Kirche war. Die ängstliche Ungewissheit.

«Liebe Gemeinde», hob der Pfarrer an und ließ seinen Blick über die Versammelten wandern. Bei Oda stoppte das Wandern.

Unter ihrem Mantel lugten eindeutig Schlafanzughosenbeine hervor. Ihre semmelblonden Locken hingen entkräftet am Kopf, sodass sie nicht mehr als Locken, sondern eher als Wellchen bezeichnet werden konnten. Ihre Augenringe waren herzerweichend kellertief, das Lindgrün ihrer Augen erloschen. Oda hielt Adams Hand umklammert, so als würde der leichteste Hauch des draußen pustenden Nordseewindes sie davontragen können. Vielleicht war es doch gut, dass Bonna die Tür bewachte.

«Liebe Gemeinde, es ist aber der Glaube eine feste Zuversicht dessen, was man hofft und ein Nichtzweifeln an dem, was man nicht sieht. Diese Trostzeilen stammen nicht von mir, sondern aus der Heiligen Schrift.» Ewald pausierte, bis das Echo seiner Worte im Kirchenschiff verhallt war. «Ich freue mich, dass ihr so zahlreich erschienen seid. Wenn ich mich nicht täusche, ist es das erste Mal, dass alle, tatsächlich alle, Platteooger den Weg hierher gefunden haben. Da kann nicht einmal Weihnachten mithalten.»

Zustimmendes Gemurmel.

«Der Anlass für unsere Zusammenkunft ist ein trauriger. Nichts wiegt schwerer als Ungewissheit, sie nagt an der Seele, die verlorene Zeit ist unwiederbringlich.»

Zustimmendes Gemurmel.

«Meine Aufgabe ist es, Trost zu spenden, Trost und heiligen Beistand, unserer Oda und ihrer Familie Kraft zu spenden. Doch in Vorbereitung des heutigen Gottesdienstes musste ich erkennen, dass Worte allein nicht genügen.» Ewald rieb sich mit dem Handrücken über die Stirn. Er beobachtete, wie die Gemeinde auf seine Ansprache reagierte.

Oda und Adam hielten sich weiter an den Händen. Leska und Ubbo ebenfalls. Alle vier hatten die Augen Ewald zugewandt, als würde er postwendend verkünden, wo Hubert abgeblieben war.

«Ich wünschte, ich könnte euch sagen, wo Hubert, unser verlorener Sohn, abgeblieben ist», entfuhr es Ewald. Ein Satz, den er nicht vorbereitet hatte. «Ich muss euch enttäuschen. Aber ihr wisst, die Wege des Herrn sind unergründlich. Hubert ist ein zutiefst religiöser Mensch. Von seiner Pilgerreise, das hat er mir verraten, erwartete er sich Reinigung und Erkenntnis. Er wollte als neuer Mensch zurückkommen.» Nun war der Pfarrer vollends von seiner geplanten Ansprache abgekommen, was ihn ärgerte. Er zerknüllte sein Redemanuskript. Fieberhaft suchte er in Gedanken nach einer Bibelstelle, die dem Gottesdienst einen hoffnungsfrohen Anstrich zu geben vermochte.

Die Gemeinde wurde unruhig, rutschte auf den Bänken hin und her.

«Da baten sie ihn: Befrage doch Gott, dass wir erfahren, ob die Reise, auf der wir begriffen sind, guten Erfolg haben wird», sagte Ewald und fügte hinzu: «Auch wir sind auf einer Reise. Wir sind auf der Suche, und ich danke allen, die Himmel und Hölle in Bewegung gesetzt haben, um Hubert zu finden. Manchmal schweigt Gott vor dem Unsagbaren, und ich hoffe, das ist ein Zeichen, ein positives Innehalten. So lasset uns nun beten.»

Die Gemeinde tat wie geheißen.

Nachdem alle wieder Platz genommen hatten, räusperte sich Ewald. Eine letzte Rettungsidee hatte in seinem Kopf Gestalt angenommen. «Liebe Gemeinde, ich bitte euch, das Geld, das ihr für die heutige Kollekte spenden wollt, in Odas Sinne zu spenden. Ihr habt es bemerkt, das war nicht meine beste Predigt, aber auch ich bin ratlos. Bei Ratlosigkeit hilft, neben der Bibel, oft die Literatur. Und da wir uns alle noch genau erinnern, wie sehr unser Hubert Rainer Maria Rilke verehrt hat, möchte ich mit dem schließen, was ich unserem Leuchtturmrestaurator mit auf den Weg gegeben habe.»

Die Gemeinde erhob sich, obwohl das keineswegs zum üblichen liturgischen Prozedere gehörte.

Ewald straffte die Schultern. «Laß dir alles geschehn: Schönheit und Schrecken. Man muß nur gehn: Kein Gefühl ist das fernste. Laß dich von mir nicht trennen. Nah ist das Land, das sie das Leben nennen. Du wirst es erkennen an seinem Ernste.»

«Amen», murmelte die Gemeinde.

Rilke, so musste sich Pfarrer Ewald eingestehen, hatte mehr zur religiösen Erbauung der Insulaner beigetragen als die vorbereiteten Bibelreferenzen.

Durch einen barschen Windstoß sprang das Kirchenportal auf und hätte Bonna beinahe die Nase plattgeschlagen. Oda klammerte ihre Hand so fest an Adams, dass ihre Knöchel knochenweiß hervortraten. Davon flog sie nicht.

Adam, mit dreizehn Jahren nun ein Teenager, hatte lange überlegt, wie er bei der Suche nach seinem Vater helfen konnte. Dieses Nachdenken war maßgeblich von schlechtem Gewissen motiviert. Er sah es als seine Schuld an, dass die Insulaner auf Huberts Funkstille aufmerksam geworden waren. Seelenwund wünschte er sich, er hätte nie die entscheidende Frage gestellt. *Zu welchem Zeitpunkt kommt Papa eigentlich zurück? Er ist bereits überfällig.* Martha hatte Adam auf dem Nachhauseweg von der Schule seine Sorgen anvertraut. Sie hatte ihre Hand auf seinen Oberarm gelegt, ihn dabei mit sanftem Gesichtsausdruck und verständnisvoll brennesselgrünen Augen angesehen und gesagt: *Adam, du bist klug, so klug, um zu wissen, dass du einfach nur der Erste warst, der das Thema angesprochen hat. Denkst du wirklich, deine Mutter und deine Großeltern hätten das nicht auch ohne dich gemerkt?* Sie hatte absolut recht, vermeldete Adams Verstand. Doch sein Gefühl ließ sich von logischer Argumentation nicht bändigen. Zumindest nicht nachhaltig. Zwischenbesänftigt, hatte Adam in diesem Moment entschieden, dort bei der Suche zu helfen, wo alles angefangen hatte. Dort, wo er die stärkste Verbindung zu seinem Vater spürte. Dort, wo er die glücklichste Zeit mit ihm verbracht hatte. Im Leuchtturm.

Adam war täglich dort. Gleich nach der Schule begab er sich in seinen Weltrückzugsort. So hatte Adam, bei dem sich inzwischen abzeichnete, dass er nie ein großer Mann werden würde, den höchsten Punkt über der Insel für die Suche nach seinem Vater auserkoren. Gegenüber der schneckenförmigen Wendeltreppe stand sein Kinderteleskopfernrohr, unter den Fenstern die kniehohen Bücherregale mit den angeschrägten Brettern, vor den gewölbten Fenstern hingen die Bundeswehrgardinen aus militärischem

Verdunklungsstoff. Fernrohr, Regale, Gardinen. Sie alle waren Zeugnis einer Vergangenheit voller Glück und Geborgenheit. Eine Vergangenheit, die die Gemeinheit besaß, ihren Wert erst dann zu offenbaren, wenn sie vorbei war. Adam fühlte sich, als hätte er einen Lottoschein mit sechs Richtigen ausgefüllt, jedoch vergessen, ihn rechtzeitig einzulösen. Er fühlte sich schirmlos in einem wochenlang andauernden Regen. Schallos in einem wochenlang andauernden Winter. *Nun warte erst einmal ab, noch ist ja nicht aller Tage Abend*, hatte Martha gestern versucht, ihn aufzubauen, und gleich darauf erklären müssen, was *aller Tage Abend* bedeutete. Pflichtbewusst hatte Adam das Sprachbild in eine neue Notizbuchliste geschrieben.

Waren Bücher Adam von jeher treu verlässliche Begleiter gewesen, wuchs ihre heilende Wirkung mit der Suche nach seinem Vater um ein Vielfaches. Nach wie vor fand er keinen Zugang zu Romanen und epischen Texten im Allgemeinen. Mit seiner Großmutter Leska stand Adam allfreitäglich am Hafen, um seinen Lektürebestand auf dem schwimmenden Bücherbus zu aktualisieren. Seine Seelentröster waren Sach- und Fachbücher. Die Fachgebiete waren mannigfaltig. Eine Querbeetleseliste aus Abhandlungen über die Struktur des Gehirns, den Stoffwechsel des menschlichen Organismus, Grundlagen der Entwicklungspsychologie, Ergebnisse der Weltraumforschung, Geheimnisse der Zauberkunst, die Entwicklung der Dampflokomotive, die Geschichte des Zweitaktmotors oder die mechatronischen Anwendungen technischer Systeme. Stundenlang konnte er sich, im Schneidersitz auf der Backskiste hockend, dem wissenschaftlichen Diskurs der Experten hingeben. Logisch aufgebaute Inhalte und Schlussfolgerungen entspannten ihn. Und machten ihn vergessen, nach dem Prinzip: innere

Ordnung durch äußere Ordnung. Von Zeit zu Zeit stand er auf, lockerte seine steifen Beine und blickte sehnsüchtig durch das Fernrohr in der Hoffnung, sein Vater würde sich vom Meer her auf der Fähre der Insel nähern. Wie hieß es doch gleich in dem Lied von Lale Andersen? *Ein Schiff wird kommen, und das bringt mir den einen, den ich so lieb' wie keinen.* Adam hatte mit Alfried überlegt, das nicht funktionstüchtige Leuchtfeuer des Leuchtturms wiederzubeleben und damit die Chancen zu erhöhen, weithin sichtbar Positionszeichen zu senden. Positionszeichen, die nur eines sich wünschten: Komm zurück.

Das Leuchtfeuer konnte nicht repariert werden, zumindest nicht ohne das Zutun eines versierten Leuchtturmrestaurators. Einen neuen anzufordern, brachte Alfried nicht übers Herz.

Ab und an bekam Adam Besuch. Am häufigsten von Alfried, der unten im Miniaturheimatmuseum die Überdauerung der Ausstellungsstücke überwachte. Am zweithäufigsten kam Christian vorbei, der die Daten der meteorologischen Messstation ablesen wollte. Am dritthäufigsten kam Martha, die mit Adam dasaß, nur das Notwendigste sprach und ihm durch ihre Anwesenheit Halt gab. Am vierthäufigsten kam seine Mutter zu Besuch.

So auch heute.

Die stählerne Wendeltreppe zappelte federnd unter ihren sich nähernden Schritten. Adam legte das Buch, das er gerade las, beiseite. *Richtig Morsen. Ein Leitfaden für den Morseunterricht* stand auf dem blasslachsroten Pappeinband.

Oda stellte eine umfangreiche, transparente Plastikdose auf die Backskiste. «Mit lieben Grüßen von deiner Oma. Ich wollte noch mal nach dir schauen, denn ich muss gleich in den Sender.»

Adam machte es glücklich, seine Mutter zufrieden zu sehen. Nach dem Gottesdienst in der Kirche hatte sie ihre Zuversicht zurückgewonnen. Wenngleich Pfarrer Ewald sehr, sehr unzufrieden mit seiner Rede gewesen war, hatte Oda diese geholfen. Ihre semmelblonden Locken hatten wieder die verkaufsfördernde Ansehnlichkeit einer Shampoowerbung. Ihre Augen waren von einem fast unwirklichen Lindgrün, mit ihnen hätte man Reklame für farbige Kontaktlinsen machen können.

«Ich freue mich zu sehen, dass es dir gut geht. Leider ist mir das unmöglich.»

«Ach, mein Großer. Das verstehst du noch nicht, dafür bist du zu jung. Auch wenn du durchaus ein schlaues Köpfchen hast.» Oda streichelte mütterlich stolz über Adams Wange. «Manchmal sind die Menschen so. Dein Vater ist auf dem Weg, um sich selbst zu finden. Das dauert. Freiheit ist dabei wichtig. Ich glaube, es war egoistisch von uns, zu erwarten, dass er sich meldet.»

Bei diesen Worten kam Adam ins Grübeln. Machte sich seine Mutter vielleicht etwas vor? Er rang um Fassung. Er begann, die herumliegenden Bücher einzusammeln. Es konnte gut sein, dass er mit seinen dreizehn Jahren die Welt der Erwachsenen nicht verstand. Aber gar kein Zeichen seines Vaters? Nicht das kleinste, winzigste, zierlichste? Keine Zeile, kein Wort, kein Buchstabe, kein Komma, nicht einmal ein Punkt? Wollte sich seine Mutter mit ihrer Zuversicht schützen? Die Wahrheit nicht an sich heranlassen? Doch ganz gleich ob sie hundertprozentig richtig- oder hundertprozentig falschlag, Adam hatte nicht das Recht, ihr die Hoffnung zu nehmen. «Trotzdem werde ich weiter versuchen, Kontakt mit Papa aufzunehmen.»

«Mach das, es kann ja nicht schaden. Danke für deine

Hilfe. Ich bin ganz sicher, er wird merken, was du für ihn tust. Wenn er zurück ist, feiern wir eine große Party hier im Leuchtturm.» Oda warf einen Blick auf den Bücherstapel, den Adam auf der Backskiste platziert hatte.

«Du und deine Lesevorlieben. Was ist das denn für ein Buch?» Oda zog den Band über die Entwicklung der Dampflokomotive hervor.

«Dampfrosse in ihrer Zeit. Die Leichtigkeit des Reisens vom neunzehnten ins einundzwanzigste Jahrhundert», gab Adam zur Antwort.

Für einen kurzen Augenblick trübte sich das werbetaugliche Lindgrün in Odas Augen, so als hätte sich eine dickwanstige Altocumuluswolke vor ihre Iris geschoben. «Mir ist eine Idee gekommen. Ewald hat doch beim letzten Gottesdienst für uns Geld gesammelt. Nun weiß ich gar nicht, was ich damit machen soll. Ich habe doch alles, außer ...» Oda unterbrach sich. Die Wolke schien sich von der Iris weg auf Odas Sprachzentrum geschoben zu haben. «Also mit diesem Buch, mit dem Reisen ... ich weiß, wie sehr du uns bei der Suche hilfst. Was hältst du davon, wenn ich mir von dem Geld der Platteooger eine BahnCard kaufe und an meinen freien Tagen mit dem Zug fahre.»

«Warum?», fragte Adam.

«Um deinen Vater zu suchen. Ich würde an die Orte fahren, von denen er erzählt hat. Vielleicht ist er von Spanien aus weitergereist? Ich weiß, die Chancen, ihn auf diese Weise zu finden, sind gering. Aber eine minimale Aussicht besteht.»

«Einverstanden. Ich finde diesen Vorschlag ausgezeichnet. Am besten ich erstelle dir eine Packliste.»

«Ich hab dich lieb, Adam», sagte Oda.

«Dürfte ich die heutige Nacht im Leuchtturm verbringen?»

«Genug zu essen hast du ja.» Oda wies mit dem Kinn auf die durch die Plastikdose duftenden Krabben-Powidltascherln. «Alfried lässt dich sicherlich auf seinem Sofa unten schlafen. Ich frage Opa, ob er dir ein Kissen und einen Schlafsack bringt.»

«Danke.»

Adam und Oda verabschiedeten sich.

Nachdem seine Mutter gegangen war, blickte Adam auf die kniehohen Bücherregale. Auf dem linken lag das in Packpapier eingeschlagene Buch, welches sein Vater ihm bei seiner Abreise überreicht hatte. *Aber erst einen Tag vor meiner Rückkehr aufmachen*, hatte er gesagt. Adam wusste nicht, welche Zeit nun Aufmachgültigkeit hatte, da alles zeitlich außerplanmäßig verlaufen war. Durfte er es wagen, das Päckchen jetzt zu öffnen? Er kaute beim Überlegen auf der Unterlippe. Um sich nicht länger mit der Frage nach dem Ob und dem Wann auseinandersetzen zu müssen, griff Adam nach dem Buch, das er gerade gelesen hatte. *Richtig Morsen.* An der Stelle mit dem Lesezeichen klappte Adam den Band auf und schrieb:

–···

··

–

–

·

–·–

–––

––

––

– – • •

• • –

• – •

• • –

•

– • – •

– • –[42]

Später wollte er Alfried fragen, ob es in seinem Miniaturheimatmuseumsfundus ein altes Morsegerät gab. Vielleicht könnte Adam zudem selbst versuchen, das Leuchtfeuer zu restaurieren, denn auch mit Lichtsignalen konnte man Morsezeichen aussenden. Ihm gefiel der Gedanke. Immerhin war er der Sohn eines Leuchtturmrestaurators.

---

[42] Bitte komm zurueck.

KAPITEL 27

BRETAGNE I

Sehr liebe Zola,

in Anbetracht deiner Nichterreichbarkeit via Telefon habe ich mich entschieden, eine E-Mail an dich zu verfassen. Glücklicherweise hast du mir vor unserer Abreise aus Berlin meinen neuen Laptop eingerichtet, der mir nützliches Werkzeug war, deine elektronische Adresse im Internet in Erfahrung zu bringen. Zunächst möchte ich meine Besorgnis darüber zum Ausdruck bringen, ob du und deine Mutter Auguste wohlauf und ihr fern des Arschloches seid.

Aktuell befinde ich mich im TGV nach Brest, ein Gefährt, das ich erreicht habe, nachdem ich von Prag erst nach Frankfurt und im Anschluss nach Paris gereist bin. Ich gehe davon aus, dieser Umstand wirft einige Fragen auf, die ich nicht unbeantwortet wissen möchte. In Anbetracht der Schnelligkeit, mit der der Zug die fünfhundertvier Kilometer von Paris nach Brest zurücklegt, muss auch ich mich sputen und hoffe dennoch, die wichtigsten Fragen zu klären.

Während du im Hotel in Prag deinen exzessiven Alkoholkonsum, hervorgerufen durch Sliwowitz, ausgeschlafen hast, habe ich tatsächlich das Grab von Pavel Obri gefunden. Nach einem Telefonat mit Alfried Dietrichs, dem Heimatforscher und Ostfriesenexperten von Platteoog, habe ich erfahren, dass sich auf dem Grab Hinweise auf die Bretagne finden. Diese Hinweise waren:

1) der Umriss des Grabsteins, der an die Bretagne erinnert
2) dessen Inschrift: *Er gĕr emañ,* was *Er ist zu Hause* bedeutet
3) ein Leuchtturm auf dem Grabstein sowie eine Möwenhinterlassenschaft an der Stelle der Stadt Brest

Mir fällt auf, dass wir nie darüber gesprochen haben, ob Hubert dir und deiner Mutter gegenüber Leuchttürme erwähnt hat. Hubert ist damals nach Platteoog gekommen, um unseren zu restaurieren. Da auf dem Grab seines Vaters ein Leuchtturm abgebildet war, ist davon auszugehen, dass diesen Bauwerken, diesen Wächtern des Meeres, eine wegweisende Bedeutung für meine Suche zukommt. Wie dem auch sei, Alfried hat mir den entscheidenden Hinweis gegeben, denn ich war kurz davor, unverrichteter Dinge und mit mehr Fragezeichen nach Berlin zurückzureisen, als ich abgereist bin.

Adam wurde unterbrochen, da Zola-die-Katze sich rekelte. Er klappte den Laptop zu. In Prag, ratlos darüber, was er tun sollte, war Adam in ein Reisebüro nahe dem Hotel gegangen. Er hatte sein Anliegen, ins Finistère in der Bretagne zu reisen, vorgetragen. Nachdem der Mitarbeiter, der erfreulicherweise deutsch sprach, die Details der Reise zusammengestellt hatte, war Adam verzagt zusammengesunken. Neunzehn Stunden und drei Minuten. Mit dem Bus nach Frankfurt am Main. Von Frankfurt am Main mit dem ICE nach Paris-Est. Von Paris-Est mit der Metro nach Montparnasse. Vom Bahnhof Paris-Montparnasse mit dem TGV nach Brest. Das war in Adams Wahrnehmung eine mittelgroße, dreiländerumfassende Weltreise.

Der reiselustige Koffer hingegen, der unter dem ozeanisch anmutenden Reisebürotisch gelegen hatte, war hocherfreut gewesen. *Brest, die Geburtsstadt von Pierre Brice, ein bretonischer Winnetou. Winnetou, brennendes Wasser. Wasser und Leuchtturm. Wenn das mal keine vielversprechende Spur ist*, hatte er geflüstert.

So musste es sich anfühlen, verrückt zu werden, war es Adam durch den Kopf gegangen. Wie gut, dass die Menschen in seiner Umgebung nichts davon mitbekamen. Ein außenseitiger Sonderling war Adam schon immer gewesen, aber seit seinem Aufbruch fühlte er sich noch sonderlich außenseitiger. Froh war er über das anhaltende Schweigen der neongelben Leuchtreklametafel. Die Tabelle, dieser Porsche unter den Listen, hatte sie endgültig in die Flucht geschlagen. Dennoch. Adam würde bei seinen Listen bleiben, die hatten sich im Umgang mit Problemen schließlich nicht grundlos über Jahre hinweg bewährt.

Bis zu seiner Abreise aus Prag war noch Zeit geblieben. Adam lief mit Koffer und Katze durch die Stadt. Vor einem Babyausstattungsgeschäft blieb er stehen, sein Blick fiel auf eine Neugeborenentrage im Schaufenster. Durften Katzen überhaupt Bus oder Zug fahren? In der Dringlichkeit seines Reiseanliegens hatte Adam vergessen, danach zu fragen. Sicherheitshalber hatte er die Trage gekauft. Apricot, passend zur zimtbraunen Katzenfellfarbe. Ein Modell aus einhundert Prozent Biobaumwolle, belastbar bis zwanzig Kilogramm, mit stufenlos verstellbaren Bauch- sowie Schultergurten und zertifiziert durch das Internationale Institut für Hüft-Dysplasie. Zola-die-Katze kletterte in die Trage, als hätte sie ihr Leben lang auf eine solche Beförderung gewartet. Augenblicklich schlief sie ein. Adam umfing nun die Aura eines frischgebackenen Vaters. Prompt fragte der Fahrer beim Einsteigen in den Bus nach Frankfurt: *Junge oder Mädchen?*

Jetzt saß Adam im Zug nach Brest. Er zog die Neugeborenentrage ein wenig nach vorne und blickte in zwei hungrige, lindgrüne Katzenaugen. Vor ihm auf dem Tisch standen die Reste eines Thunfisch-Baguettes und eines Obstsalats mit Orangen, Ananas, Trauben und Honigmelone. Vorsichtig zupfte Adam einige Thunfischfasern zwischen den beiden Baguettehälften hervor und begann, Zola-die-Katze zu füttern. Dabei schaute er verstohlen nach allen Seiten, in der Angst, jemand könnte Zeuge dieses ungewöhnlichen Ernährungsprogramms für ein vermeintlich Neugeborenes sein. Niemand nahm von ihm Notiz.

«Magst du Obstsalat?»

Nachdem Zola-die-Katze zeitlupengleich geblinzelt hatte, hielt Adam ihr ein Stück Melone entgegen.

«Ich muss weiterschreiben. An Zola, also die echte. Ruh dich noch ein wenig aus, in einer Stunde werden wir den Bahnhof von Brest erreicht haben.»

Zola-die-Katze änderte ihre Position von der Bauch-an-Bauch in die Seitenlage. Adam klappte den Laptop auf und versuchte weiterzuschreiben, was kompliziert war. Er musste beide Arme weitkurvig vom Körper weghalten und kam sich dabei vor wie ein Bodybuilder. Ein Bodybuilder, der sich dermaßen ergiebige Muskeln antrainiert hatte, dass er die Arme nicht mehr plan an den Körper anlegen konnte.

Dem Zugfahren haftet seit dem Verschwinden meines Vaters für mich etwas Verzweifeltes an, darum mag ich es nicht. Meine Mutter ist damals tagelang Zug gefahren in der Hoffnung, irgendeine Spur von Hubert zu finden. Du weißt um die Vergeblichkeit dieses Ansinnens. Ich komme nicht umhin zu fürchten, dass es sich bei mir ebenso verhalten wird.
Dennoch gibt es eine Resthoffnung in mir. Was ich genau in Brest tun, an wen ich mich wenden, wo ich suchen soll, entzieht sich meiner Kenntnis. Ich mutmaße, dass ich mich auf die Suche nach Leuchttürmen begeben werde. Was, wenn Brest die falsche Stadt ist? Eingedenk der dreiundzwanzig Leuchttürme, welche die bretonische Küste säumen, spüre ich bereits aktuell, im TGV sitzend, Überforderung und Sehnsucht nach meinem alten Leben, meiner überschaubaren Welt ohne Außerplanmäßigkeiten, nur mit systematischer Ordnung und methodischer Struktur.

Aus dem Leid meiner Mutter versuche ich meinen Antrieb zu schleusen, ihre Sprache neu zu beleben, ihr …

Versetzen dich meine Zeilen in Langeweile, liebe Zola? Ich bin es nicht gewohnt, ausführliche Texte jenseits akademischer Zusammenhänge zu verfassen. Am liebsten würde ich auch diese Zeilen mit Fußnoten,

Querverweisen und wissenschaftlichen Belegen versehen. Ist schon ein schlichter Satz mit all seinen syntaktischen, semantischen, morphologischen und lexikalischen Beziehungen anfällig für Missverständnisse, ist es, in meiner Wahrnehmung, ein ganzer Text, vor allem ein prosaischer um ein Vielfaches …

Und, du merkst es zweifelsohne, ich bin sehr weit vom Thema abgekommen.

Kaum, dass er *vom Thema abgekommen* getippt hatte, kamen Adams Gedanken noch viel, viel weiter ab, weit zurück in die Vergangenheit. Er nahm seine Hände von der Tastatur und ließ seine Bodybuilderarme neben sich auf die TGV-Stuhlsitzfläche sinken, um sie zu entlasten. Vor dreieinhalb Stunden war er in der französischen Hauptstadt gewesen und mit der Metro zum Bahnhof Paris-Montparnasse gefahren. *Paris.* Ein zweites Wort streifte Adams ermattetes Reisebewusstsein. *Martha.* Sodann streiften sehr, sehr viele Wörter in Adams Kopf umher. Sie prasselten auf ihn ein wie ein nicht vorhergesagter Regenschauer. *Rettungsschwimmer, Schwimmhalle, Chlor, Treffen, Abdeckhaube.*

Vehement versuchte Adam seine aufkommende Martha-Trauer zu unterdrücken. Er bekam Schützenhilfe von der über den Sitzen hängenden digitalen Anzeigetafel, die mitteilte, dass der Zug in zwanzig Minuten Brest erreichen würde. Hastig schrieb Adam weiter.

Die Katze und ich verstehen uns blendend. Zumindest in diesem Bereich sehe ich mich als Helden, denn ihre Sprache verstehe ich zusehends, und ich danke dir, dass du mich dafür sensibilisiert hast.

Gib gut auf dich und deine Mutter acht und sei gewiss, ich melde mich, sobald Neuigkeiten Anlass bieten.

Mit freundlichen Grüßen,
Dein Adam Riese

Dem Inneren des Bahnhofs von Brest widmete Adam lediglich einen Bruchteil seiner Aufmerksamkeit. Für mehr reichten seine Kräfte nicht. Der Großteil seiner Aufmerksamkeit galt seinem lädierten Steißbein, das ihm die unbequem lange Zugfahrt übelnahm. Er war reiseermattet. Er hatte das unbändige Bedürfnis zu duschen, sich die klebrige Reisepatina von der Haut zu spülen. Adam holte Zola-die-Katze aus der Neugeborenentrage und setzte sie auf den Boden vor dem runden, papierweißen Bahnhofsgebäude ab.

«Und nun?», fragte er leise.

Eine Frau blieb stehen.

«Celui qui aime les chats a une belle femme», murmelte sie und ging rasch weiter.

Wer Katzen liebt, der hat eine schöne Frau. Adam überlegte, was die Frau mit diesem Satz gemeint haben könnte. War das ein bretonisches Sprichwort? Welche Parallelen gab es zwischen Katzen und schönen Frauen? Sollte der Satz verdeutlichen, dass jemand ohne Katze eine unansehnliche Frau hatte? Oder war am Ende etwa die Katze gleichzeitig die Frau?

Grübelig drehte Adam den Kopf nach links. Als er sah, was sich vor seinen Augen auftat, waren Sprichworträtseleien, Ermattung, Steißbeinschmerz und unbedingtes

Duschbedürfnis verflogen. Nur wenige Gehminuten entfernt schaukelte der asternblaue Atlantik verspielt in der Bucht. Keckes Möwengeschrei besiegte den Bahnhofs- und Straßenlärm, die Luft roch nach Salz und Fisch und hatte die reizklimatische Feuchtigkeit, die Adam über alles liebte. Er musste kurz an die Möwen auf dem Grabstein seines Großvaters in Prag denken.

«Es ist natürlich Unfug, aber ich fühle mich ein wenig wie zu Hause», sagte Adam an Zola-die-Katze gerichtet.

Mit einem heimeligen Gefühl stellte er den Koffer auf den Boden und schloss die Augen. Fast wäre er im Stehen eingeschlafen, wenn Zola-die-Katze nicht ungestüm um seine Beine gestrichen wäre. Sprichworträtseleien, Ermattung, Steißbeinschmerz und Duschbedürfnis ließen sich selbst von asternblauem Atlantik und heilendem Reizklima nicht ewig vertrösten. Neunzehn Stunden und drei Minuten forderten hartnäckig ein Bett.

Der Reisebüromitarbeiter hatte Adam ein Touristenhotel am Hafen empfohlen. Auf der Zugfahrt hatte Adam sich den Weg eingeprägt, hob die Katze vom Boden und setzte sie in die Neugeborenentrage. Das Tier fauchte sachte.

«Wie scheinen unseren ersten Disput zu haben, was mich betrübt. Doch ich muss dich verstecken. Katzen in Hotels, das erlauben, meiner Kenntnis nach, nicht einmal Franzosen oder Bretonen. Die Prager scheinen da liberaler zu sein.»

Mit der Katze in der Trage, dem Jesus-inside-Beutel über der Schulter und dem Koffer in der Hand lief Adam die wenigen Meter zur Rue Jean Marie le Bris, fragte nach einem Zimmer, bekam es sofort, bezahlte und schlief umstandslos ein.

Es war kühn, sich so spät auf den Weg zu machen. Doch die sprachliche Zufallsähnlichkeit konnte nur mit Kühnheit in Angriff genommen werden. Sie war eine Verneigung vor dieser linguistischen Fügung. Vierzehn Kilometer von Adams Hotel entfernt befand sich der nächstgelegene Leuchtturm, der Phare du petit Minou. Leuchtturm des kleinen Kätzchens. In der modernen, viel zu bunten Hotellobby hatte sich Adam ein Taxi bestellen lassen und den Fahrer gebeten, ihn zum Leuchtturm zu bringen.

Schwer konnte er seine Aufregung verbergen. Er saß frohgemut auf dem dämmergrauen Taxiledersitz, und selbst das Steißbein gab Ruhe angesichts dieser Ballung frohen Mutes. Alles war in wunderbarer Ordnung. Sogar farblich. Das Dämmergrau der Taxisitze harmonierte mit dem Einsteingrau von Adams Sakko. In dessen Tasche steckte Huberts Notizbuch *Mein Leben in zwei Welten.* Unter den Sakkoschößen schlummerte Zola-die-Katze, welche die bretonische Luft müder als die Prager Luft zu machen schien, sogar im Inneren eines Taxis.

Sollte es am Ende so einfach gewesen sein? Der erste Leuchtturm, und zack, er hatte seinen Vater gefunden? Adam konnte sich nicht gegen den Happy-End-Film zur Wehr setzen, der sich in seinem Kopfkino abspielte. Er sah seinen Vater vor dem Phare du petit Minou sitzen, seinen Cowboyhut auf dem Kopf, das darunter hervorlugende Haar edel ergraut, sodass das Nussbraun seiner Augen wie ein frisch gebrühter Espresso aus der Nespressowerbung glänzte. Eine kurze Filmsequenz zeigte George Clooney. Er wurde jedoch sogleich von Paul Newman ersetzt. Paul Newman alias Hubert saß auf einer vom Atlantiksalz verwitterten, hoffnungsgrünen Holzbank vor dem Leuchtturm, ein struppiges Kätzchen auf dem Schoß, so wie die

Seefahrer, die einst eine Bordkatze als Mäusefängerin und Maskottchen auf ihre Reisen mitgenommen hatten.

Hubert erhob sich langsam, wobei seine alt gewordenen Gelenke weit hörbar knackten. Er schlenderte auf Adam zu, lächelte gütig warm und drückte ihn an sich. *Ich dachte schon, du findest mich nie, mein kleiner, großer Bruchpilot.* Dann würde er …

«Nous sommes arrivés. Je ne peux pas aller plus loin[43]», mischte sich der Taxifahrer in Adams Happy-End-Film wie eine überflüssige Werbeunterbrechung mitten im Finale.

«Selbstverständlich, bien sûr.» Adam bezahlte und stieg aus.

Als das Taxi nur noch ein Minipunkt am Horizont war, entließ Adam Zola-die-Katze aus der Biobaumwolltrage und inspizierte die Umgebung.

Die Landschaft war zaghaft hügelig, in der bescheidenen Bucht lag der Atlantik glatt wie eine transparente Einschlagfolie. Ein schroffer Klippenpfad führte zum Leuchtturm. Zola-die-Katze lief voraus. Der Leuchtturm, buchseitenweiß mit himbeerroter Laterne, thronte auf einem einsamen Felsen. Adam schätzte seine Höhe auf zwanzig Meter. Nach dem Passieren eines von Mauern umfassten Brückenweges blieb Adam stehen. Zola-die-Katze nicht. Sie lief schnurstracks auf das Leuchtturmziel zu, als wäre auch sie vollkommen überzeugt, dass sie Hubert dort finden würden. Die Sicht über die Bucht war so unverhüllt, dass man die Umrisse der Halbinsel Crozon ausmachen konnte. Doch das, was Adam nicht ausmachen konnte, was er sich zu sehen so sehnlichst gewünscht hatte, blieb seinen Augen

---

[43] Wir sind angekommen. Näher heranfahren kann ich nicht.

verwehrt. Kein Hubert. Kein Mensch. Kein winzigstes Menschenzeichen. Nicht einmal eine Möwe.

Mit einem Mal kam Wind auf. Wuchtig fuhr er Adam unter die Locken, verleitete Zola-die-Katze dazu zu stoppen, umzudrehen und sich Schutz suchend hinter Adams Beine zu flüchten. Und dieser drängende Wind ergriff nicht nur Besitz von Adams Locken. Er ergriff Besitz von seinen Flausen, seinen hollywoodartigen Film-Vorstellungen. Wie hatte er nur so naiv sein können? Der Wind trieb Adams Hoffnungen hinweg über die Weiten des Atlantiks, dessen zerzauste Oberfläche sich über seine Leichtgläubigkeit vor Lachen kringelte.

«Kennst du Rilke?», fragte Adam Zola-die-Katze.

Er nahm das Notizbuch seines Vaters aus der Sakkotasche, hielt es mit beiden Händen in die Höhe und überließ es dem Wind, eine Seite aufzublättern. Zola-die-Katze fixierte das Buch wimpernschlaglos.

«So viele Dinge liegen aufgerissen von raschen Händen, die sich auf der Suche nach dir verspäteten: sie wollen wissen», las Adam das Gedicht auf der Windaufschlagseite vor.

Die Tränen, die Adam erst scheu, dann immer unverholener aus seinen Augen fielen, waren Zeugnis. Zeugnis von Wut, Ärger, Enttäuschung, Schmerz, Trauer. Er war kein Held. Er war keine Figur aus einem Hollywood-Film, bei dem nach neunzig Minuten die Welt gerettet und alles in allerbester Ordnung war. Er war ein ostfriesischer Doktor der Sprachtheorie und angewandten Sprachwissenschaft, dem man seinen Titel aberkennen wollte, der mit Katzen und Koffern redete. Er war die personifizierte Hilflosigkeit auf der Suche nach seinem Vater, von dem er nicht einmal wusste, ob dieser überhaupt noch am Leben war. Er war ein Kind, das vor einem Leuchtturm in der Bretagne stand und weinte und weinte. Am Fuße des Leuchtturms stand kein Adam Riese, kein großer Held. Dort stand ein Zwerg. Ein Zwerg, der sich so mickrig fühlte, dass er nichts dagegen gehabt hätte, vom Wind hinfortgetragen zu werden.

Nachdem er sich ein Taxi zum Leuchtturm gerufen hatte und zurück in die Stadt gefahren war, hob Adam bei einer Bank eine große Menge Bargeld ab und lief ziellos und mit zu Boden gerichtetem Blick durch die Brester Straßen. Ihm entging der Reiz der Stadt vollkommen. Kummer ist ein kläglicher Touristenführer. Zola-die-Katze schlief in der Neugeborenentrage. Sie war sein einzig verbliebener Trost und übernahm die Rolle eines vor den Oberkörper gedrückten, lebendigen Kuschelkissens. Adam war in Gedanken versunken. Dreiundzwanzig Leuchttürme gab es im Finistère, hatte Alfried am Telefon gesagt. Bei einem war er gewesen. Er spürte, er würde keine Kraft für die zweiundzwanzig verbleibenden aufbringen können. Adam fühlte eine traurige Müdigkeit, eine allgegenwärtige Ermattung, eine abgespannte Sinnlosigkeit seiner Suche. Er war im Finistère, im *Finis Terrae*, am Ende der Welt, am Ende seiner Suche.

Ein vorher latenter Hunger hatte sich inzwischen zu einem dringlichen ausgewachsen. In der Rue Émile Zola löste Adam die Augen vom Boden. Eine Straße mit dem Namen von Zola, ein Restaurant mit dem Namen *A Contre Courant*[44]. Er trat ein.

Das Restaurant war in Sepia gehalten, mit gedrungenen

[44] Gegen den Strom

Decken, ergeben, lauschig, an den Wänden hingen Messingtöpfe. Ein Blick auf die Speisekarte verriet, dass Adam in einer kulinarisch einwandfreien bretonischen Adresse eingekehrt war: Galettes[45], Kig ha farz[46], Moules frites[47], Plateau de fruits de mer[48], Far aux pruneaux[49], Kouign amann[50], Gâteau breton[51], Cidre, Breizh Cola.

Adam war der einzige Gast und bereits im Begriff zu gehen, als ein Seebär durch die Sepiatür neben dem Sepiatresen trat. «Degemer mat.»[52]

«Ich verstehe nicht, je ne comprends pas», sagte Adam schüchtern.

Der Seebär, ein massiver Mann mit riesigem Schnauzer und geräumigen Schaufelradhänden, der eben noch Mürrischkeit verströmt hatte, lächelte. Er erinnerte Adam an Käpt'n Iglo aus der Fischstäbchenwerbung.

«Nous fermons dans dix minutes. Je peux encore faire quelque chose de rapide.»[53]

Adam überlegte. Fasziniert von der Käpt'n-Iglo-Aura des Mannes bestellte er eine Portion Moules frites.

«Du bist deutsch.» Der Mann streckte seine rechte Schaufelradhand aus. «Früher ich war marin[54] auf Frachter in die

---

45 Buchweizenpfannkuchen

46 Eintopf mit Fleisch und Gemüse

47 Muscheln mit Pommes

48 Meeresfrüchteplatte

49 Pudding mit Dörrpflaumen

50 Hefekuchen mit Zucker

51 Kuchen mit Rumrosinen, Orangenschale, Apfelschnitzeln

52 Herzlich willkommen.

53 Wir schließen in zehn Minuten. Ich kann Ihnen noch was Schnelles machen.

54 Matrose

Nordsee, und also ich spreche eine bisschen deutsch. Ich nenne mich Malo Guivarc'h und du?»

«Adam Riese.» Adam fühlte unbändige Sehnsucht nach seiner Großmutter.

«Ich bin freudig. Setzen dich, Adam Riese. Ich macht dir Muschels mit Pommes frites. Hier zum Warten unser berühmte Getränk national.» Malo bückte sich unter den Sepiatresen und reichte Adam eine Flasche Breizh Cola. «Gleich ich bin zurück. Du machen auf die Stuhl bequem. Deine Baby will auch essen? Jung oder Mädchen?»

«Katze», rutschte es Adam von den Lippen.

Malo runzelte seinen buschigen Augenbrauenbogen, seine tansanitblauen Augen jedoch strahlten. «Keine Probleme. Die Chef ist bereits weg. Ich schaue wegen Abfällen von Fischen», setzte er nach.

Bei dem Wort *Fisch* wollte Zola-die-Katze nicht länger in der Trage bleiben. Sie kletterte heraus und folgte Malo in die Küche.

Adam hatte sich gerade hingesetzt, als sein Handy klingelte. Es war Undine Abendroth.

«Endlich erreiche ich Sie. Also, Ihre Nachricht klang ja ein bisschen kryptisch. Sie reisen doch sonst nicht.» Die Buchhändlerin hatte so schnell geredet, als hätte jemand die doppelte Sprachgeschwindigkeit eingestellt.

Seltsam, dachte Adam, denn er konnte sich nicht daran erinnern, Undine Abendroth je davon erzählt zu haben, dass er am liebsten zu Hause blieb. «Es haben sich Umstände ergeben, die eine Reise notwendig gemacht haben», sagte er.

«Das klingt nach wie vor kryptisch. Verraten Sie mir, was passiert ist?» Frau Abendroth sprach unverändert doppeltnormalschnell. «Tut mir leid, wahrscheinlich ist das übergriffig, letztendlich bin ich nur die Buchhändlerin, und wir kennen uns kaum, also so richtig, also eigentlich sind wir uns fremd.»

«Ich bin nicht befremdet, sondern freue mich über Ihr aufrichtiges Interesse an meinem Schicksal.»

«Oh, also, schön, das höre ich gerne.» Nun sprach die Buchhändlerin halbnormalschnell.

Adam überlegte, warum gerade alles aus dem Ruder lief und nicht einmal Sprachtempi der Situation angemessen ausfielen. Aus der Restaurantküche waren Malo Guivarc'hs Kochgeräusche und das Zischen einer Fritteuse zu hören.

«Ich habe ein paar Minuten und berichte.» Und dann berichtete Adam. Mit dem Berichten durchlebte er die Ereignisse der letzten Tage erneut. Ein spärlicher Teil von ihm war sehr, sehr stolz, ein ausgedehnter sehr, sehr traurig. Er wünschte sich, der stolze Teil würde überwiegen. Doch es war ihm unmöglich, zu sehr schmerzte ihn sein erfolgloser Besuch des Phare du petit Minou.

«Jetzt bin ich in der Bretagne.»

«Bei Kommissar Dupin also», bemerkte Undine.

«Kommissar Du... wer?»

«Richtig, das hatte ich ganz vergessen, Sie lesen ja nur Sachbücher und Fachliteratur. Kommissar Dupin. Ich liebe diese Krimis. Im letzten Jahr habe ich sogar eine Reise unternommen. Bretonische Landschaften des Kommissar Dupin. Neun Tage und acht Nächte, von Carnac bis Trégastel. Also, es war wunderbar. *Bretonische Verhältnisse* in Pont Aven, *Bretonische Brandung* auf den Glénan-Inseln, *Bretonisches Gold* in den Salzgärten der Guérande, *Bretonischer ...*»

«Frau Abendroth, ich muss Sie unterbrechen», fuhr Adam der Buchhändlerin zwischen die Zeilen.

«Oh, selbstverständlich, tut mir leid, bei der Bretagne gerate ich, also, stets ins Schwärmen.»

«Sie als Literaturexpertin können mir bestimmt helfen. Was genau habe ich mir unter der Heldenreise vorzustellen?» Adam nahm das Notizbuch seines Vaters sowie seine prallgefüllte Geldbörse aus der Sakkotasche und legte beides auf den Tisch. Dabei stahl sich ein Eckchen eines ahorngrünen Hundert-Euro-Scheins zwischen den Geldbörsenlederklappen hervor. Adam zog das Sakko aus und hängte es über die Stuhlrückenlehne.

«Also, die Heldenreise bezeichnet in der Literatur eine Grundstruktur von Geschichten.»

Hinter sich nahm Adam einen massiven Schatten wahr. Er gehörte dem Koch. In seiner rechten Schaufelradhand hielt Malo Guivarc'h einen Teller mit Moules frites, in der Linken ein ansehnliches Glas mit einer goldbraunen Flüssigkeit, der säuselnde Bläschen entstiegen. Wie lange hatte Malo dort gestanden? Hatte er Adams Bericht über die Suche nach seinem Vater mitangehört? Hatte er ihn etwa belauscht? So ein Unsinn, dachte Adam. Es war einfach alles zu viel für mich. Ich sehe schon Gespenster.

Malo nickte in Richtung Teller, was anscheinend bedeutete: *Nun aber schnell, sonst wird das Essen kalt.*

«Frau Abendroth, diese Heldenreise, wie endet sie für gewöhnlich?», fragte er hastig.

«Die endet immer gut. Bei *Herr der Ringe* etwa …»

«Danke, liebe Frau Abendroth. Ich möchte nicht unhöflich sein und höre mir Ihre vollständigen Ausführungen gerne bei nächster Gelegenheit an.»

Malo stellte das Essen und das Glas mit den goldbraunsäuselnden Flüssigkeitsbläschen vor Adam. Dabei blickte er kurz auf das Notizbuch. Länger blickte er auf die prallgefüllte Geldbörse.

«Rufen Sie an, wann Sie wollen», sagte die Buchhändlerin und ergänzte: «Ihren Erzählungen nach, in Bezug auf die Heldenreise meine ich, steht Ihnen die entscheidende Prüfung noch bevor. Also, Sie brauchen dazu das Elixier und die finale Konfrontation mit dem Gegner.»

Elixier? Adam musste an das Fläschchen mit dem Luitpoldstrudel-alt-Heilwasser denken, das ihm Pfarrer Neumüller in Bad Kissingen geschenkt hatte. Es steckte in der Innentasche seines Sakkos.

«Den allerherzlichsten Dank für Ihre Mühen und bis bald, Frau Abendroth.»

Adam griff nach dem Besteck. Knoblauch, Butter, Kräuter. Wie köstlich das duftete.

«Gute Appetit.» Guivarc'h nahm Adam gegenüber Platz. Sein massiver Körper entlockte dem Stuhl ein kümmerliches Ächzen, sein Blick streifte wiederholt Notizbuch und Geldbörse.

«Um was für ein Getränk handelt es sich?» Adam legte seine Hand um das Glas.

Nach kurzem Zögern sagte der Koch: «Ist Saft von Apfel mit eine bisschen acide carbonique[55]. Sehr lecker. Probier, trinken auch französische Kinder mit Liebe.»

Adam hatte den Eindruck, der Apfelsaft würde nach Alkohol riechen, traute sich aber nicht nachzufragen. Adam trank keinen Alkohol. Einmal hatte er es probiert und festgestellt, dass er unter Bier- oder Wodkaeinfluss nicht mehr zum Systematisieren in der Lage war, und daraufhin entschieden, Alkohol sei nichts für ihn. Aber Apfelschorle mochte er sehr. Unumwunden leerte Adam das Glas in einem Zug. Und erstarrte. Der Zweifel kicherte. Adam hatte Cidre in der Blutbahn.

---

55 Kohlensäure

«Sehr gut, nun du essen.» Malo griff nach Adams leerem Glas, um es an der Bar wieder aufzufüllen.

Die Moules frites waren ein Gedicht. Kauend überlegte Adam, woher dieser Ausdruck stammen könnte. Lag es daran, dass bei einem Gedicht alles stimmig war? Lyrik, Literatur in Versform, semantische Dichte, sprachliche Ökonomie, Subjektivität, Prägnanz. Der Versuch, seine Gedanken zu systematisieren, scheiterte. Die vermeintliche Apfelschorle hatte, wie befürchtet, begonnen, sich über die Strukturiertheit seiner Gedanken herzumachen. In diesem Moment, mit dem salzig maritimen Geschmack der Knoblauchmuscheln und der himmlischen Knusprigkeit der Pommes frites, passierte etwas in Adam. Etwas, das ihn vergessen ließ. Er dachte nicht mehr an die Trauer über die Vergeblichkeit der Suche nach seinem Vater. Er dachte nicht mehr an seine drohende Suspendierung. Er dachte nicht mehr an Zola, nicht mehr an seine Mutter, nicht mehr an Listen, nicht mehr ans Systematisieren. Der Alkohol war in Adams Botenstoffwechsel eingedrungen wie ein Weichzeichner. Er hatte seine Sorgen in den Hintergrund treten lassen und eine latent enthemmte Wohlstimmung in ihm ausgelöst. Adam leerte auch das zweite Glas.

«Adam, es tut mich leid. Ich habe vorhin deine Telefonat gehört. Du warst bei der Leuchtturm Minou. Dort ist seit Jahren keine Mensch. Es wird nur einmal im Jahr offen für die Journées du patrimoine.»[56]

Adam, der sich gerade das letzte Pommes frites in den Mund geschoben hatte, hielt inne. Sein Botenstoffwechsel war jetzt gänzlich unter der Hoheit des Cidres. Keinen Gedanken verschwendete er daran, zu überlegen, ob er es Gui-

---

[56] Tage des kulturellen Erbes

varc'h übelnehmen sollte, dass er sich in Angelegenheiten einmischte, die ihn nichts angingen.

«Mein Vater Hubert kam zu uns auf die Insel, um einen Leuchtturm zu restaurieren. Eine Spur führt in die Bretagne. Aber ich stecke fest, ich bin in einer Sackgasse. Ich kann doch nicht alle Leuchttürme besichtigen.»

Malo nickte, während er mit der geräumigen Schaufelradrechten seinen riesigen Schnauzer zwirbelte.

Dabei ähnelte er einem grüblerischen Käpt'n Iglo. Adam konnte sich den Koch wunderbar an Deck eines Nordseefrachters vorstellen. Vielleicht waren er und seine Mannschaft sogar einmal an Platteoog vorbeigefahren?

«Gibt zu viele von Leuchtturms. In Frankreich wir haben zweihundertzwanzig, in Bretagne zweiundfünfzig, in Route des Phares[57] dreiundzwanzig. Wie willst du schaffen? Wie heißt deine Vater?»

«Hubert Riese oder Hubert Géant.»

«Vater mit zwei Namens. Wie verdreht. Ich kenne weder noch.» Malo stand auf, um Adams Glas ein drittes Mal mit Cidre aufzufüllen.

Adam fragte sich, wo Zola-die-Katze die ganze Zeit war, wagte jedoch nicht, aufzustehen, um nach ihr zu suchen.

«Was ist das Buch, darf ich ihn sehen?», fragte Guivarc'h.

«Das ist das letzte Zeugnis, was mir mein Vater hinterlassen hat, bevor er verschwand.»

«Sonst nix?»

Adam verneinte. Malo begann durch die Seiten zu blättern. Irgendwo tickte eine verborgene Uhr. Nun wollte

---

[57] Straße der Leuchttürme

Adam doch nach Zola-der-Katze schauen. Um zu prüfen, ob er noch lauffähig war, streckte er die Beine lang von sich und wackelte mit seinen Zehen.

Einatmen.

Ausatmen.

Wagemutig erhob sich Adam vom Stuhl. Der Boden wankte erstaunlicherweise bloß minimal.

«Ich gehe nach der Katze Ausschau halten. Zudem kann ich ein wenig frische Luft gerade gut gebrauchen.»

«Moment, vielleicht ich habe eine Idee zu der Buch von deine Vater.» Der Koch winkte Adam enthusiastisch zu sich heran. «Sieh hier, auf die Seiten sind kleine Zahlen an obere und untere Rand.»

«Davon habe ich Kenntnis, aber die ergeben keinerlei Sinn. Ich habe so viele Jahre überlegt, was sie bedeuten könnten. Mir ist keine plausible Erklärung dazu eingefallen.»

«Vielleicht aber ich. Wenn du der Zahlen oben von hinten nach vorne lest, kommt achtundvierzig Punkt vier fünf sieben drei drei sieben, Zahlen unten von vorne nach hinten kommt minus fünf Punkt null neun sechs sieben eins eins.»

«Aha.» Adam ließ sich ernüchtert zurück auf den Stuhl fallen. Sein Steißbein beschwerte sich.

«Die Sachen seien eindeutig. Die Zahlen seien das Koordinaten Lampaul auf Ouessant.» Triumphierend hob Malo die rechte Hand zur Restaurantdecke.

Alkoholmatt folgte Adam ihr mit dem Blick.

«Ouessant ist eine Insel in die Nähe», fuhr Guivarc'h fort. «Sie hat an ihre Küste herum fünf Leuchtturms.»

Jäh war die apfelige Alkoholmattigkeit verdunstet. «Das impliziert ja, wenn ich Glück habe ..., im Grunde, nun ...»

Guivarc'h nickte. Sein riesiger Schnauzer wippte beschwingt in alle vier Himmelsrichtungen. «Auf die Erfolg wir müssen eine Zigarette haben.»

Der düstere Hinterhof des *A Contre Courant* wurde mangelhaft durch eine funzelige Fassadenlaterne beschienen. Mülltonnen mit Speiseresten. Aufgeweichte Kartons undefinierbarer Farbe. Bataillone leerer Flaschen. Undefinierbares Gerümpel. Eine muffige Kellermodrigkeit stieg Adam in die Nase. Aus der Hosentasche beförderte Malo Guivarc'h eine zerquetschte Schachtel *Gitanes* hervor und hielt sie Adam entgegen.

«Nein danke, ich bin bereits bei dem Alkohol über meine Grenzen gegangen. Dem Nikotin möchte ich mich nicht auch noch an den Hals werfen.» Adam war selbst erstaunt, in welche Fabulierlaune ihn der Cidre und die neue Spur nach Ouessant versetzt hatten. Selbst wenn auch nur die winzigste Aussicht bestand, dort etwas über seinen Vater zu erfahren, musste er diese Gelegenheit ergreifen. Am liebsten wäre er geradewegs aufgebrochen, hatte aber von dem Koch erfahren, dass das nächste Schiff erst morgen früh auf die Insel übersetzen würde.

«Hast du zufällig meine Katze gesehen?», fragte Adam.

«Vielleicht dort zwischen die Tonne von Müll für die Reste von Fisch.» Malo pustete den Rauch seiner Zigarette aus.

Um sein Steißbein nicht herauszufordern, ging Adam behutsam in die Hocke. Zola-die-Katze war nirgends zu sehen. Gerade als Adam sich wieder aufrichten wollte, traf ihn etwas hart am Hinterkopf. Aus dem Augenwinkel sah er, dass der Koch sich über ihn beugte. Der freundliche, fischstäbchenliebende Käpt'n Iglo war eine ferne Erinnerung. Malo Guivarc'h war ein garstiger Seebär. Ein massiver Bretone mit riesigem Schnauzer, geräumigen Schaufelradhänden. Drastische Mürrischkeit lag in seinen Augen. Sie waren nicht mehr tansanit-, sondern uniformblau. Das Blau eines uniformierten Soldaten eines Kamikazebataillons. *Malo*, fiel es Adam unerwartet ein, stammte der Name von *mal*? Wenn ja, so bedeutete er schlecht oder übel. Man konnte sogar davon ausgehen, er wies eine etymologische Verquickung zu *maladie*, also Krankheit, auf.

Malo, der von den sprachwissenschaftlichen Gedankengängen bezüglich seines Namens nichts mitbekam, holte erneut aus. Adam, der kein Bretonisch sprach, wusste nicht, dass *malo* Licht bedeutet. Aber das wäre auch kurios gewesen. Denn nachdem der Koch erneut zum Schlag ausgeholt hatte, erlosch die funzelige Fassadenlaterne. Zumindest in Adams Bewusstsein.

KAPITEL 28

DIE ERFINDUNG DES SCHWEIGENS

Warum brennt eine Kerze? Sie brennt, weil der entflammte Docht das Wachs erwärmt, erweicht und Wachsdampf verbrennt. Der aufsteigende Wasserdampf ist nun dafür verantwortlich, dass die Kerze brennt. Mit dem dreiundzwanzigsten Dezember zweitausendeins, mit der vierten brennenden Kerze auf dem Adventskranz, erstarb etwas in Oda. Die Zweifel, das Bangen, die Unsicherheit hatten bereits lange in ihr vor sich hin gekränkelt und sich, nach einem scheinbar gesundeten Aufbäumen, schließlich bestätigt. Sie waren mit einer solchen Wucht an die Oberfläche zurückgekehrt, dass Oda ganz benommen war. Es war eine Qual, nach den durchwachten Nächten morgens aufstehen zu müssen. Dabei war es weniger der Schlafmangel als vielmehr eine Grunderschöpfung. Ein Misstrauen der Wirklichkeit gegenüber, ein hinterhältiger Argwohn. Aus dem quälenden Vermissen und der zarten Hoffnung, Hubert würde irgendwann zurückkommen, war die herzzerreißende Gewissheit geworden: Er war verschwunden. Er war verloren. Er war aus ihrem Leben ohne Rückfahrkarte abgereist.

Die Suchbemühungen der Platteooger waren ausnahmslos im Sand verlaufen. Bonna hatte mit Hilfe der spanischen Guardia Civil nicht den geringsten Hinweis auf Hubert finden können. Helges Bemühungen, in den spanischen

Krankenhäusern etwas über Huberts Verbleib in Erfahrung zu bringen, waren umsonst gewesen. Die Flokumer Detektei *Wiedersehen macht Freude* arbeitete mit dem System der Geld-zurück-Garantie. Sie hatte vermeldet, Hubert sei unauffindbar, und Alfried achtzig Prozent seines vorgestreckten Betrags erstattet. Leider nur als Gutschein. Leska hatte in den letzten Monaten so viel gebacken und gekocht, dass der durchschnittliche Bodymaßindex der Insulaner um drei Kilogramm pro Quadratmeter gestiegen war. Hubert hatte das nicht zurückgebracht. Als Leska schließlich reihenweise Kuchen, Kraut und Knödel anbrannten, buk und kochte sie eine lange Weile überhaupt nicht mehr. Ubbo und Christian waren in eine temporäre Erstarrtheit verfallen und fanden nicht einmal das Thema Wetter im Gebirge unterhaltenswert. Ewald fühlte sich weiterhin sehr verbunden mit der Religion. Aber da Hubert trotz zahlreicher Gebete nicht wiederaufgetaucht war, hatte die Gottesgläubigkeit des Pfarrers Risse bekommen wie eine im Tiefkühlschrank vergessene Bierflasche.

Warum erlischt eine Kerze? Zum Beispiel durch Pusten. Durch bewegte Kraft treffen Luftteilchen auf die Flamme. Der Brennstoff flieht. Die Luft kühlt ab. Die Flamme erlischt. Oda hatte mit ihrer BahnCard zahlreiche Reisen unternommen. Sie war in Münster gewesen, dessen Kathedrale Hubert so mochte. Sie war am Königssee in Bayern gewesen, von dessen Farbe er einmal verzückt geschwärmt hatte. Sie war bei der Burg in Nürnberg gewesen, die ihn beim Testpilgern so fasziniert hatte. Jede noch so abwegige Reise hatte ihre Hoffnungskerze am Brennen gehalten. Doch weder Münster noch Königssee, noch Nürnberg, noch irgendein anderer Ort ergab einen Hinweis auf Huberts Verbleib. Was war passiert? Was hatte sie übersehen? War Hubert etwas zugestoßen? Dann hätte sie doch davon erfahren. War er nicht glücklich mit ihr gewesen? Vermisste er Adam nicht? Warum schwieg er? Wenn er nicht mehr glücklich mit ihr gewesen war, warum hatte er das nie angesprochen? Hatte er sie für eine andere Frau verlassen? Was auch immer passiert war, Oda verlangte es nicht unbedingt nach einer klaren Begründung, aber ein winziges Lebenszeichen, dachte sie, war Hubert ihr schuldig. Immerhin hatten sie fünfzehn Jahre Seite an Seite verbracht. Das komplette Deutschland war Oda schließlich abgefahren. Sie war von Hamburg bis Reichenau in Baden-Württemberg, sie war von Görlitz in Sachsen nach Aachen in Nordrhein-Westfalen gefahren, von Nord nach Süd, von Ost nach West, unzählige Zwischenhalte und Pausen. Innerhalb eines halben Jahres waren dabei zehntausend Kilometer zusammengekommen. Mit jedem erfolglosen Kilometer, mit jedem ergebnislosen Meter sogar, war mehr Auspusteluft auf Odas brennende Hoffnungsflamme getroffen. Als schließlich zum Ende des Jahres die vierte Adventskerze brannte, war alles in Oda erloschen.

Dennoch. Das Leben musste weitergehen. Grausam und unerträglich, aber weiter.

Oda konnte sich nicht eingestehen, dass es ihr zusehends schwerer fiel, einen Umgang mit Adam zu finden. Sie wusste, ihr Sohn brauchte eine starke Mutter. Sie wusste, Kinder und Teenager reden sich gerne ein, sie seien für alles verantwortlich. Sie wusste, Adam war anders als seine Altersgenossen. Aber ihre unbändigen Sehnsuchtsgefühle ignorierten die Vernunft und das besonders unter dem Vorzeichen, dass Adam seinem Vater im Laufe der Zeit optisch immer ähnlicher geworden war. Adam war mitnichten eine akkurate Miniaturversion von Paul Newman. Das nicht.

Doch seine nussbraunen Augen, seine kantigen Gesichtszüge und seinen Gang hatte er eindeutig von Hubert. Dass Adam Odas semmelblonde Locken geerbt hatte, machten das Ganze noch schlimmer. Adam war die täglich anwesende Versinnbildlichung von Odas und Huberts Vereinigung.

In Adam selbst hatte sich der Impuls festgesetzt, seinerseits für die Kraftzurückgewinnung seiner Mutter Verantwortung zu übernehmen. Mit Hilfe ausgeliehener Aphorismensammlungen hatte er für Oda eine Liste mit sieben Trostsprüchen erstellt. Diese Liste lag in der Schublade ihres walnusshölzernen Nachtkästchens.

1) Die Wahrheit ist eine unzerstörbare Pflanze. Man kann sie ruhig unter einen Felsen vergraben, sie stößt trotzdem durch, wenn es an der Zeit ist. (Frank Thiess)
2) Wir brauchen viele Jahre, bis wir verstehen, wie kostbar Augenblicke sein können. (Ernst Ferstl)
3) Eine gute Schwäche ist besser als eine schlechte Stärke. (Charles Aznavour)
4) Ein einziger Grundsatz wird dir Mut geben, nämlich der, dass kein Übel ewig währt. (Epikur von Samos)
5) Man weiß selten, was Glück ist, aber man weiß meistens, was Glück war. (Françoise Sagan)
6) Was du liebst, lass frei. Kommt es zurück, gehört es dir – für immer. (Konfuzius)
7) Wer stark ist, kann sich erlauben, leise zu sprechen. (Theodore Roosevelt)

Adams Liste traf Oda derart zielsicher ins Herz, dass sie es nur schaffte, einmal pro Woche einen Blick darauf zu werfen.

Am frühen Abend des dreiundzwanzigsten Dezember zweitausendeins, nachdem Oda eine Stunde in die vier brennenden Kerzen des Adventskranzes auf dem Küchentisch gestarrt hatte, blies sie diese entschlossen aus.

«Adam», sagte sie. «ich werde ...» Oda unterbrach sich, da sie nicht die richtigen Worte fand. Wie sollten ihre traurigen Gefühle in einem Korsett aus sicht- und hörbaren Buchtstaben einen kommoden Platz finden? Wie die variable Aneinanderreihung von sechsundzwanzig Grundbuchstaben, drei Umlauten und einem Eszett ihre Emotionen abbilden?

«Du wirst gleich in den Sender fahren. Ist es das, was du mir sagen wolltest?» Adam sah von dem Buch auf, das vor ihm auf dem Tisch lag. Es hieß: *Die erbaulichsten Zitate zum Trost.*

Oda nickte.

«Ich werde die Nacht wieder im Leuchtturm verbringen, wenn du es erlaubst.» Adam schloss für einen Augenblick seine Augen, als hätte die Erwähnung von Nacht ihn umgehend hundemüde gemacht. «Martha will erfreulicherweise auch vorbeikommen», fuhr er fort.

«Schön.»

Langsam blätterte Adam ein paar Seiten um, fuhr mit dem Finger über die Zitate und stoppte. «Jean de La Fontaine. Auf den Flügeln der Zeit fliegt die Traurigkeit dahin.»

Oda schluckte und sagte: «Schweigen ist die bitterste Entgegnung.»

«Sieh mal, was ich alles dabeihabe.» Das Brennnesselgrün von Marthas Augen glänzte saftig wie nach einem frischen

Regenguss. Sie stellte ihren Einkaufsbeutel neben die Backskiste und holte Brot, Tsatsiki, Taramosalata[58], Fava[59], eingelegte Zucchinischeiben, Loukoumades[60] und Feta hervor. Ein Geruch aus Olivenöl, Knoblauch, Oregano, Thymian, Rosmarin und Honig breitete sich im Leuchtturm aus. Er war so intensiv, dass er dem sonst vorherrschenden Fisch-Salz-Geruch den Rang streitig machte.

«Wo gibt es denn solcherlei Lebensmittel?», erkundigte Adam sich.

«In Flokum hat ein neuer mediterraner Feinkostladen aufgemacht. Mein Vater und ich fahren im nächsten Sommer nach Kreta, und ich wollte schon mal ein bisschen Urlaubsgefühl im Mund haben.» Erneut griff Martha in ihren Beutel, um zwei Teller und Besteck hervorzuholen.

«Ich weiß, dass er nicht zurückkommen wird.»

Martha hielt in der Bewegung inne. Das Messer in ihrer Hand ragte lotrecht nach oben. In dieser Haltung erinnerte sie an ihre Namensvetterin, die heilige Martha von Bethanien, kurz davor, sich auf den bedrohlichen Drachen von Tarascon zu stürzen.

«Genau kann ich es nicht beschreiben. Ich habe es heute in den Augen meiner Mutter gesehen. Sie leuchten nicht mehr, sie sind erloschen wie das Leuchtfeuer über unseren Köpfen.»

Behutsam legte Martha das Messer neben das griechische Buffet und küsste Adam noch behutsamer auf die Wange. Ein Kuss, der recht beachtlich in die Nähe des Mundes geriet.

---

[58] Fischrogenpaste

[59] Erbsenpüree mit Kapern, Zwiebeln und Olivenöl

[60] in Öl ausgebackene Küchlein mit Honigsirup

«Adam, ich weiß nicht, was ich sagen soll. Ich möchte dir helfen, für dich da sein.»

Adam und Martha erröteten. Martha haftete etwas Sandelholziges an, vermischt mit ihrem zitronigen Deo. Adam war betört.

Bevor sich das sandelholzigzitronige Schweigen zwischen den beiden zu einer Peinlichkeit aufblähen konnte, ergriff Martha das Wort. «Wenn ich helfen könnte, würde ich es tun. Was mit deinem Vater ist, weiß ich nicht, das weiß keiner.»

Adam blickte zu den an den Leuchtturmfenstern vorbeiziehenden Wolken. Ihm fiel auf, dass die Wolken, die ihm bisher Antworten gegeben hatten, nicht mehr ausreichten. Jäh traf ihn die Erkenntnis, dass sie ihren Dienst quittiert hatten. Sie hatten sich zumindest in eine Art gewerkschaftlichen Warnstreik begeben. Altocumulus-, Altostratus-, Cirrocumulus-, Cirrostratus-, Cirrus-, Cumulonimbus-, Cumulus-, Nimbostratus-, Stratocumulus- und Stratuswolken waren in diesem Moment nichts als verdichtete Wassertröpfchen. Sie hatten ihre Magie verloren. Der Wolkentrost und ihre Wolkenanmut waren erloschen.

Nie wieder Wolken.

Woher kam dieser Satz? Adam blickte zu Martha. Sie hatte nichts gesagt, sie tippte auf ihrem signalroten Nokia-Handy herum.

Nie wieder Wolken, wurde wiederholt.

Dabei hatte Adam das Gefühl, eine Leuchtreklametafel in seinem Kopf hätte den Satz aufploppen lassen. Eine Leuchtreklametafel in abstoßendem Neongelb. Mit einem tüchtigen Ruck schloss Adam die stattlichen Bundeswehrgardinen, wobei ein Dezimeter Kräuselband riss.

Klappe zu, Affe tot.

War das wieder diese neongelbe Leuchtreklametafel? Was hatte das zu bedeuten?

Martha legte ihr Handy beiseite und von jedem der Köstlichkeiten der griechischen Küche etwas auf ihren Teller. Kauend blieb sie vor den kniehohen Regalen stehen. «Deine Büchersammlung hat sich ganz schön verändert.»

Das stimmte. Adam war nicht erst seit heute von der bangen Gewissheit erfüllt, sein Vater würde nicht wiederkommen. Die erkühlte Aura seiner Mutter hatte ihm nur das letzte Glied in der Beweiskette geliefert. Schon länger hatte er seine Lektüregewohnheiten strikt umgestellt. Abhandlungen über die Struktur des Gehirns, den Stoffwechsel des menschlichen Organismus, Grundlagen der Entwicklungspsychologie, Ergebnisse der Weltraumforschung, Geheimnisse der Zauberkunst, die Geschichte des Zweitaktmotors oder die mechatronischen Anwendungen technischer Systeme gehörten der Vergangenheit an. Trauerratgeber und psychoanalytische Fachliteratur dominierten inzwischen die Bücherregalbretter. *Trauer zulassen. Für immer in meinem Herzen. Wenn Eltern sterben. Wege aus dem Verlust. Verlust als Chance* und *Mit Resilienz zu neuer Stärke* waren seit vierzehn Tagen die Titel von Adams Lektüreliste. Oben auf dem Regal lag das eingeschlagene Geschenkbuch seines Vaters wie ein exponierter Spitzentitel in den Buchhandlungen. Der Spitzentitel eines Autors, der gestorben war, bevor die erwartungsvolle Leserschaft sein Werk zu Gesicht bekommen hatte.

«Bist du noch da?», fragte Martha.

Eher nicht, dachte Adam, antwortete aber mit «Ja». Gerne hätte Adam Martha gesagt, wie charmant der mundnahe Wangenkuss gewesen war. Im Gleichzug jedoch hatte er nicht nur den Glauben an die Wolken, sondern auch den an die Liebe verloren. Die Geschichte seiner Eltern konnte nur auf diese Weise interpretiert werden.

Martha schaltete das Radiogerät ein. *Sprich dich frei* hatte gerade begonnen. Die letzten Takte von *Über sieben Brücken musst du gehn* verflüssigten sich in den ersten Takten von *Total Eclipse of the heart* von Bonnie Tyler.

«Adam, ich finde, du solltest mal unter Leute. Ich weiß, du magst das nicht. Aber einen Versuch ist es wert.»

«Theoretisch hast du recht, aber praktisch sehe ich mich dazu nicht in der Lage», entgegnete Adam.

Ein trauriger Blick Brennnesselgrün traf auf einen entschuldigenden Blick Nussbraun.

«Zumindest aktuell nicht», setzte Adam nach.

«Heute ist Adventsdisco in der *Tanzkate* in Flokum. Ich würde gerne … Die Leute vom Rettungsschwimmen kommen auch … Also, es geht demnächst los und …» Martha trat von einem Bein auf das andere, als würde sie sich schon mal warm tanzen.

Adam überlegte. Seit ihrem zehnten Lebensjahr war Martha Mitglied bei der Deutschen Lebens-Rettungs-Gesellschaft, hatte erst die Juniorprüfung abgelegt, dann das Abzeichen in Bronze erhalten und übte mittlerweile für das in Silber. Adam wusste, wie gut Martha das Zusammensein mit ihren Retterfreunden tat. «Geh nur. Ich brauche heute sowieso Ruhe.»

«Heißt das, du findest es doof, dass ich hier bin?» Martha machte einen ernüchterten Schritt zurück.

«Nein, oh nein», beeilte Adam sich zu beschwichtigen. Er überlegte, was er noch sagen sollte, aber ihm wollte nichts einfallen.

«Dann ist es in Ordnung, wenn ich gehe? Wir treffen uns einfach am ersten Weihnachtsfeiertag. Einverstanden?»

Adam nickte.

Martha drehte sich um. Die stählerne Wendeltreppe zappelte federnd unter ihren sich entfernenden Schritten.

Ein zweiter Kuss war nicht drin. Das wundert mich auch nicht, so wie du dich anstellst. Die neongelbe Leuchtreklametafel in Adams Kopf gluckste vor Spott.

«Willkommen bei ... mit Oda», war die Stimme seiner Mutter aus dem Radio zu vernehmen. «Unser heutiges ... Einsam an Weihnachten, das ...»

Adam fragte sich, warum die Übertragung voller Pausen war. Sollte das Radiogerät, ein buttercremefarbenes Philips-Philetta-Modell aus den fünfziger Jahren, defekt sein?

«Hallo, wer ...», fragte Oda

«Hier spricht Gesine. Vor dreizehn Jahren habe ich schon einmal bei Ihnen angerufen. Erinnern Sie sich?»

«...»

«Oda, hören Sie mich?», wollte Gesine wissen. «Ich war in Trauer, mein Mann war verschwunden. Ich dachte, ich komme nie wieder auf die Beine, finde keinen Weg zurück ins Leben. Wissen Sie noch, was Sie mir geraten haben?»

«...»

Adam wurde unruhig. Er hatte erkannt, dass die Pause keineswegs auf das Schuldenkonto des Radios gingen. Warum reagierte seine Mutter nicht auf die Fragen der Anruferin?

«Oda? Sie haben gesagt: Gute Menschen gleichen Sternen, sie leuchten noch lange nach ihrem Erlöschen. Sie hatten recht, liebe Oda. Danke. Ich habe einen neuen Mann kennengelernt, und was soll ich sagen, Glück passiert nicht nur einmal im Leben», ergänzte Gesine. Man konnte sie durch das Radio lächeln hören.

Oda hatte nach wie vor kein Wort gesagt.

«Hallo?»

«...»

«Bei meinem letzten Anruf haben Sie *The Sound of Silence* von Simon & Garfunkel für mich gespielt. Dürfte ich mir das wieder wünschen?» Gesines Stimme hatte indessen einen unsicheren Unterton.

Eine zu lange Weile war es still. Adam stand auf und betrachtete die betagten Kabel an der betagten Radiorückseite. Hatte er sich getäuscht? War das Radio doch kaputt? Die Kabel wirkten, trotz der Jahre, die sie auf dem Buckel hatten, tadellos.

Endlich wurde Gesines Musikwunsch gespielt. Nach dem Ende des Liedes kam eine Durchsage, die eindeutig nicht von Oda getätigt wurde. Es war, so wusste Adam, die sonorbassige Stimme des Aufnahmeleiters Thilo Carstensen.

«Meine sehr verehrten Damen und Herren, wir müssen die Sendung wegen interner Komplikationen beenden und spielen Ihnen als Ersatz eine werbefreie, zweistündige Sequenz der Chart-Hits des Jahres zweitausendeins. Danke für Ihr Verständnis.»

Adam ahnte, dass etwas unbegreiflich Schreckliches passiert war. Aus einem Reflex heraus griff er nach dem exponiert platzierten Geschenkbuch seines Vaters. Er riss das Einschlagpapier mit einer einzigen Handbewegung herunter. *Mein Leben in zwei Welten* stand auf dem Einband. Adam, mit Galopp im Herzen und Schwindel im Kopf, schlug die erste Seite auf.

Inhaltsverzeichnis:

1) Der Panther

2) Die Insel

3) Fremd ist, was deine Lippen sagen
4) Adam
5) Du Berg, der blieb
6) Der Tod ist groß …
7) Nachtgedanken

In dem Buch waren sieben Rilke-Gedichte versammelt. Auf einzelnen Seiten standen am oberen und unteren Rand Zahlen. Oben: *sieben, drei, drei, sieben, fünf, vier, achtundvierzig.* Unten: *eins, eins, sieben, sechs, neun, null, minus fünf.*

Einatmen.

Ausatmen.

Sieben Gedichte und Zahlen. Warum? Ist das ein Preisausschreiben?, wollte die neongelbe Leuchtreklametafel wissen.

Und so ausgedehnt Adams Abneigung ihr gegenüber inzwischen war, so ausgedehnt war seine Übereinstimmung mit ihrer alles entscheidenden Frage. Warum?

«Ist seltsame Weihnachten.» Leska stand mit Helge vor dem Lebensmittelladen in der Dorfmitte. Dieser kurze Satz genügte. Helge wusste, was Leska meinte. Alle anderen Platteooger auch. Alle hatten gestern Radio gehört. Alle hatten zunächst geglaubt, ihre Empfangsgeräte wären defekt. Alle hatten am Ende verstanden, was passiert war.

Am Morgen des Heiligen Abends war Ubbo noch vor Sonnenaufgang zu Oda gegangen, um nach dem Rechten zu sehen. Seine Befürchtungsvermutungen hatten sich als unumstürzliche Tatsache herausgestellt. Es stand fest: Oda schwieg.

«Ich weiß nicht, was zu tun. Ist doch meine Lieblingsfest und von Restfamilie auch.» Betreten blickte Leska auf die Einkäufe, die sie gerade getätigt hatte. Eigentlich war alles längst vorbereitet gewesen. Knoblauchsuppe, Brot mit Honig, Karpfen, Kartoffelsalat, Pilze, Sauerkraut, Früchte, Apfelstrudel, Weihnachtsbrot. Das alljährliche neungängige Weihnachtstraditionsmenü der Bakkers. Außerdem hatten Ubbo und Leska die Tischbeine mit Seilen verknotet, um das Haus vor Dieben und Einbrechern zu schützen. Aber war das Unglück nicht bereits eingebrochen? Hätten Ubbo und Leska nicht viel früher die Seile um die Tischbeine schlingen müssen? Sollten vielleicht vorsorglich ganzjährig Tischbeinseile gespannt sein? In einem Akt unerträglicher Verzweiflung hatte Leska entschieden, Silvester vorzuziehen. Zumindest all jene Bräuche, die im kommenden Jahr Glück verheißen sollten. In ihrem Einkaufsnetz befanden sich Äpfel, Weintrauben, Linsen, eine rote Unterhose und ein Kartenspiel. Ein Bleigießset gab es noch nicht zu kaufen.

Helge strich seinen Kittel glatt. «Es wäre möglich, dass Oda an einer Art Mutismus erkrankt ist, an einem psychologischen Schweigen.»

«Kannst du heilen? Hast du Medizin dagegen?» Ein Hoffnungsschimmer flammte kurzlebig um Leskas Mundwinkel herum auf.

«Nun, so einfach ist das nicht. Die Behandlungen können sprachtherapeutisch, psychotherapeutisch und/oder psychiatrisch erfolgen. Welche Therapie man auch anwendet, das ist ein langwieriger Prozess. Das kann Jahre dauern.»

«Wie jammerungsschade.»

«Ich weiß nicht, ob es dich tröstet. Aber Oda, sollte sie unter Mutismus leiden, ist bei vollem Verstand, und die Suizidraten …» Helge hielt inne. «Was ich sagen will, in ihrem Inneren ist es durchaus lebendig. Sie schickt weiterhin Signale wie eine Radiostation. Sie ist zwar akut stumm, doch sie sendet noch, nur können wir sie als Empfänger nicht hören.»

«Ist schöne Radiobild, Helge. Ich versuche mich in Positivität bei Gedanken.» Leska griff nach dem Einkaufsnetz.

«Ich biete mich gerne an, als Psychologe, meine ich.»

Leska, die bereits im Aufbruch begriffen war, wandte sich um. Sie erinnerte sich, wie sich Helge, kurz nach Adams verfrühter Geburt, zur Nachsorgehebamme sowie zum Still- und Laktationsberater weitergebildet hatte. Sie erinnerte sich, wie sich Helge, als Adam vier Jahre alt war, methodisch-didaktisch zum Grundschullehrer weitergebildet hatte. Da Leska eine traditionsbewusste Frau war, erkannte sie augenblicklich, dass sich hier eine Traditionslinie auftat. Eine Traditionslinie zum Wohle ihrer Familie, auf die sie lange Zeit vergeblich gewartet hatte. Die Antwort auf Helges Angebot war so schlicht wie wahrhaftig. Sie fiel ihm um den Hals.

Oda verschlief fast den ganzen vierundzwanzigsten Dezember zweitausendeins. Ein Tag, der vollkommen anders war als all die Jahre zuvor. Die neungängigen Speisen blieben nahezu unangetastet, die Silvesterbrauchutensilien vergessen auf dem Wohnzimmertisch.

Überhaupt war der Tag ein entsagungsreicher. Leska entsagte der Weihnachtssonderfolge von *Wo die Liebe hinfällt*. Für Ubbo war es der erste Tag, an dem er keinen Satz mit *unbezwingbar* sagte. Adam entsagte endgültig dem Leuchtturm und den Wolken. Nur Helge, den man als verdeckten Psychologen eingeladen hatte, versuchte in einem ersten therapeutischen Ansatz, die anderen zum Singen anzuhalten, da Singen nachgewiesenermaßen heilende Wirkung zugeschrieben wurde. Als Leska wissen wollte, welches Lied in Frage kam, überlegte er. Das Lied, welches er im Sinn hatte, war jenes, das er früher mit seinen Eltern stets angestimmt hatte. *Stille Nacht, heilige Nacht.* Er begann die Melodie zu summen. Oda drehte den Kopf zum Fenster und blickte verlassen nach draußen. Helge verstummte. Trotzdem er noch gar nicht richtig angefangen hatte, sich psychologische Expertise anzueignen, hatte er die therapeutische Gefährlichkeit eines solchen Liedvorschlags gerade noch rechtzeitig erkannt.

KAPITEL 29

BRETAGNE II

Als in Adams Bewusstsein das Licht wieder eingeschaltet wurde, war es entsetzlich kalt. Adam brauchte eine sehr, sehr lange Weile, um sich zu orientieren, um sich zu erinnern, was geschehen war. Er lag rücklinks auf der Straße. Vor seinen halbgeöffneten Lidern sah er die Eingangstür des Restaurants, durch die er vor … Wie lange war das her? Sein trübes Bewusstsein weigerte sich beharrlich, ihm auch nur das geringste bisschen Zeitorientierung zu gewähren. Nachdenken tat weh.

Systematisieren!

Was in Adams trübem Bewusstsein als Erstes schattengleich Gestalt annahm, war das Kamikazegesicht von Malo Guivarc'h. Adam blinzelte. Ein bohrendes Blinzeln, welches einen Vorgeschmack darauf gab, was ihn erwartete, wenn er den Rest seines Körpers bewegen würde. Die Hinterkopfstelle, auf die Malo geschlagen hatte, war zu einer Beule angeschwollen. Spitze Steinchen drückten mitleidslos gegen Adams Rücken wie abertausend Erbsen. Ein Gehweg. Wie war er vom Hinterhof auf den Gehweg gekommen? Warum hatte der Koch ihn hierhergebracht? Vorsichtig bewegte Adam den Kopf und fühlte etwas Weiches. Stöhnend richtete er sich auf. Parallel zum Aufrichtungsvorgang nahmen in Adams Kopf Bohrer, Hobel, Keilhaue, Hammer sowie Pocher ihre Arbeit auf. Als Adam mit seiner alkoholpelzigen Zunge über seine staubtrockenen Lippen fuhr, hatte er einen Natriumchloridgeschmack im Mund. Adam kam sich vor wie ein Steinsalzwerk. Oder war das die bretonische Luft? Diese vermaledeite Bretagne.

Einatmen.

Ausatmen.

Das weiche Etwas unter Adams Kopf stellte sich als sein Sakko und die Neugeborenentrage heraus. Beides ordentlich zusammengefaltet. Adam durchwühlte die Sakkotaschen. Er fand seine Geldbörse. Bis auf die angoraweiße Hotelzimmerkarte war sie leer. Malo hatte es also auf sein Geld abgesehen. Er war wahrlich kein freundlicher, fischstäbchenliebender Käpt'n Iglo, er war ein erbarmungslos grausamer Pirat. Ein Sir Francis Drake, ein Henry Morgan.

Adam wühlte weiter. Sein Handy war noch da, wenngleich das Display spinnennetzig geborsten war. Spiderman. Adam erinnerte sich, wie er in Prag überlegt hatte, ob Superhelden Leitungswasser trinken. Sein schmerzender Körper hielt ihn davon ab, in Lachen auszubrechen. Ich und ein Held, dachte Adam. Einen befremdlichen Moment lang sehnte er sich nach der neongelben Leuchtreklametafel. Vielleicht hätte die ihn rechtzeitig vor Malo Guivarc'h gewarnt.

Er wühlte weiter und fand das schmalbauchige Fläschchen mit dem Luitpoldstrudel-alt-Heilwasser. Was hatte Pfarrer Neumüller gesagt? Das Wasser fand Anwendung bei Übersäuerung des Magens und bei Erschöpfungszuständen. Kurzentschlossen schraubte Adam den Verschluss auf und leerte das Fläschchen in einem Zug. Gleich darauf überfiel ihn ein grauenvoller Schwindel. Er musste sich unverzüglich wieder hinlegen. Der grauenvolle Schwindel kam nicht von dem Bad Kissinger Heilwasser, sondern entsprang der

Tatsache, dass Adam, wie er jetzt gewahr wurde, zwei Dinge vermisste. Zola-die-Katze und das Notizbuch seines Vaters. Die Steinsalzwerkgerätschaften legten eine Schippe drauf.

Schlotternd wählte Adam Zolas Telefonnummer. Es klingelte und klingelte und klingelte, leider unbeantwortet. Zolas Mailbox wollte Adam seine Kümmernisse nicht anvertrauen. Er sehnte sich nach einer echten Stimme, nach einem wirklichen Gesprächspartner, nach jemandem, der mit ihm reden würde. Was wohl in Göttingen gerade los war? Zola, Auguste, Arschloch, Polizist. Apropos. Sollte Adam den Überfall auf ihn bei der Polizei anzeigen? Würde man ihm glauben? Er hatte nicht einmal mehr seinen Ausweis. Sicherlich stank er fürchterlich nach Alkohol. Zudem …

«Miau.»

«Wo warst du denn die ganze Zeit?», fragte Adam und zuckte gleich darauf zusammen.

Das zimtbraune Katzenfell war um das Maul herum blutverschmiert. Die Katzenaugen loderten wie zwei grüne Turmaline. Ein rätselhafter Stolz sprach aus ihnen. Sie fixierten einen Gegenstand, der eine Armlänge entfernt auf dem Gehweg lag. Es war eine tote Maus. Angeekelt blickte Adam Zola-die-Katze an. Da wurde ihm klar, was für ein Stolz in den Katzenaugen loderte. Es war ein bretonischer Stolz. Zola-die-Katze hatte sich wunderbar an ihren aktuellen Aufenthaltsort angepasst. Damit hatte sie Adam einiges voraus.

Federartiger Sprühregen setzte ein. Ein wettertechnischer Versuch, das Geschehene reinzuwaschen. Adam wusste, er würde nicht länger auf dem Gehweg sitzen bleiben können, ohne sich eine Erkältung einzufangen.

Für die siebenhundertfünfzig Meter benötigte er neunundfünfzig Minuten. Auf dem Rückweg zum Hotel hätte man Adam beim Laufen die Schuhe besohlen können. Er stolperte, er knickte um, er schlotterte, er schwankte, er humpelte. Irgendwann war er im Hotel angekommen. Lädiert, aber angekommen. Froh darüber, sein Zimmer im Voraus bezahlt zu haben, versuchte er sich an der Empfangsdame im Foyer vorbeizuschleichen. Zola-die-Katze unter seinem Sakko zu verstecken war fast unmöglich, da ein Träger der Neugeborenentrage abgerissen war. Doch ihm blieb keine Wahl, er musste es auf einen Versuch ankommen lassen.

«Mach dich so klein, wie du kannst», raunte Adam durch seine staubtrockenen Lippen.

Er war bereits am Fahrstuhl, er hatte bereits den Rufknopf gedrückt, als er eine Stimme hörte.

«Bonsoir Monsieur. Vous avez l'air un peu dérangé.»[61]

Rettenderweise kam der Fahrstuhl. Adam entschwand kommentarlos in der zierlichen Kabine. Dort erwartete ihn der nächste Schock in Form des Ganzkörperfahrstuhlspiegels. Dieser unterstrich bildhaft die Worte der Rezeptionsdame. *Dérangé.* Vor Adam spiegelte sich die abbildgewordene, außerplanmäßigkeitsinduzierte Panik. Seine Locken hingen bettlägerig an seinem Kopf. Ihre semmelblonde Farbe war passé, sie sahen aus wie angebrannte Semmeln. So angebrannt wie die, die Leska blecheweise aus dem Backofen gezogen hatte, als unverkennbar geworden war, dass Hubert nicht mehr zurückkommen würde. Adams Teint war ebenso einsteingrau wie sein Sakko. Sein Gesicht war aufgedunsen und dreckverschmiert, seine Hände schlackerten, seine Augen blickten versandet in den Fahrstuhlspiegel. Nach all dem Erlebten rief das in Adam keine Verwun-

---

[61] Guten Abend, mein Herr. Sie sehen ein bisschen mitgenommen aus.

derung hervor, nur eine Sache erstaunte ihn. Auf seinem Kinn, auf seinen Wangen und unter seiner Nase zeichneten sich nennenswerte Bartstoppeln ab. Von der genetischen Anlage her hatte die Natur Adam nicht mit einem nennenswerten Bartwuchs bedacht. Nur selten musste er sich rasieren. Und jetzt? Hatte das Erlebte dem Bartwuchs ein Signal gegeben? Ein Startsignal, jetzt endlich mal zu zeigen, was barttechnisch möglich war in einem männlichen Gesicht?

In seinem Hotelzimmer ließ sich Adam auf das Bett fallen und versuchte, seiner außerplanmäßigkeitsinduzierten Panik Herr zu werden.

Einatmen.

Ausatmen.

Nichts.

Einatmen.

Ausatmen.

Adam versuchte, sich Zola-die-Katze zum Vorbild zu nehmen. Diese kletterte unverzüglich in den Koffer, der unter dem Fenster lag.

Der aufgeklappte Koffer schenkte Adam ein Lächeln und bedeutete: *Das schaffst du. Da bin ich hochprozentig sicher.*

Doch Adams Panik bot das keinerlei Abmilderung. Vielleicht sollte er es mit der Liste von Dr. Modder probieren.

1) Nehmen Sie eine aufrechte, offene und starke Körperhaltung ein.
2) Atmen Sie ruhig in den Bauch, länger aus, als ein, und zählen Sie dabei im Kopf bis drei.
3) Nutzen Sie die Wassermagie, trinken Sie Ihre Angst weg.
4) Lenken Sie sich ab (Vanille, Musik).

5) Verwenden Sie eine Mentalpowerstrategie, um die Macht der positiven Gedanken zu aktivieren.
6) Suchen Sie die Angstursache und ersetzen Sie negative durch positive Gedanken.
7) Akzeptieren Sie das Problem und damit Ihre Angst, machen Sie einen Plan, wie es weitergehen soll.

Eine aufrechte Haltung anzunehmen scheiterte an den Ganzkörperschmerzen. Punkt zwei hatte eben schon nicht funktioniert.

Vielleicht Punkt drei? Vielleicht war Wassertrinken eine gute Idee? Im Bad stürzte Adam zwei Zahnputzgläser mit Wasser hinunter. Die Panik interessierte das keinen Deut.

Bei Punkt vier tat sich ein Hoffnungsstreifen am Badezimmerhorizont auf. Das vom Hotel zur Verfügung gestellte Duschgel hatte die Duftrichtung Vanille. Zur Verstärkung und in Anlehnung an den zweiten Teil von Punkt vier summte Adam, als er unter der Dusche stand, die Melodie von *I need a hero* von Bonnie Tyler. Brüsk brach er ab und überlegte, ob ihm nicht ein passenderes Lied einfiel. *Hero* von Mariah Carey? *Hero* von Enrique Iglesias? *Heros* von David Bowie? Verflixt. Gab es denn nur Lieder mit Helden?

Duschfrisch war Adam bei Punkt fünf seiner Liste angekommen. *Die Macht der positiven Gedanken.*

Lampaul auf Ouessant. Dass die seltsamen Zahlen in dem Notizbuch seines Vater Koordinaten waren, klang logisch. Zumindest auf den ersten Blick. Aber konnte er den Aussagen eines brutalen Schlägerkochs trauen? Der Mangel an anderen Anhaltspunkten ließ jedoch kaum Spielraum für Zweifel. Er entschied, es auf einen Versuch ankommen zu lassen. Dennoch. Woher kannte sein Vater eine französische Insel am Ende der Welt? Zumindest am Ende von

Europa? Adam überlegte. Die Mutter seines Vaters war, soweit er wusste, Französin. Womöglich stammte sie aus der Bretagne? Vielleicht sogar aus Ouessant. War Hubert bei ihr? Hatte er darum die Koordinaten in sein Notizbuch geschrieben? *Mein Leben in zwei Welten.* Welten und Ende der Welt. Ein Zusammenhang ließ sich mit etwas Mühe durchaus herstellen

Und dann die Leuchttürme.

Ouessant. Eine Insel, umgeben von fünf Leuchttürmen. Das klang logisch, das klang nach Struktur, das klang nach System. Unmerklich war Adam zu Punkt sechs auf der Liste gekommen. *Ersetzen Sie negative durch positive Gedanken.*

Die Fähre zur Insel fuhr morgen früh. Sollte er es wagen? Doch bevor sich allzu viel Hoffnungsgrün in Adam ausbreiten konnte, fiel ihm das entscheidende Hindernis ein: Er hatte kein Geld. Verdrossen stieß er einen Seufzer aus.

Punkt sieben zwängte sich tollkühn durch das Unterholz der Hoffnungslosigkeit. *Akzeptieren Sie das Problem und damit Ihre Angst, machen Sie einen Plan, wie es weitergehen soll.*

Eine Liste, die dazu aufforderte, eine neue Liste anzulegen. Unter normalen Umständen wäre Adam entzückt gewesen, aber jetzt, zum ersten Mal in seinem Leben, spürte er eine aufkommende Abneigung gegenüber Listen. Jahrzehntelange Gewohnheiten ließen sich allerdings nicht so schnell ad acta legen, nicht einmal in Frankreich, nicht einmal im Zustand der totalen körperlichen und seelischen Notlage. Adam schritt zur Tat.

1) Zola anrufen
2) Großmutter anrufen
3) Wäsche waschen
4) Ouessant-Recherche

5) Ouessant oder Heimreise
6) Geld besorgen
7) SCHLAFEN

Kurz streifte Adam der Gedanke, dass er seine drohende Suspendierung aus dem Blick verloren hatte. Aber sieben war sieben.

1) Zola anrufen

Wieder meldete sich nur die Mailbox. Adam entschied, diesmal wenigstens ein paar Worte zu hinterlassen. Er erzählte von Brest und seinem Plan, auf die Insel Ouessant zu fahren, um dort nach Hubert zu suchen. Den Rest der Ereignisse, den Überfallteil, unterschlug er, Zola hatte genug eigene Sorgen.

2) Großmutter anrufen

Als Adam die Telefonnummer von Leska wählen wollte, wurden seine Hände von einem rhythmischen Tremor geschüttelt. Adam vertippte, die Bildergalerie öffnete sich. *Vorschlägchen*, hatte Zola bei der Abreise in Berlin gesagt, *ich mache Fotos von deiner Wohnung, und immer, wenn du Sehnsucht hast, schaust du dir die Bilder an.*

Die Spinnennetzigkeit des geborstenen Displays veränderte die Bilder. Sie wirkten kaputt, zerbrochen. Bevor Adam eingehender darüber nachdenken konnte, wählte er die Telefonnummer seiner Großmutter.

Keine Reaktion. Was war passiert? Warum nahm Leska nicht ab? Er hinterließ wie bei Zola eine Nachricht und widmete sich dem nächsten Punkt auf seiner Liste.

3) Wäsche waschen

Adams Vorrat an sauberer Kleidung war aufgebraucht. Er drückte den Stöpsel in die Duschwanne, ließ Wasser einlaufen, gab einen tüchtigen Spritzer des Vanilleduschgels hinzu, weichte die Schmutzwäsche ein und ging zurück ins Zimmer. Eine Vanillewolke folgte ihm wie ein treuer Hund seinem Herrchen.

4) Ouessant-Recherche

Mit seinem Laptop navigierte sich Adam zu Google und gab den Namen der Insel in die Suchmaske ein. Über verästelte Onlinepfade gelangte er zur Homepage des Fähranbieters *Penn ar Bed*, der einen Transfer von Brest nach Ouessant anbot. Das Ganze für fünfzehn Euro. Woher nehmen, wenn nicht stehlen?

Kurz schloss Adam die Augen und wäre beinahe eingeschlafen. Er kniff sich in die Wangen, war erneut baff über seine neue Bartstoppligkeit und rief den Wikipediaeintrag über Ouessant auf.

- Französische Insel im Atlantik, Département Finistère, zum Arrondissement Brest gehörend
- Gemeinde mit achthundertfünfunddreißig Einwohnern
- fünfzehn Komma fünf acht Quadratkilometer, zwanzig Kilometer von der Küste entfernt im Osten der Keltischen See
- westlichster Teil des französischen Mutterlandes, nördlicher Abschluss des Seegebietes Iroise
- höchste Erhebung einundsechzig Meter, Form der Insel erinnert entfernt an eine Krabbe

Zola-die-Katze drehte sich vom Bauch auf die Seite und wirkte wie ein zimtbrauner, katzenartiger Umrissgruß aus Ostfriesland. Sie schien *Mach weiter, du bist auf dem richtigen Weg* zu sagen.

Adam machte weiter.

- Leuchttürme auf der Insel: Phare du Créac'h, Phare du Stiff
- Leuchttürme um die Insel im Meer: Phare de la Jument, Phare de Nividic, Phare de Kéréon
- leben vom Tourismus und dem Dienstleistungsgewerbe, Anzahl der Arbeitskräfte in nautischen Berufen (Fischer, Seeleute oder Leuchtfeuerwärter) ist rückläufig

Einatmen.

Ausatmen.

Leuchtfeuerwärter? Die Koordinatenaussage von Malo Guivarc'h musste stimmen. Trotz allem, was der Koch ihm angetan hatte, war sie die allerverheißungsvollste Spur von Adams bisheriger Reise.

5) Ouessant oder Heimreise

Seine Augen begannen zu jucken, und er meinte, ein vollumfänglicher Hotelzimmerpollenangriff hätte eine allergische Spontanreaktion ausgelöst. Pappel, Birke, Haselnuss, alle waren sie herbeigeflogen. Herbeigeflogen durch ein geschlossenes bretonisches Touristenhotelzimmerfenster mitten im Januar. Durch das Jucken waren nicht nur seine Augen, sondern auf mysteriöse Weise auch sein Kopf klar geworden. Nun stand es unverrückbar fest. Nun war es in

Stein gemeißelt. Nun führte kein Weg daran vorbei, sondern nur hin. Hin auf die Insel.

6) Geld besorgen

Das Sperren der gestohlenen Bankkarte funktionierte flott. Doch wie sollte Adam bis morgen früh an Bargeld kommen? Er tippte: *schnell an Bargeld kommen* in das Google-Suchfeld ein. Nach endlosen Kreditangeboten mit Sofortauszahlung in unter zwei Minuten wurden ihm die Teilnahme an vergüteten Umfragen, der Onlineverkauf von Gebrauchtem, das Eröffnen eines Flohmarktstandes, Blut- oder Samenspende, die Arbeit als Baby- oder Tiersitter sowie Nachhilfelehrer, als Internetspiele- oder Produkttester, geheimer Einkäufer, Zeitungsausträger, Freizeitclubanimateur, Filmstatist, Pizzakurier oder Gogo-Tänzer vorgeschlagen.

7) SCHLAFEN

Ausgerechnet dieser Punkt, die Nummer sieben, eine edle Sieben in Großbuchstaben, klappte nicht einmal im Ansatz.

Die Enez Eussa III war ein Ungetüm. Blau-weiß, fünfundvierzig Meter lang, mit einer Tonnage von vierhundertneunundvierzig UMS, einer Transportkapazität von dreihundertvierzehn Passagieren und dreißig Tonnen Fracht. Das Ungetüm wippte leichtfüßig auf den unbefangenen Wellen des morgendlichen Atlantiks. Es war halb sieben.

Adam hatte in der einen Hand seinen Koffer, in der anderen seinen Jesus-inside-Beutel, aus dem es vanilleduftend tropfte. Auch Adam tropfte. Allerdings weniger intensiv.

Die Nacht war schlaflos geblieben. Seine Schmerzen waren trotz allem ein wenig abgeflaut. Viel zu spät war Adam die in der Duschwanne eingeweichte Wäsche eingefallen. Er hatte sie geschlagene dreißig Minuten mit dem Hotelfön getrocknet. Als dieser mit einem schauerlichen Zischen seinen Geist aufgegeben und Verkohltheit verströmt hatte, hatte er sich einen Teil der halbtrockenen Kleidung angezogen und den anderen Teil in den Jesus-inside-Beutel gestopft. In den Koffer hatte er mit Hilfe eines Hotelkugelschreibers sieben Löcher gestanzt, um Zola-die-Katze, die vorerst im Koffer untergekommen war, mit Sauerstoff zu versorgen. Die reiselustige Hartschale erinnerte nun an einen quaderförmigen Schweizer Käse.

Ungelöst war nach wie vor das Geldproblem. Niedergeschmettert hatte Adam erkannt, zum ersten Mal in seinem Leben einen Fuß ins kriminelle Milieu setzen zu müssen. Der Weg in den Untergrund führte über die Minibar. Der Inhalt musste theoretisch für eine Fahrkarte reichen. Adam hatte es genau ausgerechnet.

Fläschchen Evian	3,00 €
Fläschchen Orangesaft	4,00 €
Fläschchen Breizh Cola	3,50 €
Tütchen Carambar Nougat	5,00 €
Tütchen Karamellbonbons	5,50 €
Summe	21,00 €

Ihm blieb eine Stunde, um sich eine Fahrkarte zu besorgen.

Tropfend ging Adam auf einen sehr, sehr alten Mann zu, der sich an Tauen und verhedderten Netzen zu schaffen machte und der in seiner bretonischen Seebärigkeit aussah wie ein Großvater von Malo Guivarc'h.

Adam straffte die Schultern, wodurch sich das Tropfen intensivierte. «Ich brauche einen Fahrschein nach Ouessant. J'ai besoin d'un billet à Ouessant.»

Der Mann blickte auf.

«Ich habe aber kein Geld. Mais je n'ai pas d'argent», setzte Adam hinzu und fühlte sich schon recht kriminell.

Der Mann widmete sich wieder stumm seinen opulenten Tauen.

Vorsichtig setzte Adam den Schweizer Käsekoffer ab, klappte ihn auf, und Zola-die-Katze streckte neugierig den Kopf hinaus. Während sich Adam wie ein fliegender Händler vorkam, der jeden Augenblick von der Polizei entdeckt werden konnte, lächelte der Mann in die lindgrünen Katzenaugen. Danach zeigte er mit seiner rechten Hand auf sein Ohr und hielt seine linke Handfläche in den Himmel. Wenn Adam diese Geste richtig deutete, hatte der Mann sein Hörgerät vergessen. Oder er hatte keins.

Um einige Dezibeleinheiten höher wiederholte Adam seine letzten Sätze, was eine Handvoll Umstehende sich mit Neugier nähern ließ. Ein Mann mit Kapitänsmütze fuchtelte mit den Armen. Adam benannte die einzelnen Teile seines Minibardiebesgutes und rief die dazugehörigen Preise auf. Während der hörgerätlose Mann Zola-die-Katze kraulte, sprachen die Anwesenden so schnell und vehement und impulsiv und teilweise auf Bretonisch, dass Adam nur Fetzen verstand. *Polizei, armer Schlucker, Erbfeind, Milde walten lassen, Festnahme, ein Auge zudrücken, Polizei, Polizei.*

Der hörgerätlose Mann stampfte mit seinem Fuß auf den Boden. Entweder trug er Steppschuhe, oder er hatte Kronkorken unter den Sohlen. Augenblicklich kehrte Ruhe ein. Sodann begann der Mann zu gestikulieren. Er gestikulierte nach oben und unten, vor und zurück, an den Kopf, vor den Bauch, im Kreis und im Zickzack. Dabei erinnerte er an Daniel Barenboim, der ein atonales Musikstück von Arnold Schönberg dirigierte. Jetzt verstand Adam. Der Alte war gehörlos.

Der Mann mit der Kapitänsmütze machte einen Schritt auf Adam zu. «Comment vous vous appeléz?»[62]

«Ich heiße Adam Riese. Ich bin Doktor der Sprachwissenschaft aus Ostfriesland. Je m'appelle Adam Riese. Je suis docteur en linguistique de la Frise orientale», sprudelte es aus Adam heraus.

«Mon nom est Avel Guyot, je suis le capitaine du ferry. Uriel Gicquel a décidé.»[63]

Adam gab zu, nicht zu verstehen, was Uriel Gicquel entschieden hatte. Der Kapitän erklärte, dass Uriel der älteste Bewohner der Insel Ouessant war und Adam kostenlos übersetzen dürfe. Als Gegenleistung sollte er dem Alten helfen. Während er sprach, lächelten die marineblauen Kapitänsaugen unter seinen waldigen Augenbrauenbögen.

Adam überlegte zu fragen, wie genau seine Schuldenabarbeitung aussehen sollte.

«L'autre option serait que nous vous dénoncions à la po-

---

62 Wie heißen Sie?

63 Ich heiße Avel Guyot, ich bin der Kapitän der Fähre. Uriel Giscquel hat entschieden.

lice.»[64] Nach wie vor dekorierte ein Lächeln die Kapitänsaugen.

Adam dachte an seinen fehlenden Ausweis, er dachte an das Hoteldiebesgut, das prominent aufgeklappt zu seinen Füßen lag, und erklärte sich einverstanden.

«Vous ressemblez à quelqu'un qu'il connaît, c'est pour ça. Surtout, Uriel aime les chats, surtout leur langue.»[65]

«Hubert Riese?», fragte Adam.

Der Kapitän gebärdete für Uriel.

Uriel schüttelte den Kopf.

«Hubert Géant?», fragte Adam.

Der Kapitän gebärdete für Uriel.

Uriel schüttelte den Kopf.

«Hubert Obri?», fragte Adam.

Der Kapitän gebärdete für Uriel.

Uriel schüttelte den Kopf.

---

64 Die andere Option wäre, Sie bei der Polizei anzuzeigen.

65 Sie erinnern ihn an jemanden, den er kennt. Außerdem liebt Uriel Katzen, vor allem deren Sprache.

KAPITEL 30

AUF DEM WEG VOM DOKTOR UND ZUM DOKTOR

Trotz der unverrückbaren Tatsache, dass Hubert unwiederbringlich verschwunden war, kehrte Platteoog irgendwann zur Bilderbuchschönheit zurück. Die dreiundzwanzig Quadratkilometer große Insel, diese schlafende Katze, die in Richtung Norwegen alle viere von sich streckte, war unerschütterlich reizend. Der schneckenhausgleich eingerollte Katzenschwanz mit dem gelb-rot gestreiften, neunundvierzig Meter hohen Leuchtturm. Der mit Salzwasser gefüllte Bombentrichter, die Kolonie der Austernfischer, der Katzenbauch zur offenen, rauen See, der Katzenrücken mit seinen salzigen Marschwiesen und dem Hafen. Die bescheidene Kirche mit Orgel und dreieckigem Friedhof hinter dem Glockenturm, die Bockwindmühle, die Bäckerei, die Fischräucherei, der Lebensmittelladen, das Mehrzweckgebäude mit Arztpraxis, die Polizeidienststelle, die Grundschule.

Nur bei ganz, ganz genauem Hinsehen wurde augenfällig, dass etwas nicht stimmte. Ein zufällig auf Platteoog gestrandeter Tourist hätte das nicht bemerkt.

Durch die unverrückbare Tatsache von Huberts unwiederbringlichem Verschwinden, war ein neuer Inselbewohner dazugekommen: das Fehlen. Ein Inselbewohner, der weg und zugleich da war. Die scharf umrissene Leere der

Vergangenheit. Derart scharf umrissen, dass Hubert durch seine Abwesenheit ständig präsent war. Wenn man sich das bilderbuchschöne Platteoog als Puzzle vorstellte, fehlte ein Teil. Ein sehr wichtiges.

Nicht nur Adam setzte keinen Fuß mehr in den Leuchtturm, auch Alfried hielt sich dort nur noch selten auf. So thronte der Leuchtturm verwaist über diesem flachen, dem Meer abgetrotzten Stückchen Inselland und verfiel.

Alfried hatte die Ausstellungsstücke des Miniaturheimatmuseums verpackt und ihnen Lebewohl gesagt. Seit Weihnachten zweitausendeins sammelten sich auf der Nebelkanone, dem Karkstoven, dem fragmentarischen Skelett der Seerobbe, der Drillmaschine, dem viertelkreisförmigen Sextanten, den buchseitenplattgepressten Darstellungen der genügsamen Kartoffelrose, den Neophyten, der Sumpfohreule sowie dem Sandregenpfeifer Staubkörnchen um Staubkörnchen. Alfried konnte den Abschiedsschmerz erstaunlich gut verknusen und verschrieb sich fortan dem Sammeln aussterbender Wörter der deutschen Sprache. *Mumpitz, Kokolores, Sperenzchen, blümerant, ziemen.* Alfried war in seinem Element. Er war den Grundzügen seiner musealen Berufung treu geblieben, wenn auch auf einem anderen Gebiet. Und während sich in seinem Miniaturheimatmuseum im Leuchtturm Staubkörnchen auf den Ausstellungsstücken sammelten, klopfte er den Staub von den untergangsbedrohten Wörtern.

Die Person, der Huberts Fehlen das größte Puzzleteil aus dem Herzen gebrochen hatte, war die unwiderruflich verstummte Oda. Hubert hatte beschlossen zu schweigen, Oda tat es ihm gleich. Damit fühlte sie sich ihrem Mann näher, fühlte eine letzte Verbindung zu ihm. Es kam Oda vor, als hätte es zwischen ihr und Adam eine gemeinsame Anzahl an zu sprechenden Wörtern gegeben. Eine Art Tagespensum. Bis zum dreizehnten April zweitausendeins war der Redeanteil ausgewogen gewesen. Eine wohlausbalancierte Sprachwippe. Nun aber saß Oda am Boden, und Adam hing in der Luft. Er redete wie ein Wasserfall. Odas Tagespensum lag bei null, Adams bei einhundert Prozent.

Helge hatte Oda für mehrere Monate krankgeschrieben, aber auch das hatte ihr die Sprache nicht wiedergebracht. Eine schweigende Moderatorin war untragbar, selbst für einen regionalen Radiosender. So hatte Aufnahmeleiter Thilo Carstensen im Winter zweitausendzwei schließlich gesagt: *Es fällt mir wahnsinnig schwer, aber ich kann dich nicht länger halten. Sprich dich frei ohne Sprecherin …, ich hoffe, du verstehst mich.* Oda hatte genickt, Carstensen sie umarmt und ihr lange hinterhergesehen.

Ubbo und Leska waren hochgradig besorgt. Eine Sorge um Oda im Allgemeinen und ihre finanzielle Situation im Besonderen. Mit Wohlwollen nahmen sie zur Kenntnis, dass Oda wenigstens wieder malte. Sie malte ein einziges Motiv. Hoffnungsgrüne Punkte und Kreise auf weißer Leinwand. Mal ein Kreis. Mal zwei. Mal drei. Große, mittlere und kleine. Ubbo und Leska interpretierten das als positives Zeichen, als Aussicht auf baldige Gesundung, als Zwischenstufe zur Wiedererlangung der Sprache ihrer Tochter.

Blieb die finanzielle Situation. Mit ihren Einnahmen aus der Backstube konnten Ubbo und Leska nicht genügend aushelfen. Man überlegte fieberhaft, man trommelte die Platteooger zusammen, konspirativ in dem umfunktionierten Shell-Tankstellenhäuschen in Flokum. Nach drei Stunden waren die Insulaner zu einer Lösung gekommen. Aus den auf der Sparkasse in Flokum geparkten finanziellen

Rücklagen aller Platteooger Kontobesitzer speiste man eine geheime Witwenrente. Für Oda kolportierte Bonna, in der Flokumer Polizeidienststelle gebe es reichhaltige Nachfrage an Odas Bildern. Helge behauptete dasselbe über einen befreundeten Kollegen einer Privatpraxis. Alle Anwesenden waren sehr zufrieden mit dieser Lösung. Es wurde vereinbart, absolutes Stillschweigen zu bewahren. Bonna drohte, bei Zuwiderhandlung wegen Landesverrats in besonders schwerem Fall rechtliche Schritte einzuleiten.

Leska hatte eine Plastiktüte in der Hand und schwitzte. Bereits die zweite Bluse trug sie heute, zwei Mal hatte sie geduscht und ihre Achselhöhlen mit einem aluminiumsalzfreien Deokristall eingerieben. Gleichwohl zeichneten sich auf der Bluse handtellergroße Schweißflecken ab. Schuld an alldem war Michaela. Michaela und eine ausgeprägte Omegalage. Am ersten August zweitausenddrei hatte man im portugiesischen Alentejo einen historischen Temperaturhöchststand von siebenundvierzig Komma vier Grad verzeichnet. In Platteoog erreichten die Temperaturen an diesem Tag mollige siebenunddreißig Komma sieben Grad, was Leska veranlasste, abwechselnd auf Michaela und das Wetter zu schimpfen. Die Sonne stand an ihrem höchsten Punkt über der Insel, die in diesem Jahr nicht in Ostfriesland, sondern in den Tropen zu liegen schien. Die Luft flimmerte, der Bombentrichter war beinahe komplett ausgedörrt. Einige illegal entsorgte Gerätschaften waren zum Vorschein gekommen. Die notorisch frische Nordsee wartete mit Badewannentemperaturen auf. Alles, was ging, wurde kühl gegessen und getrunken. Der Eis-, Obst-, Bier-

und Limonadenverbrauch hatte in der ersten Augusthälfte bereits das Gesamtvolumen des Vorjahres erreicht.

Oda und Adam waren auf der Veranda hinter dem Haus. Oda trug ein knielanges, schneeglöckchenweißes T-Shirt sowie eine von Huberts zurückgelassenen, rot karierten Boxershorts. Sie malte. Dabei legte sie verschieden große Teller auf die Leinwand und fuhr mit einem Bleistift die Umrisse nach.

Adam war mit einem Unterhemd sowie einer abgeschnittenen Jogginghose bekleidet. Beides in Grau. Er las in einem Buch. Leska kam näher und kniff die Augen zusammen, um den Titel besser entziffern zu können. *Einführung in die Psycholinguistik.*

«Michaela bringt Hitze, ist heißer als Backofen. Für Frau mit mehr auf Hüfte ist mehr heißer als für schmale Menschen wie ihr», grüßte Leska und ließ sich auf den Stuhl neben Adam fallen.

«Wie schön, dass du bei uns bist. Ich habe großes Verständnis für dein Leiden.» Adam warf einen schnellen Blick zu seiner Mutter. «Deine Tochter freut sich auch, dass du uns besuchen kommst. Der Begriff Schweiß kommt übrigens vom griechischen Wort *hidrós.* Beim Schwitzen, ein Vorgang, den man auch Transpiration oder Diaphorese nennt …»

Leska legte ihre feuchte Hand auf Adams feuchten Unterarm. Sie musterte ihren Enkel und fragte sich, wo die Zeit geblieben war. Adams Stimme, die durch seinen Stimmbruch auf und ab zitterte wie ein temperamentvoller Oszillograph, war ein deutliches Zeichen dafür, dass er auf dem Weg zum Mann war. Zwar, das konnte man jetzt schon erkennen, würde ihm nie ein stattlicher Bart wachsen, aber das war das Schicksal aller Männer in Leskas Familie. Und überhaupt. Es gab wohlweislich mehr Möglichkeiten, sich als Mann hervorzutun, als durch bloßes Besitzen eines stattlichen Bartes.

«Es gibt auch Menschen, denen die Schweißproduktion vollständig fehlt, in diesem Fall spricht man von Hypo- beziehungsweise Anhidrose.»

«Ich schätze Wissen, Helge wird sicherlich schätzen noch mehr deine medizinische Fachkenntnissen. Hol bitte deine Babička zum Trinken, Zunge ist trocken wie Flüsse und Seen gerade in ganze Deutschland und Resteuropa und Restwelt.»

«Ein Getränk zum Ausgleich der Exsikkose. Selbstverständlich», sagte Adam.

Etwas quälte Leska, und das hatte nichts mit Michaela oder hidrós, nichts mit Diaphorese oder Anhidrose oder Exsikkose zu tun. Die Qual hatte ein Satz ausgelöst. Ein Satz, den Adam gerade gesagt hatte. *Deine Tochter freut sich auch, dass du uns besuchen kommst.*

Adam übernahm das Sprechen für seine verstummte Mutter. Er war ein Simultandolmetscher für Odas Gedanken, die er zu erraten versuchte. Ein Dolmetscher von einer angenommenen Sprache in eine tatsächliche. Das war zu viel für einen Fünfzehnjährigen.

Während Adam im Gulfhaus verschwand, stellte Leska ihre Plastiktüte auf den Tisch und wandte sich an Oda. «Ich mache Sorgen um Adamčík. Er ist zurückgezogene Grauigkeit, er benötigt Kontakte mit andere Jugendliche, mit soziale Kontakte. Er kann nicht sein deine Sprachröhre.»

Oda legte die Palette mit diversen Grüntönen beiseite und umarmte ihre Mutter. Wahrscheinlich, so dachte Leska, will sie sagen, sie weiß um das Problem, kann aber nichts dagegen tun. Leska griff in ihre mitgebrachte Plastiktüte und legte drei Dinge auf den Tisch: ein farbenfrohes T-Shirt für Adam, den Umschlag mit der falschen Witwenrente und ein Buch. In diesem Augenblick kam Adam zurück, stellte ein Glas Limonade vor Leska und begutachtete die Mitbringsel.

«Ich rechne es dir hoch an, dass du immer wieder versuchst, mich für bunte Kleidung zu begeistern, aber das Grau und ich, wir sind glücklich miteinander», sagte Adam mit brüchiger Stimme. Nachdem er den Buchtitel gelesen hatte, lief er erdbeerrot an. «Entschuldige meine explizite Nachfrage, doch der Titel des Buchs befremdet mich. Bin ich nicht zu jung für derlei Publikationen? Ich denke, deine Tochter ist derselben Meinung.»

Leska leerte hastig das Limonadenglas. «*Middlesex* von Jeffrey Eugenides. Ist nicht erotische Lektüre. Ist Hilfe für Oda. Letzte Woche ich war in Buchhandlung in Flokum, und Buchhändlerin hat empfohlen. Drei Nächte über ich habe hindurchgelesen.»

Auf Adams und Odas fragenden Blicke hin begann Leska ins Detail zu gehen. Sie ging so begeistert ins Detail, dass man den Eindruck gewinnen konnte, sie wäre Verlagsvertreterin. In dem Buch ging es um eine griechischstämmige Familie, die Anfang der zwanziger Jahre nach Amerika auswandert. Krieg, Prohibition, Inzest.

Oda machte eine Geste, als würde sie sich mit der Handkante die Kehle durchschneiden.

«Deine Tochter findet, das ist nichts, worüber ich in meinem Alter schon im Detail Bescheid wissen muss», unterbrach Adam seine Großmutter.

«Ich war in Ausschweifung, ist nicht Punkt, warum ich Buch gebracht. Geht um Lefty. Ist Familienhaupt von Buchgeschichte. Kriegt Schlaganfall und kann nicht mehr sprechen.» Leska machte eine Pause, um sich den Schweiß von der Stirn zu wischen. «Kurzgut, er schreibt auf kleine Tafel. Ich dachte, wäre Idee für Oda. Geht auch einfache Block. Ich finde, Griechen sind voll mit Superideen.»

Bevor Oda oder Adam etwas erwidern konnte, war ein «Huhuuu» zu hören. Es war Martha.

Die Pubertät tat ihr gut. Sie hatte eine porenreine Porzellanhaut und einen wohlproportionierten Körperbau bekommen. Sie war nie ein hässliches Entlein, sondern schon immer ein Schwan gewesen. Nun, mit fünfzehn Jahren, war sie zu einem besonders ansehnlichen Schwan geworden. Leska warf einen Blick auf Adam. Kam das Erdbeerrot auf seinem Gesicht noch von dem *Middlesex*-Buch oder von Marthas Anwesenheit?

«Wenn der liebe Gott sich im Himmel langweilt, dann öffnet er das Fenster und betrachtet die Boulevards von Paris», deklamierte Martha.

Warum denn der liebe Gott? Und welches Fenster? Leska wusste nicht, was sie von Marthas Satz halten sollte. Gerade hatte sie Griechenland gepriesen, und nun machte Martha Frankreich zum Thema. Auch in Adams Augen meinte Leska Unverständnis zu erkennen. Unverständnis mit deutlichem Verliebheitshauch. Oda nahm die Leinwand mit den grünen Tellerkreisen von der Staffelei, drehte sie um und schrieb mit Bleistift auf die Rückseite:

Heinrich Heine?

«Brouček, wie schön, du hast Romanidee gleich in Realität geprobt. Stimmt, was Oda geschrieben?», fragte Leska an Martha gerichtet.

«Das stimmt. Ich habe gerade erfahren, dass wir in den

Osterferien mit der Rettungsschwimmergruppe für einen Austausch mit den SNSM nach Paris fahren.»

«Was ist für Kürzung?»

Oda schrieb erneut auf die Leinwandrückseite.

Les Sauveteurs en Mer. Die Entsprechung der deutschen Rettungsschwimmer.

Adam nickte. «Es ist schön zu sehen, dass du wieder sichtbar mit uns kommunizierst. Ich werde Alfried fragen, ob er in seinem Fundus noch eine alte Schultafel hat. Notfalls können wir als Interimslösung eines von meinen Notizbüchern nehmen. Wenn dir das nicht gefällt, fahre ich nach Flokum und kaufe dir welche. Was für ein Motiv würde dir zusagen?»

Oda schrieb zum dritten Mal etwas auf die Leinwand, deren Rückseite inzwischen keinen Platz für eine eventuelle vierte Notiz bot.

Das hat Zeit. Jetzt geht ihr erst mal und macht Teenagersachen. Oma und ich bleiben hier.

Martha griff nach Adams Hand. «Wir gehen einen Eisbecher essen und hinterher schwimmen. Ich muss Rettungstricks trainieren, damit ich die Franzosen beeindrucken kann.»

Adam und Martha verließen die Veranda in Richtung Dorfkern. Leska, die den beiden frohgemut hinterherblickte, sagte: «Nun alles wird gut. Ich blicke mit reichhaltig Positivität in Zukunft.»

Wenn man vorher gewusst hätte, was passieren würde, hätte man im ersten Quartal des Jahres zweitausendvier überall Zeichen gesehen. Der Start von Facebook im Februar, der Terroranschlag in Madrid im März, in Hagen die Sprengung des *Langen Oskar*, des größten Bürohochhauses Europas. Doch im Vorhinein kannte man den Gang der Ereignisse nun einmal nicht. Vorher sah alles wieder rosiger und angenehmer und optimistischer aus. Vielleicht lag Platteoog aber auch zu weit entfernt von Harvard, Madrid oder Hagen. Zwar fehlte der inseligen Bilderbuchschönheit noch immer ein Puzzleteil, aber man hatte sich daran gewöhnt. Oda kommunizierte auf ihre Art, Adam auf seine, und beide hatten sich, drei Jahre nach Huberts Verschwinden, so gut es ging, mit der Situation arrangiert.

Bis die nächste Katastrophe sich via Telefon ankündigte. Es war die erste Februarferienwoche, Adam und Oda saßen vor dem Fernseher beim *Polizeiruf*. Es lief eine Wiederholung der Folge *Bei Klingelzeichen Mord*. Als nicht nur auf dem Bildschirm, sondern auch hinter Adam und Oda das Telefon klingelte, traute sich Adam zunächst nicht, ranzugehen. Schließlich fasste er sich ein Herz, und zwei Minuten später brachen die restlichen, heilen Teile seines Puzzles komplett auseinander.

Es war Christian Maurus, der aus Paris anrief. «Polizei», sagte er ausgerechnet zum Auftakt. Adam blickte zum Fernsehbildschirmpolizisten und hörte weiter dem zu, was Christian mit tränenerstickter Stimme erzählte. Die jugendlichen Nachwuchsrettungsschwimmer aus Flokum und Paris hatten sich am ersten Abend zum Kennenlernen in einer Schwimmhalle an der Place Paul Verlaine getroffen. Die Schwimmhalle war für den gewöhnlichen Publikumsverkehr geschlossen. Hallo, Salut, Küsschen links, Küsschen rechts, schmatzende Badeschlappen, Knabbereien. Martha hatte ihre Badekappe im Hotel vergessen, war aber bereits ins Becken gesprungen. Alle anderen waren noch in der Umkleidekabine. Marthas rotblonde, lange Haare schwebten seidenweich in dem gletscherblauen Chlorwasser. Aus einigen Metern Entfernung waren gedämpft die Stimmen der Nachwuchsretter zu hören. Nach der ersten gekraulten Bahn, bei der ersten Rollwende, passierte es. Bei einem Ansaugrohr hatte sich die Abdeckung gelöst. Der Hallenwart hatte sich diese Reparatur für den nächsten Tag in seinen Kalender geschrieben. Das Ansaugrohr besaß reichlich Kraft. Es erfasste Marthas seidenweich schwebende Haare und zog dann immer und immer weiter. Martha war lautlos und schnell in fast unmittelbarer Anwesenheit von siebzehn Rettungsschwimmern gestorben. Ein einziger Tag im Kalender eines Hallenwarts hatte sie ihr sechzehnjähriges Leben gekostet.

Nachdem Christian zu Ende erzählt hatte, nahm Adam den Telefonhörer vom Ohr.

Ein Unglück kommt selten allein, gab die neongelbe Leuchtreklametafel in seinem Kopf zu verstehen.

Oda, die spürte, dass etwas Schreckliches passiert sein musste, schaltete den Fernseher aus, ging auf Adam zu und umarmte ihn lange.

Das «Hallo, bist du noch dran?» aus dem Telefonhörer hörte Adam nicht mehr. Irgendwann legte Christian auf.

Die nächsten beiden Tage verbrachte Adam liegend in vollständiger Unbeweglichkeit. Hätten Oda, Leska und Ubbo ihn nicht gezwungen, jede Stunde wenigstens ein paar Schlucke zu trinken, wäre Adam vertrocknet. Das galt es aus medizinischen Gründen zu vermeiden. Die restliche Angst der anderen war schwerwiegender und durch bloßes Trinken nicht zu bändigen. Gerade hatte Adam das Verschwinden von Hubert einigermaßen verarbeitet. Man fürchtete nun, dass durch den neuen Schicksalsschlag die frischverheilte Vaterwunde wieder aufbrechen würde. Am dritten Tag bekam Adam Fieber. Man ließ Helge kommen, der Ibuprofen mitbrachte. Adam schlief zwölf Stunden am Stück, ohne sich auch nur ein einziges Mal zu drehen.

Vier Tage nach Christians Anruf saß Oda an Adams Bett. Sie streichelte über seine verwüsteten Locken und hielt ihm einen Zettel vor das trauernde Gesicht.

Du müsstest mal in die Wanne.

Vorsichtig roch Adam an seinem Körper. «Ist es wirklich derart schlimm?»

Oda nickte.

Was willst du essen? Ich mach dir alles, was du möchtest.

«Brot, Tsatsiki, Taramosalata, Fava, eingelegte Zucchinischeiben, Loukoumades.» Adams Antwort kam im Nu und ohne sein überlegenes Zutun. In seinem Kopf fuhren die Erinnerungsfetzen Karussell. Rotblonde Affenschaukeln, Oma haben sušenky, Leuchtturm, Rückzug, Paris, Sandelholz, Gute Kinderstube, Hallenbad, Ansaugpumpe. «Ohne sie ist alles leer. Ich fühle mich wie ein hochdosiertes Konzentrat aller Traurigkeit, die es auf der Welt gibt.»

Ich fahre nach Flokum zum mediterranen Feinkostladen.

Adam nickte.

Ich bin immer für dich da, auch wenn ich dir deine Martha nicht ersetzen kann.

Adam rieb sich über die Augen und lief, nach vier Tagen fast ausschließlichen Liegens, auf Roboterbeinen ins Bad. Oda hatte bereits die Türklinke in der Hand, als sie einen Schrei aus dem Badezimmer hörte. Adam saß in der Badezimmerecke, so weit wie irgend möglich von der Wanne entfernt. Er zitterte. Er fröstelte. Er schlotterte. Er hielt mit beiden Händen die Augen bedeckt.

Das Problem, das sich ab dem vierten Tag nach Marthas Tod bei Adam zeigte, war nicht nur ein trauerndes. Es war zudem ein psychologisches, ein phobisches, ein neurotisches. Und zum ersten Mal seit Helge praktizierte, also seit siebenundzwanzig Jahren, traute er sich nicht an die Bewältigung eines Leidens. Er traute sich keine Weiter-, keine Fortbildung zu, versprach aber, jemanden ausfindig zu machen. Jemanden, der Trauer und Psychologie und Phobien und Neurosen nicht nur in autodidaktischem Flickenteppichmodus, sondern vollumfänglich von A bis Z studiert hatte.

«Weißt du, welcher Tag heute ist?», fragte Dr. Hillgriet Modder. Sie war siebenundvierzig Jahre alt, trug eine Kunststoffbrille mit transparentem Gestell auf der Nase, einen frechen Kurzhaarschnitt und stets Grün. Außerdem besaß Dr. Modder ein Boot. Ein spurtreues und kippstabiles Konsolenboot in Zweischalenbauweise, mit hochgezogenem Bug sowie Badeleiter, geeignet für Küstenbereiche und große Seen. Das Boot war auch grün, maiengrün.

Adam nickte. «Ich weiß, welcher Tag heute ist. Wie könnte ich das vergessen. Heute ist der vierundzwanzigste Juli zweitausendsechs. Vor genau zwei Jahren haben wir uns zum ersten Mal getroffen. Vor genau zwei Jahren haben Sie begonnen, meine Aquaphobie zu behandeln.»

Dr. Modder lächelte gütig. Sie schob die transparente Kunststoffbrille in den frechen Kurzhaarschnitt. «Du warst mit Abstand der spannendste Fall. Aquaphobie ist eher selten, vor allem bei uns im Norden.»

Vor zwei Jahren, nachdem Adam vor der Badewanne von seinem ersten Panikanfall heimgesucht worden war, hatte es noch ein Vierteljahr gedauert, bis Helge einen Termin bei Frau Dr. Hillgriet Modder bekommen hatte. Ihr Kalender war bereits Jahre im Voraus ausgebucht, wie die Tische eines exklusiven Fernsehspitzenkochrestaurants. Der Grund war einfach: Sie war eine Koryphäe. Wie genau Helge bei Dr. Modder einen Termin hatte ergattern können, verriet er nicht. Es wurde viel gemunkelt. Munkeleien, die sich von finanzieller Bestechung, über die tägliche Lieferung frischgeräucherten Kabeljaus bis hin zu nächtlichen Liebesgefälligkeiten erstreckten.

«Ich finde, wir haben dich passabel regeneriert», nahm Hillgriet Modder den beiseitegelegten Faden wieder auf. «Vor zwei Jahren hast du alle Schulaufgaben zu Hause erledigen dürfen, weil wir dich nicht von der Insel bekommen haben.»

Adam faltete seine Hände im Schoß. «Ich bin ebenfalls zufrieden damit, wie sich die Dinge in meinem Kopf entwickelt haben.»

«Oh ja», die Therapeutin strich sich die grünen Blusenärmel entlang. «Allein der Anblick einer leeren Badewanne hat gereicht, um dich vollkommen aus der Bahn zu werfen.»

Es war ein langwieriger Prozess gewesen. Beim ersten Treffen hatte die Therapeutin eine Art Schocktherapie versucht. Sie hatte sich mit Adam am Hafen verabredet, vorgegeben, aufgrund des Tidenstands mit ihrem Boot nicht bis ans Ufer fahren zu können, und Adam gebeten, zu ihr an Bord zu kommen. Die Folge war eine zwanzigminütige Panikattacke. Herzklopfen, Schweißausbrüche, Tremor, Mundtrockenheit, Atembeschwerden, Beklemmungsgefühle, Thoraxschmerzen, Nausea, Hitzegefühle, Kälteschauer. Dr. Modder hatte augenblicklich erkannt, dass eine vorläufige Gabe von Benzodiazepinen unumgänglich war. Als diese angeschlagen hatten, war man zu einer Mischung aus Hypnose-, Verhaltens- und Konfrontationstherapie übergangen. Mit anschaulichem Erfolg. Nach einem halben Jahr traute sich Adam wieder auf die Fähre. Nach einem Jahr traute sich Adam wieder unter die Dusche. Nach anderthalb Jahren traute sich Adam wieder knietief ins Meer. Das Zweijahresziel, dass sich Adam vollständig wieder ins Meer oder wenigstens in die Badewanne traute, blieb unerreicht. Über das Wasser ging, durch das Wasser ging nicht. Das Gefühl, vollständig von Wasser umgeben zu sein, konnte er nicht ertragen. Dennoch. Dr. Modder war zufrieden.

Mit einer geübten Handbewegung zog die Therapeutin ihre Brille zurück auf die Nase. «Ich habe ein wenig Bauchschmerzen. Berlin. Bist du dir sicher?»

«Es ist eine Veränderung, und wie Sie wissen, mag ich keine Veränderungen. Darum habe ich mir alles gut überlegt, Liste über Liste habe ich angelegt. Ich habe systematisiert und systematisiert. In Berlin an der Freien Universität lehrt Thomas Nacht. Er forscht zum Schwerpunkt Grammatiktheorie. Das finde ich hochgradig interessant.» Adam blickte aus dem Praxisfenster, das auf den mittelalterlichen

Atem verströmenden Flokumer Marktplatz ging. Die rotbacksteinigen Giebelfassaden mit Budengängen, die Kirche, das Tee- und das Buddelschiffmuseum, die Fischerstatue und das Rathaus mit der Inschrift *Concordia res parvae crescunt*. Lehrer Ewer ging gerade über den Platz, einen in Zeitung eingeschlagenen Aal in der Hand.

«Das heute hier ist also eine Art Abschied, so etwas wie das finale Kapitel der Vergangenheit. Ein neuer Lebensabschnitt beginnt. Na, komm schon, raus damit. Das letzte Mal hast du Gelegenheit, mit mir über deine Gefühle zu sprechen», sagte Dr. Modder.

Auch nach zwei Jahren war Adam jedes Mal aufs Neue fasziniert davon, wie die Therapeutin spürte, was in ihm vorging. «Nun, es ist wegen meinem Vater und wegen Martha ...»

«Du kommst nicht los von den beiden.»

«Wie auch, zwei Verluste in drei Jahren. Ich konnte und kann mich nicht von ihnen verabschieden. In allen Lebensbereichen werden sie an meiner Seite sein. Den Leuchtturm habe ich in meinem Herzen begraben, er steht fest an einem Ort, dem kann ich ausweichen. Aber Martha, die ist an allen Orten auf Platteoog. Ihr Tod setzt mir schlimmer zu als alle Badewannen und Meere dieser Welt zusammen.» Adam schloss die Augen.

Geographisch wären eher Bremen oder Hamburg als Studiumsortswahl naheliegend gewesen. Aber nach wie vor fürchtete sich Adam vor so viel Wassernähe und Hubertnähe und Marthanähe, und dann war da noch dieser anerkannte Sprachforscher an der Universität Berlin. Die Entscheidung, in die Hauptstadt zu gehen, war Adam nichtsdestotrotz schwergefallen. Alle Platteooger hatten sich ins Zeug gelegt, ihren gemeinsamen Sohn zum Bleiben zu überreden.

«Berlin hat schlimme Küche, nur Schnellgemachtes mit keinerlei Vitamine und Herz», hatte Leska gesagt.

«Berlin ist nicht Fisch, nicht Fleisch in Bezug auf bezwingbare Erhebungen, die Arkenberge haben lausige einhundertzwanzig Meter», hatte Ubbo gesagt.

«Bedenke die Kriminalitätsrate der Hauptstadt. Allein im letzten Jahr gab es siebenhundertachtundneunzig erfasste Fälle von Handtaschendiebstählen», hatte Bonna gesagt.

«Ich rate von Berlin ab. Sieh nur, wie sie mit dem historischen Erbe verfahren, indem sie den Palast der Republik abreißen wollen», hatte Alfried gesagt.

«Im Falle eines Rückfalls wird es schwer, in Berlin einen guten Therapeuten zu finden. In der Stadt sind quasi alle in Therapie», hatte Helge gesagt.

Oda hatte gar nichts gesagt, sie hatte geschrieben.

Ich will, dass du dein Glück findest. Wo auch immer!!!

Von mir solltest du der Modder aber auch erzählen, meldete sich die neongelbe Leuchtreklametafel.

Du hast hier gar nichts zu melden, erwiderte Adam in Gedanken.

Hillgriet Modder griff hinter sich und nahm ein Blatt vom Schreibtisch. «Ich habe dir hier noch einmal alles aufgeschrieben. Da steht alles drauf, was wir in den letzten beiden Jahren erarbeitet haben.»

Adam öffnete die Augen.

Erste Hilfe bei außerplanmäßigkeitsinduzierter Panik

1) Nehmen Sie eine aufrechte, offene und starke Körperhaltung ein.

2) Atmen Sie ruhig in den Bauch, länger aus als ein, und zählen Sie dabei im Kopf bis drei.
3) Nutzen Sie die Wassermagie, trinken Sie Ihre Angst weg.
4) Lenken Sie sich ab (Vanille, Musik).
5) Verwenden Sie eine Mentalpowerstrategie, um die Macht der positiven Gedanken zu aktivieren.
6) Suchen Sie die Angstursache und ersetzen Sie negative durch positive Gedanken.
7) Akzeptieren Sie das Problem und damit Ihre Angst, machen Sie einen Plan, wie es weitergehen soll.

«Und wenn das alles nichts hilft, denk an das, was wir bei der Hypnose geübt haben.»

Während Adam nickte, zog Dr. Modder eine goldene Taschenuhr aus der Schreibtischschublade. Sie hielt sie in die Höhe und ließ sie pendeln.

Adam lächelte, und er und Hillgriet Modder sagten im Gleichklang: «Einen Schritt zurücktreten. Einatmen. Ausatmen.»

KAPITEL 31

BRETAGNE III

Als die Enez Eussa III nach gut zwei Stunden Fahrt an der Mole im Hafen von Stiff festmachte, war Adam dermaßen übernächtigt, dass er kaum ein Auge für die Schönheit der Ouessanter Natur hatte. Trotz allem ließ sich der Liebreiz der Insel nicht verhehlen. Ouessant empfing die Passagiere mit einer schrofffelsigen Steinküste aus vorgelagerten Klippen, die wirkten, als hätte ein Künstler wagemutige Formationen gezeichnet. Ein Wagemut, der genau richtig war für eine Insel am Ende der Welt. Hoch oben stach der Phare du Stiff, bestehend aus zwei Türmen sowie zwei symmetrischen Gebäuden, in den Himmel.

Adam ging von Bord, den Koffer in der einen, den Jesus-inside-Beutel in der anderen Hand. Salziges Atlantikwasser, das beim Übersetzen auf Adam und Gepäck gespritzt war, tropfte gemächlich auf den Molenboden.

Die reiselustige Käsehartschale war lückenlos aus dem Häuschen. *Nun sieh dir das an*, murmelte sie. *Ist das nicht großartig? Schau genau hin. Da kann selbst die Schweiz nicht mithalten.*

«Ich erkunde die Insel später. Ich muss mich erst einmal ausruhen», murmelte Adam zurück.

Uriel Gicquel trug Zola-die-Katze auf dem Arm wie ein frisch adoptiertes Baby. Er kraulte ihr zimtbraunes Fell und lächelte selig, wobei offenkundig wurde, dass allein vier

Zähne in seinem Mund die Stellung hielten. Mit einem Wink bedeutete er Adam, ihm zu folgen. Dieser überlegte, wie er eigentlich mit dem Mann kommunizieren sollte. Uriel ging voran, erstaunlich schnell für sein Alter. Vielleicht lag seine Laufgeschwindigkeit aber auch an dem kräftigen Rückenwind, den Adam auf Stufe sechs schätzte. Nach gut zehn Minuten Fußmarsch in südliche Richtung hielten Gicquel, Zola-die-Katze und Adam vor einem hüfthohen Mäuerchen, hinter dem ein gebrechliches, einsteingraues Steinhäuschen mit blaufußtölpelblauen Türen und Fensterläden lag. Hier wohnte Uriel also. Das Gebäude musste wenigstens doppelt so alt sein wie sein Besitzer. Sowohl wegen seiner Gebrechlichkeit als auch wegen seiner Farbgebung verspürte Adam unermessliche Zuneigung zu dem Gebäude. Vielleicht war es jedoch auch die Aussicht, im Inneren eine Schlafstätte vorzufinden.

Adam lauschte. Man konnte das vor- und zurücktastende Rauschen des Meeres hören. Ein weiterer Leuchtturm war in der Ferne sichtbar. Nach Adams gestriger Recherche musste es sich um den Phare de Kéréon auf dem Felsen Men-Tensel handeln. Er ruhte zwischen den rauschenden Atlantikfluten, die im Rückzug begriffen waren.

Uriel nahm eine Spielzeugtafel, an dessen Rand mit einer Angelschnur ein Stück Kreide befestigt war, von dem hüfthohen Mäuerchen. Er kritzelte.

Phare de Kéréon, le palace des enfers[66]

Anschließend bedeutete Uriel Adam mit seinem von Altersflecken marmorierten Zeigefinger, ihm ins Innere des

[66] Leuchtturm von Kéréon, der Palast der Hölle

Häuschens zu folgen. Auch hier war Blaufußtölpelblau die dominierende Farbe. Die Fensterläden waren geschlossen, durch die Sprossen fiel matt bretonisches Licht, von der Einrichtung des Miniaturraums waren nur schemenhafte Umrisse zu erkennen. Uriel legte den Kopf schräg und die Wange auf die gegeneinandergepressten Hände. Offensichtlich fragte er Adam, ob er müde sei.

«Sehr, beaucoup», sagte Adam und nickte.

Gicquel zog einen mit Leuchttürmen bestickten Vorhang beiseite, der als Raumteiler diente. Dahinter kam ein Bett zum Vorschein. Adam legte sich auf die Matratze. Sein letzter Gedanke war: *Ich habe mich noch gar nicht richtig bedankt.* Doch bevor er sein Versäumnis nachholen konnte, war er auch schon eingeschlafen.

Als Adam von der Tiefschlaf- in die Aufwachphase glitt, spürte er, dass das Laken unter seinem Körper klamm war. Hatte er schlecht geträumt? Kam das von der Restfeuchte der Kleidung, die er beim Einschlafen getragen hatte? Langsam zog Adam den Leuchtturmbettvorhang beiseite und lugte um die Ecke. Die Fensterläden standen inzwischen offen. Die Schwelle zur Nacht begrüßte ihn. In regelmäßigen Abständen wanderte ein fahler Lichtkegel über den Raum. Nun erkannte Adam auch, in welchem Raum er sich befand. In der Küche, einer Miniaturküche. Adam rollte sich auf die Seite, seine gesamten ein Meter dreiundsiebzig vermeldeten Ganzkörpermuskelkater.

Aus der Horizontalen wirkte die Küche von Uriel eigenartig verzerrt. Rechts führte eine Minitreppe nach oben. Sie war krumm und schief, als hätte sie ein Architekturstudent entworfen, noch unsicher bei der Umsetzung der Perspektive. Unter dem Fenster stand ein grobgezimmerter Tisch mit einer Karaffe Wasser und einer Schachtel mit dem Aufdruck *Aspirin protect*. Ferner gab es zwei Kamine. Einen zum Kochen, einen zum Heizen. Außerdem sah Adam einen Spülstein, eine Backskiste, auf der eine Decke aus Schafswolle lag, holzrahmengeschmückte Wände mit Heiligenbildern, Kruzifixe und Fotografien von Leuchttürmen. Die Parallelen zum Leben seines Vaters waren irritierend. Oder war es möglich, dass die Schläge des Brester Koches doch tiefere Spuren hinterlassen hatten als angenommen? War sein Ganzkörpermuskelkater vielleicht Symptom für eine Bewusstseinsveränderung? Vielleicht lag es auch an dem Prager Leitungswasser, das Adam so wagemutig getrunken hatte? Vielleicht wirkte es erst nach einer gewissen Inkubationszeit schädlich auf den Organismus?

Einatmen.

Ausatmen.

Nachdem Adam auf sein Handy geschaut und festgestellt hatte, dass es keinen Empfang gab, streifte sein Blick den Koffer. Gleichzeitig wurde ihm klar, dass er noch nicht herausgefunden hatte, warum das Bettlaken unter ihm klamm war. Hatte er übermäßige Schweißproduktion? Welche Krankheit hatte überbordendes Schwitzen als Symptom?

Ganz, ganz ruhig. Du hast dich mächtig herumgewälzt, ich tippe auf einen simplen Albtraum, flüsterte der Koffer neben dem Leuchtturmvorhangbett.

Jetzt fiel es Adam wieder ein. Diffuse Traumerinnerungsfetzen kletterten aus einem anonymen Winkel seines Bewusstseins. Da war seine Mutter, mit gewebeklebebandverklebtem Mund, deren lindgrüne Augen um Hilfe riefen. Da war Zola, die im Prager Nationaltheater in der Maske für die Aufführung von Stieg Larssons *Verblendung* mit schwarzem Kajal geschminkt wurde, grinste und feixte: *Mich gibt es nicht, mich gab es nie, ich bin gänzlich ausgedacht.* Da war Thomas Nacht, der in Adams Büro saß, seine Doktorarbeit genießerisch in den zahnigen Schlund eines gefräßigen Schredders warf und nur pausierte, um an dem Fläschchen mit dem Korrekturfluid zu schnüffeln. Da war Malo Guivarc'h, der einen Teller mit Fischstäbchen hinstellte und, nachdem Adam es sich hatte schmecken lassen, zugab, die Fischstäbchen wären aus Katzenfleisch gewesen. Da war Undine Abendroth, die in Dessous durch die Buchhandlung tanzte, Adam einen Espresso in die Hand drückte und flüsterte: *Kommissar Dupin, ich, also, ich liebe Sie, und dafür habe ich nicht nur Indizien, sondern handfeste Beweise.* Dann presste sie ihre Hand beherzt in Adams Schritt.

Ein im Wind klappernder Fensterladen ließ Adams Traumerinnerungsfetzen verschwinden. Sein Hals kratzte. Er musste sich erkältet haben. Adam legte sich eine Hand in den Nacken. Seine Körpertemperatur war fiebrig hoch. Mit dem Wasser spülte er zwei der französischen Aspirin herunter und verließ die Küche.

Hinter dem Haus, am Ufer des Atlantiks, sah Adam im Leuchtturmschein einen betagten Kutter und ein noch betagteres Ruderboot liegen. Das Ruderboot hätte von seiner ramponierten Beschaffenheit her bestens in das einstige Platteooger Miniaturheimatmuseum von Alfried gepasst. Auf der linken Seite befanden sich vier hölzerne mehrstöckige Kisten. Waren das Bienenstockkisten? Auf der rechten Seite stand ein reichhaltig gedeckter Tisch, an dem zwei Personen saßen. Uriel Gicquel und eine Frau.

«On vous a réveillé?»[67]

Entweder lag es an den Nachwehen seines Albtraums, dem Ganzkörpermuskelkater, der nahenden Erkältung, dem Fieber oder an den französischen Aspirin. Adam rieb sich über die Augen, doch das, was er sah, blieb unverändert. Genauer gesagt, die, die er sah, blieb unverändert. Achatgraues Haar, lindgrüne Augen, dralle Arme. Vor ihm saß seine Großmutter Leska. Mit offenem Mund starrte Adam die Frau an. Uriel hob Zola-die-Katze von seinem Schoß, um sie auf den Boden zu setzen. Das Tier blickte Adam wimpernschlaglos entgegen.

Einatmen.

Ausatmen.

Auch die Sonne atmete ein letztes Mal aus, bevor sie in den Atlantik tauchte. Der Leuchtturmkegel strahlte jetzt um ein Vielfaches heller.

«Avez-vous mal à la tête?»[68], erkundigte sich die Leska-Doppelgängerin besorgt, da Adam angewurzelt wie ein bretonischer Menhir in ihre Richtung starrte.

Steinern schüttelte Adam den Kopf. «Erkältung, refroidissement.» Er trat einen Schritt näher.

«Lezou Laënnec.»

«Adam Riese.» Adam setzte sich an den Tisch, der derart voll mit Speisen war, dass er noch einmal in Madame Laënnecs Richtung blickte, um sicherzugehen, dass es sich nicht doch um Leska handelte.

Auf dem Tisch standen drei Gläser, eine umfangreiche, transparente Plastikdose mit Kouign amanns, bergeweise Galettes, stapelweise Gâteaux bretons und zwei Flaschen

---

67 Haben wir Sie geweckt?

68 Tut Ihnen der Kopf weh?

Cidre. Mit angekurbeltem Schmerzgedächtnis erinnerte sich Adam an seinen Besuch im Restaurant *A Contre Courant*. Uriel schenkte Adam ein Glas Cidre ein und schob es in seine Richtung. Es war ein Fehler, das wusste Adam, als er nach dem Getränk griff. Uriel gebärdete barenboimisch in Lezous Richtung. Sie übersetzte es mit *Der Wein erfreut des Menschen Herz*. Das sei ein Zitat aus der Bibel, schickte sie hinterher und erklärte, dass Uriel sehr gläubig war. Adam überlegte, ob sein vanilletropfender Jesus-inside-Beutel vielleicht Auslöser gewesen war, warum sich Uriel seiner angenommen hatte.

«Yec'hed mad!»[69], sagte Lezou Laënnec.

Die drei stießen mit ihren Cidregläser an.

Nur mit Mühe konnte sich Adam davon abhalten, sein in einem Zug geleertes Glas nachzufüllen. «Madame Laënnec, sind Sie Bäckerin? Êtes-vous boulangère?», fragte er.

Die Angesprochene setzte verdutzt das Cidreglas auf ihrem Schoß ab. «Monsieur Adam, êtes-vous une personne clairvoyante? Je pensais que vous étiez docteur en linguistique de la Frise orientale.»[70] Während sie sprach, gebärdete Lezou für Uriel.

Über die Gebärdensprache wusste Adam nur, dass die Wörter in vier Hilfsgrößen geordnet wurden. Eins: Handkonfiguration. Zwei: Handorientierung. Drei: Bewegungsausführung. Vier: Ort der Bewegung. Außerdem gab es verschiedene Gebärdensprachfamilien und sogar Dialekte. Die Versuchung nach einem zweiten Glas Cidre war ungebrochen, doch eine Restvernunft hielt Adam ab. Erst dreißig

---

69 Auf die Gesundheit!

70 Herr Adam, sind Sie Hellseher? Ich dachte, Sie seien Sprachwissenschaftler aus Ostfriesland.

Jahre nichts trinken, dann gleich zwei Gläser pro Tag. Die Gefahr, dass …

«Parlez de vous[71]», fiel Lezou Adam in die Gedanken.

Uriel verschwand in dem gebrechlichen Steinhäuschen. Als er zurückkehrte, hatte er seine Spielzeugtafel und eine museumsreife Petroleumsturmlaterne dabei. Zärtlich streichelte er Lezous Wange.

Im Flackern der museumsreifen Laterne begann Adam, seine Geschichte zu erzählen. Er erzählte von seinem Vater Hubert Riese alias Hubert Géant oder Hubert Obri, dem bayerischen Leuchtturmwärter mit dem Cowboyhut, und von seiner abenteuerlichen Reise. Lezous rasendschnell gebärdenden Hände warfen gespenstische Schatten an die Steinhäuschenfassade. Hin und wieder griff Adam zu den bretonischen Köstlichkeiten. «Das ist alles. C'est tout», schloss er seinen Bericht nach einer geschlagenen Stunde.

Zola-die-Katze schien zu merken, dass Adam auserzählt hatte. Sie miaute zimtbraun, wie um den Wechsel der Erzählstimme anzukündigen.

Nun war Lezou Laënnec an der Reihe. Sie und Uriel waren ein Liebespaar, hatten aber nie geheiratet. Hätten sie, wäre letzte Woche ihr Goldener Hochzeitstag gewesen. Lezou war siebzig Jahre alt, stammte ursprünglich aus Carhaix-Plouguer, hatte sich bei einer Klassenfahrt nach Ouessant fünfzehnjährig in die Insel verliebt und war gleich nach dem Schulabschluss zurückgekommen.

Anders Uriel. Seit drei Generationen lebte seine Familie auf Ouessant. Eine Familie von Fischern, Seeleuten und Leuchtfeuerwärtern. Der siebenundneunzigjährige

---

71 Erzählen Sie von sich.

Uriel war stumm geboren, eine genetische Besonderheit, die erst im Laufe seines zweiten Lebensjahres aufgefallen war.

Adam griff sich an die Kehle, da er vermeinte, ein Frosch hätte sich dort niedergelassen.

Madame Laënnec redete weiter. Schon früh hatte Uriel davon geträumt, Pfarrer zu werden, aus der Familientradition auszuscheren. Aber ein stummer Pfarrer? Für seinen Wunsch hatte Uriel viel Spott geerntet und sich letztlich doch der Familientradition unterworfen. Er wurde Fischer und fand schließlich Gefallen an seiner Wahl, weil Fische so stumm waren wie er. Seit Aufzeichnung der Fangquote führte Uriel die Bestenliste an.

Seit ein paar Jahren jedoch wurde sein Gehör schwächer, und es zeigten sich die ersten Anzeichen einer Demenz. Auch dabei fuhr Uriel in der Fahrrinne der Familientradition. Er vergaß den Wasserkessel auf dem Ofen und hätte beinahe sein Haus in Brand gesetzt. Er fuhr mit seinem Kutter aufs Meer, vergaß, in welcher Richtung der Heimweg lag, und wäre beinahe von den Atlantikwellen verschluckt worden. Daraufhin hatte sich Uriel zwei Dingen verschrieben: dem Züchten der Schwarzen Biene und dem Restaurieren von Leuchttürmen. Einmal pro Woche begleitete er die Fähre zum Hafen von Brest, um wenigstens ein wenig herumzukommen.

Adams Pulsschlag beschleunigte. Eine Frage drängte sich in die erste Reihe. Eine kurze Frage, eine direkte, eine einfache, eine dreiwörtrige.

Das metallische Klacken von Uriels Kronkorkenstepp-schuhen unterbrach Lezous Redefluss sowie Adams Versuch, seine Frage zu formulieren.

Uriel gebärdete.

Lezou gebärdete zurück.

Dann wieder Uriel.

Gerade als Adam Lezou darauf aufmerksam machen wollte, dass er noch da war, sagte diese: «Il est en colère. J'ai trop tourné autour du pot.»[72]

Uriel nickte und kritzelte etwas auf seine Tafel.

Votre père habite ici.[73]

Wie ferngesteuert griff Adam nach der Cidreflasche und nahm einen großen Schluck. Aus seinen Augen stürzten Tränen, und zwar in einer solchen Menge, dass Lezou und Uriel zum nachtdunklen Himmel schauten, als wollten sie überprüfen, ob es nicht angefangen hatte zu regnen. Zola-die-Katze stellte die Ohren auf und sprang mit einem Satz auf Adams Schoß. Sie schmiegte sich zimtbraun an seinen Körper. In der Zwischenzeit hatte Uriel mit einer raschen Handbewegung die Tafel abgewischt und etwas Neues geschrieben.

Son nom est différent. Il s'appelle Hervé La Braz.[74]

Da die Tafel ein Spielzeugexemplar und zu klein für mehr Text war, wischte er ab und schrieb:

Pour autant que je sache, ceci est un équivalent breton pour Hubert Riese.[75]

---

72 Er ist sauer. Ich habe zu lange um den heißen Brei herumgeredet.

73 Ihr Vater lebt hier.

74 Sein Name ist anders. Er heißt Hervé Le Braz.

75 Soweit ich weiß, ist das die bretonische Entsprechung für Hubert Riese.

Nun legte Uriel die Tafel beiseite und gebärdete mit einer Geschwindigkeit von schätzungsweise dreißig Knoten pro Stunde.

«Vous avez l'air abattue. Je vais raconter tout ce que je sais.»[76] Lezou befeuchtete ihre Kehle, so als plane sie eine längere Ansprache, und erzählte, was sie wusste.

Wie waren die Ohropax in Adams Gehörgang gekommen? Oder war das der Cidre? Oder seine Erkältung? Oder die Aspirin? Sosehr er sich auch anstrengte, Madame Lezous Worte drangen kaum zu ihm durch. Sein Bewusstsein war in Watte gepackt. Pilgern, rot kariertes Flanellhemd, lederner Cowboyhut, Erfinder, Frauenheld, Leuchtturmrestaurator, Paul Newman, Göttingen, Bad Kissingen, Rilke, Verschwörung, Tante-Emma-Laden, täglich ab zehn Uhr geöffnet.

«Ein Tante-Emma-Laden, une épicerie?», rutschte es wattig aus Adam, und er gab sich redlich Mühe, nicht darüber nachzudenken, wer eigentlich diese Emma war.

Lezou nickte. Adam erfuhr, dass sein Vater zweitausendzwei auf die Insel gekommen war, als hätte ihn die Flut ans Ufer gespült. Hervé, wie er sich vorgestellt hatte, war in den ersten Wochen bei Uriel untergekommen. Er unterstützte den alten Bretonen, und die beiden Männer halfen bei den Reparatur- und Restaurierungsarbeiten an den fünf Leuchttürmen der Gegend, wobei Hervé sich als unglaublich versiert hervortat. Doch wenige Monate später verschwand er plötzlich und tauchte erst zweitausendfünf wieder auf. Als Ende desselben Jahres Gurloës Ozouf, Pfarrer und Tante-Emma-Laden-Händler, aus Mangel an Personal eine weltweit einmalige Kombination, verstarb, hatte Hervé den

---

[76] Sie sehen mitgenommen aus. Ich erzähle alles, was ich weiß.

Laden übernommen. *Chez Hervé* stand seitdem über dem Eingang.

Adam wollte wissen, ob das nicht eigentlich eine Bezeichnung für Cafés oder Restaurants war.

Madame Laënnec nickte. Hervé sei eben ein recht sonderbarer Mensch, erklärte sie. Verschlossen, aber liebevoll. Modern, aber auch traditionell. Vor allem aber sei ihm eine eigentümliche Fluktuation eigen. In unregelmäßigen Abständen verschwand er, mal für ein paar Tage, mal für länger. Sie wünschte sich, sein Verhalten wäre so vorhersehbar wie die Gezeiten.

«Nous, les personnes âgées, dépendons de lui. Le Carrefour Express est trop cher pour nous.»[77] Lezoú seufzte.

Uriel stand gähnend auf. Adam musste erkennen, dass er heute nicht mehr über Hubert in Erfahrung bringen würde. Sei es drum. Er hatte mehr erfahren, als er verarbeiten konnte. Er hatte ihn gefunden. Tausend Fragen formierten sich in seinem müden Kopf. Viel zu viele. Ein Fragenbündel. Er konnte keine konkret formulieren. Er war seinem Vater so nahe gekommen wie auf der gesamten bisherigen Reise nicht. Nur eines wollte er noch wissen. «Ist er momentan auf der Insel? Est-il actuellement sur l'île?»

Madame Lezou gebärdete, und Uriel gebärdete mit nur einer Geste zurück. Eine Geste, die jeder verstanden hätte, in jeder Sprache der Welt, in jedem Dialekt auf der Erde. Der alte Gicquel hatte ein Fragezeichen in den Ouessanter Nachthimmel gezeichnet, flüchtig erhellt vom herumstreifenden Lichtkegel des Leuchtturms.

---

[77] Wir Alten sind von ihm abhängig. Der Carrefour-Express ist zu teuer für uns.

Adam hatte höchstens drei Stunden geschlafen, mit dem Kopf auf dem grobgezimmerten Küchentisch liegend. Sich ins Leuchtturmvorhangbett zu legen hatte er nicht gewagt. Dort hatte bereits sein Vater gelegen. Seit sechs Uhr war Adam wach, hatte zwei weitere Aspirin genommen und die Sekunden gezählt. Adams erster Gang des Tages war eindeutig eindeutig. Er würde zum Tante-Emma-Laden gehen, den sein Vater führte. Wenngleich nicht sicher war, ob er momentan auf der Insel war. Er hinterließ Uriel eine Nachricht und zog die Tür des Häuschens geräuschlos ins Schloss. Zola-die-Katze lief neben ihm her. Sie schlenkerte zuversichtlich mit dem Schwanz, als wäre sie sicher, dass das ein wunderbarer Tag werden würde. Anders das exzentrische bretonische Inselwetter. Die Zeichen standen auf Sturm. Salzig, rau und wild war die Luft. Die Häuser schienen im Sturm zu tanzen, irgendetwas Leidenschaftliches, Tango oder Flamenco vielleicht. Die kargen Granitfelsen tanzten ebenfalls. Gischtflocken schäumten an ihre steinernen Oberflächen, als hätte jemand eine Flasche hochergiebiges Spülmittel ins Wasser gekippt. Den Schafen, denen Adam begegnete, schien der Wind nichts auszumachen. Vielleicht waren sie sicherheitshalber am Boden festgebunden?

Lampaul war klein und hübsch und schlummerlich. Hier lebte also sein Vater. Schlag neun Uhr fünfundvierzig stand Adam vor dem *Chez Hervé*. Es lag direkt neben einer Bäckerei. Ungeduldig spähte Adam ins Tante-Emma-Laden-Innere. Das Sortiment war enorm gemischt. Heiligenfiguren, Bibeln, rot karierte Flanellhemden, eine Näh- und eine Kaffeemaschine, drei Stühle, ein Schild mit dem Aufdruck *Ré-*

parations de toutes sortes[78], Rilke-Biographien auf Deutsch und Französisch, Rilke-Gedichtbände auf Deutsch und Französisch, grobes Meersalz aus der Guérande, Schnürsenkel, Gummistiefel, Regencapes, Fischköder, Breizh Cola, Cidre, Konservendosen, Vollkorntoastbrot, getrocknete Algen, Karamell- und Sonnencreme, bretonisches Gebäck, Postkarten, Ostfriesentee, Kluntjes, Leuchtturmschlüsselanhänger und ein Kühlregal, dessen Inhalt Adam von seiner Position aus nicht erkennen konnte.

Adams Handy klingelte. Die Nummer war unterdrückt.

«Papa?»

«Äh, nein. Hier spricht Melanie Lufa von Ihrem Telefonanbieter. Ich wollte fragen, ob Sie zufrieden mit Ihrer aktuellen Lage, Ihrem aktuellen Tarif sind.»

Unzufrieden mit seiner aktuellen Lage, drückte Adam die Frau antwortlos weg.

Auf dem spinnennetzgeborstenen Display sah er, dass es zehn Minuten vor zehn war und er wieder Empfang hatte. Er entschied, Zola anzurufen. Erneut erreichte er nur die Mailbox. Was war da nur in Göttingen los? Warum meldete Zola sich nicht? Adam befürchtete das Schlimmste. Er fröstelte. Er brauchte schnellstens ein Erfolgserlebnis und wählte die Nummer seiner Großmutter. Auch sie ging nicht ans Telefon. Wo waren denn auf einmal alle hin? Und warum gingen sie nicht ans Telefon? Nun gut. In zehn Minuten würde er womöglich seinen Vater wiedersehen. Allein die geringste Chance darauf war mehr, als er in den letzten Tagen zu hoffen gewagt hatte.

«Voulez-vous voir Hervé? Avez-vous quelque chose à

---

[78] Reparaturen aller Art

réparer?»[79] Hinter Adam stand ein Junge und lächelte ihn durch seine Schneidezahnlücke an.

Nickend dachte Adam, dass er unheimlich viel zu reparieren hatte.

«Hervé n'est pas venu à depuis deux jours. Il est probablement encore une fois disparu.»[80]

Eine akute Gleichgewichtsstörung machte sich über Adams Körper her. Alle Ende-gut-alles-gut-Hoffnungen flogen auf den Schwingen des Sturms von dannen. Der Junge ging seines Weges, und in Adams Hand machte es *Bling.* Eine E-Mail war eingetroffen. Sie kam vom Dekan der Uni mit der Betreffzeile: *Plagiatsvorwurf Ihrer Doktorarbeit.*

Adam sackte zu Boden, direkt neben Zola-die-Katze und hielt ihr sein Handy vor die Augen. Das Tier schmiegte sich an seine Beine, so als hätte es nach kurzem Nachlesen verstanden, was gerade geschehen war.

Sehr geehrter Herr Dr. Riese,

zu meinem unermesslichen Bedauern muss ich Ihnen mitteilen, dass …

Adam steckte das Handy weg. Der Sturm zerrte an seinem erschlafften Körper. Trotz der Kälte brach Schweiß aus seinen Poren. Zola-die-Katze nahm einen Zipfel von Adams einsteingrauem Sakko zwischen die Zähne und zerrte daran. Sie zerrte und zerrte. Bevor dem ohnehin schon geschundenen Sakko ein neuer Riss zugefügt wurde, stemmte

79 Wollen Sie zu Hervé? Haben Sie etwas zum Reparieren?

80 Hervé ist seit zwei Tagen nicht hier gewesen. Wahrscheinlich ist er wieder mal verschwunden.

sich Adam in die Senkrechte und rannte los. Wie um seiner Enttäuschung über das Nichtantreffen seines Vaters entgegenzuwirken, rannte er, so schnell er konnte, und der Sturm hatte mittlerweile so viel Schubkraft, dass er Adam vor sich herschob wie eine joggende Mutter ihren Kinderwagen.

Schon von weitem merkte Adam, dass etwas nicht stimmte. Es roch verbrannt! Vor dem Häuschen blieb er stehen. Flammen züngelten aus dem blaufußtölpelblauen Küchenfenster. Adam hielt sich eine Hand vor Mund und Nase und betrat das Gebäude. Durch den Qualm konnte er erkennen, dass auf dem Kochkamin ein Topf mit einer angebrannten Flüssigkeit stand. Mit zwei Sätzen erstürmte Adam die Minitreppe zur ersten Etage, in der er Uriel vermutete. Erfolglos. Hustend und röchelnd und keuchend rannte Adam aus dem Haus, zum Ufer des Atlantiks. In dem Ruderboot fand er einen verbeulten Emailleeimer, füllte ihn, rannte zurück zum Haus und kippte das Wasser über die Feuerstelle. Das Ganze wiederholte Adam acht Mal, dann war der Brand gelöscht.

Schwer atmend stand Adam vor dem Steinhäuschen, welches an der Küchenseite nicht mehr einsteingrau, sondern tiefdunkelschwarz war. Dadurch wirkte es noch gebrechlicher als vorher.

Ein jämmerliches Klagen kam aus dem Haus. War das der Widerhall seiner inneren Mühsal? Nein. Das musste sein Koffer sein. Der Familientraditionskoffer, der weitgereiste. Geboren im Altvatergebirge, gestorben am Ende der Welt? Zögerlich ging Adam ins Haus. Die Gewissheit traf ihn überhaupt nicht zögerlich. Sie traf ihn mit überhöhter Geschwindigkeit, mitten in sein ohnehin schon blutendes Herz. Neben dem Bett, das keinen Vorhang mehr hatte, lag ein Aschehaufen. Nur der Pluto-Dupo-Laptop schien den Brand einigermaßen überlebt zu haben.

Adam trat ins Freie. Der Gestank und der Anblick im Inneren des Steinhäuschens hatte in ihm den unbändigen Wunsch ausgelöst, ebenfalls zum Aschehaufen zu werden. Und zwar für immer, ohne Phönixnachspiel.

Zola-die-Katze stupste Adam mit der Schnauze an. Der Katzenschwanz zeigte zum Atlantik, auf dem sich das Wasser türmte, als gelte es, sich bei einem französischen Wellenhochsprungwettkampf für das Finale zu qualifizieren. Das durfte nicht wahr sein. Das hatte Adam bei seiner Löschaktion und seiner Koffertrauer restlos übersehen. Am Ufer lag nur das Ruderboot, der Kutter fehlte. War Uriel damit unterwegs? In welchem geistigen und körperlichen Zustand war er? Vielleicht hatte er unbemerkt zu viel Kohlenstoffmonoxid eingeatmet und war in Gefahr? Zum neunten Mal innerhalb von zwanzig Minuten hastete Adam zum Ufer.

Das verbliebene Boot war nicht mehr als ein salzzerfressenes Wrack, faulige Fischreste schwammen in dem zweidaumenhohen Wasser auf dem Wrackboden. Zwei algenverklebte Ruder im Ruhestand hingen fragmentarisch in den brüchigen Gabeln. Adam versuchte, seine ein Meter dreiundsiebzig so weit empor wie möglich zu strecken, um besser sehen zu können. Alles Strecken half nichts. Aus einem Meter dreiundsiebzig konnten keine zwei Meter werden. Adam kletterte auf den Bootsrand, gewann fünfzig Zentimeter und sah ihn. Uriel war weit, weit draußen auf dem Meer. Er stand im Boot und schaukelte beachtlich. Der Atlantik hatte sich indessen locker für das Finale im Wellenhochsprung qualifiziert, er schien inzwischen für Olympia zu trainieren. Augenscheinlich nahm Uriel Kurs auf den

Phare de Kéréon. Der Palast der Hölle. Da passierte es. Uriel schaukelte immer beachtlicher und kippte dann um. Adam wartete eine Weile, aber der Alte richtete sich nicht wieder auf. Hatte er einen Herzinfarkt erlitten?

Eine barsche Welle erfasste das Ruderboot, Adam schwankte. Mit dem Schwanken kam seine halb austherapierte Angst in ihm auf. Die Aquaphobie. Seit Marthas Tod war Adam zwar auf dem Wasser gewesen, aber nicht mehr darin. Das Schwanken des Bootes vermittelte eine Vorahnung, was passieren würde, wenn Adam in die Fluten stürzte. Die Zettelpunkte von Dr. Modder wollten ihm gerade nicht einfallen.

Einatmen.

Ausatmen.

Um einen Schritt zurückzutreten, fehlte die Zeit. Im Gegenteil, er musste vortreten. Zola-die-Katze sprang in die Fluten, um zu folgen.

«Du bleibst hier», brüllte Adam gegen den Sturm.

Doch Zola-die-Katze ließ sich nicht abbringen. Adam hielt ein Ruder ins Wasser, das Tier setzte sich auf das Ruderblatt, und Adam zog sie ins Boot. Das wogte wellengepeitscht erneut, besann sich jedoch plötzlich auf seinen Schwerpunkt. Wenigstens für einen Moment. Adam gab sein Bestes und ruderte los. Ständig warfen ihn die Wellen zurück. Er hatte den Eindruck, auf der Stelle zu verharren.

«Uriel, Uriel!» Adam schrie.

Der Sturm und die Wellen verspotteten ihn, Uriel war immer noch nicht aufgestanden. Das Wasser im Boot stieg beharrlich.

Zola-die-Katze war auf den Rand des Bugs geklettert und war pudelnass. Die nächste Welle rollte über Adam hinweg, er hatte sie nicht kommen sehen. Wie frisch geduscht wischte er sich über die Augen. Als er wieder sehen konnte, war Zola-die-Katze verschwunden. Adams Herzschlag auch. Panisch wandte er sich um. Nichts. Noch panischer wandte er sich noch einmal um und sah das Tier im Wasser treiben, verzweifelt um sich schlagen und dann abtauchen. Adam paddelte an die Stelle heran und löste beide Hände von den Rudern, um sich gen Wasser zu beugen. Der Atlantik riss die Ruder hinfort und begrub sie in seinen Fluten. Da entdeckte Adam ein Stück zimtbraunes Fell im Wasser und lehnte sich über den Bootsrand, um das Tier hochzuziehen. Als die nächste Welle kam, musste Adam sich aufsetzen. Vor ihm ragte unvermittelt ein Granitfelsen aus dem Wasser empor. Da überfiel ihn die Erinnerung an ein Gedicht, das er in der achten Klasse bei Lehrer Ewer im Deutschunterricht hatte auswendig lernen müssen.

«Noch da, John Maynard?» und Antwort schallt's
mit ersterbender Stimme: «Ja, Herr, ich halt's!»
Und in die Brandung, was Klippe, was Stein,
jagt er die «Schwalbe» mitten hinein.

Das salzzerfressene Wrack knallte gegen den Granitfelsen. Von der Wucht des Aufpralls zurückgeworfen, fiel Adam ins Wasser. Es war januareiskalt und so schmerzhaft wie das Nagelbrett eines Fakirs. Aber Adam war kein Fakir, er war, trotz seiner Aquaphobie, ein guter Schwimmer. Er war keine ostfriesische Franziska van Almsick, aber seine Schwimmfähigkeiten konnten sich sehen lassen. Doch das, was der stürmische Atlantik ihm abverlangte, überstieg seine Kräfte. Er kraulte, er paddelte, er schwamm, er strampelte, versuchte, sich unter dem Tosen des Meeres nach Zola-der-Katze umzusehen. Da war sie, die finale Konfrontation mit dem Gegner. Theodor Fontane ließ Adam selbst bei seinem heldenhaften Überlebenskampf nicht los.

Das Schiff geborsten. Das Feuer verschwelt.
Gerettet alle. Nur einer fehlt!

Adam spürte, dass er verloren hatte. Wieder kraulte, paddelte, schwamm und strampelte er. Er umarmte das Wasser, das Wasser umarmte ihn, und dann, dann waren seine Kräfte endgültig aufgebraucht.

KAPITEL 32

WIE MAN EIN LEUCHTTURM IST

Zum zweiten Mal innerhalb von sehr kurzer Zeit erwachte Adam auf etwas Hartem. Vor zwei Tagen, in Brest, nachdem ihn der Koch zusammengeschlagen hatte, war es in seinem Rücken steinig hart gewesen. Dieses Mal war es hölzern hart. Lag er auf einer Pritsche? Er wusste nur, dass er uneingeschränkt nass und uneingeschränkt kalt dalag. Adam wunderte sich über das unermessliche Dunkel des Himmels. Wissenschaftlich gab es keine Beweise, aber er war sein kurzes Leben lang dennoch davon ausgegangen, dass der Himmel des Jenseits gleißend hell war. Vielleicht, so hatte er oft gedacht, ließen sich dort sogar seltene Wetterphänomene beobachten. Glorien, Nebensonnen, Nebenmonde, Zirkumzenitalbögen oder Walzenwolken. Nach dem Tod, so glaubte er, könne er sein Interesse an Wolken voll ausleben.

Die himmlische Dunkelheit irritierte Adam gewaltig. Er rieb sich über das Gesicht nebst kratzigem Bart. Da fiel es ihm ein. Es konnte nur eine logische Erklärung geben: Er musste in der Hölle sein.

Mit einem Mal passierten zwei Dinge zugleich. Jemand breitete eine behagliche Decke über Adams Körper aus, und zarte Klaviertöne drangen an seine Ohren. Charles Trenets Chanson vom Meer.

La mer, au ciel d'été, confond ses blancs moutons,
avec les anges si purs, la mer, bergère d'azur infinie.[81]

Warum wurde jetzt doch vom Himmel gesungen? Hatte der Teufel aus Versehen, das falsche Lied aufgelegt? Oder war das Ironie? Vielleicht war der Teufel ein ironischer DJ? Vielleicht ließ er, passend zur jeweiligen Art des Sterbens, ein Lied laufen? Eine Titelmelodie, angepasst an die individuelle Todesursache. Adam war ertrunken, also lief *La mer*. Wäre er bei einem Autounfall gestorben, würde vielleicht *Airbag* von Radiohead laufen. Hätte er sich erschossen, *Big Gun* von AC/DC? Wäre er verbrannt, *Firework* von Katy Perry?

Trotz seiner horizontalen Lage hatte Adam den untrüglichen Eindruck, kurz vor einer Ohnmacht zu stehen und sich vorsorglich hinlegen zu müssen. Was war eigentlich mit Uriel Gicquel passiert? Was mit Zola-der-Katze? Hatte er beide retten können? Bedauerlicherweise fehlte Adam jegliche Erinnerung, nur Theodor Fontane schimmerte falb durch sein Synapsendickicht.

Inzwischen hatten sich Adams Augen an die höllische Dunkelheit gewöhnt. Er wandte seinen Dickichtkopf nach links und erschrak, als er vermeinte, die Konturen einer Gestalt auszumachen. Das musste der Teufel sein. Ein Streichholz flammte auf. Schwefelgeruch breitete sich aus. Himmel oder Hölle? Nun war jeglicher Zweifel ausgeräumt. Zunächst fiel Adam auf, dass der Teufel, der neben seinem Höllenbett saß, das gleiche museumsreife Petroleumsturmlaternenmodell besaß wie Uriel.

---

81 Das Meer verschmilzt am Sommerhimmel seine weißen Kronen mit reinen Engeln, das Meer, Wächter von unendlichem Blau.

«Wie um alles in der Welt hast du mich gefunden, mein kleiner, großer Bruchpilot?»

Adam wurde von einer neuen Schwindelattacke erfasst. Die vorherige war ein Witz gegen das, was sich in Adams limbischem System nun abspielte. Keine außerplanmäßigkeitsinduzierte Panik, nicht die vor grellen Farben, nicht die vor Nichtsymmetrie, nicht die vor Menschenmassen, nicht einmal jene vor vollen Badewannen konnte sich mit Adams Höllenschwindel messen. Denn eine Tatsache ließ sich nicht ignorieren. Der vermeintliche Teufel war sein Vater. Hubert trug wie eh und je seinen ledernen Cowboyhut und ein rot kariertes Flanellhemd.

«Wie ist … Himmel, Hölle … Leben nach dem … gibt es … wissenschaftlich nicht …»

«Adam, du bist nicht tot.» Sein Vater nahm den Cowboyhut vom Kopf. Das nun komplett sichtbare Haar zeigte sich edel ergraut. Das Nussbraun von Huberts Augen glänzte wie ein frisch gebrühter Espresso aus der Nespressowerbung.

Adam erschauerte. Sein Vater sah genauso aus wie in dem Happy-End-Film, den er sich beim Besuch des Phare du petit Minou vorgestellt hatte.

«Leuchtturm?»

«Ja, wir sind auf dem Leuchtturm, auf dem Phare de Kéréon, auch bekannt als der Palast der Hölle. Es hätte nicht viel gefehlt und du wärst ertrunken. Ich habe dich rausgeholt, zusammen mit den Jungs von der Société Nationale de Sauvetage en Mer. Ich habe sie gebeten, dich hierherzubringen. Uriel ist auch in Sicherheit, er ist in Brest im Krankenhaus.» Hubert erhob sich, wobei seine alt gewordenen Gelenke knackten. Er entfernte sich ein paar Meter, die Dunkelheit nahm sich seiner an.

Tausend Fragen hatten sich in den Jahren seit Huberts

Verschwinden in Adams Kopf angesammelt. Nun stürmten sie mit voller Wucht auf ihn ein. Doch ihm fehlte die Kraft, auch nur eine davon zu stellen. Er fühlte sich von innen meerwassergesalzen und schachmatt.

«Was ist mit Zola-der-Katze?», fragte Adam stattdessen, um nicht einzuschlafen. Er durfte in keinem Fall einschlafen, mitten im Finale, mitten in der Auflösung eines neunzehnjährigen Kriminalfalls.

«Zola-die-Katze? Ich kenne keine Katze, die so heißt. Ich kenne nur Zola Hübner aus Göttingen. Woher weißt du von ihr?» Hubert reichte Adam ein Handtuch, einen Jogginganzug, Unterwäsche und Socken.

«Lange Geschichte.» Adam zog die nassen Sachen aus, die trockenen an und legte sich zurück auf die Pritsche. Zola-die-Katze war tot und Adam unbeschreiblich traurig.

«Ruh dich ein wenig aus. Später fahren wir nach Ouessant. Dann reden wir. Falls du das überhaupt willst.» Hubert hatte sich wieder neben sein Bett gesetzt. Er beugte sich über seinen Sohn und betrachtete ihn.

Eine Antwort blieb dieser ihm schuldig. Er war eingeschlafen.

Lezou Laënnec stand bereits winkend auf der Mole, als Hubert seinen goldfischorangenen Dreikielergleiter mit der Aufschrift *Chez Hervé* im Hafen von Stiff festmachte. Die blau-weiße Enez Eussa III wirkte neben Huberts Fünf-maleins-fünfundneunzig-Gefährt noch ungetümer als ohnehin schon. Adam war noch etwas wackelig auf den Beinen, hatte nach dem Schlaf im Höllenleuchtturm aber ein wenig Kraft zurückgewonnen. Eins zu eins spiegelte das Wetter seine

Gemütslage wider. Leichter Niesel, unklarer Himmel. Er erinnerte von seiner Farbe her an eine Ladung weißer Kochwäsche, zwischen die eine schwarze Socke geraten war. Die ganze Überfahrt vom Phare de Kéréon bis zum Hafen von Stiff hatten Vater und Sohn nicht miteinander gesprochen.

Lezou begrüßte Adam und Hubert mit einem beschwingten «Bonjour».

Sie erzählte von Uriel. Sein Steinhäuschen war wegen des Feuers vorläufig nicht bewohnbar. Bei einer ersten Nachprüfung hatte der zuständige Inselvizebrandmeister festgestellt, dass zwei Wochen lang gründlich gelüftet werden musste. Später bräuchte man den ein oder anderen neuen Stützbalken, die ein oder andere Neuanschaffung für den Innenbereich und vor allem neue Leuchtturmvorhänge. Uriel, der während des Sturms im Boot gestürzt war, war zum Röntgen im Krankenhaus. Er sollte aber bereits morgen, sofern alles in Ordnung war, aus dem Krankenhaus entlassen werden.

«Je vais lui rendre visite à l'hôpital de Brest.»[82] Lezou zog eine umfangreiche transparente Plastikdose mit Kouign amanns aus ihrer Tasche. «Ils rendent même les pirates malades en bonne santé.»[83]

Die umfangreiche, transparente Plastikdose. Ein Hieb grub sich in Adams Brustkorb. Leska. Seine Mutter. Zola. Er musste sich unverzüglich bei ihnen melden.

Lezou verabschiedete sich.

«Ich habe ein dringendes Telefonat zu führen. Mein Gerät ist untergegangen. Hast du ein Handy oder einen Festnetzanschluss? Ich werde auch Geld brauchen, um zurück nach

---

82 Ich werde ihn im Krankenhaus in Brest besuchen.

83 Die machen sogar kranke Piraten wieder gesund.

Berlin zu fahren», sagte Adam zu seinem Vater. Es war der erste Satz, den er seit dem Aufwachen an ihn richtete.

«Ich habe einen Anschluss im Laden.»

Nach wie vor hatte Adam unzählige Fragen, aber zugleich ungezügelte Fluchtreflexe, schon seit er zum ersten Mal auf dem Leuchtturm erwacht war, hatte er diese. Aber die Umstände hatten eine Flucht unmöglich gemacht. Wortlos drehte sich Adam um und lief in Richtung Lampaul. Er hörte noch, wie ihm Hubert etwas hinterherrief. Adam wollte nicht wissen, was sein Vater gerufen hatte. Hinfort waren die maritimen Happy-End-Film-Sequenzen, die wundervollen Wiedersehensvorstellungen, das vertraute Wiederbeisammensein.

Doch warum wollte Adam nur noch weg? Wunder waren geschehen. Adam hatte Pläne gemacht und verworfen. Er hatte Zola Hübner gefunden. Er war in Bad Kissingen, in Prag und in Brest gewesen. Er hatte seine Wasserphobie überwunden, er wäre beinahe ertrunken, er war gerettet worden, er hatte seinen Vater gefunden. Seine Heldenreise war erfolgreich gewesen. Dennoch. Adam fühlte sich nicht heldenhaft, er fühlte sich betrogen. Der Finderlohn erfüllte ihn wider Erwarten nicht mit Zufriedenheit. Stattdessen regte sich Erbitterung in ihm. Außerdem hatte er seine zimtbraune, treue Reisebegleiterin verloren.

«Willst du gar nicht wissen, was ich zu erzählen habe?», hörte Adam die ihm hinterherklingende Stimme seines Vaters.

Adams «Nein» wurde ausnahmslos von einem dumpfen Schiffshorntönen abgewürgt. Gerade als er zu einem zweiten *Nein* ansetzen wollte, tönte das Schiffshorn erneut.

Adam und Hubert drehten sich synchron herum.

Der Kapitän der Enez Eussa III, es war wie gestern Avel

Guyot, stand auf der Kommandobrücke. Er gestikulierte so schäumend wie das Kielwasser am Heck seines Schiffes. Er schimpfte außer Rand und Band, denn ein anderes Schiff hatte ihm die Vorfahrt genommen. Das andere Schiff war ebenfalls blau-weiß.

«Ein Hafenstreifenboot Brunswik der Wasserschutzpolizei Schleswig-Holstein», murmelte Hubert. «Bootstyp Minor vierunddreißig. Deutscher Importeur Harle Yachtbau aus Esens. Sicherheitszeugnis durch die Seeberufsgenossenschaft, Rumpfform mit gekimmten Steven und scharfen V-Spanten für gute Rauwassereigenschaften und schnelle Gleitfahrt.»

«Das erkennst du auf einen Blick?» Erst nachdem er die Frage gestellt hatte, fiel Adam ein, dass sein Vater nicht nur Leuchtturmrestaurator, sondern auch technisch sachverständiger Erfinder war.

Hubert nickte.

Von der Brunswik wehte ein polyphones «Huhu» zu Vater und Sohn. Eine Polyphonie aus drei Stimmen. Der von Bonna, der von Leska und der von Ubbo. Oda stand neben den anderen. Als sie Hubert erblickte, floh sie ins Innere des Bootes.

Hubert und Adam stürzten zum Anleger. Ungläubig starrten sie auf den Atlantik. Selbst der Atlantik, ebenso ungläubig wie Vater und Sohn, vergaß sich zu kräuseln, hin und her zu rollen und Spülmittelgischt aufzupeitschen.

Das Polizeiboot war noch gut zweihundert Meter entfernt, das Tageslicht verglomm. Der Himmel dimmte seine Scheinwerfer, wie um eine theatrale Dramatik heraufzubeschwören.

«Adamčík, Hubertčík, ihr seid in Eintracht. Wie ich freue. Alles ist in Lot», brüllte Leska von der Brunswik herüber.

Obgleich die umstehenden Fischer und Passagiere nicht verstehen konnten, was Leska sagte, guckten sie erwartungsvoll zu ihr, als würde sie gleich die Lottozahlen verkünden. Selbst Avel Guyot drosselte die Geschwindigkeit der Enez Eussa III und spähte durch ein Fernglas achteraus auf das Geschehen am Hafen. Der Phare du Stiff ließ seinen Lichtkegel melodramatisch über die Mole kreisen.

«Wie gut, endlich Landaussicht für mich. Seit Platteoog ich war nur auf Wasser, mir ist schwummellig», brüllte Leska.

«Moin, zusammen! Zwei Tage Meer. Das ist wie ein Aufstieg auf einen Gipfel, aber eben in der Waagerechten. Eine unbezwingbare Erfahrung. Und du Adam, du hast es geschafft, du hast deinen Vater gefunden. Du bist der beste waagerechte Bergsteiger von allen. Du wusstest, du hättest abstürzen können, aber du hast es gewagt und gesiegt», brüllte Ubbo.

Die Brunswick und Ouessant trennten noch hundert Meter, Bonna drehte bei, um zu ankern.

Das Einsetzen der Nacht wehte eine entlegene Erinnerung in Adams unsystematische Gedanken. Er war dreizehn Jahre alt. Er war auf dem Platteooger Leuchtturm, seinem Weltrückzugsort, den sehnsüchtigen Blick durch das Kinderteleskopfernrohr gerichtet. Er hoffte, sein Vater würde zurückkehren. *Ein Schiff wird kommen* von Lale Andersen. Und jetzt war ein Schiff gekommen, aber es brachte nicht den Einen, sondern gleich seine ganze Familie. Das war irgendwie anders und irgendwie falsch und zu allem Übel ohne erkennbare Systematik.

Einatmen.

Ausatmen.

«Wie seid ihr in den Besitz eines Polizeibootes gekommen? Ist es denn erlaubt, damit von Ostfriesland bis in die Bretagne zu fahren?»

Bonna, die gerade das Tauwerk zu den Pfählen werfen sollte, ließ die Leinen fallen und wischte sich imaginären Schmutz von ihrem leuchtend gelben Wasserschutzpolizeianorak.

«Nun, sagen wir mal so», sprang ihr Ubbo zögerlich zur Seite. «Als wir erfahren haben, dass du auf dem Weg nach Ouessant bist, haben wir die Brunswick ausgeliehen.»

Bonna nickte.

«Trotzdem», fuhr Ubbo fort, «wäre es vielleicht besser, wenn wir das Boot hier, sagen wir mal, in einem diskreten Unterstand parken.»

Zehn Minuten später standen die sechs Platteooger auf der Mole. Keiner sagte etwas. Sie sahen zu Boden, als wäre dort ein Teleprompter eingelassen, der den Ansagetext verkünden sollte, aber durch eine technische Störung bloß weißes Rauschen zeigte.

Leska löste sich als Erste aus der Unbeweglichkeit. Sie fiel Adam um den Hals. «Meine Adamčík, du hast veränderte Eindruck. Sieh nur, du hast Bart, richtig kratzig. Jetzt bist du echter Mann. Aber wo ist einsteingraue Sakkojacke?» Ohne eine Antwort abzuwarten, wandte sich Leska Hubert zu. Sie reichte ihm förmlich die Hand. «Warum du hast Unglück gebracht für mein Brouček? Ich hatte Furcht früher, dass ich nie Familie bekomme. Später alles war einwendungsfrei, doch dann du hast zerstört.»

Oda tippte ihrer Mutter auf die Schulter, was in etwa: *Lass gut sein, das kläre ich* bedeuten sollte.

Ubbo suchte nach wie vor auf dem weiß rauschenden Bodenteleprompter nach einer Handlungsanweisung.

«Ich finde, das geht so nicht.» Bonna zog ihren Wasserschutzpolizeianorak aus und legte ihre Stirn in förmliche Exekutivfalten. «Hubert, ich sage es jetzt mal direkt. Du warst mir von Beginn an suspekt. Erst hast du viel zu spät auf die Anzeige im *Diekwieser* geantwortet, ewig nichts am Leuchtturm getan, stattdessen nur in der Kirche gesessen und so weiter und so weiter. Ich habe dir bei deiner Ankunft nicht ohne Grund ein Grundgesetz gegeben. Wir alle haben Pflichten, wir alle müssen uns an Regeln halten.»

Hubert setzte stumm seinen Cowboyhut ab, als stünde er vor dem Jüngsten Gericht.

«Ich ebenso finde schlimm, was Hubertčík getan. Aber Bonna, vielleicht er hat Erklärung für uns zum Anhören. Boot von Polizei, du hast ebenso gebrochen Gesetz, sogar international. Auch wenn war für gute Sache, in Notfall muss Richter entscheiden. Also, Hubertčík, wo ist Erklärung?»

«Das bringt doch nichts, wenn wir hier streiten», schaltete sich Ubbo nun ein. «Wir sind alle müde. Morgen ist auch noch ein Tag.»

Leska seufzte. «Ubbočik hat recht. Problem löst Kernfamilie. Wir sind nur Begleitung.»

«Einverstanden.» Hubert hatte seine Worte wiedergefunden, der Cowboyhut saß wieder auf seinem Kopf. Er versprach, die gestohlene Brunswik in einen diskreten Bootsschuppen nahe der Baie de Calgrac'h im Norden der Insel zu verstecken. Leska, Ubbo und Bonna sollten sich für die Nacht Zimmer im Hôtel du Fromveur buchen, selbstverständlich auf seine Kosten. Adam und Oda, schlug er vor, konnten in seinem Apartment über dem *Chez Hervé* übernachten.

«Wer ist Hervé?», fragte Ubbo.

«Das erkläre ich morgen in aller Ruhe und in vollständigem Ausgeschlafensein aller Anwesenden», gab Hubert zur Antwort.

«Ich möchte auch im Hotel schlafen.» Adam hatte eine Weile überlegt, ob er diese Bitte äußern sollte. Die Vorstellung, zusammen mit seinen Eltern in einer Wohnung zu übernachten, überforderte ihn. So viele Jahre hatte er in der Gewissheit gelebt, sein Vater sei für immer verschwunden. Er konnte nicht einfach zurück auf Anfang und heile Familie spielen.

Die Anwesenden trennten sich einvernehmlich und in dem Bewusstsein, dass noch viel zu klären war. Oda und Hubert blieben am Hafen, um die ostfriesische Brunswik mit dem bretonischen Dreikielergleiter zu ihrem Versteck zu schleppen.

Im Gehen drehte sich Leska noch einmal um. «Was für eine dramatische Drama ist ganze Sache.»

Oda wusste nicht, welchem Gefühl sie nachgeben sollte. Verzückung oder Wut. Ihre Gefühle glichen einem Zitat von E.T.A. Hoffmann. Ein Zitat über a-Moll. *Du weißt es nicht zu sagen, nicht zu klagen, was sich so in deine Brust gelegt hat, wie ein nagender Schmerz und dich doch mit süßer Lust durchbebt.*

Oda fühlte sich emotional sehr, sehr moll, in einer schwermütigen Art verloren zwischen Grundtönen und kleinen Terzen. Zugleich war sie bodenlos wütend. Seit sie das Buch *Die Erfindung der Sprache* in der Buchhandlung in Flokum entdeckt hatte, war ihr Leben eingestürzt. Zum zweiten Mal. Der erste Einsturz hatte stattgefunden, als unleugbar klargeworden war, dass Hubert nicht wiederkommen würde. Der zweite Einsturz, als sie erkannt hatte, dass er noch lebte. Dem ersten Einsturz war sie mit Schweigen begegnet. Nach der Entdeckung des Buches war aus dem Schweigen eine Komplettverweigerung geworden. Eine Verweigerung zu leben. Sie hatte aufgehört zu essen. Sie hatte aufgehört, ihre Worte aufzuschreiben. Nachdem sich Adam auf die Suche nach Hubert begeben hatte, war der absolute Schweigewunsch ins Wanken geraten. Sie hatte wieder ein bisschen gegessen. Und nun saß sie, mit einem gestohlenen Polizeiboot hergekommen, auf einem durchgescheuerten, pompadourfarbenen Cordsofa in einem Ein-Zimmer-Apartment über einem Tante-Emma-Laden mit dem Namen *Chez Hervé* am Ende der Welt und dachte über Moll-Tonarten nach.

Diese Verzückung. Oda konnte sich nicht sattsehen an dem Menschen, der ihr einst Freiheit und später jahrelanges Gefängnis gewesen war. Hubert war attraktiv gealtert. Er sah aus wie Paul Newman in *Die Farbe des Geldes*. Zwar waren seine Haare länger als die der Filmfigur Eddi Felson, aber sie waren ebenso stahlgrau. Das Nussbraun seiner Augen hingegen erinnerte stark an George Clooney in der Nespresso-Werbung.

Diese Wut. Keine laute, keine angriffslustige, keine zornige. Es war eine leise, verletzte und enttäuschte Wut, eine tonlose Verbitterung, die sich wie ein innerer Sonnenbrand in ihr ausbreitete. Wie hatte Hubert ihr das antun können? Was war geschehen? Lag es an dieser anderen Frau? An der Mutter dieser Zola Hübner? Oda zog Notizbuch und Stift aus ihrer Tasche und schrieb.

Hast du sie mehr geliebt als mich, diese andere Frau?

«Nein, für mich war sie im Prinzip nur eine Freundin. Ich war ein Jahr in Göttingen, auf den Spuren meines Vaters. Das war der Versuch, Fragen zu beantworten. Aber vielleicht sollten wir die Ereignisse in der richtigen Reihenfolge besprechen?»

Einverstanden.

Hubert saß Oda gegenüber in einem zerschlissenen, mokkabraunen Sessel. Er passte farblich nicht einmal annähernd zum Sofa. Das Einzige, was die beiden verband, war ihr heruntergewirtschafteter Zustand. Heruntergewirtschaftet wie die gesamte Einrichtung. Das Apartment maß schätzungsweise vierzig Quadratmeter. Linker Hand gab es eine improvisierte Miniaturküche mit einem Miniaturkühlschrank und einem zweiplattigen Campingkocher. Rechter Hand befanden sich das Cordsofa, der Sessel sowie eine Kabeltrommel, auf die Treibholzscheite genagelt waren und die als Tisch diente. Auf dem Tisch stand eine archaische Schreibmaschine. Auf einer erhöhten Apartmentebene, welche die Hälfte des Raumes einnahm, sah man einen Alkoven. Er war ebenfalls aus Treibholz gebaut und erinnerte an ein windschiefes Baumhaus. Die beiden großen Fenster öffneten sich auf das Hôtel du Fromveur, hinter dessen nachtdunkler Fassade Leska, Ubbo, Adam und Bonna schliefen.

«Warum sprichst du nicht?»

Oda blickte ihn an.

«Meinetwegen?»

Oda nickte und sah sich in dem kleinen Raum um.

«Wahrscheinlich wunderst du dich, warum hier nichts zusammenpasst», sagte Hubert gedankenleserlich.

Oda spürte, dass diese Frage viel mehr als die Einrichtung meinte.

«Ich werde alles erklären, doch das ist komplex. Wie soll ich neunzehn Jahre in die richtige Reihenfolge bringen? Um alles aufzuklären, muss ich weit, weit zurückgehen.» Hubert zog seinen Cowboyhut vom Kopf und knetete ihn zwischen seinen Händen.

Oda betrachtete diese Geste mit sehnsuchtsvoller Mollwehmut. Sie neidete dem Cowboyhut die Berührung von Huberts Händen, die, so ahnte sie, auf wohlige Art sommerwarm und auf männliche Art sandpapierrau waren. Aber die Wut in ihr beschwerte sich. Sie wollte nicht so einfach auf die Reservebank gesetzt werden. Schon gar nicht wollte sie das Duell gegen die Verzückung, diese romantische Blenderin, verlieren. Oda tat der Wut den Gefallen, in dem sie schrieb:

Ich habe Zeit.

Hubert stellte eine Espressokanne auf den Campingkocher in der Miniaturküche. Als das Kaffeebukett die vierzig Apartmentquadratmeter und sogar den hintersten Treibholzalkovenwinkel erfüllte, räusperte er sich. «Es gibt keine Entschuldigung. Mein Verschwinden ist unverzeihlich.»

Über Odas Augen legte sich ein kompakter Schimmer. Sie war müde, müde, müde. Doch gegen den Wunsch nach Klarheit kam selbst eine dreifache Müdigkeit nicht an. Oda trank von ihrem Espresso. Hubert setzte sich neben sie auf das Sofa. Gerüche und alte Erinnerungen. Etwas, das Oda nicht benennen konnte. Ihre Verzückung bekam einen neuen Schub, und zwar einen außerordentlich heftigen, sodass sich die Wut nun doch beleidigt auf der Reservebank niederließ und schmollend die Unterlippe nach vorne schob.

«Mein Leben in zwei Welten», fuhr Hubert fort, «das ist das Leitmotiv meiner Familie. Meine Mutter Marie Goëznou stammt aus Brest, mein Vater Paul aus Göttingen. Er ist in Bad Kissingen aufgewachsen. Die Eltern meiner Mutter sind bei einem Bootsunfall gestorben, da war sie achtzehn. Gleich hier vor der Küste geschah das Unglück. Es gab einen Leuchtturmausfall, sonst wären sie gerettet worden.» Hubert starrte auf einen undefinierbaren Punkt an der Wand. «Warum zwei Welten?»

Ja.

Oda rückte ein Stückchen näher. Der Herzschlag der Verzückung wurde beflügelt.

«Neunzehnhunderteinundsechzig ist meine Mutter mit einer Freundin nach München zum Oktoberfest gefahren, dort hat sie Paul kennengelernt. Mein Vater war Schauspieler. Erst nach der Hochzeit und meiner Geburt hat sie gemerkt, dass er psychisch krank war.» Hubert knetete seinen Cowboyhut so intensiv, dass Oda fürchtete, er würde ihn kaputtkneten.

«Mein Vater war schizophren.»

Oda nahm den Cowboyhut aus Huberts Händen und legte stattdessen ihre hinein. Sommerwärme. Sandpapierrauheit. Die Verzückung stolperte fast. Verwirrt über ihre überschnelle Ich-verzeihe-dir-Geste, zog Oda ihre Hand zurück. Die Wut auf der Reservebank stand auf und hüpfte auf der Stelle, um sich aufzuwärmen.

«Ich dachte irrtümlicherweise, der Kelch geht an mir vorüber.»

Odas Gedanken pendelten in die Vergangenheit. Sie erinnerte sich daran, wie Hubert den scharlachorangenen Fernseher aus dem Wohnzimmerfenster ihrer Eltern geworfen hatte. Sie erinnerte sich an Huberts Angst, durch Flugzeugkondensstreifen könnte das Trinkwasser vergiftet worden sein. Sie erinnerte sich an die Raufasertapetenrolle, auf der Hubert Ereignisse zusammengetragen hatte als Beweis dafür, dass ein Unglück hereinbrechen würde. Sie erinnerte sich daran, wie Hubert bei der Wanderung mit Ubbo und Christian verschwunden war, ohne jemandem Bescheid zu geben.

«Warum ich nie etwas gesagt habe?»

Oda nickte. Es war unglaublich, dass Hubert nach all den getrennt gelebten Jahren noch immer so geradeheraus in ihre Gedanken blicken konnte.

«Die Krankheit hat meine Eltern zerstört. Beide auf ihre Art. Wir sind ständig von einem Ort zum nächsten gezogen in der Hoffnung, meinem Vater würde es besser gehen. Tat es aber nicht. Mein Vater dachte, es hilft, seinen Namen zu ändern, woanders neu anzufangen. Hat es aber nicht. Die Krankheit hat ihn zu einem begnadeten Schauspieler gemacht. Er war der beste Samsa-Darsteller seiner Zeit, er musste nicht viel nachahmen. Er hat seine eigenen Verwandlungen einfach auf der Bühne gezeigt. Zuletzt hatte er ein Engagement am Prager Nationaltheater.»

Adam hat sein Grab in Prag gefunden. Hat Paul sich das Leben genommen?

«Ja, neunzehnhundertachtzig. Erst hat meine Mutter ihre Eltern verloren, dann ihren Mann. Drei Menschen, die sie sehr geliebt hat.»

Oda seufzte bitter. Sie wusste genauestens, was Hubert meinte.

«Marie ist nie wieder auf die Beine gekommen. Rilke hat ihr Trost gespendet und auch die Religion, aber ein Jahr nach meinem Vater ist sie in einer Klinik in Brest am Gebrochenen-Herz-Syndrom gestorben.»

Jetzt ergriff Oda doch Huberts Hand. Die Wut war bestürzt angesichts so viel Gefühlsachterbahn im Herzen einer erwachsenen Frau. Eine wohltemperierte Erinnerungswelle wanderte durch Odas Finger. Sie wanderte ihren Arm hinauf bis kurz über den Ellbogen, beschrieb eine sanfte Kurve und plätscherte direkt in ihr Herz. Verhalten, aber merklich. Da erwachte in Oda ein anderer Gedanke. Der an ihre einstige Moderatorinnentätigkeit. Immerhin hatte sie eine Sendung mit dem Namen *Sprich dich frei* moderiert. Es war zwar schwer, jemanden schweigend zum Freisprechen zu animieren, aber sie hatte nichts zu verlieren. Gutes Zuhören, kein großer Lauschangriff, gezieltes Hinhören, noch gezielteres Schweigen, Nachfragen, Wiederholen der Gefühle des Gegenübers in eigenen Worten. Oda tippte auf Huberts Herz und zog fragend die Augenbrauen nach oben.

«Was mit mir ist?»

Oda nickte.

«Dich getroffen zu haben war mein größtes Geschenk. Adam mein zweitgrößtes. Alles war gut. Doch irgendwann zeigten sich erbarmungslos die Symptome, die ich bereits von meinem Vater kannte. Ich wusste, dass es bergab mit mir ging, aber nichts hat mir geholfen, das zu verhindern. Du und Adam nicht, das Beten in der Kirche nicht. Ich wurde die Zwangsgedanken einfach nicht los. Als es kaum noch auszuhalten war, kam Sota nach Platteoog. Ich war der festen Überzeugung, dass eine Pilgerreise mich heilen konnte. Erinnerst du dich an Mister Miyagi aus *Karate Kid*?»

Oda nickte.

«Verlieren gegen Feind okay, aber niemals verlieren gegen Angst. Ich wollte euch schützen. Ich stand kurz davor, mir das Leben zu nehmen, damit hätte ich dir auch deins genommen.»

So, als wäre stummes Moderieren doppelt so anstrengend wie das normale Moderieren, kam die Müdigkeit zurück, mehr als dreifach. Vielleicht lag es auch an der langen Reise von Platteoog über die Nordsee, durch den Ärmelkanal bis nach Ouessant. Eine beinahe eintausend Kilometer lange Schiffsreise. Vielleicht litt Oda auch unter einer säumigen Seekrankheit. Vielleicht lag die mehr als dreifache Müdigkeit aber auch an den vielen neuen Informationen. Zu viele Vielleichts.

«Ich sehe, dass du müde bist. Hast du noch Kraft für den Rest?»

Oda lächelte schwach.

«Auf dem Jakobsweg bin ich zusammengebrochen. Die Jungfrau Maria hat zu mir gesprochen, sie hat mich verfolgt, mir befohlen, ich soll José María Aznar, den damaligen, spanischen Ministerpräsidenten, erschießen und mich gleich hinterher. Ich habe mich einweisen lassen. Nach einigen Monaten in der Klinik bin ich weitergepilgert. Irgendwie hat mich mein Weg in die Bretagne geführt. Vielleicht weil meine Mutter hier begraben ist. Hier sind meine Wurzeln, zumindest ein Teil.»

Oda nickte kaum merklich.

«Und dann war viel zu viel Zeit vergangen, um mich bei dir zu melden. Ich habe mich so geschämt, dass ich es nicht gewagt habe, ein Zeichen zu geben. Ich habe mir selbst nicht mehr über den Weg getraut. Vielleicht wäre ich auch nach dem Zurückkommen erneut verschwunden. Diese Krankheit ist unberechenbar, das habe ich bei meinem Vater schmerzlich erfahren, das wollte ich dir ersparen.» Hubert sackte zusammen. Er legte sich auf die Seite, bettete seinen attraktiv gealterten Kopf auf Odas Schoß, zog die Beine an und zerfloss in Tränen wie eine eindrucksvolle Cumulonimbuswolke. Oda legte eine Decke über Hubert und ließ den Kopf auf die Sofalehne sinken. Und bald war auch sie eingeschlafen.

Adam hatte nicht geschlafen. Wie auch. Er hatte seinen Vater gefunden. Seine Mutter, seine Großeltern und Bonna waren mit einem gestohlenen Polizeiboot nach Ouessant gekommen. Adams Dreiländerreise, seine Suche, war erfolgreich verlaufen. Zumindest grob betrachtet. Noch immer kein Freudentaumel. Noch immer keine Erleichterung. Noch immer kein Stolz. Noch immer kein Trost. Noch immer war nichts geklärt, nichts gelöst, nichts bereinigt. Während der schlaflosen Nacht hatte sich Adam ausgemalt, worüber seine Eltern auf der anderen Straßenseite gerade sprachen. Doch das war nicht der einzige Grund für seine Schlaflosigkeit. Der andere war Bonnas Physiognomie. Bonna und Adam teilten sich ein Hotelzimmer, und Bonna, die eine verformte Nasenscheidewand besaß, schnarchte wie ein bayerischer Holzfällerverein.

Als die eckigen Leuchtziffern des Radioweckers neben Adams Bett eine sieben und zwei Nullen präsentierten, stand er leise auf, zog sich an, putzte seine Zähne und stieß, er war fast zur Tür hinaus, polternd gegen Bonnas Polizeieinsatztasche. Nach einer kurzen Unterbrechung schnarchte Bonna weiter. Nun sogar wie zwei bayerische Holzfällervereine.

In der Hotellobby bat Adam die Empfangsdame, das Hoteltelefon benutzen zu dürfen. Es klingelte mehrmals, aber Zola nahm nicht ab. Ob sie noch schlief? Ob ihr etwas passiert war? Vielleicht ging sie auch nicht ran, weil sie die Nummer nicht kannte?

«Hübner», meldete sich eine vertraute und in diesem Moment Adam mächtig fehlende Stimme.

«Ich bin es. Endlich erreiche ich dich!»

«Adam! Wie geht es dir? Du kannst stolz auf mich sein. Ich stehe vor der Polizeiwache und zeige gleich das Arschloch an.»

Adam erstarrte. «Hat er dir oder deiner Mutter etwas angetan?»

«Nein, aber es war knapp», erwiderte Zola. «Aber ich habe auf der Rückfahrt ständig an deine Bonna denken müssen. Vielleicht sind doch nicht alle Polizisten schlecht.»

In diesem Moment waren aus dem Zimmer über der Hotellobby sehr, sehr prägnante Schnarchgeräusche zu hören. Nicht nur zwei bayerische, sondern alle Holzfällervereine Deutschlands schienen nach Ouessant gekommen zu sein. Die Empfangsdame ließ eine Vase mit einem künstlichen Mohn-Kornblumen-Margeritenbündel fallen. Das Schnarchen setzte aus, begann dann aber erneut. Auch in Adam war etwas gefallen. Ganze Gebirge der Erleichterung. Erleichterung darüber, dass Zola das Arschloch endlich behördlich melden wollte.

«Alles gut bei dir? Was sind das für komische Geräusche?», fragte Zola.

«Das ist Bonna. Sie, meine Mutter und meine Großeltern

sind hier. Für ihre Reise von Platteoog nach Ouessant haben sie ein Polizeiboot gestohlen und …»

«Hör mal, leider muss ich gleich hoch, damit ich alles, was ich mit Arschloch erlebt habe, anzeigen kann. Nimm mir das nicht krumm. Nur zwei Fragen. Hast du deinen Vater gefunden? Wie geht es der Bad-Kissingen-Katze?» Wie um die Dringlichkeit von Zolas Anliegen zu unterstreichen, heulte im Göttinger Hintergrund ein Martinshorn auf.

«Eins: Ja. Zwei: Leider ist sie im Atlantik ertrunken.» Traurig blickte Adam auf die herabgestürzten Kunstblumen.

Zola schwieg.

«Dabei bin ich inzwischen ein Katzenfreund und verstehe auch ihre Sprache, zumindest ein wenig», versuchte Adam Zolas schweigende Trauer zu mildern.

Zola seufzte. «Das tut mir leid, Adam. Umso schöner, dass du deinen Vater gefunden hast. Das musst du mir alles genau erzählen. Wegen der Anzeige bin ich total durch den Wind. Lass uns später telefonieren. Einverstanden?»

«Einverstanden. Wahrscheinlich steht es mir nicht zu, aber ich muss es ausdrücklich betonen: Ich bin stolz auf dich, Zola.»

«Und ich erst auf dich, du Held», sagte Zola lachend und legte auf.

Adam stand eine lange Weile unschlüssig da. Er dachte an Zola, die echte und die Katze, er dachte an seine Mutter, er dachte an seinen Vater, und er dachte auch an sich und alles, was in den letzten Tagen passiert war. Adam rechnete. Ihr letztes Treffen lag sieben Tage zurück. Konnte das stimmen? Adam rechnete erneut. Tatsächlich. Nur sieben Tage waren vergangen. Die Schönheit der Sieben, sie hatte ihn während seiner gesamten Reise begleitet wie eine Rundum-sorglos-Reiseversicherung. «Petit déjeuner?»[84], fragte die Empfangsdame.

Adam verneinte, hob den künstlichen Strauß vom Boden und legte ihn neben das Telefon. «Es gibt oft mehr Dinge, die am Grund einer Seele zerstört werden als am Grunde des Meeres. Il y a souvent plus de choses naufragées au fond d'une âme qu'au fond de la mer», sagte er zu der Frau und verließ das Hotel.

Die Sieben-Uhr-sieben-Morgenluft war frostklar. Adam blickte zum *Chez Hervé* und ließ seinen Blick an der Fassade hinaufwandern, bis er an den Fenstern des Apartments seines Vaters haltmachte. Nur unter größter Selbstbeherrschung gelang es ihm, sich davon abzuhalten, hinaufzustürmen, stürmisch zu klingeln und stürmisch zu fragen: *Und, was ist jetzt?* Eine stürmische Brise fegte über die Straße, wie, um wenigstens ein bisschen Sturmstimmung zu verbreiten.

Adams Schritte führten zum Hafen. Eine Handvoll salzgeblichener Holzboote schaukelte im Wasser gegenüber der Bake, in der Ferne zog ein stämmiger Frachter über den Horizont, zwei Fischer standen in Regenjacken und mit bis unter die Augenbrauen gezogenen Wollmützen auf der Mole und rauchten. Das Blöken von Schafen war zu hören, am Himmel kreisten Möwen wie fliegende Wächter.

Jemand tippte Adam von hinten auf die Schulter. Es war seine Mutter. Die beiden umarmten sich lange.

Nachdem sich Adam und Oda voneinander gelöst hatten, hielt Oda ihrem Sohn einen Zettel hin.

---

[84] Frühstück?

Danke für alles, was du für mich getan hast!!!

«Hat er mit dir gesprochen? Hat er alles erklärt?»

Oda nickte.

«Kannst du ihm vergeben, was er dir angetan hat? Wie geht es jetzt weiter?»

Oda machte eine vage Geste, die alles Mögliche bedeuten konnte. Eins: Wir sind wieder zusammen. Zwei: Ich weiß Bescheid, aber kann ihm nicht verzeihen. Drei: Was er erzählt hat, ergibt keinen Sinn. Vier: Ich will gar keine Erklärungen hören, mein Vertrauen in ihn ist unwiederbringlich enttäuscht worden. Fünf: Ich möchte bloß noch weg von hier. Sechs: Er ist der mieseste Lügner, den man sich vorstellen kann. Sieben: Ich bin am Ende der Welt, wo ich für mich einen Anfang gefunden habe.

Gerade als Adam in Erfahrung bringen wollte, welche seiner Interpretationsideen der Wahrheit am nächsten kam, geriet der Atlantik mächtig in Bewegung. Kraus brandete das Salzwasser ans Hafenbecken und schunkelte auf seinen Kämmen die blau-weiße Enez Eussa III herbei. Wie gestern stand Avel Guyot auf der Kommandobrücke. Adam überlegte, ob es sein konnte, dass die Reederei nur einen einzigen Kapitän angestellt hatte. Vielleicht handelte es sich um eine wirtschaftliche Sparmaßnahme?

Drei Adam bekannte Personen stiegen von Bord. Mit zweien hatte er gerechnet. Mit einer nie und nimmer. Die beiden erwartbaren waren Uriel Gicquel und Lezou Laënnec. Bei der unerwarteten Person musste Adam dreimal hinschauen. Es gab keinen Zweifel. Es war Undine Abendroth. Sie trug einen gestreiften Pullover, marineblaue Hosen, Schnürschuhe in den Farben der Trikolore, ein beiges Barett und einen gewaltigen Seesack über der Schulter. Die

Buchhändlerin erinnerte an eine Werbeikone des bretonischen Tourismusverbandes, und damit sah sie, so musste Adam zugeben, ziemlich attraktiv aus.

«Herr Riese, also entschuldigen Sie. Jetzt bin ich auf jeden Fall übergriffig», sagte Frau Abendroth. «Aber ich konnte nicht anders. Zola Hübner hat mich vor ein paar Tagen angerufen, Sie wissen schon, diese Frau, deren Buch Sie bei mir bestellt haben. Sie hat mich gebeten herzukommen.»

«Sie sind einfach in die Bretagne gefahren?», erkundigte sich Adam und wunderte sich, dass Zola am Telefon vorhin gar nichts davon erwähnt hatte.

«Nun ja, ich wollte sowieso Urlaub nehmen. Und Sie wissen ja, ich und die Bretagne, das ist Liebe ... also, ich habe den Laden zugemacht und bin einfach los. Ich habe mir Sorgen gemacht um Sie und ...» Undine Abendroth brach ab. Ihr Gesicht nahm ihre Familiennamenfarbe an.

Adam streckte die Hand aus. «Herzlich willkommen. Es ist schön, Sie zu sehen. Wenngleich ich überrascht bin und nicht so recht weiß, was ich sagen soll.»

«Sie müssen nichts sagen. Also, vorerst nicht. Klären Sie, was Sie zu klären haben. Ich steige im Hôtel du Fromveur ab. Wenn Sie Zeit haben, gehen wir vielleicht einen Kaffee trinken. Also, den haben Sie mir vor sechs Tagen versprochen.» Frau Abendroth nestelte an ihrem Barett.

«Einverstanden, wir trinken einen Kaffee. Vielleicht heute Abend? Vielleicht darf ich Sie auch zum Essen einladen, und den Kaffee trinken wir hinterher.» Erstaunt über seine eigene Courage, senkte Adam den Kopf.

«Noch eine Sache.» Die Buchhändlerin zog einen Zeitungsartikel aus ihrem gewaltigen Seesack. «Also, das dürfte Sie interessieren.»

Universitätsskandal

Wie gestern bekannt wurde, hat der Berliner Sprachwissenschaftler für Grammatiktheorie Thomas N. seit Jahren sein Unwesen an einer Berliner Universität getrieben. N. hat seine Dissertation mit dem Titel *Die Bedeutung der Modalpartikel im Satzmodus des Deutschen* in großem Umfang plagiiert. Um von seinen rechtswidrigen Machenschaften abzulenken, hat N. mehrere Dissertationen von Kollegen manipuliert. Dabei hat er falsche Zitate, ungenaue Quellenangaben, mangelhafte Fußnoten und absurde Statistiken eingefügt und diese bei LottiPlag zur Prüfung eingereicht. N. wurde mit sofortiger Wirkung suspendiert, und die Universität hat Strafanzeige wegen Urheberrechtsverletzung in besonders schwerem Fall erstattet.

Adam erinnerte sich an die nicht zu Ende gelesene E-Mail des Dekans. Offenbar ging es in dieser nicht darum, ihn zu suspendieren, sondern über Thomas Nachts Machenschaften zu informieren.

Zum zweiten Mal an diesem Morgen stürzten ganze Gebirge von Adams schmächtigen Schultern. Er fiel Undine Abendroth um den Hals. Sogleich wich er zurück. «Entschuldigen Sie vielmals. Jetzt war ich wohl derjenige mit der Übergriffigkeit.»

«Kein Problem», hauchte die Buchhändlerin. «Also, ich freu mich auf unser Essen. Eine Sache noch, sagen Sie Undine zu mir.»

«Adam», sagte Adam.

Die beiden verabschiedeten sich mit sachte erglühten Köpfen. Da sah Adam, dass seine Großeltern zum Hafen gekommen waren. Leska hielt eine umfangreiche, transparente Plastikdose in der Hand, Ubbo einen Bretagnereiseführer. Mittelstarke Überforderung kam in Adam auf. Es waren einfach zu viele Personen zugegen, es war einfach zu viel passiert. Er sehnte sich nach Ruhe.

Einatmen.

Ausatmen.

«Wer war Dame? Ist Freundin von dir? Vielleicht auch mehr? Ich freue, wenn du hast Frau gefunden. Ich habe das gewünscht sehnsüchtig lange. So du brauchst nix mehr Speed-Dating.»

Adam trat von einem Fuß auf den anderen.

Ubbo nahm Leskas Hand. «Jetzt überfordere ihn nicht. Er hat in einer Woche genug bewältigt. Im Grunde muss er sich so fühlen, als hätte er den Mount Everest und die Zugspitze auf einen Streich bezwungen. Summa summarum macht das elftausendachthundertzehn Kilometer.»

«Máš pravdu.[85] Dann einfache Frage. Wer sind alte, freundliche Menschen, die gekommen mit Fähre und zu uns schauen? Sind Urbewohner von Weltende?»

«Uriel Gicquel, Lezou Laënnec, Ubbo und Leska Bakker», stellte Adam die vier einander vor.

Leska und Lezou, Ubbo und Uriel verstanden sich auf Anhieb blendend, trotz der Sprachbarriere. Die beiden Frauen hielten sich gegenseitig ihre umfangreichen, transparenten Plastikdosen hin, probierten und nickten begeistert. Ubbo gestikulierte und fuhrwerkte mit seinen Extremitäten wie ein Bruder des französischen Pantomimen Marcel Marceau. Uriel lachte und klopfte Ubbo kameradschaftlich auf die Schulter.

Adam sah sich nach seiner Mutter um, die die Konver-

---

[85] Du hast recht.

sation der vier Alten mit großem Wohlwollen beobachtete. «Ich gehe ins Hotel, ich brauche ein wenig Ruhe», sagte er.

Oda schloss sich ihrem Sohn an.

Vor dem Hotel stand Bonna. Sie trug ihren Wasserschutzpolizeianorak, der im Bauchbereich ungewöhnlich ausgefüllt war, so als trüge sie eine kugelsichere Weste darunter. «Adam, ich hoffe, ich habe dich nicht die ganze Nacht wach gehalten. Ich schnarche leider sehr intensiv.»

Adam sagte nichts, er fixierte Bonnas Anorakbauch. Hatte er sich bewegt? Das konnte nicht sein. Jetzt hörte er schon das Gras wachsen. Er sollte sich schleunigst hinlegen. Wieder bewegte sich Bonnas Anorak.

«Ach ja, wir hatten ungebetenen Besuch. Der saß einfach so vor der Tür, sah ziemlich lädiert aus und ließ sich nicht abwimmeln.» Mit einem Ruck zog Bonna den Reißverschluss auf.

Zola-die-Katze kam zum Vorschein. Sie sprang aus dem Anorak und schmiegte sich an Adams Beine. Der hob sie in die Höhe und drückte sein Gesicht in das zimtbraune Fell.

Bonna und Oda blickten sich verwundert an.

«Na so was, wo ist denn deine Katzenphobie geblieben?»

«Das ist eine lange Geschichte. Die erzähle ich, wenn ich ausgeschlafen bin.» Adam verschwand mit Zola-der-Katze durch die Eingangstür des Hotels.

«Er hat sich verändert. Es ist nicht nur sein Bart. Er scheint gewachsen zu sein. Verstehst du, was ich meine?», fragte Bonna.

Oda nickte.

Bonna musterte sie skeptisch. «Ich möchte etwas zu Hubert sagen. Ich weiß nicht, ob es dir guttut, dass er wieder da ist. An deiner Stelle wäre ich vorsichtig. Wenn du möchtest, könnte ich prüfen, ob sein Verschwinden einem Straftatbestand gleichkommt.»

Oda schüttelte ihren semmelblonden Lockenkopf.

«Wie du magst. Hauptsache, dir geht es gut. Die Polizei, dein Freund und Helfer, du weißt schon.»

Oda streichelte Bonna über den Polizeianorakrücken und presste ihr einen Kuss auf die Wange.

Hubert saß auf dem durchgescheuerten Cordsofa und wirkte vom vielen Weinen zerflossen wie die Uhren auf einem Dalí-Gemälde. Oda nahm ihm gegenüber in dem zerschlissenen Sessel Platz. Die beiden sahen sich lange in die Augen. Verweintes Nussbraun traf auf trübes Lindgrün.

Neben Hubert lag ein schreibmaschinenbeschriebenes Blatt. Er legte es Oda auf den Schoß.

Betr.: Bewerbung um ein Praktikum

Erfahrener Leuchtturmrestaurator sucht Platteooger Naturidyll

Nach dem jahrelangen, selbstverschuldeten Verlust des Schönsten in meinem Leben verfällt meine Seele unaufhaltsam. Das kann ich nicht länger hinnehmen. Zwar wird das Leben mit mir nicht mehr so ungezwungen sein wie einst, zwar besitzt meine Liebe nicht mehr die Makellosigkeit von damals, aber ich möchte zurückkommen dürfen. Ich möchte dein Schifffahrtszeichen sein, deine Rettung, deine Orientierung. Da ich kaum Geld habe, hoffe ich, das Logis ist frei. Ich kann arbeiten, ich habe geübte Restauratorenhände, ich kann Dinge reparieren. Vor allem aber möchte ich dein Herz reparieren, wenn du mich lässt.

Ich bewerbe mich für ein Praktikum in deinem Leben und wünsche mir, in einem alten Platteooger Gulfhaus mit Blick auf die saftigen Marschwiesen sowie einen pittoresken Hafen zu wohnen. Sollte ich die Probezeit nicht bestehen, hast du das Recht, mich jederzeit ohne Angabe von Gründen zu entlassen.

Hubert Riese

Mit dem schreibmaschinenbeschriebenen Blatt in Odas Händen war eine neue Buchseite im Leben der Familie Riese aufgeblättert worden. Sie machte einen vielversprechenden ersten Eindruck. Oda zitterte. Wohligkeit, Behaglichkeit, Sandpapierwärme. Die Liebe zu Hubert, die Oda noch anhaftete, lag noch nicht weit genug in der Vergangenheit, um sie in den bretonischen Wind zu schlagen. Oda dachte an Mister Miyagi. Da war er wieder. *Für Mensch ohne Vergebung in Herz Leben sein noch größere Strafe als Tod.* Oda griff nach der Bewerbung, drehte sie um und nahm einen Stift in die Hand. Sie setzte die Mine auf das Papier. Sie zögerte. In diesem Augenblick des Zögerns, genau wie bei ihrer ersten Verabredung mit Hubert, fand Oda ihr Schweigen zu laut. Sie legte den Stift beiseite, räusperte sich und flüsterte: «Ja.»

Weitere Titel

Die Buchverliebten

Die Erfindung der Sprache

Kastanienjahre

Kranichland

Die Rowohlt Verlage haben sich zu einer nachhaltigen Buchproduktion verpflichtet. Gemeinsam mit unseren Partnern und Lieferanten setzen wir uns für eine klimaneutrale Buchproduktion ein, die den Erwerb von Klimazertifikaten zur Kompensation des CO_2-Ausstoßes einschließt.
www.klimaneutralerverlag.de

FSC
www.fsc.org
MIX
Papier | Fördert gute Waldnutzung
FSC® C083411